Management-Reihe Corporate Social Responsibility

Herausgegeben von
René Schmidpeter
Dr. Jürgen Meyer Stiftungsprofessur für
Internationale Wirtschaftsethik und CSR
Cologne Business School (CBS)
Köln, Deutschland

Das Thema der gesellschaftlichen Verantwortung gewinnt in der Wirtschaft und Wissenschaft gleichermaßen an Bedeutung. Die Management-Reihe Corporate Social Responsibility geht davon aus, dass die Wettbewerbsfähigkeit eines jeden Unternehmens davon abhängen wird, wie es den gegenwärtigen ökonomischen, sozialen und ökologischen Herausforderungen in allen Geschäftsfeldern begegnet. Unternehmer und Manager sind im eigenen Interesse dazu aufgerufen, ihre Produkte und Märkte weiter zu entwickeln, die Wertschöpfung ihres Unternehmens den neuen Herausforderungen anzupassen sowie ihr Unternehmen strategisch in den neuen Themenfeldern CSR und Nachhaltigkeit zu positionieren. Dazu ist es notwendig, generelles Managementwissen zum Thema CSR mit einzelnen betriebswirtschaftlichen Spezialdisziplinen (z.B. Finanz, HR, PR, Marketing etc.) zu verknüpfen. Die CSR-Reihe möchte genau hier ansetzen und Unternehmenslenker, Manager der verschiedenen Bereiche sowie zukünftige Fach- und Führungskräfte dabei unterstützen, ihr Wissen und ihre Kompetenz im immer wichtiger werdenden Themenfeld CSR zu erweitern. Denn nur, wenn Unternehmen in ihrem gesamten Handeln und allen Bereichen gesellschaftlichen Mehrwert generieren, können sie auch in Zukunft erfolgreich Geschäfte machen. Die Verknüpfung dieser aktuellen Managementdiskussion mit dem breiten Managementwissen der Betriebswirtschaftslehre ist Ziel dieser Reihe. Die Reihe hat somit den Anspruch, die bestehenden Managementansätze durch neue Ideen und Konzepte zu ergänzen, um so durch das Paradigma eines nachhaltigen Managements einen neuen Standard in der Managementliteratur zu setzen.

Weitere Bände in der Reihe
http://www.springer.com/series/11764

Markus Raueiser · Monika Kolb
(Hrsg.)

CSR und Hochschulmanagement

Sustainable Education als neues
Paradigma in Forschung und Lehre

Herausgeber
Markus Raueiser
Cologne Business School
Köln, Deutschland

Monika Kolb
Cologne Business School
Köln, Deutschland

ISSN 2197-4322 ISSN 2197-4330 (electronic)
Management-Reihe Corporate Social Responsibility
ISBN 978-3-662-56313-7 ISBN 978-3-662-56314-4 (eBook)
https://doi.org/10.1007/978-3-662-56314-4

Die Deutsche Nationalbibliothek verzeichnet diese Publikation in der Deutschen Nationalbibliografie; detaillierte bibliografische Daten sind im Internet über http://dnb.d-nb.de abrufbar.

Springer Gabler
© Springer-Verlag GmbH Deutschland, ein Teil von Springer Nature 2018
Das Werk einschließlich aller seiner Teile ist urheberrechtlich geschützt. Jede Verwertung, die nicht ausdrücklich vom Urheberrechtsgesetz zugelassen ist, bedarf der vorherigen Zustimmung des Verlags. Das gilt insbesondere für Vervielfältigungen, Bearbeitungen, Übersetzungen, Mikroverfilmungen und die Einspeicherung und Verarbeitung in elektronischen Systemen.
Die Wiedergabe von Gebrauchsnamen, Handelsnamen, Warenbezeichnungen usw. in diesem Werk berechtigt auch ohne besondere Kennzeichnung nicht zu der Annahme, dass solche Namen im Sinne der Warenzeichen- und Markenschutz-Gesetzgebung als frei zu betrachten wären und daher von jedermann benutzt werden dürften.
Der Verlag, die Autoren und die Herausgeber gehen davon aus, dass die Angaben und Informationen in diesem Werk zum Zeitpunkt der Veröffentlichung vollständig und korrekt sind. Weder der Verlag noch die Autoren oder die Herausgeber übernehmen, ausdrücklich oder implizit, Gewähr für den Inhalt des Werkes, etwaige Fehler oder Äußerungen. Der Verlag bleibt im Hinblick auf geografische Zuordnungen und Gebietsbezeichnungen in veröffentlichten Karten und Institutionsadressen neutral.

Einbandabbildung: Michael Bursik

Gedruckt auf säurefreiem und chlorfrei gebleichtem Papier

Springer Gabler ist ein Imprint der eingetragenen Gesellschaft Springer-Verlag GmbH, DE und ist ein Teil von Springer Nature.
Die Anschrift der Gesellschaft ist: Heidelberger Platz 3, 14197 Berlin, Germany

Vorwort des Reihenherausgebers: Nachhaltige Hochschulbildung – brauchen wir ein neues Bildungsparadigma?

Bildung ist der Schlüssel zur nachhaltigen Gestaltung der Zukunft. Insbesondere Managementtheorien haben die Macht, die Realität zu verändern! Managementansätze, wie z. B. der Shareholder-Value-Ansatz oder die Principal-Agent-Theorie, hatten sich in den ausgehenden 90er-Jahren an den Hochschulen insbesondere in der Managementausbildung durchgesetzt. Diese Theorien haben damit in ihrer Zeit nicht nur das Denken und Handeln einer ganzen Managergeneration, sondern auch unser aller Realität verändert. Was vor rund 20 Jahren in den Führungsschmieden gelehrt wurde, bestimmt die damalige als auch die heutige Sichtweise auf die Wirtschaft und damit das gemeinhin akzeptierte Managementhandeln.

Diese Managementansätze und -sichtweisen aus dem letzten Jahrhundert feierten in einer Zeit der vermeintlich grenzenlosen Ressourcen zunächst große Erfolge. Dies änderte sich jedoch spätestens zu dem Zeitpunkt, als sich die globalen Bedingungen massiv zu verändern begannen. Knappe Ressourcen, demografische Veränderungen und nicht zuletzt die Finanzkrise zeigten, dass Gewinne nicht auf Dauer zulasten Dritter bzw. der Umwelt gemacht werden können.

Daraus ergeben sich nicht nur für die Unternehmen, sondern auch für die Hochschulen ganz neue Herausforderungen. Insbesondere die heutigen Studierenden, d. h. die nachkommende Managergeneration, werden neue Dimensionen (Soziales, Umwelt, Ethik, Wirtschaftlichkeit) in der Strategieformulierung gleichermaßen berücksichtigen. Denn Manager müssen heute aufgrund der gestiegenen Transparenz auf den Märkten stärker als früher darauf achten, dass ihr Handeln nicht nur marktkonform ist, sondern auch zustimmungsfähig bleibt.

Führende Managementvertreter fordern daher, die bis dato oftmals erfolgreichen Geschäftsmodelle (z. B. in der Automobil-, Energie, Finanzbranche) innerhalb kurzer Zeit den veränderten Rahmenbedingungen anzupassen, d. h. die bestehenden Geschäftsmodelle sowohl auf den unternehmerischen als auch gesellschaftlichen Mehrwert neu auszurichten, denn neueste Studien zeigen, dass gesellschaftliche Verantwortung und Corporate Social Responsibility (CSR) eng mit dem Unternehmenserfolg zusammenhängen. CSR entwickelt sich in dieser neuen Perspektive zu einem nachhaltigen Managementansatz, in dem die gesellschaftliche Dimension unternehmerischen Handelns explizit in die Unternehmensstrategie integriert wird. Insbesondere die neueren, chancenorientierten CSR-

Ansätze der Betriebswirtschaftslehre fördern daher sowohl die Wettbewerbs- als auch die Kooperationsfähigkeit von Unternehmen und zeigen eine hohe wirtschaftliche Relevanz von CSR für die Unternehmen auf.

Diese neuen Erkenntnisse haben auch Konsequenzen für die Hochschulen, die ihr eigenes Handeln überdenken und die bestehenden Curricula überarbeiten müssen. Unterstützung bekommen sie dabei von den Vereinten Nationen im Rahmen der Principles for Responsible Management Education (PRME) sowie der Sustainable Development Goals (SDG), die von immer mehr Universitäten Beachtung finden. Das damit verbundene neue Managementparadigma bedeutet auch, dass alle wissenschaftlichen Einzeldisziplinen das Thema Verantwortung und Nachhaltigkeit in ihren jeweiligen Fachdiskurs aufnehmen. Diese Vielzahl von fachspezifischen Kenntnissen wird in weiterer Folge zu dem neuen Managementparadigma Nachhaltiges Management aggregiert. Die Managementreihe *Corporate Social Responsibility*, herausgegeben im Springer-Verlag, verfolgt dabei das Ziel die notwendige Basis zu schaffen, um die Managementausbildung an den Hochschulen konstruktiv hin zu mehr nachhaltigem Denken und Handeln zu verändern.

Bestehende Hochschulstrategien und Bildungsdiskurse werden vor diesem Hintergrund neu gedacht und organisiert werden. Nur wenn es Hochschulen schaffen, in ihrer Ausbildung sowohl den unternehmerischen als auch gesellschaftlichen Mehrwert zu adressieren, werden wir ein nachhaltiges Bildungsparadigma schaffen, das zukunftsfähig ist.

In der Managementreihe *Corporate Social Responsibility* überwindet die nun vorliegende Publikation mit dem Titel *CSR und Hochschulbildung* die oft einseitig geführte Wirtschaftsdiskussion an den deutschen Hochschulen: zum einem durch neueste Theorien zum Thema nachhaltiges Management und nachhaltige Bildung, zum anderen durch konkrete Praxisbeispiele aus der deutschsprachigen Hochschullandschaft. Das Buch stellt damit erstmals innovative Instrumente für das Management von Hochschulen unter Einbezug der aktuellen Nachhaltigkeits- und CSR-Diskussion zur Verfügung. Alle Leser sind damit herzlich eingeladen, die in der Reihe dargelegten Gedanken aufzugreifen und für die eigenen beruflichen Herausforderungen zu nutzen sowie mit den Herausgebern, Autoren und Unterstützern dieser Reihe intensiv zu diskutieren. Ich möchte mich last, but not least sehr herzlich bei meinen Kollegen Prof. Dr. Markus Raueiser, Monika Kolb und Adeline Grafe für ihr großes Engagement, bei Janina Tschech und Eva-Maria Kretschmer vom Verlag Springer Gabler für die gute Zusammenarbeit sowie bei allen Unterstützern der Reihe aufrichtig bedanken und wünsche Ihnen, werte Leser, nun eine interessante Lektüre.

Prof. Dr. René Schmidpeter

Vorwort

Corporate Social Responsibility (CSR) gehört neben der Globalisierung und der digitalen Transformation zu den großen unternehmerischen Herausforderungen der Zukunft. Nachhaltig handelnde Unternehmen generieren Wettbewerbsvorteile, die ihnen auch langfristig das Überleben am Markt sichern. Dabei spielen nicht nur Reputation und Image als wesentlicher Treiber für Nachhaltigkeit eine Rolle, sondern auch der Beitrag für Umwelt und Gesellschaft durch die verantwortungsvolle Steuerung globaler Lieferketten gepaart mit der entsprechenden Motivation der Mitarbeiter, für nachhaltig agierende Unternehmen ihre Arbeitskraft zur Verfügung zu stellen. Gerade in Zeiten digitale Transformation und den damit verbundenen disruptiven Veränderungen ist es unerlässlich, dass Unternehmen ihr Handeln auf einer soliden Wertebasis aufbauen.

Nachhaltiges Wirtschaften wird somit zum strategischen Erfolgsfaktor, das nicht nur Teil des Handelns einer Nachhaltigkeitsabteilung im Unternehmen bestimmen darf, sondern essenzieller Bestandteil jeder unternehmerischen Tätigkeit über alle Funktionsbereiche hinweg sein muss. Hier setzt unsere Verantwortung als Business School an, denn Unternehmen müssen auf entsprechend ausgebildete Manger auf allen hierarchischen Stufen zurückgreifen können, um den zuvor skizzierten Herausforderungen gerecht zu werden. Wir bilden die Manager der Zukunft aus und tragen damit einen Teil der Verantwortung, die Forderung des Brundtland-Berichts in die Tat umzusetzen, auch für zukünftige Generationen eine sozial und ökologisch verträgliche Zukunft zu gestalten.

Als eine der ersten Hochschulen in Deutschland etablierte die Cologne Business School (CBS) einen Stiftungslehrstuhl für Nachhaltiges Management, finanziert von der Dr. Jürgen Meyer Stiftung. Am Anfang standen Vorlesungen zu Wirtschaftsethik und der Versuch, diese Inhalte in einzelnen Fächern zu etablieren. Heute hat die Cologne Business School in den englischsprachigen Programmen einen integrierten Nachhaltigkeitsansatz verwirklicht. In allen Vorlesungen mit wirtschaftlichem Fokus sind nun Aspekte nachhaltigen Managens enthalten, die unseren Studierenden ein umfängliches Wissen vermitteln, wie Manager Nachhaltigkeit erfolgreich in jeder unternehmerischen Handlung etablieren können. Dabei ist CSR Teil der Vorlesungen oder bestimmt die Inhalte des gesamten Semesters, wie z. B. im Fach Sustainable-Supply-Chain-Management. Durch dieses vollumfänglich integrierte Nachhaltigkeitsverständnis unseres Curriculums gilt die CBS als Vorreiter in diesem Bereich. Wir sind damit auch bestens auf die kommende Herausforderung der Umsetzung der Sustainable Development Goals der UN durch unternehmerisches Handeln vorbereitet.

Neben unserem zukunftsfähigen Curriculum fußt unser House of Vision auf Verantwortung nicht nur für die Lehre, sondern auch für Innovation und Forschung. Die CBS etabliert innovative Vortragsformate z. B. in Zusammenarbeit mit der Industrie- und Handelskammer Köln und dem Land Nordrhein-Westfalen. Darüber hinaus steht im Zentrum der Forschung der CBS das Thema Nachhaltigkeit und beflügelt die weiteren Forschungscluster. Die Ergebnisse unserer nachhaltigen Forschung werden in unserer Schriftenreihe *CSR und ...*, die neueste Veröffentlichung halten Sie gerade in Händen, unserem *Journal of International CSR* oder unserer Working-Paper-Serie einer breiten Öffentlichkeit zugänglich gemacht.

Den krönenden Abschluss unserer Entwicklung bildete die Gründung des Center for Advanced Sustainable Management (CASM) an der CBS. Dieses Format erlaubt es uns, unsere bisherigen Aktivitäten weiter zu bündeln, neue Wege zu gehen, wie z. B. die Etablierung einer internationalen Graduate School zum nachhaltigen Management, und das Thema nachhaltiges Management in einen größeren, internationalen Kontext zu stellen. Die nachhaltige Steuerung globaler Lieferketten macht ein Verständnis für kulturelle Unterschiede unumgänglich, das gegenwärtig noch keine große Rolle in der Forschung spielt.

Mit diesem Sammelband halten Sie ein hochkarätiges Werk in Händen, das Ihnen als Hochschulvertreter aufzeigt, wie Sie Ihre Hochschule erfolgreich im Sinn des nachhaltigen Managements weiterentwickeln können. Neue Trends und Handlungsfelder ergänzt um innovative Praxisbeispiele sowie Netzwerkideen bilden ein solides Fundament, um der zukünftigen Anforderung an eine Hochschule, die Manager der Zukunft auszubilden, gerecht zu werden.

Prof. Dr. Elisabeth Fröhlich

Die HerausgeberInnen

Prof. Dr. Markus Raueiser ist Professor für International Business, Dekan des Fachbereiches und Vize-Präsident für Internationalisierung an der Cologne Business School. Seit 20 Jahren ist er im Hochschulmanagement privater und öffentlicher Hochschulen tätig. Zu seinen Forschungsgebieten zählen u. a. organisationsstrukturelle Fragestellungen im Bereich „Higher Education" und strategisches Hochschulmanagement.

Monika Kolb ist wissenschaftliche Mitarbeiterin und Dozentin am Center for Advanced Sustainable Management (CASM) der Cologne Business School und Director Empowerment der M3TRIX GmbH. Sie promoviert an der IEDC Bled School of Management. Ihre Arbeit und Forschung fokussiert sich auf die Bereiche innovative Management Ausbildung und verantwortungsvolle Führung.

Inhaltsverzeichnis

Corporate Social Responsibility und Hochschulmanagement: Einführung in die Thematik und Beschreibung des Buchaufbaus 1
Markus Raueiser und Monika Kolb

Zukunft gestalten – Trends und Handlungsfelder

Wirtschaft im Wandel – Neue Anforderungen an die Managementausbildung . 11
René Schmidpeter und Monika Kolb

CSR als Gegenstand interdisziplinärer Lehre 19
Thomas Krickhahn und Christian Rennert

Hochschullehrende im Spannungsraum von Freiheit und Verantwortung: mehr Agilität ermöglichen 31
Georg Müller-Christ und Merle Katrin Tegeler

Bachelor Betriebswirtschaftslehre im Wandel: Integration der verantwortungsvollen Managementausbildung in die akademische Bildung 47
Sigrid Bekmeier-Feuerhahn, Katharina Hetze und Rita Klapper

Zukunftsfähige Lehre gestalten: Studierende treten für Ethik und Nachhaltigkeit an Hochschulen ein 69
Rebecca C. Ruehle, Loreen Wachsmuth, Anne-Kristin Geisbüsch, Josephin Wagner und Lisa Heldt

Studierende als Chance für eine partizipative und nachhaltige Hochschule . . . 91
Anna Katharina Beyer und Julia Weber

Smart Learning Environments: Integrating User Consent for a Responsible Data Management when Offering Personalized Learner Services 107
Julia Maintz

Die UN Sustainable Development Goals: Disruptiv für Unternehmen und Hochschulen? 115
Rudi Kurz

Der hochschulspezifische Nachhaltigkeitskodex 129
Riccarda Retsch

Nachhaltige Entwicklung als Ausgangspunkt strategischer Überlegungen im Hochschulmanagement 139
Alexander Herzner

Corporate Social Responsibility an der Business School: Mythen und Erzählungen 153
Volker Rundshagen

Voneinander lernen – Praxisbeispiele

Nachhaltige Nachhaltigkeit II – Auf dem Weg zur Integration von Wirtschaftsethik und Nachhaltigkeit in die wirtschaftswissenschaftliche Managementqualifizierung 171
Stefan Heinemann und Martha Hermeier

Nachhaltiges Management lehren und lernen: Ein praktischer Ansatz zur Transformation 199
Monika Kolb und Patrick Bungard

The impact of sustainable management education on students' employer expectations and work values using the Cologne Business School as a case study 213
Adeline Grafe

Die Integration von CSR in die Lehre: ein Erfahrungsbericht der Hochschule Fresenius 233
Lutz Becker, Thorsten Daubenfeld, Elisabeth Hackspiel-Mikosch, Svetlana Harms und Amit Ray

Universitäten als Katalysatoren eines nachhaltigen Wandels am Beispiel der Universität Graz 251
Rupert J. Baumgartner

Hochschulen als Partner der nachhaltigen Regionalentwicklung 263
Dirk Engel, Norbert Zdrowomyslaw und Fabian Kentsch

Corporate Social Responsibility an australischen Hochschulen 279
Martin Brueckner, Megan Paull und Rochelle Spencer

Empowering ethical and socially responsible leadership through management education – A case study on the IEDC-Bled School of Management 295
Danica Purg and Alenka Braček Lalić

Gemeinsam mehr erreichen – Netzwerke mit Impact

CSR in der Hochschulpraxis: CSR-Kooperationen und ihr Einfluss auf Forschung, Lehre und Verwaltung am Beispiel einer Case Study 309
Christopher Stehr und Franziska Struve

PRME Chapter DACH: Umsetzung der UN Prinzipien für eine verantwortungsvolle Managementausbildung an deutschsprachigen Hochschulen 331
Lutz E. Schlange

Nachhaltige Hochschultransformation von unten denken 343
Lukas Daubner, Jannis Eicker, Jana Holz und Lisa Weinhold

Autorenverzeichnis

Rupert J. Baumgartner Universität Graz, Graz, Österreich

Lutz Becker Hochschule Fresenius für Wirtschaft und Medien GmbH, Köln, Deutschland

Sigrid Bekmeier-Feuerhahn Leuphana Universität Lüneburg, Lüneburg, Deutschland

Anna Katharina Beyer oikos Vienna, Kompetenzzentrum für Nachhaltigkeit, Wien, Österreich

Alenka Braček Lalić IEDC-Bled School of Management, Postgraduate Studies, Bled, Slowenien

Martin Brueckner Centre for Responsible Citizenship and Sustainability, Murdoch University, Murdoch, Australien

Patrick Bungard Cologne Business School, Köln, Deutschland

Thorsten Daubenfeld Hochschule Fresenius gem. GmbH, Idstein, Deutschland

Lukas Daubner Universität Bielefeld, Bielefeld, Deutschland

Jannis Eicker netzwerk n e.V., Berlin, Deutschland

Dirk Engel Hochschule Stralsund, Stralsund, Deutschland

Anne-Kristin Geisbüsch sneep e.V. ethics and economics, Fredersdorf-Vogelsdorf, Deutschland

Adeline Grafe Cologne Business School, Köln, Deutschland

Elisabeth Hackspiel-Mikosch AMD Akademie Mode & Design GmbH, Düsseldorf, Deutschland

Svetlana Harms Hochschule Fresenius für Wirtschaft und Medien GmbH, Köln, Deutschland

Stefan Heinemann FOM Hochschule für Oekonomie & Management, Essen, Deutschland

Lisa Heldt sneep e.V. ethics and economics, Fredersdorf-Vogelsdorf, Deutschland

Martha Hermeier FOM Hochschule für Oekonomie & Management, Essen, Deutschland

Alexander Herzner OTH Amberg-Weiden, Weiden, Deutschland

Katharina Hetze Leuphana Universität Lüneburg, Lüneburg, Deutschland

Jana Holz netzwerk n e.V., Berlin, Deutschland

Fabian Kentsch Hochschule Stralsund, Stralsund, Deutschland

Rita Klapper Leuphana Universität Lüneburg, Lüneburg, Deutschland

Monika Kolb Cologne Business School, Köln, Deutschland

Thomas Krickhahn Hochschule Bonn-Rhein-Sieg, Rheinbach, Deutschland

Rudi Kurz Hochschule Pforzheim, Pforzheim, Deutschland

Julia Maintz Cologne Business School GmbH (CBS), European University of Applied Sciences, Köln, Deutschland

Georg Müller-Christ Universität Bremen, Bremen, Deutschland

Megan Paull Centre for Responsible Citizenship and Sustainability, Murdoch University, Murdoch, Australien

Danica Purg IEDC-Bled School of Management, Postgraduate Studies, Bled, Slowenien

Markus Raueiser Cologne Business School, Köln, Deutschland

Amit Ray Hochschule Fresenius für Wirtschaft und Medien GmbH, Köln, Deutschland

Christian Rennert Technische Hochschule Köln, Köln, Deutschland

Riccarda Retsch Rat für Nachhaltige Entwicklung, Berlin, Deutschland

Rebecca C. Ruehle sneep e.V. ethics and economics, Fredersdorf-Vogelsdorf, Deutschland

Volker Rundshagen Hochschule Stralsund, Stralsund, Deutschland

Lutz E. Schlange HTW Chur, Chur, Schweiz

René Schmidpeter Cologne Business School, Köln, Deutschland

Rochelle Spencer Centre for Responsible Citizenship and Sustainability, Murdoch University, Murdoch, Australien

Christopher Stehr German Graduate School of Management and Law gGmbH, Heilbronn, Deutschland

Franziska Struve German Graduate School of Management and Law gGmbH, Heilbronn, Deutschland

Merle Katrin Tegeler Universität Bremen, Bremen, Deutschland

Loreen Wachsmuth sneep e.V. ethics and economics, Fredersdorf-Vogelsdorf, Deutschland

Josephin Wagner sneep e.V. ethics and economics, Fredersdorf-Vogelsdorf, Deutschland

Julia Weber oikos Vienna, Kompetenzzentrum für Nachhaltigkeit, Wien, Österreich

Lisa Weinhold netzwerk n e.V., Berlin, Deutschland

Norbert Zdrowomyslaw Hochschule Stralsund, Stralsund, Deutschland

Corporate Social Responsibility und Hochschulmanagement: Einführung in die Thematik und Beschreibung des Buchaufbaus

Markus Raueiser und Monika Kolb

1 Hochschulen im Wandel von CSR und Hochschulmanagement: Zukunftsorientiertes Hochschulmanagement für eine nachhaltige Entwicklung

Grundlegende Veränderungen der Governance-Strukturen des deutschen Hochschulsystems, der Trend zur Internationalisierung, die zunehmende Demokratisierung von Wissen, aber auch die demografische Entwicklung führen zu neuen Herausforderungen für die Steuerung, Organisation und Verwaltung von Hochschulen. Hierdurch bieten sich zugleich auch unternehmerische bzw. institutionelle Chancen, eigene Organisationsstrukturen neu zu denken und die eigene Institution weiterzuentwickeln. Das bedeutet auch eigene Prozesse und Strukturen kritisch zu hinterfragen und beständig auf der Suche nach einem besseren nachhaltigen Hochschulmanagement zu sein. In diesem Kontext müssen Hochschulen und Bildungseinrichtungen kontinuierlich bestehende Strukturen sowohl auf den gesellschaftlichen als auch den ökologischen und ökonomischen Mehrwert überprüfen und gegebenenfalls neu ausrichten. In diesem Kontext hat sich die wissenschaftliche Forschung immer aktuellen Trends und Entwicklungen in Gesellschaft und Wirtschaft angenommen, diese begleitet und weiterentwickelt. Die Diskussion und Forschung zur Corporate Social Responsibility (CSR) sind stark getrieben von den wesentlichen Stakeholdergruppen aus der Hochschulorganisation und Wissenschaftlern (v. a. den Hochschullehren), die dem Forschungsbereich zuzuordnen sind. Der kritische Diskurs zu einem neuen Denkansatz und nachhaltigem Handeln in Unternehmen, Gesellschaft und Organi-

M. Raueiser (✉) · M. Kolb
Cologne Business School
Köln, Deutschland
E-Mail: m.raueiser@cbs.de

M. Kolb
E-Mail: m.kolb@cbs.de

© Springer-Verlag GmbH Deutschland, ein Teil von Springer Nature 2018
M. Raueiser und M. Kolb (Hrsg.), *CSR und Hochschulmanagement*,
Management-Reihe Corporate Social Responsibility,
https://doi.org/10.1007/978-3-662-56314-4_1

sationen ist vielen Hochschullehrern eigen und wird von ihnen in der Forschung begleitet und weiterentwickelt.

So bildet der Hochschulkontext ein spannendes Forschungsobjekt selbst. Inwieweit setzen sich Hochschulen als Organisationen, als Ort von Lehre und Forschung selbst und deren Stakeholder mit Fragen der CSR auseinander und beziehen diese in die Tätigkeitsbereiche und Organisationseinheiten ein? Dies sind die zentralen Fragestellungen des vorliegenden Buchs. Kernbereiche der Hochschule sind Forschung, Lehre und Administration. Klassicherweise können klare Verknüpfungen des Themenfelds mit den zwei Kernbereichen der Wissensorganisation von Hochschulen in deutschsprachigen Bereich konstatiert werden. Ein starker Fokus der aktuellen CSR-Diskussion in Hochschulkontext liegt in der Lehre auf der curricularen Umsetzung. Hier gibt es facettenreiche Ansätze, Nachhaltigkeitsthemen im Curriculum zu integrieren – von singulären CSR- bzw. Business-Ethics-Kursen bis hin zu holistischen Implementierungsansätzen. So bilden v. a. die vorgestellten und diskutierten Beispiele von CSR-Themen in Lehrveranstaltungen und Kurskonzepten einen Fokus des vorliegenden Buchs. Sind bzw. waren es in vielen Hochschulen zunächst eher einzelne Themen und Veranstaltungen zum Themenfeld, finden sich heute in den meisten wirtschaftswissenschaftlichen Studiengängen bzw. Curricula Wirtschaftsethik- oder CSR-Kurse, zumindest als Wahlkurse zunehmend aber auch fest verankert, die das Kerncurriculum abrunden und Studierenden diese neue Perspektive des Handels aufzeigen und den aktuellen Stand der Forschung vermitteln. Ausnahmen sind bisher noch komplette Curricula, die ganzheitlich die Perspektive des CSR einnehmen und in ihre Kurskonzepte und Modulentwicklungen einbeziehen, somit also eine Programmentwicklung und Lehre im Sinn eines nachhaltigen Managementansatzes in allen Funktionsbereichen des Managements postulieren. In Abhängigkeit von den inhaltlichen Kompetenzen und der Affinität von CSR- und ethischen Themen kann die Grundlage des Aufbaus einer Fakultät sein, die Lehre ganzheitlicher zu denken und diese Sichtweise zumindest als eine feste Perspektive – sozusagen als roten Faden – ins Curriculum einzubauen, sodass dann z. B. nicht nur die traditionelle Sichtweise einer eher marktorientierten Finanzwissenschaft vermittelt wird, sondern auch die ethischen Aspekte thematisiert werden. Langfristig kann so ein holistischer Ansatz einer nachhaltigeren Managementlehre in der Fakultät implementiert und curricular verankert werden.

Der dritte Bereich der Hochschulorganisation ist die Verwaltung oder Administration, die man in der Porter-Segmentierung der Wertschöpfungssystematik zu den unterstützenden Funktionen zählen kann. Die Veränderung der Hochschullandschaft ist durch den sukzessiven Rückzug des Staats aus der Hochschullandschaft gekennzeichnet. Dies führt einerseits zum Entstehen kleiner privater Hochschulen, die per se eine andere Organisationsstruktur und Managementansätze bedürfen. Auf der andern Seite zieht sich der Staat zunehmend aus der Steuerung von Hochschulen heraus und bietet den Hochschulen mehr Autonomie mit Blick auf Budgetierung und Personal- und Organisationsentwicklung. Dies führt zu umfassenden Veränderungen der Leitungs- und Verwaltungsorganisation an deutschen Hochschulen.

Inwieweit sich die CSR-Themen aber auch auf die dritte Säule der Hochschulorganisation (Administration) und damit auch auf die spannende Frage der Gesamtsteuerung von Hochschulen erstecken bzw. inwieweit sie umgesetzt werden, kann in diesem Buch nur in Teilen beantwortet werden. Effizienter Ressourceneinsatz (Energieeinsparung, Recycling etc.) und Facility-Management bilden gute Beispiele in diesem Kontext. Parallel sind Hochschulen mit gestiegenen Ansprüchen und neuen Anforderungen verschiedenster gesellschaftlicher Stakeholder konfrontiert. Gute Beispiele für die Diffusion von CSR-Themen in die Hochschulorganisation sind die von der Stakeholdergruppe der Studierenden initiierten Netzwerke oikos und sneep e. V., die jeweils mit einem Beitrag in diesem Buch vertreten sind. Diese haben im Sinn eines Bottom-up-Ansatzes eine hohe Implikation im Hinblick auf die Steuerung für Hochschulen.

Dieser Kontext bildet eine hervorragende Basis, im Sinn einer nachhaltigen Organisationsgestaltung eine ressourceneffiziente und transparente Steuerung zu erreichen. Hierzu sind Organisationsmodelle zu denken, die eine Vernetzung über die Bereiche hinweg deklinieren. Die Einbindung aller Stakeholder (Professoren, Alumni, Studenten, Administration etc. einer Hochschule) bietet hier großes Potenzial für Input, aber auch die Möglichkeit der Umsetzung einer nachhaltigen Entwicklung.

Die Schaffung von Lehrstühlen, die sich mit dem Thema inhaltlich beschäftigen, teils gefördert als Stiftungslehrstuhl oder durch Drittmittel, längerfristig finanziert durch hochschuleigene Budgets, sind ein Zeichen für die organisatorisch-inhaltliche Einbettung des Thema in eine Hochschulorganisation. Das Center for Advanced Sustainable Management (CASM) an der Cologne Business School (CBS) zeigt, wie die organisatorische Verstetigung des Themas sowie die langfristige inhaltliche Verankerung ermöglicht werden kann.

Ferner kann sowohl die Vernetzung und zugleich effizientere Steuerung durch eine umfassende Digitalisierung der Hochschulorganisation stattfinden. Digitale Plattformen wie Customer-Relationship-Management(CRM)- bzw. Enterprise-Resource-Planning(ERP)-Systeme bieten das Potenzial zur Verknüpfung und ressourceneffizienten Steuerung der Kernbereiche Forschung und Lehre. Der Verwaltungsbereich kann so optimal in die Steuerung einbezogen werden. Beispiele eines weitergehenden ganzheitlichen, nachhaltigen und integrierten Managements über die drei Säulen der Hochschulorganisation hinweg sind die Modulentwicklung digitaler Lehrformate, aber auch das Forschungs- und Ressourcenmanagement sowie deren Monitoring und Controlling. Entsprechende Ansatzpunkte können die Prinzipien des UN Global Compacts und das Programm Bildung für nachhaltige Entwicklung geben.

Die entscheidende Frage der künftigen Forschung bleibt: Wie kann eine Hochschulorganisation gestaltet werden, sodass nicht nur einzelne Projekte in Teilbereichen, vielfach Leuchtturmprojekte, dem CSR-Ansatz folgen, sondern vielmehr der Fokus auf der Entwicklung einer nachhaltigen Hochschulorganisation liegt, der zu einem holistischen Ansatz des nachhaltigen Hochschulmanagements führt.

2 Über den vorliegenden Sammelband

Dieses Buch vereint verschiedene Perspektiven der nachhaltigen Entwicklung und der CSR im Hochschulkontext. Es bündelt Handlungsfelder, Praxisbeispiele und Erkenntnisse von Beitragsautoren aus dem nationalen und internationalen Hochschul- und Bildungsumfeld. Dabei spiegeln die vielfältigen Perspektiven und Erfahrungen verschiedener Stakeholder – interner sowie externer – den aktuellen Diskussionsstand im Themenfeld CSR und Hochschulmanagement in diesem Band wider. Die Beiträge beinhalten Handlungsempfehlungen zur Weiterentwicklung des eigenen Hochschulmanagements und inspirieren zur systematischen Auseinandersetzung mit CSR. Dabei gilt die nachhaltige Entwicklung als Ausgangspunkt für jegliche strategische Überlegungen im Bereich des Hochschulmanagements.

Das Buch gliedert sich in drei Teile:

1. Zukunft gestalten – Trends und Handlungsfelder
2. Voneinander lernen – Praxisbeispiele
3. Gemeinsam mehr erreichen – Netzwerke mit Impact

Im ersten Teil beleuchten die Autoren die Chancen und Herausforderungen von CSR, Nachhaltigkeit und den Sustainable Development Goals für Hochschulen. Die sich hierbei ergebenden Gestaltungsräume und Trends in der Forschung und insbesondere in der Lehre werden von Professoren, Forschern und Studierenden diskutiert und kritisch analysiert. Im zweiten Teil berichten Praxisvertreter von ihren Erfahrungen und Erkenntnissen hinsichtlich der Umsetzung von CSR in Hochschulen. Der dritte Teil enthält Beiträge aus den wichtigsten Netzwerken und erläutert den Einfluss von Kooperationen für eine nachhaltige Hochschultransformation.

Die in diesem Sammelband aufgeführten Beiträge stammen von einflussreichen Akteuren der Hochschullandschaft und Zivilgesellschaft. Die zunehmende und breitgefächerte Auseinandersetzung mit dieser Thematik ist beeindruckend und zukunftsweisend. Aufgrund der Vielzahl der CSR-Akteure in Hochschulen ist zu beachten, dass dieses Buch exemplarisch unterschiedliche Themen aufgreift, es würde den Rahmen dieses Sammelbandes sprengen, die vielfältige und umfangreiche Anzahl der CSR-Pioniere in diesem Band aufzuführen.

2.1 Zukunft gestalten – Trends und Handlungsfelder

Dieser erste Teil beinhaltet Trends und Handlungsfelder von CSR und Hochschulmanagement. Zu Beginn werden der Wandel der Wirtschafts- und Arbeitswelt sowie die daraus entstehenden Anforderungen an die Bildung aufgezeigt. Der Bereich CSR als Gegenstand interdisziplinärer Lehrer wird ausgiebig betrachtet. Es folgt das Spannungsfeld zwischen Freiheit und Verantwortung, in dem sich Lehrende befinden. Der aktuelle Stand der CSR-Integration in Bachelorstudiengänge wird wissenschaftlich analysiert. Zusätzlich werden die Forderungen von Studierenden nach Nachhaltigkeit und Partizipation aufgegriffen. Weitere Beiträge setzen sich intensiv mit den Chancen der Digitalisierung für Lernen und Arbeiten auseinander. Abschließend werden die UN Sustainable Development Goals (SDG) und die nachhaltige Entwicklung als Rahmen für Hochschulmanagement durchleuchtet. Final folgt ein Beitrag, der den Bereich CSR in Business Schools kritisch hinterfragt.

Der erste Beitrag des Buchs stammt von René Schmidpeter und Monika Kolb. Sie formulieren Anforderungen an die Managementausbildung als Antwort auf den Wandel der Wirtschafts- und Arbeitswelt. Die Arbeit zeigt einen Ansatz auf, Managementbildung neu zu denken und zwar nachhaltig, unternehmerisch und ganzheitlich. Thomas Krickhahn und Christian Rennert beschäftigen sich mit der Interdisziplinarität in der Hochschullehre und erläutern die strukturellen Hindernisse und bieten Ansätze diese zu überwinden. Im Beitrag „Hochschullehre im Spannungsraum von Freiheit und Verantwortung: mehr Agilität ermöglichen" erarbeiten die Autoren Georg Müller-Christ und Merle-Katrin Tegeler qualitativ hochwertige Lehre und Lehr-Lern-Prozesse. Dabei stehen Hochschullehrende und ihr Bewegungsraum im Fokus des Beitrags. Die Autorinnen Sigrid Bekmeier-Feuerhahn, Katharina Hetze und Rita Klapper analysieren in ihrer Studie den Stand der Integration von strategisch ausgerichteter Nachhaltigkeit in der betriebswirtschaftlichen Lehre an deutschen Universitäten. Das Ergebnis: eine Heterogenität in der Integration von Nachhaltigkeit im Universitätsprofil sowie der Umsetzungstiefe im Curriculum. Rebecca Ruehle, Loreen Wachsmuth, Anne-Kristin Geisbüsch, Josephin Wagner und Lisa Heldt repräsentieren die deutschlandweit vertretene Studenteninitiative sneep für Wirtschafts- und Unternehmensethik. Sie fordern die systematische Integration von Nachhaltigkeit an Hochschulen und regen eine tragende Rolle der Studierenden an diesem Diskurs an. Ihre Forderungen haben sie in einem Positionspapier erörtert. Vom Potenzial Studierender handelt auch der nächste Beitrag. Anna Katharina Beyer und Julia Weber kritisieren die starke Ausrichtung von Bildung und Lehre an Arbeitsmarktanforderungen. Sie stellen einen Gegenentwurf am Beispiel des Projekts COMMIT vor. Der Beitrag von Julia Maintz führt den Leser in die Bereiche von digitalen und personalisierten Lerninhalten und Lernunterstützungen ein. Hierbei werden insbesondere Big-Data- und E-Learning-Plattformen und ihre Möglichkeiten untersucht. Der Beitrag „UN Sustainable Development Goals: Disruptiv für Unternehmen und Hochschulen" von Rudi Kurz erläutert das Konzept der „shared responsibility". Er erörtert die Rolle von Unternehmen und Hochschulen im Rahmen der SDG, des UN Global Compacts und der Principles of Responsible Management Edcation (PRME). Der folgende Beitrag von Riccarda Retsch stellt den vom Rat für Nachhaltige Entwicklung entwickelten hochschulspezifischen Nachhaltigkeitskodex vor. Dieser unterstützt Hochschulen dabei, ihre Strategie und ihr Management stärker an den Grundsätze nachhaltiger Entwicklung auszurichten. Ebenso ermöglicht der Kodex eine transparente Kommunikation von CSR-Aktivitäten. Anschließend argumentiert Alexander Herzner, dass eine strukturierte und prozessorientierte Herangehensweise für eine nachhaltige Entwicklung an Hochschulen notwendig ist. Aus diesem Grund erweitert er die strategischen Prozesse „plan, do, check, act" (PDCA) und „results approach, deployment, assessment, refinement" (RADAR) der European Foundation for Quality Management (EFQM), um das Thema strategisch zu verankern und operativ umzusetzen. Abschließend nimmt Volker Rundshagen eine kritische Perspektive zur Einschätzung von Business Schools und CSR ein. Er nutzt dabei das Konzept des Mythos verknüpft mit dem Prinzip der Erzählung als sinnstiftende Instanz aus der Organisationstheorie.

2.2 Voneinander lernen – Praxisbeispiele

Im zweiten Teil des Buchs schildern die Autoren ihre Erfahrungen in der Konzeption, Umsetzung und Prüfung von CSR im Hochschulmanagement. Zu Beginn finden vier Praxisimpulse aus den privaten Hochschulen FOM, CBS und der Hochschule Fresenius. Diesem Abschnitt folgen Beiträge der Universität in Österreich und das Praxisbeispiel der FH Strahlsund als Partner für regionale Entwicklung. Die Implementierung von CSR in australischen Hochschulen bespricht ein englischsprachiger Beitrag. Anschließend folgt ein Bericht über den Einfluss einer kreativen Lernumgebung am Beispiel einer Hochschule in Slowenien. Abgeschlossen wird der zweite Teil mit einem Beitrag zum Thema nachhaltige Strategie zur Internationalisierung. Die Beiträge regen zum Voneinanderlernen und Nachmachen an.

Am Fallbeispiel der FOM Hochschule weisen Stefan Heinemann und Martha Hermeier den Entwicklungs- und Umsetzungszustand von CSR auf. Ihre empirische Studie zeigt, dass die hohe Bedeutung von Nachhaltigkeit im Rahmen der Managementausbildung von einem Großteil der Studierenden getragen wird. In einem zweiten Praxisimpuls mit dem Titel „Nachhaltiges Management lehren und lernen: Ein Ansatz zur Transformation" erklären Monika Kolb und Patrick Bungard die Notwendigkeit für eine neue Methodik des Lehrens einhergehend mit einem neuen Rollenverständnis für Lehrende. Sie bieten dabei die Drei-mal-drei-Prinzipien zu nachhaltigem Management an. Mit dem Einfluss einer nachhaltigen Managementlehre auf die Arbeitgebererwartungen von Studierenden setzen sich Adeline Grafe auseinander. Im Praxisbericht von Lutz Becker, Thorsten Daubenfeld, Elisabeth Hackspiel-Mikosch, Sventlana Harms und Amit Ray wird die Integration von CSR-Themen in die Lehre an der Hochschule Fresenius aufgezeigt. Dabei beschreiben sie anhand von konkreten Beispielen die Umsetzung in den Fachbereichen Wirtschaft und Medien, Design und Biologie und Chemie. Welche Rolle kommt den Universitäten bei Transformationsprozessen zu einer nachhaltigen Gesellschaft zu? Mit dieser Frage beschäftigt sich Rupert J. Baumgartner und nutzt dafür das Beispiel der Universität Graz. Begonnen hat dort alles mit einem Bottom-up-Ansatz durch das Engagement der Studierenden und Lehrenden. Die Autoren Dirk Engel, Norbert Zdrowomyslaw und Fabian Kentsch des Beitrags „Hochschulen als Partner der nachhaltigen Regionalentwicklung" verstehen Universitäten als Motoren für nachhaltige regionale Entwicklung. Besonders wichtig ist hierbei die Stärkung der Beziehungen von Hochschulen zu den regionalen Akteuren aus Politik, Verbänden und Unternehmen, um Synergien zu schaffen.

Die Professoren der Murdoch University in Australien, Martin Brueckner, Megan Paul und Rochelle Spencer, verschaffen einen Einblick in die CSR-Lehrplanintegration an Hochschulen in Australien. Der relative Rückstand Australiens im Bereich CSR wird anhand universitätsinterner und -externer Barrieren erklärt und mögliche Wege für eine tiefere Verankerung von CSR im australischen Hochschulwesen werden diskutiert. Der englischsprachige Artikel von Alenka Braček Lalić zeigt anhand von der IEDC Bled School of Management and CEEMAN in Slowenien auf, wie ethische Führung durch Kunst und eine kreative Lernatmosphäre gefördert werden kann.

2.3 Gemeinsam mehr erreichen – Netzwerke mit Impact

Im dritten Teil des Buchs werden verschiedene Netzwerkinitiativen und der Einfluss von gemeinsamen Aktivitäten und umfangreichem Austausch aufgeführt. Im ersten Beitrag dieses Buchteils, verfasst von Christopher Stehr und Franziska Struve, werden verschiedene hochschulspezifische CSR-Kooperationen verglichen, um die potenziellen Effekte dieser Initiativen auf Hochschulen aufzuzeigen. Lutz Schlange präsentiert das PRME Chapter Deutschland, Österreich, Schweiz (DACH). Das offene Netzwerk hat sich als Vereinigung deutscher Hochschulen unter den Vereinten Nationen zur Förderung von Nachhaltigkeit in der Bildung etabliert. Im Beitrag werden die Geschichte und die strategische Ausrichtung von PRME und spezifischer dem Regionalkapitel erläutert. „Nachhaltige Hochschultransformation von unten denken" – dies ist der letzte Beitrag dieses Buchs, verfasst von Lukas Daubner, Jannis Eicker, Jana Holz und Lisa Weinhold. Der gemeinnützige Verein netzwerk n e. V. unterstützt Hochschulen, Nachhaltigkeit ganzheitlich und auf partizipativer Ebene zu ermöglichen. In ihrem Beitrag erklären die Autoren wie das netzwerk n die Zusammenarbeit von studentischen Initiativen und anderen Akteuren innerhalb und außerhalb der Hochschulen arrangiert.

Die vorliegenden Perspektiven geben einen Überblick der vielfältigen CSR-Aktivitäten im Hochschulkontext. *CSR im Hochschulmanagement* zeigt zahlreiche zukunftsorientierte Gestaltungsspielräume (Lehre, Forschung, Verwaltung, Dialog) für alle Akteure auf, bietet handfeste Beispiele sowie einflussreiche Netzwerke und Nachhaltigkeitsstandards als Steuerungsinstrumente nachhaltigen Hochschulmanagements.

Hochschulen kommt eine besondere Rolle im Wandel zu einer nachhaltigen Entwicklung zu. Es werden Wissen, Innovationen und Lösungen kreiert und zukünftige Entscheidungsträger und Bürger ausgebildet und zum Handeln befähigt. Dieses Buch zeigt auf, dass sich immer mehr Hochschulen ihrer gesellschaftlichen Verantwortung bewusst werden und Vorbildfunktionen übernehmen. Dabei scheint es als finde jede Hochschule ihren eigenen Weg CSR zu implementieren. Dabei haben alle Akteure innerhalb des Bildungsbereichs eine für sich genommen einzigartige Rolle. Umso mehr Akteure sich als komplementär für eine nachhaltige Entwicklung begreifen, wechselseitig Erfahrungen austauschen, miteinander Hindernisse überwinden und gemeinsam auf Augenhöhe neue Lösungen gestalten, desto erfolgreicher werden Hochschulen den Transformationsprozess gestalten. Für die aktive Gestaltung des gesellschaftlichen Transformationsprozesses ist eine vorausgehende Verankerung in Lehre, Forschung, Institution und Dialog nötig. Die dargelegte Übersicht kann und soll als Basis der weiteren Zusammenarbeit aller Akteure dienen und auch anderen Hochschulen aufzeigen, wie eine gelebte CSR im Hochschulmanagement aussehen kann.

Prof. Dr. Markus Raueiser ist Professor für International Business, Dekan des Fachbereiches und Vize-Präsident für Internationalisierung an der Cologne Business School. Seit 20 Jahren ist er im Hochschulmanagement privater und öffentlicher Hochschulen tätig. Zu seinen Forschungsgebieten zählen u.a. organisationsstrukturelle Fragestellungen im Bereich „Higher Education" und strategisches Hochschulmanagement.

Monika Kolb ist wissenschaftliche Mitarbeiterin und Dozentin am Center for Advanced Sustainable Management (CASM) der Cologne Business School und Director Empowerment der M3TRIX GmbH. Sie promoviert an der IEDC Bled School of Management. Ihre Arbeit und Forschung fokussiert sich auf die Bereiche innovative Management Ausbildung und verantwortungsvolle Führung.

Zukunft gestalten – Trends und Handlungsfelder

Wirtschaft im Wandel – Neue Anforderungen an die Managementausbildung

René Schmidpeter und Monika Kolb

1 Wandel der Wirtschaft und Arbeitswelt

Unsere Gesellschaft wandelt sich aufgrund der Digitalisierung in rasender Geschwindigkeit. Internet der Dinge, Big Data, Roboter und Industrie 4.0 werden immer mehr zur Realität. Die neue Wirtschafts- und Lebenswelt wird zunehmend geprägt durch Vernetzung und flache Hierarchien. Einst stabile Märkte (wie Energiewirtschaft, Finanzwirtschaft, Printmedien und Einzelhandel) sind nun durch Volatilität, Komplexität und globalen industrieübergreifenden Wettbewerb gekennzeichnet. In dieser unsicheren und oft auch widersprüchlichen Welt zählen die Fähigkeiten zum Umgang mit Veränderungen, Unsicherheit, Ambiguitätstoleranz und ganzheitlichen systemischen Denken. Diese Veränderungen führen zu steigender Verantwortung für die einzelnen Individuen in Wirtschaft und Gesellschaft. Die Geschwindigkeit und Komplexität, mit der unternehmerische Lösungen erarbeitet werden müssen, benötigen ein Umdenken im Ort und der Art der Entscheidungsfindung.

Literatur zum strategischen Management zeigt auf, dass ein Unternehmen, das operative Managemententscheidungen lokal und alle übergeordneten strategischen Entscheidungen zentral trifft, Probleme signifikant schneller und effektiver lösen kann (Baum und Wally 2003). Somit setzt die Unternehmensstrategie den Rahmen für alle Entscheidungen, in dem jeder Einzelne, der mit einer konkreten Herausforderung konfrontiert ist, mehr Freiheit und Verantwortung in der Entscheidungsfindung und Lösung erhält. So können Entscheidungen schneller und lösungsorientierter getroffen werden. Dazu bedarf es je-

---

R. Schmidpeter (✉) · M. Kolb
Cologne Business School
Köln, Deutschland
E-Mail: r.schmidpeter@cbs.de

M. Kolb
E-Mail: m.kolb@cbs.de

© Springer-Verlag GmbH Deutschland, ein Teil von Springer Nature 2018
M. Raueiser und M. Kolb (Hrsg.), *CSR und Hochschulmanagement*,
Management-Reihe Corporate Social Responsibility,
https://doi.org/10.1007/978-3-662-56314-4_2

doch einer kooperativen, offenen und selbstverantwortlichen Denk- und Arbeitsweise, die den gemeinsamen Erfolg aller in den Mittelpunkt stellt.

Klar definierte und strukturierte Aufgaben und Verantwortungsbereiche innerhalb von Hierarchieebenen wandeln sich zu einer Orientierung am Ziel mit dem Slogan „Tue was nötig ist" innerhalb von selbstorganisierten Teams. Diese Arbeitsweise verlangt nach breitem Anwendungswissen, Flexibilität und Selbstorganisation. Häufig sind in diesem Zusammenhang Projektverantwortliche damit beauftragt, ihr eigenes Team für dieses Ziel aufzubauen. Das Team besteht dabei fast selbstverständlich aus nationalen und internationalen Spezialisten innerhalb oder außerhalb des Unternehmens, die sowohl online als auch persönlich miteinander arbeiten. Dabei können diese Teams sowohl aus internen als auch externen Personen bestehen. Sobald das Ziel erreicht ist, also die Aufgabe erfüllt ist, löst sich dieses Team auf und geht getrennte Wege. Dadurch wird Führung keine dauerhafte Position sein, sondern nur für die Dauer des Projekts bestehen. Die Projektteams und Abteilungen organisieren sich hierbei selbstständig innerhalb und manchmal auch außerhalb des Unternehmenskonstrukts und sind in holokratische statt hierarchische Strukturen organisiert. Diese Entwicklungen zeigen, dass die Grenzen zwischen Abteilungen, Unternehmen und Industrien immer weiter verschwimmen. Auf der anderen Seite sehen wir, dass Standardtätigkeiten in der Verwaltung und im Kundenservice von künstlicher Intelligenz wie Bots erfüllt werden können und auch teilweise schon werden. Werden diese Veränderungen auch die Bildungslandschaft verändern?

2 Anforderungen an die Bildungslandschaft

Die neue Arbeitswelt wird erst möglich, wenn auch die Bildung die zunehmende Vernetzung, Selbstorganisation und Verantwortung des Einzelnen berücksichtigt. Methoden des selbstbestimmten Wissenserwerbs und der innovativen Informationsgewinnung und -verarbeitung gewinnen in der Arbeitswelt und Bildung daher immer weiter an Bedeutung. Als Basis eines freien Wissenstransfers und dem Empowerment der Menschen bedarf es einer hohen Bereitschaft der offenen Wissensweitergabe und der vertrauensvollen Entwicklung gemeinsamer Problemlösungsansätze. Dabei ist z. B. Job-Rotation und Gruppenarbeit ein hilfreiches Instrument, um kollektives Wissen aufzubauen und systematisch zu vernetzen. Auch systematisches Coaching und Mentoring sowie gemeinsames Arbeiten im Tandem hilft, Wissen über festgefahrene Grenzen zwischen verschiedenen Wissensdisziplinen und Denkschulen hinweg zu transferieren.

Daraus ergeben sich neue bzw. veränderte Anforderungen an die Kompetenz von Lehr- und Wissensmanagern und insbesondere an die Qualität der Führungsriege in Organisationen und Hochschulen. So werden sich in Zukunft Führungskräfte immer öfter selbst führen lassen, um Lösungen zu ermöglichen. Immer dann, wenn die Kompetenzen und Fähigkeiten zur Problemlösung im Team oder bei anderen Mitarbeitern liegen, zeichnet sich gute Führung durch Wertschätzung und das Zurückstellen der eigenen Meinung aus. Ein solches gesundes Führungsverhalten und eine wertorientierte Führungskultur werden in Zukunft unverzichtbar, um in einer immer stärker vernetzen Welt neues Wissen und Bildungsmethoden zu generieren.

3 Herausforderung: Managementausbildung ist von überholten Theorien geprägt

Umso erstaunlicher ist es, dass das gegenwärtige strategische Managementhandeln oft noch durch das in den Hochschulen der 1990er-Jahre gelehrte und damit meist überholte Wissen und Hierarchiedenken beeinflusst wird. Diese alten Theorien zeichnen sich in der Betriebswirtschaftslehre- und Ökonomieausbildung durch eine häufig eindimensionale Orientierung an monetären Zielen bzw. „profitability", dem Shareholder-Value und hierarchischen Command-and-Control-Strukturen aus, statt sich an nachhaltigem Wachstum bzw. „prosperity" und eigenbestimmtem Denken und kooperativem Handeln auszurichten. Überholtes Denken sowie verkrustete Hierarchien an Hochschulen verhindern noch oft, dass die Eigenverantwortung der Studierenden sowie deren Kooperationsfähigkeit gefördert bzw. entwickelt werden. Als Beispiel können hier Anwesenheitspflicht, starre Vorlesungspläne und überwiegende Bewertung von Einzelleistungen der Studierenden genannt werden.

Das durch übergeordnetes Konkurrenzdenken und falsche Anreizsysteme (z. B. eindimensionale Ratingsysteme von wissenschaftlicher Leistung) entstandene Silodenken sowie das für eigene Interessen instrumentalisierte Herrschaftswissen (z. B. Journalkultur, künstliche Trennung von Fachhochschule und Universität) sollte daher schnellstmöglich durch interdisziplinäre Zusammenarbeit, Vielfalt im Denken und eine breite Diversität über alle Hochschulen und Bildungsinstitutionen hinweg aufgebrochen werden. Dazu ist in der Ausbildung ein fundamentaler Kulturwandel hinsichtlich Vertrauen, Eigenverantwortung und einer nachhaltigen Persönlichkeitsentwicklung entlang der eigenen Bedürfnisse der Studierenden notwendig.

Dieses neue Primat der nachhaltigen Bildung wird auch in Anbetracht der globalen Herausforderungen immer notwendiger. Aus all diesen Entwicklungen ergeben sich weitreichende Herausforderungen an die Neugestaltung der Wertschöpfungsstrategien und -prozesse im Bildungssystem. Insbesondere die Digitalisierung verstärkt diese längst notwendige Entwicklung und Implementation neuer nachhaltiger Bildungsansätze im positiven Sinn. Denn richtig eingesetzt fördert die Digitalisierung ein neues Denken, das ganz auf den menschlichen Bedürfnissen ausgerichtet ist. Das erfordert auch einen ganz neuen Zugang in der Managementlehre und deren Vermittlung an Hochschulen.

4 Nachhaltigkeit muss unternehmerisch gedacht und vermittelt werden

Denkt man nachhaltige Bildung aus dieser konsequent persönlichkeitsorientierten Perspektive, geht dies weit über eine reine Wissensvermittlung hinaus. Denn für das Wohl der zukünftigen Entscheider ist es insbesondere wichtig, positive Auswirkungen ihrer eigenen Entscheidungen auf sich und die Gesellschaft in einer Welt der Unsicherheit zu erzeugen. Dabei steht nicht das moralische Motiv des altruistischen Gebens im Vordergrund, sondern die persönliche und zugleich gesellschaftliche Sinnhaftigkeit, die auf Orientierung und Faktenwissen gleichermaßen basiert. Diese konsequente Orientierung an den menschlichen Bedürfnissen und die damit verbundene Sinnstiftung schafft sowohl Mehrwert für die Gesellschaft als auch neue Gestaltungsmöglichkeiten. Die Potenziale einer sinnstiftenden Bildung können im Wandel der Digitalisierung zudem effizient und effektiv genutzt werden, um die drängenden gesellschaftlichen Herausforderungen zu lösen. Davon profitiert jeder Einzelne sowie unsere Gesellschaft und Wirtschaft.

5 Managementbildung neu gedacht – nachhaltig, unternehmerisch, ganzheitlich

Mit der zunehmenden Digitalisierung und Globalisierung und deren Folgen für die wirtschaftliche und gesellschaftliche Transformation wird die Zukunft immer weniger planbar und gewiss. Das bedeutet: Die Menschen lernen (und lehren) für eine Welt, die heute noch weitestgehend unbekannt ist. Jedoch ist nicht das Lehren entscheidend, sondern das Lernen. Das Lernen ist ein selbstorganisierter, konstruktivistischer Aneignungsprozess und nur bedingt durch die traditionelle belehrende – oft rein technische – Wissensvermittlung möglich. Es geht jedoch vielmehr um die Vermittlung von Transformations- und Reflexionskompetenzen.

Die Wirtschaft und damit auch das Managementdenken werden zunehmend mit den großen Fragestellungen des 21. Jahrhundert konfrontiert. Die Forderung nach einer ökologischen, ökonomischen und sozialen Nachhaltigkeit hinterfragt nicht nur das wirtschaftliche Denken und Handeln, sondern auch dessen Vermittlung im Rahmen des Managementstudiums an Universitäten und Hochschulen. Somit stehen Hochschulen in der Verantwortung, ihre Lehrkonzepte zu überarbeiten und ständig an die neuen wirtschaftlichen und gesellschaftlichen Bedingungen anzupassen. Dies bedeutet beispielsweise eine alternative Managementperspektive anzubieten, die über die pure Gewinnmaximierung hinausgeht, fachübergreifende und lösungsorientierte Lehrinhalte zu erstellen und innovative Lehrformate einzusetzen.

Dabei geht es nicht um eine „counter education", um Studierende mit einem neuen Paradigma zu indoktrinieren, sondern darum, durch eine offene und befähigende Lernumgebung mehr Lösungsoptionen für die aktuellen Herausforderungen zu ermöglichen. Das Ziel von Lernen ist es, Wirtschaft und Gesellschaft neu zu denken und nachhaltig zu gestalten, statt in vorgegebenen bzw. etablierten Denkmustern der alten Generation zu verharren. Bei Bildung geht immer um Persönlichkeitsbildung, auch im Sinn gesellschaftlich relevanten Gestaltungswissens, also um deutlich mehr als bloße Ausbildung (Ausbildung ist immer für etwas).

Um diese Art des Lernens für selbstständiges und verantwortungsvolles Unternehmertum zu ermöglichen, werden innovative Ermöglichungskonzepte bzw. Lernkonzepte benötigt. In diesen wird nicht nur über die Zukunft gesprochen, sondern diese aktiv unternehmerisch gestaltet. Dafür bedarf es eines smarten Mix von unkonventionellen und konventionellen Methoden.

Das Drei-Säulen Konzept (Abb. 1) zeigt eine mögliche Antwort von Hochschulen auf die veränderte Wirtschafts- und Arbeitswelt. Themenfelder und Lerninhalte werden in einem offenen Baukastensystem angeordnet und können selbstverantwortlich vom Teilnehmer nach seinen eigenen Bedürfnissen online ausgewählt werden. So können die Teilnehmer je nach Präferenz und Bedarf ihr Lernen selbst organisieren – dies erhöht die Relevanz der Lerninhalte für die Person und ist zielgerichtet auf die eigenen Karrierebestrebungen. Dabei können die fachlichen Inhalte sowohl persönlich als auch online vermittelt werden.

Der beste Weg unternehmerische Verantwortung zu übernehmen, ist eine eigene Unternehmensgründung oder im ersten Schritt durch Beratung Unternehmen in ihren Entscheidungsprozessen zu unterstützen. Nur eine starke und gefestigte Persönlichkeit, die mit sich selbst im Reinen ist, kann andere Menschen kompetent und zielgerichtet führen. Mit zunehmender Digitalisierung wird der Faktor Mensch immer zentraler. Daher steht

Abb. 1 Drei-Säulen-Konzept der neuen Managementbildung

der Mensch in unserem Modell im Mittelpunkt. Aus diesem Grund ist eine ganzheitliche Entwicklung mit dem Ziel der Festigung und Erweiterung der eigenen sozialen und kommunikativen Kompetenzen unerlässlich.

Der Lernende besteht aus mehr als seinem Kopf. Daher ist es wichtig, so viele Aspekte wie möglich anzusprechen (Sinne, Intuition, Emotionen). Unterschiedliche Menschen, unterschiedliche Lerngegenstände und unterschiedliche Lernsituationen brauchen unterschiedliche Zugänge und Formate. Dazu werden die drei Säulen der Kompetenzentwicklung in ein umfassendes System aus Coaching und Mentoring eingebettet (Abb. 1). So können die Studierenden über die gesamte Studiendauer unterstützt werden, ihren eigenen Veränderungsprozess selbstbestimmt zu gestalten.

Innerhalb dieser Struktur soll Lernen den folgenden drei Prinzipien folgen:

- **Ortsübergreifend:** Die ganze Welt ist ein Ort zum Lernen. Von der Berghütte in die Metropole, von Tirol bis Tokio, vom Hörsaal ins Museum, den Kindergarten und ganz sicher in die Unternehmen, vom Supermarkt über das Start-up zum Großkonzern.
- **Disziplinenübergreifend:** Lernen von Extremsportlern über den Umgang mit Stress, lernen von Philosophen über die Entwicklungen der Welt, von Künstlern über kreative Prozesse, von Handwerkern über die Führung eines Betriebs und von Großeltern über das Geschichtenerzählen. Hierbei werden auf natürliche Art interdisziplinär und sektorenübergreifend Wissen transferiert und neue Kompetenzen erlangt.
- **Ergebnisoffen:** Die Lehrenden werden nicht mehr festlegen, was Studierende lernen. Stattdessen werden sie eine offene und befähigende Lernumgebung gestalten und den Prozess moderieren, um für die Studierenden Lösungsoptionen und Kreativitätspotenziale zu ermöglichen. Lineares Lernen wird von freiem selbstbestimmten Lernen abgelöst.

Dabei bedarf es eines Bildungsparadigmas, das sich auf wertstiftende Kernprozesse (Forschung, Lehre, Fakultätsmanagement) fokussiert und wiederholende, stupide und zeitaufwendige Verwaltungsaufgaben digitalisiert und somit den aktuellen Trend in der Arbeitswelt spiegelt. Digitalisierung und Persönlichkeitsentwicklung sind kein Gegensatz, sondern bedingen einander. Eine digitale Bildung ist nur dann erfolgreich, wenn der analoge Mensch sich gemäß seiner Natur und Werte persönlich in Freiheit eigenverantwortlich weiterentwickeln kann.

Literatur

Baum JR, Wally S (2003) Strategic decision speed and firm performance. Strateg Manage J 24:1107–1129

Weiterführende Literatur

Doye T (Hrsg) (2016) CSR und Human Resource Management – Die Relevanz von CSR für modernes Personalmanagement. Springer, Berlin, Heidelberg

Hänsel M, Kaz K (Hrsg) (2016) CSR und gesunde Führung – Werteorientierte Unternehmensführung und organisationale Resilienzsteigerung. Springer, Berlin, Heidelberg
Hildebrandt A, Landhäußer W (Hrsg) (2017) CSR und Digitalisierung – Der digitale Wandel als Chance und Herausforderung für Wirtschaft und Gesellschaft. Springer, Berlin, Heidelberg
Schneider A, Schmidpeter R (Hrsg) (2015) Corporate Social Responsibility – Verantwortungsvolle Unternehmensführung in Theorie und Praxis. Springer, Berlin, Heidelberg
Schram B, Schmidpeter R (Hrsg) (2017) CSR und Organisationsentwicklung. Springer, Berlin, Heidelberg
Spieß B, Fabisch N (Hrsg) (2017) CSR und neue Arbeitswelten – Perspektivwechsel in Zeiten von Nachhaltigkeit, Digitalisierung und Industrie 4.0. Springer, Berlin, Heidelberg

Prof. Dr. René Schmidpeter lehrt an der Cologne Business School (CBS) und hat dort den Dr. Jürgen Meyer Stiftungslehrstuhl „Internationale Wirtschaftsethik und Corporate Social Responsibility" inne. Er ist Director des *Center for Advanced Sustainable Management (CASM)* der Cologne Business School und Gründer der *M3TRIX GmbH* in Köln. Seine Forschungs- und Praxisschwerpunkte sind „CSR als innovativer Managementansatz", „CSR in der Betriebswirtschaftslehre", „Internationale Perspektiven auf Sustainable Management" sowie „Sustainable Business Transformation". Er ist ständiger Gastprofessor an mehreren Universitäten im In- und Ausland sowie Autor, Redner und Fachexperte für globale CSR-Initiativen, Wirtschaftsverbände und Unternehmen.

Monika Kolb ist wissenschaftliche Mitarbeiterin und Dozentin am Center for Advanced Sustainable Management (CASM) der Cologne Business School und Director Empowerment der M3TRIX GmbH. Sie promoviert an der IEDC Bled School of Management. Ihre Arbeit und Forschung fokussiert sich auf die Bereiche innovative Management Ausbildung und verantwortungsvolle Führung.

CSR als Gegenstand interdisziplinärer Lehre

Thomas Krickhahn und Christian Rennert

1 Einleitung

Vor dem Hintergrund der Dynamik des gesellschaftlichen, wirtschaftlichen und technologischen Wandels lässt sich die Frage stellen: Entsprechen die Forschungs- und Bildungssysteme an den Hochschulen noch den Anforderungen, die sich aus der Komplexität der Problemstellungen und der ihnen innewohnenden Dynamik ergeben? Mit der unterschiedlichen Qualität des demografischen Wandels in entwickelten und sich entwickelnden Ländern, der Verknappung natürlicher Rohstoffe (z. B. Öl- und Gasvorkommen, seltene Erden) und Ressourcen (z. B. zunehmender Trinkwassermangel und Rückgang der Biodiversität), dem Klimawandel und damit einhergehenden sozialen Konflikten und Migrationsbewegungen, der Globalisierung der Produktionsketten und des Konsums sowie der Digitalisierung sozialer Beziehungen rücken Themen in den Blick, deren Bearbeitung sich einer disziplinengebundenen Lehre zu verschließen scheint.[1] Die Vielfalt der involvierten Sachverhalte legt vielmehr eine interdisziplinäre Multiperspektivität auf die

---

[1] Selbst wenn Lern- und Anpassungsprozesse stattfinden, die zur Behebung der Ressourcenknappheit in Zukunft beitragen, lassen sich künftige Engpässe und Probleme mit dem Ressourcenabbau wahrnehmen und prognostizieren (vgl. z. B. in populärer Präsentation Kamphausen und Lesch 2017). Entsprechende Strategien zur Behebung der Ressourcenknappheit rufen dann wieder neue (Knappheits-)Probleme hervor, wie dies z. B. die Diskussion um das sog. Fracking zeigt.

T. Krickhahn (✉)
Hochschule Bonn-Rhein-Sieg
Rheinbach, Deutschland
E-Mail: thomas.krickhahn@h-brs.de

C. Rennert
Technische Hochschule Köln
Köln, Deutschland
E-Mail: christian.rennert@th-koeln.de

© Springer-Verlag GmbH Deutschland, ein Teil von Springer Nature 2018
M. Raueiser und M. Kolb (Hrsg.), *CSR und Hochschulmanagement*,
Management-Reihe Corporate Social Responsibility,
https://doi.org/10.1007/978-3-662-56314-4_3

ineinander verwobenen und interdependenten Problemlagen und -ursachen hinsichtlich möglicher Lösungsansätze nahe.

Ein weiterer Aspekt kommt hinzu: Die Aufzählung der Themen macht deutlich, dass über die Komplexität der involvierten Sach- und Erkenntnisfragen hinaus auch vielfältige moralisch relevante Probleme adressiert werden. So bedeutet etwa die Globalisierung der Produktionsketten einerseits ökonomische Teilhabe und Fortschritt in Ländern, die früher von der Wertschöpfung ausgeschlossen waren. Andererseits entstehen durch diese globale Vernetzung mannigfache Gelegenheiten für beteiligte Akteure, die sich in den unübersichtlichen Produktionsketten ergebenden Schlupflöcher zur Erlangung von Vorteilen auf Kosten anderer auszunutzen. Ähnliche Risiken sind mit der Digitalisierung sozialer Beziehungen verbunden. Teilhabe *durch* Information und Manipulation *von* Information liegen in der digitalen Welt näher beieinander als in der analogen Welt.

Ausgehend von der Annahme, dass insbesondere die interdisziplinäre Lehre, geschweige denn die interdisziplinäre Bildung, nicht zuletzt aufgrund der an Hochschulen anzutreffenden strukturellen Hindernisse und Gebräuche, eher stiefmütterlich behandelt werden und dass gerade der Bedeutung der Vermittlung von Werthaltungen hinsichtlich eines auf gesellschaftliche Verantwortung von zivilgesellschaftlichen Akteuren wie Unternehmen und Nichtregierungsorganisationen ausgerichteten Studiums eine größere Bedeutung beigemessen werden sollte, ergibt sich die hier ins Visier genommene Thematik. Dieser Beitrag beschäftigt sich daher mit der Interdisziplinarität in der Hochschullehre mit besonderem Fokus auf die Ausbildung der moralischen Urteilskompetenz von künftigen Fach- und Führungskräften insbesondere in Unternehmen.

Die gesellschaftliche Verantwortung von Unternehmen (CSR) bietet sich als Gegenstand für eine interdisziplinäre und fachbereichsübergreifende Forschung und Lehre in und zwischen Hochschulen geradezu an. CSR liegt sozusagen quer zu den einzelnen Fachbereichen und wissenschaftlichen Disziplinen und ist daher an jedes Lehrgebiet anschlussfähig (Krickhahn 2017, S. 31). Über eine derart interdisziplinär ausgerichtete Hochschullehre können nicht nur Forschungsergebnisse aus verschiedenen wissenschaftlichen Perspektiven und deren potenzielle Anwendungsmöglichkeiten integrativ vermittelt, sondern darüber hinaus auch das gesellschaftliche Problembewusstsein künftiger Fach- und Führungskräfte in den Unternehmen befördert werden. Es gilt mithin eine der wahrgenommenen Komplexität der Themen gemäße innovative und verantwortungsvolle Handlungskompetenz in der Hochschulbildung aufzubauen und für die Gesellschaft bereitzustellen.

Im Folgenden arbeiten die Autoren dieses Beitrags, die beide selbst einen interdisziplinären Studienhintergrund haben (Wirtschafts- und Sozialwissenschaften einerseits und Wirtschaftsingenieurwesen andererseits) und aus verschiedenen Hochschulen kommen, die Thematik im Dialog entlang der dialektischen Methode auf. Zunächst werden Gründe vorgetragen, die für eine interdisziplinäre, multiperspektivische Hochschullehre sprechen (rationale Interdisziplinarität). Sodann werden Argumente entwickelt, die die Unmöglichkeit von CSR als Gegenstand interdisziplinärer Lehre nahelegen. Dieses Vorgehen dient dem Ziel, abschließend zu pointierten Empfehlungen für die Gestaltung von interdisziplinärer Lehre zu gelangen und eine abwägende und zukunftsweisende Diskussion einzuleiten.

2 Warum Interdisziplinarität in der Lehre notwendig ist

Die Kommunikation, der Austausch von Argumenten, der kritische Dialog und Kontakt sind essenziell für jeden Forschungszusammenhang und jede Hochschullehre. Das Publizieren wissenschaftlicher Ergebnisse in Fachzeitschriften repräsentiert typisch nur eine Form der Kommunikation, wie auch die klassische Vorlesung nach dem Motto „Einer spricht, alle anderen hören zu" unter diese Form der Einwegkommunikation subsummiert werden kann. In jedem Fall handelt es sich jedoch um kommunikative Kooperation, denn selbst bei Einwegkommunikation müssen Sender und Empfänger von Informationen zusammenwirken, wenn die gesendeten Informationen verstanden werden sollen. Interdisziplinäre Lehre ist daher als eine besonders anspruchsvolle und voraussetzungsvolle Kommunikations- und Kooperationsform aufzufassen, da Sender und Empfänger verschiedenen Disziplinen entstammen.

Im Zuge der Herausbildung des eigenständigen Subsystems Wissenschaft in der modernen Gesellschaft haben sich wissenschaftliche Einzeldisziplinen und inhaltliche Spezialisierungen herauskristallisiert. Diese Ausdifferenzierung befördert disziplinäre Abschottung und Konkurrenz. Andererseits bilden hochspezialisierte Einzeldisziplinen erst die Grundlage für eine produktive, arbeitsteilige – d. h. interdisziplinäre – Kooperation der einzelnen Disziplinen.

Der wissenschaftliche Fortschritt findet indes überwiegend in der Tiefe der jeweiligen Disziplinen statt und vollzieht sich nur selten im Rahmen von interdisziplinärer Kooperation. Die Dominanz disziplinärer Konkurrenz und die Seltenheit von interdisziplinärer Kooperation gehen dabei Hand in Hand. So lassen sich viele strukturelle Hindernisse an den Hochschulen gegenüber interdisziplinären Kooperationsformen in der Lehre antreffen, und zwar in Gestalt mangelhafter Anreize und Möglichkeiten für ein Team-Teaching, das selbst ein zentrales Element für den interdisziplinären Ansatz in der Lehre darstellt, bis hin zur fehlenden curricularen Einbindung oder organisatorischen Abstimmung einer fachbereichsübergreifenden, integrativen Ausrichtung der Lehre. Vorboten dieser institutionellen Destabilisierung von Interdisziplinarität waren bei genauer Betrachtung bereits das langsame Verschwinden des Studiums Generale aus den Lehrplänen und die Verdrängung von Fächern, die das Allgemeine gegenüber dem Speziellen hervorhoben, aus einzelnen Disziplinen wie etwa der Betriebswirtschaftslehre (Backhaus und Carlsen 2016).

Die Folge ist, dass nicht nur die Natur- und Sozialwissenschaften in ihren Fragestellungen, Theorien, Methoden und somit in der gegenseitigen Wahrnehmung und im gegenseitigen Verständnis auseinanderdriften, sondern sich selbst innerhalb der einzelnen Disziplinen verschiedene theoretische Paradigmen und Schulen gebildet haben, die gewissermaßen kommunikativ isoliert nebeneinander existieren und jeweils um Aufmerksamkeit und Zuwendung in Form von Ressourcen in den einzelnen Hochschulen und in der Öffentlichkeit buhlen. So gerät die umfassende Perspektive auf den Gesamtzusammenhang und auf die Multikausalität der Gegenwartsprobleme aus dem Blickfeld von Forschung und Lehre. Von der wechselseitigen Sprachlosigkeit im Wissenschafts- und Lehrbetrieb (Welzer 2006) bis hin zur mangelnden Sensibilität etwa für Signale, die das Entstehen von Krisen andeuten, ist es nur ein kurzer Weg.[2]

Keine Frage, Spezialisierung ist notwendig und wichtig. Ohne die hochselektiven und disziplinären Erkenntnis- und Wissensscheinwerfer lässt sich die Komplexität der Probleme der Welt nicht reduzieren und in einen bearbeitbaren Zustand überführen. Durch diese Selektivität wächst jedoch das Risiko von zwar unbeabsichtigten, aber dennoch zweifelhaften und nicht hinlänglichen Lösungen hinsichtlich einer befriedigenden Gesamtlösung. Es bedarf daher zusätzlich zum elementaren Detailansatz der Spezialisierung der ganzheitlichen Einordnung des Spezifischen.

Diese holistische Perspektive darf auch deswegen nicht ausgeblendet werden, da insbesondere ethische Begründungen und moralische Grundsätze und Werthaltungen einen inhaltlichen und praktischen Bezugspunkt bzw. Gegenstandsbereich benötigen, der sich nur in den einzelnen wissenschaftlichen Disziplinen finden lässt, sollen sie überhaupt sinnvoll, z. B. im Sinn von CSR, zur Anwendung kommen können. Ethische Reflexionen zum verantwortlichen Entscheiden und Handeln auf der Basis der in den einzelnen Disziplinen vermittelten Erkenntnisse sind insofern immer schon auf Interdisziplinarität angelegt.

Die auffällige Sprachlosigkeit sowie die kulturell und traditionell gewachsenen Differenzen zwischen den Beteiligten und Betroffenen gilt es daher zu überwinden. Vor diesem Hintergrund wird der zunehmend lauter werdende Ruf nach Interdisziplinarität in Forschung und Lehre nachvollziehbar, denn die Lehre ist auf den Input aus der Forschung und hier aus den jeweils von den Problem- und Fragestellungen berührten Disziplinen angewiesen.[3] Dabei geht die interdisziplinäre Lehre der interdisziplinären Forschung gewissermaßen voraus. Wissenschaftlern, die nicht gelernt haben, interdisziplinär zu arbeiten, wird es schwerer fallen, interdisziplinär zu forschen (Fuest 2004, S. 16). Doch was bedeutet dieser Ruf nach Interdisziplinarität nun genauer?

Diesbezüglich ist zunächst festzustellen, dass der Begriff der Interdisziplinarität in der Gemeinschaft der Forschenden und Lehrenden selbst sehr unterschiedlich definiert wird und daher auch oft eher diffus und unbestimmt in seiner Verwendung bleibt (Hollaender 2003, S. 13 ff.). Je nach Ausmaß oder Umfang der Kooperation zwischen den Disziplinen ergeben sich folgende Differenzierungen (Waag 2012, S. 18 ff.):

---

[2] Zur diesbezüglichen Diskussion um die ausgebliebene Vorhersage der Finanzkrise zumindest im ökonomischen Mainstream vgl. Hefeker (2016, S. 130).
[3] Nicht zuletzt aufgrund des Drängens studentischer Initiativen gerät die Notwendigkeit einer deutlicheren Behandlung unterschiedlicher Paradigmen v. a. in der wirtschaftswissenschaftlichen Ausbildung mehr und mehr in den Blick und führte etwa an der Universität Siegen zur Einrichtung des Masterstudiengangs Plurale Ökonomik (vgl. Bergmann und Keppeler 2016).

- Multidisziplinarität: Verschiedene Disziplinen tragen aus jeweils ihrer Perspektive unabhängig voneinander und ohne gegenseitige Wahrnehmung, geschweige denn Abstimmung etc., zu einem Themengebiet bzw. zu einer Problemstellung bei.
- Pluridisziplinarität: Ausgehend von der Multidisziplinarität findet hier zusätzlich eine Wahrnehmung der Ergebnisse und Ansätze anderer Disziplinen statt, jedoch ohne eine systematische Übernahme oder einen kooperativen kommunikativen Austausch.
- Kreuzdisziplinarität: Hier werden über die Pluridisziplinarität hinaus die Ergebnisse, Methoden oder Ansätze anderer Disziplinen für das jeweils eigene Fach bzw. den eigenen Forschungsbereich übernommen.
- Interdisziplinarität: Dabei handelt es sich um die gemeinsame, arbeitsteilige, kooperative und integrative Bearbeitung eines Problems, wobei die Disziplinen ihre Kernidentität und Spezialisierung durchaus beibehalten.
- Transdisziplinarität: Während der langfristigen, die Disziplinen übergreifenden Kooperation, lösen sich die beteiligten Disziplinen selbst auf und verschmelzen sozial, organisatorisch und institutionell zu einer neuen übergreifenden Disziplin bzw. zu einem neuen Forschungszweig.

Die Übergangsformen zwischen den aufgezeigten disziplinären Kooperationsmöglichkeiten dürften im konkreten Fall eher fließend als deutlich abgrenzbar sein. Es kann ferner angenommen werden, dass mit dem Ausmaß der Kooperation in Forschung und Lehre in der Regel auch die personellen, organisatorischen und institutionellen Anforderungen und Voraussetzungen dafür zunehmen werden. Gleichwohl spricht einiges für eine ausgeprägte interdisziplinäre Kooperation:

- Interdisziplinäre Kooperation kann ein größeres Verständnis für die jeweils anderen Disziplinen schaffen und vermitteln.
- Interdisziplinarität kann in der Lehre zu einem größeren gegenseitigen persönlichen Verständnis, einer größeren persönlichen Hilfsbereitschaft und einem intensiveren Austausch unter den Beteiligten und somit zu einem größeren didaktischen Handlungspotenzial führen.
- Interdisziplinäre Kooperation kann die arbeitsteilige Zusammenarbeit und die Beziehungen innerhalb und zwischen Hochschulen zwischen und unter den Forschenden und Lehrenden befördern sowie diesbezüglich integrativ auch zwischen verschiedenen Fachbereichen wirken.
- Interdisziplinarität kann zur (nicht nur kommunikativen) Vernetzung der involvierten Disziplinen, Forscher, Studierenden, Fachbereiche, Schulen, Organisationen, Institutionen beitragen.
- Interdisziplinäre Kooperation kann ein größeres, realistischeres und pragmatischeres Problemverständnis sowie eine größere und ganzheitliche Problemlösungskapazität von Forschung und Lehre ermöglichen.
- Interdisziplinäre Kooperation kann Innovationen in Forschung und Lehre fördern.

- Interdisziplinäre Kooperation kann größere Klarheit hinsichtlich der Reichweite und Grenzen der eigenen wissenschaftlichen Positionen verschaffen.
- Interdisziplinäre Kooperation kann Forschungsergebnisse integrieren und zu einem holistischen Gesamtansatz in Forschung und Lehre führen.
- Interdisziplinäre Kooperation kann die Interdependenzen zwischen verschiedenen Fachbereichen, Disziplinen, Schulen und wissenschaftlichen Paradigmen aufzeigen und für den Erkenntnisfortschritt nutzbar machen.
- Interdisziplinarität kann das Kritikpotenzial und den für den Erkenntnisgewinnungsprozess so wichtigen Dialog zwischen verschiedenen Positionen befördern.
- Interdisziplinarität kann somit einen Mehrwert schaffen, der über die Spezialisierung in Fächern und Disziplinen in Forschung und Lehre hinausgeht (so erhalten beispielsweise Studierende in einem interdisziplinären Team-Teaching eine Multiperspektivität geboten, die sie in monodisziplinären Vorträgen in der Regel nicht erhalten).
- Vor allem durch interdisziplinäre Kooperation wird eine Integration von Lösungsansätzen erreicht, was der Komplexität vieler heutiger Problemstellungen besser entsprechen kann als es in der Regel monodisziplinären Ansätzen in Forschung und Lehre möglich ist.

Zusammenfassend ist festzuhalten: Interdisziplinarität ist hochproduktiv. Oder pointierter ausgedrückt: Interdisziplinarität wird immer produktiver, je stärker die Fliehkräfte der Ausdifferenzierung in Forschung und Lehre den Blick auf den Gesamtzusammenhang zugunsten unstreitig exzellenter disziplinärer Perspektiven in den Hintergrund zu drängen drohen.

3 Warum Interdisziplinarität nicht möglich ist

Wir haben bislang unseres Erachtens gewichtige Gründe vorgetragen, warum Interdisziplinarität in der Hochschullehre und Forschung nicht länger ein Schattendasein führen sollte. Nun liegt es auf der Hand, in einem weiteren Schritt jene Bedingungen aufzuzeigen, die interdisziplinäre Lehre im Hochschulalltag ermöglichen. Wir wollen diesen Arbeitsgang jedoch noch einen Moment aufschieben. Würden wir so vorgehen, unterstellten wir ohne weitere Prüfung, dass Interdisziplinarität problemlos funktioniert, würde man sie nur ermöglichen.

Um dem Gelingen von Interdisziplinarität präzise auf die Spur zu kommen, beschäftigen wir uns zunächst kurz mit der gegenläufigen These: Interdisziplinarität – so rational sie auch sein mag – ist empirisch nicht möglich. Interdisziplinarität muss in der Praxis scheitern.

Tatsächlich beobachten wir dies auch häufig. So gibt es in interdisziplinären Diskussionen zur gesellschaftlichen Verantwortung von Unternehmen regelmäßig Einigkeit darüber, dass Organisationen in Gesellschaft eingebettet sind und den Entzug ihrer „license to operate" riskieren, wenn sie diese Einbettung nicht berücksichtigen. Sobald das Gespräch jedoch die Ebene konkreter CSR-Maßnahmen erreicht, ist die Einigkeit dahin. Verständigung im Abstrakten mündet in Konflikt im Konkreten. So beobachten wir, dass viele Ökonomen Entscheidungen über die Berücksichtigung von CSR-Maßnahmen als Business-Case rekonstruieren: Verantwortliches Handelns muss sich rechnen. Solange etwa Kunden CSR-Maßnahmen nicht goutieren und demzufolge auch keine Bereitschaft zeigen, eine Wertschätzung dieser Maßnahmen durch Zahlung eines Preises zum Ausdruck zu bringen, könne man von Unternehmen nicht erwarten, solche Maßnahmen durchzuführen. Für viele Natur- und Sozialwissenschaftler dagegen ist diese Ökonomisierung gesellschaftlicher Verantwortung eine Demarkationslinie, die sie nicht zu überschreiten bereit sind. Mehr noch: Wenn dieser Vermarktlichungs- oder Kommodifizierungsperspektive auf vielmehr sittlich gebotenes Verhalten keine Grenzen gesetzt würden, leiste dies nicht weniger als dem Verfall bürgerlicher Tugenden Vorschub (Sandel 2016).[4]

So kommt es zum Konflikt, zur wechselseitigen Verteidigung der Positionen, nicht selten zur moralischen Auflading der Argumente und zu einer subtilen Herabwürdigung der jeweiligen Gegenposition bis hin zur Fundamentalkritik. Eine Entwicklung von Antworten auf die Frage, wie gesellschaftliche Verantwortung von Unternehmen konkret wahrgenommen werden kann, die über die bisher in den einzelnen Disziplinen erarbeiteten und konfliktären Antworten hinausgehen, verbleibt entweder im Unverbindlichen und Belanglosen oder bleibt aus. Das produktive Potenzial, das jeden Konflikt auszeichnet, wird nicht ausgeschöpft.

Wo liegen die Ursachen für diese nur schwer zu überwindenden Konflikte zwischen den Diskursteilnehmern? Warum scheitert Interdisziplinarität so häufig, obwohl sie rational und wohlbegründet ist? Hier hilft ein kurzer Blick auf die kognitive Wende in den Sozialwissenschaften, die in den 1950er-Jahren in der Psychologie begann und von dort aus die Sozialwissenschaften und insbesondere die Ökonomik veränderte (Lindenberg 1998). Vor allem die Arbeiten von Herbert Simon ermöglichten diesen Durchbruch. Praxisbeobachtungen führten ihn zu dem Schluss, dass sich Menschen zwar rational verhalten *wollen*, dies jedoch nur in eingeschränktem Maß *können* (Simon 1979, S. 500 f.).[5] Kognitive Restriktionen verhindern das intendierte, umsichtige Verhalten, ermöglichen andererseits jedoch erst einen effizienten Umgang mit den knappen kognitiven Ressourcen, die jedem Menschen zur Handlungsorientierung und -durchführung in einer komplexen Welt zur Verfügung stehen.

Jede Sozialisierung in eine Fachdisziplin hinein ist mit der Übernahme spezifischer kognitiver Routinen und Skripte verknüpft, die eine disziplinengebundene Sicht auf die Welt und auf relevante Probleme erzeugen und die bei Überlegungen, die um die Lösung dieser

---

[4] Vgl. kritisch zu diesem Geschäft mit der Moral ebenso Krickhahn (2014, S. 206). Zur Notwendigkeit insbesondere einer positiven Analyse der Bedingungen, die ein Geschäft mit der Moral ermöglichen, vgl. Rennert (2016).
[5] Die klassische Formulierung bei Herbert Simon (1957, S. xxiv) lautet: „[...] human behavior is intendedly rational, but only limitedly so [...]". Auf dieser Grundlage entwickelte sich dann mit der Verhaltensökonomik ein Forschungsfeld, das den systematischen Verzerrungen menschlichen Entscheidungsverhaltens differenziert auf den Grund geht (Kahneman 2003).

Probleme kreisen, abgerufen werden. Jede Fachdisziplin wirkt wie eine höchst selektiv schärfende Linse, die nur das als Problem hervorhebt, was für andere Disziplinen gerade nicht als Problem erkannt werden kann, weil es für sie im Unscharfen bleibt. Wie wir oben schilderten, liefert genau diese Ausdifferenzierung der Wissenschaften einen wesentlichen Grund für den Fortschritt, durch den sich moderne Gesellschaften auszeichnen.

Indes besitzt diese Ausdifferenzierung eine durchaus dialektische Spannung, wenn etwa einzelne Disziplinen eine mögliche Performativität ihrer Weltbeschreibung nicht ausreichend im Blick haben bzw. angesichts eingeschränkter Rationalität auch nicht im Blick haben können.[6] So kann sich eine disziplinäre Weltsicht zur dominanten Logik entwickeln und gegebenenfalls ein Umschlagen des Fortschritts einleiten. Mit diesem Vorwurf sieht sich gegenwärtig insbesondere die Ökonomik konfrontiert (Fourcade et al. 2015; Groß 2014). Umso wichtiger ist ein interdisziplinärer Austausch im Sinn einer wechselseitigen Kontrolle, bevor disziplinäre Erkenntnisse in die Praxis gelangen und dort zu deren Gestaltung verwendet werden.

Im vorliegenden Zusammenhang bleibt jedoch festzuhalten: Rationale Interdisziplinarität scheitert, weil sie aus der Binnenperspektive einzelner Fachdisziplinen nicht abgearbeitet werden kann. Je verschiedener die Linsen der einzelnen Fachdisziplinen, desto verschiedener die jeweilige Beschreibung der Welt und desto unmöglicher der Austausch mit anderen Disziplinen über Lösungen für Probleme in der Welt. Anders ausgedrückt: Wenn Hochschulmanagement Interdisziplinarität zu einem wirkungsvollen Instrument in Lehre und Forschung entwickeln will, muss es Bedingungen schaffen, die nicht weniger erlauben, als das Unmögliche möglich werden zu lassen.

4 Fazit

In gewisser Hinsicht versuchen sich Bildungsreformen immer an der Kunst, das Unmögliche möglich zu machen (v. Recum 2006). Dennoch bleibt eine gesunde Skepsis insbesondere bei grundlegenden und durchgreifenden Änderungen durchaus angebracht. Dies zeigt nicht zuletzt die immer wieder aufkeimende Diskussion um die Bologna-Reform (z. B. Lenzen 2014).

Unseres Erachtens erfordert die stärkere Berücksichtigung von interdisziplinärer Lehre an Hochschulen jedoch keine revolutionären Änderungen und beschreibt auch keinen Weg in das Ungewisse. Die neuere Wissenschaftsgeschichte hält einen reichen Fundus an Inspirationen bereit, wie das Spannungsverhältnis zwischen disziplinärer Ausdifferenzierung und Integration behandelt wurde (z. B. Wolgast 2004).

---

[6] Die Leidenschaft an der eigenen disziplinären Sache kann zur Beschränkung der Rationalität im Sinn motivierter Kognition führen. In solchen Fällen determiniert die Motivation, bestimmte Ergebnisse zu erzielen und die eigene Weltsicht empirisch bestätigt und nicht entwertet zu sehen, das kognitive System (Lindenberg 2006). Motivierte Kognition ist der Nährboden für inzuchtartige Zitationsgemeinschaften, Ausgrenzung anderer Schulen, Vervielfältigung und Vermarktung der eigenen Ideen und führt zur Ignoranz und Verdrängung konkurrierender Paradigmen (Kuhn 1996).

Um interdisziplinäre Lehre heute zu fördern, sind unseres Erachtens drei Schritte notwendig:

1. Elimination von Anreizen, die Interdisziplinarität destabilisieren
2. Schaffung von Anreizen, die Interdisziplinarität stabilisieren
3. Aufklärung über das Potenzial interdisziplinärer Lehre im Dienst eines praktisch-normativen Erkenntnisfortschritts angesichts heute gut etablierter Einzeldisziplinen, die in hohem Maß exzellente Ergebnisse in Forschung und Lehre hervorbringen

Schritt 1 scheint uns gegenwärtig am dringlichsten zu sein. Solange Team-Teaching von Lehrenden bestraft wird, indem das Lehrdeputat für die betreffende Veranstaltung unter den Akteuren aufgeteilt werden muss, werden sich interdisziplinäre Aktivitäten nicht ausbreiten. Es ist erstaunlich, dass gerade an Hochschulen als jene Orte, an denen Personen tätig sind, zu deren Selbstverständnis es gehört, der Logik von Forderungen auf den Grund zu gehen, Interdisziplinarität eingefordert wird, ohne die Anreizwirkungen geltender Deputatsverordnungen zu berücksichtigen. In diesem Zusammenhang spielt ebenso eine Rolle, dass das gegenwärtige Besoldungssystem für Hochschulangehörige auf die Belohnung individueller Leistungen zugeschnitten ist.[7]

Es ist nicht auszuschließen, dass die Elimination von Anreizen, die Interdisziplinarität destabilisieren, bereits Anreiz genug ist, um interdisziplinäre Lehre in Gang zu bringen. Wir stellen häufig fest, dass vielen Forschenden und Lehrenden die Ambivalenz der disziplinären Ausdifferenzierung bewusst ist und dass sie sich interdisziplinären Wegen schon allein aus Neugier nicht verschließen würden. Wir lassen es daher offen, ob explizite Belohnungen notwendig sind, um Hochschullehrer zu interdisziplinärer Lehre zu animieren (Schritt 2). Es ist doch häufig so, dass viele Forschende und Lehrende in der Tätigkeit selbst den entscheidenden Anreiz für ihre Arbeit sehen. Jedoch ist die Annahme befremdlich, dass Hochschullehrer angesichts des inhaltlichen Interesses für eine Tätigkeit damit verbundene, handfeste Nachteile übersehen könnten, wie dies bei der interdisziplinären Lehre unter den heutigen Bedingungen der Fall ist.

Ein geeignetes Management der Anreize für Interdisziplinarität ist einzubetten in eine kontinuierliche Reflexion und Diskussion des Spannungsverhältnisses, das zwischen disziplinärer Ausdifferenzierung und Integration besteht (Schritt 3). Dies fördert unseres Erachtens die Bereitschaft, das Interesse und die Neugier aufseiten der Lehrenden und Studierenden, Ergebnisse aus fremden Disziplinen aufzunehmen. Diese Neugier wird die Beteiligten antreiben, nach Wegen zu suchen, wie unterschiedliche Perspektiven den

---

[7] Dieses Besoldungssystem ist im Jahr 2002 in Anlehnung an die Entgeltsysteme in der Wirtschaft geschaffen worden, um individuelle Leistung anzustacheln und entsprechend zu belohnen. Interessanterweise beginnen Unternehmen gegenwärtig mit der Abschaffung dieser variablen Entgeltsysteme (o.V. 2016). Die individuellen Leistungssteigerungen sind nicht wie erwartet eingetreten und haben sich v. a. nicht in einer Verbesserung der organisationalen Gesamtleistung niedergeschlagen. Zu einer kurzen Erläuterung der Gründe für diese Dysfunktionalität variabler Vergütung s. Osterloh (2017).

Erkenntnisfortschritt befördern und wie sich beteiligte Disziplinen als wechselseitige Bereicherung und nicht als unmittelbare Konkurrenz auffassen können.

Der konstruktive Umgang mit der Spannung zwischen Ausdifferenzierung und Integration bildet nicht zuletzt den Wesenskern der Wahrnehmung gesellschaftlicher Verantwortung durch Unternehmen. Eine dauerhafte Gewinnerwirtschaftung ist nicht möglich ohne den ständigen Abgleich und die ständige Auseinandersetzung mit den Interessen jener gesellschaftlichen Gruppen, die von den Handlungen des Unternehmens betroffen sind. Zuviel Ausdifferenzierung in dem Sinn, dass alle Anspruchsgruppen (Eigentümer, Mitarbeiter, Kunden, Lieferanten, Staat etc.) ihre Ansprüche an das Unternehmen zu maximieren und dementsprechend durchzusetzen versuchen, bringt den Wertschöpfungsprozess des Unternehmens ins Stocken und im ungünstigsten Fall zum Erliegen. Ein Unternehmen kann seiner gesellschaftlichen Verantwortung nur durch Schöpfung von Werten nachkommen, die in einem spannungsreichen Prozess unter allen Anspruchsgruppen verteilt werden.

Hochschulmanagement, das Hochschullehrer durch Schaffung geeigneter Strukturen unterstützt, den Erkenntnisfortschritt durch interdisziplinäre Lehre zu forcieren, unterscheidet sich insofern nicht vom Management eines Unternehmens, dem es gelingt, den unternehmerischen Wertschöpfungsprozess durch ein geeignetes Ausbalancieren der unterschiedlichen Interessen der einzelnen Anspruchsgruppen voranzutreiben. Erkenntnisfortschritt durch Interdisziplinarität und Wertschöpfung durch Anerkennung und Balance unterschiedlicher Interessen sind Ausdruck gesellschaftlicher Verantwortung, wie wir sie gegenwärtig in der Wissenschaft und in der Wirtschaft der modernen Gesellschaft verorten würden.

Literatur

Backhaus K, Carlsen C (2016) Das Allgemeine in der Allgemeinen Betriebswirtschaftslehre. Ein Vorschlag für ein zweistufiges Konzept. Die Betriebswirtschaft (DBW) 76(6):423–435

Bergmann G, Keppeler J (2016) Vielfalt und kritische Reflexion – Über die Bedeutung einer Pluralen Ökonomik. Diagonal Zeitschrift der Universität Siegen 37:105–121

Fourcade M, Ollion E, Algan Y (2015) The superiority of economists. J Econ Perspect 29(1):89–114

Fuest V (2004) Anspruch und Wirklichkeit interdisziplinärer Zusammenarbeit in der deutschen Umweltforschung: epistemologische, organisatorische und institutionelle Aspekte. http://heidelberger-lese-zeiten-verlag.de/archiv/online-archiv/fuest_interdis_nov.%2004.pdf. Zugegriffen: 25. Mai 2017

Groß SW (2014) The power of „mapping the territory". Why economists should become more aware of the performativity of their models. J Bus Econ 84(9):1237–1259

Hefeker C (2016) Vielfalt in der Ökonomie. Diagonal Zeitschrift der Universität Siegen 37:123–134

Hollaender K (2003) Interdisziplinäre Forschung – Merkmale, Einflussfaktoren und Effekte. Inaugural-Dissertation. Universität zu Köln

Kahneman D (2003) Maps of bounded rationality: psychology for behavioral economics. Am Econ Rev 93(5):1449–1475

Kamphausen K, Lesch H (2017) Die Menschheit schafft sich ab. Komplett Media, München

Krickhahn T (2014) Reflexionen zur Theorie und Praxis von CSR. In: Dobersalske K, Seeger N, Willing H (Hrsg) Verantwortliches Wirtschaften. Nomos, Baden-Baden, S 187–212

Krickhahn T (2017) Innovation durch CSR in NRW?! In: Bungard P, Schmidpeter R (Hrsg) CSR in Nordrhein-Westfalen. Springer Gabler, Berlin, S 21–43

Kuhn T (1996) Struktur wissenschaftlicher Revolutionen, 13. Aufl. Suhrkamp, Berlin

Lenzen D (2014) Bildung statt Bologna. Ullstein, Berlin

Lindenberg S (1998) The cognitive turn in institutional analysis: beyond NIE and NIS? J Institutional Theor Econ 154(4):716–727

Lindenberg S (2006) Objektivität, motivierte Kognition und die Struktur von Institutionen. In: Zecha G (Hrsg) Werte in den Wissenschaften: 100 Jahre nach Max Weber. Mohr Siebeck, Tübingen, S 183–203

o.V. (2016) Egotrips kommen aus der Mode. Bosch zahlt keine individuellen Boni mehr – der nächste Konzern wird Daimler sein. Frankfurter Allgemeine Zeitung, 27.12.2016, S 23

Osterloh M (2017) Pay for performance raises performance. In: Frey BS, Iselin D (Hrsg) Economic ideas you should forget. Springer, Cham, S 97–98

v. Recum H (2006) Bildungspolitische Steuerung – oder: Die Kunst, das Unmögliche möglich zu machen. In: v. Recum H (Hrsg) Steuerung des Bildungssystems. Entwicklung, Analysen, Perspektiven. Berliner Wissenschafts-Verlag, Berlin, S 17–48

Rennert C (2016) Ökonomik und moralischer Wandel. In: Pies I (Hrsg) Die moralischen Grenzen des Marktes. Diskussionsmaterial zu einem Aufsatz von Michael J. Sandel. Karl Alber, Freiburg, München, S 227–237

Sandel MJ (2016) Marktdenken als Moraldenken. Warum Ökonomen sich wieder stärker auf Politische Philosophie einlassen sollten. In: Pies I (Hrsg) Die moralischen Grenzen des Marktes. Diskussionsmaterial zu einem Aufsatz von Michael J. Sandel. Karl Alber, Freiburg, München, S 13–79

Simon HA (1957) Administrative behavior, 2. Aufl. The Free Press, New York

Simon HA (1979) Rational decision making in business organizations. Am Econ Rev 69(4):493–513

Waag P (2012) Inter- und transdisziplinäre (Nachhaltigkeits-)Forschung in Wissenschaft und Gesellschaft. Artec Paper Nr. 181. Universität Bremen, Bremen

Welzer H (2006) Nur nicht über Sinn reden! Die Zeit, Nr. 18. http://www.zeit.de/2006/18/B-Interdisziplinaritt_xml. Zugegriffen: 2. Febr. 2018

Wolgast E (2004) Zur Einführung: Interdisziplinarität – und ein Erdglobus des 18. Jahrhunderts. In: Jäger W, Krömker S, Wolgast E (Hrsg) Der Heidelberger Karl-Theodor-Globus von 1751 bis 2000: Vergangenes mit gegenwärtigen Methoden für die Zukunft bewahren. Springer, Berlin, Heidelberg, S 1–4

Dr. Thomas Krickhahn ist Dozent und wissenschaftlicher Gutachter im Bereich Wirtschaftsethik und quantitative Methoden im Fachbereich Wirtschaftswissenschaften an der Hochschule Bonn-Rhein-Sieg.

Prof. Dr. Christian Rennert ist Professor für Allgemeine Betriebswirtschaftslehre und Unternehmensführung am Schmalenbach Institut für Wirtschaftswissenschaften der TH Köln.

Hochschullehrende im Spannungsraum von Freiheit und Verantwortung: mehr Agilität ermöglichen

Georg Müller-Christ und Merle Katrin Tegeler

Hochschullehrende in ihrer gesellschaftlichen Aufgabe befinden sich zunehmend im Spannungsfeld zwischen Freiheit und Verantwortung. Es gilt nicht nur, die Freiheit der Forschung und akademischen Lehre zu wahren, sondern auch die Verantwortung für relevante Inhalte zu übernehmen, zu denen u. a. ein Bewusstsein für Nachhaltigkeit gehört. Das neu entwickelte Ordnungsangebot soll als Grundlage für die Entwicklung von notwendigen Beratungs- und Coachingmöglichkeiten für Hochschullehrende dienen, um Fertigkeiten zu entwickeln, die den zukunftsgerichteten Umgang mit einem immer komplexer werdenden Hochschulsystem ermöglichen. Das Ziel, die Qualität der Lehre an Hochschulen zu verbessern und die Entwicklung der Lehr-Lern-Prozesse voranzubringen, stellt den Hochschullehrenden in den Fokus. Der Hochschullehrende befindet sich in einem Spannungsfeld, das Freiheit und Verantwortung sowie Orientierungs- und Fachwissen beinhaltet. Mithilfe der Methode der organisatorischen Systemaufstellung wurde das Spannungsfeld untersucht und der Hochschullehrende in seine einzelnen Rollen parzelliert; diese finden ihren Ursprung in der psychologischen Rollentheorie und den Führungstypen von Joiner und Josephs (2007).

1 Der alternative Blick auf die Herausforderungen von Hochschullehrenden

Die Diskussion darüber, wie die Qualität der Lehre verbessert werden kann, baute bereits einen erheblichen Druck auf die Lehrende auf, sich als Person zu bewegen und im Spannungsraum von Haltung und didaktischen Techniken eine neue Position zu suchen. Bildung für nachhaltige Entwicklung verstärkt diesen Druck, v. a. dann, wenn sie mit

G. Müller-Christ (✉) · M. K. Tegeler
Universität Bremen
Bremen, Deutschland
E-Mail: tegeler@uni-bremen.de

dem Anspruch auftritt, dass gesamte Lehr-Lern-Geschehen zu einem Kommunikationsprozess auf Augenhöhe zu entwickeln, in dem alle Beteiligten lernen, Transformation von Wirtschaft und Gesellschaft zu gestalten (Hanft et al. 2016, S. 19 f.). Es wird erst wenig darübergeschrieben, inwiefern die Hochschulen als Arbeitgeber die Verantwortung dafür haben, dass die Lehrenden sich tatsächlich bewegen und neue Identitäten, beispielsweise als Lehrcoach, ausbilden können. Bislang scheinen die Hochschulleitungen die Eigenverantwortungen der Lehrenden hochzuhalten und bieten zumeist über hochschuldidaktische Zentren freiwillige Kurse zur Entwicklung des Lehr-Lern-Prozesses an.

Die Verantwortungsfrage der Hochschulen für die Entwicklung ihrer Lehrenden läuft in diesem Beitrag als Hintergrundreflexion mit. Im Vordergrund steht die Frage der Bewegung der Hochschullehrenden: Wie sieht der Bewegungsraum aus und was bedeuten Bewegungen in diesem Raum für das Selbstverständnis von Lehrenden? Während die Literatur häufig versucht, das Ergebnis der Bewegung zu entwickeln, laden wir mit diesem Beitrag die Leser ein, die mögliche Bewegung nachzuvollziehen und auf die eigenen Irritationen und Resonanzen zu hören, die sich hoffentlich einstellen. Wir verwenden dazu zwei innovative Bezugsrahmen, die bislang in der Wissenschaft sehr wenig verwendet werden: Erstens vergleichen wir die Entwicklung der Lehrenden an Hochschulen mit der Entwicklungslogik von Führungskräften zum Umgang mit Komplexität; zweitens machen wir den Bewegungsraum sicht- und nachvollziehbar, indem wir die Methode der Systemaufstellung verwenden, eine Methode, die im Beratungs- und Coachingsetting häufig eingesetzt wird.

Dieser explorative und erfahrungsgeleitete Beitrag ist für alle diejenigen Leser interessant, die auf der Suche nach neuen und komplexeren Bildern für die Aufgabe von Lehrenden in Hochschulen sind und dazu bereit sind, ihre mentalen Muster der vorherrschenden Situation irritieren zu lassen. Unser Ziel ist es, den Lesern viele eigene und neue Bilder zu ermöglichen und gleichzeitig die Frage mitzugeben, ob sich Lehrende weniger von einem Entwicklungszustand in den gewünschten nächsten begeben müssten, als vielmehr die Fähigkeit brauchen, verschiedene Rollen auf unterschiedlich komplexen Lehr-Lern-Settings gleichzeitig spielen zu können. Die Analogie, die wir anbieten, basiert weniger auf einer intensiven Literaturarbeit als auf der Einschätzung, dass Bewegungen im Hochschulraum neue und musterbrechende Irritationen brauchen, um zu entstehen. Mit unserem Beitrag wollen wir dies mutig ausprobieren.

2 Die Anforderungen an Lehrende im Überblick

Aus der Vielfalt der Ordnungsmuster und Schemata, die in der Literatur für die neuen Anforderungen an Lehrende angeboten werden, haben wir uns zur Illustration Tab. 1 ausgesucht, die von der United Nations Economic Commission for Europe in der Studie „Empowering educators for a sustainable future – Tools for policy and practice workshops on competences in education for sustainable development" (UNECE 2012) veröffentlicht wurde.

Tab. 1 Anforderungen an Hochschullehrende im Kontext von Bildung für eine nachhaltige Entwicklung. (Nach UNECE 2012, S. 15, übersetzt durch die Verfasser des Beitrags)

Die Kompetenz	Holistischer Ansatz: Integratives Denken und Handeln	Bildhafte Vorstellung der Veränderung: Vergangenheit, Gegenwart und Zukunft	Transformation verwirklichen: Menschen, Pädagogik, Bildungssystem
Lernen, Wissen zu erwerben. Der Lehrende versteht …	… die Grundlagen systemischen Denkens	… die Wurzeln für nicht nachhaltige Entwicklung	… warum es notwendig ist, das Bildungssystem zu transformieren
	… wie natürliche, soziale und ökonomische Systeme funktionieren und wie diese Systeme zusammenhängen	… dass nachhaltige Entwicklung ein sich entfaltendes Konzept ist	… warum es notwendig ist, die Art und Weise wie wir lehren und lernen zu verändern
	… die wechselseitige Abhängigkeit von Beziehungen innerhalb der gegenwärtigen Generation und zwischen verschiedenen Generationen, als auch die Verflechtung zwischen Reichen und Armen sowie zwischen Menschen und Natur	… die dringende Notwendigkeit des Wandels von nicht nachhaltigen Praktiken zu mehr Lebensqualität, Gerechtigkeit, Solidarität und Umweltverträglichkeit	… warum es notwendig ist, die Lernenden auf neue Herausforderungen vorzubereiten
		… die Bedeutung der Problemermittlung, der kritischen Reflexion, der Vorstellungskraft und des kreativen Denkens im Rahmen der Zukunftsplanung und des Bewirkung von Veränderungen	… warum es wichtig ist, für die Transformation auf den Erfahrungen der Lernenden (auf-)zu bauen
	… seine persönliche Weltansicht und kulturellen Annahmen und versucht, jene von anderen Menschen zu verstehen	… die Bedeutung für Unvorhersehbares gerüstet zu sein und die Wichtigkeit des Vorsorgeprinzips	… inwiefern Wirklichkeits- und Praxisbezüge Lernleistungen verbessern und die Lernenden unterstützen, in der Praxis Veränderungen zu bewirken
	… den Zusammenhang zwischen einer nachhaltigen Zukunft und den Denk-, Lebens- und Arbeitsweisen von Menschen	… die Relevanz wissenschaftlicher Beweise für das Vorantreiben der nachhaltigen Entwicklung	
	… seine eigene Denkweise und sein eigenes Handeln in Relation zu einer nachhaltigen Entwicklung zu sehen		

Tab. 1 (Fortsetzung)

Die Kompetenz	Holistischer Ansatz: Integratives Denken und Handeln	Bildhafte Vorstellung der Veränderung: Vergangenheit, Gegenwart und Zukunft	Transformation verwirklichen: Menschen, Pädagogik, Bildungssystem
Lernen, Wissen anzuwenden Der Lehrende ist fähig …	… Möglichkeiten für das vorurteilsfreie und unvoreingenommene Teilen von Ideen und Erfahrungen unterschiedlicher Disziplinen, Orte, Kulturen sowie Generationen zu schaffen … Themen, Dilemmata, Spannungen und Konflikte aus unterschiedlichen Perspektiven zu bearbeiten … die Lernenden mit ihren regionalen und globalen Einflussbereichen zu vernetzen	… Veränderungsprozesse in der Gesellschaft kritisch zu betrachten und sich eine nachhaltige Zukunft vorzustellen … Handlungsdruck für den Wandel zu kommunizieren und gleichzeitig Hoffnung zu stiften … die Evaluierung möglicher Konsequenzen aufgrund unterschiedlicher Entscheidungen und Handlungen zu fördern … die natürliche, soziale und gebaute Umgebung (die eigene Institution eingeschlossen) als Lernkontext und Quelle des Lernens zu nutzen	… Partizipation und eine am Lernenden orientierte Lehre, die kritisches Denken und aktives Handeln in der Gesellschaft fördert, umzusetzen … Lernleistungen anhand von Veränderungen sowie anhand ihrer Bedeutung bzw. ihres Erfolgs für eine nachhaltige Entwicklung zu bewerten
Lernen zu sein Der Lehrende ist jemand, der …	… verschiedene Disziplinen, Kulturen und Perspektiven (indigenes Wissen und indigene Weltansichten eingeschlossen) mit einbezieht	… motiviert ist, einen positiven Beitrag für andere Menschen und deren soziale und natürliche Umwelt zu leisten – regional und global … gewillt ist, besonnen und entschlossen zu Handeln – auch in ungewissen Situationen	… gewillt ist, Annahmen, die nicht nachhaltigen Praktiken zugrunde liegen infrage zu stellen … selbst am Lernprozess teilnimmt und als Moderator agiert … als Fachmann kritisch hinterfragt und reflektiert … für Kreativität und Innovation begeistert … seinen Lernenden gegenüber offen ist und daraus positive Beziehungen aufbaut
Lernen zusammen zu leben Der Lehrende arbeitet mit anderen zusammen in einer Weise, die …	… aktiv Gruppen verschiedener Generationen, Kulturen, Orte und Disziplinen zusammenbringt	… die Entstehung neuer Weltanschauungen für eine nachhaltige Entwicklung ermöglicht und fördert	… nicht nachhaltige Praktiken innerhalb der Bildungssysteme (die institutionelle Ebene eingeschlossen) infrage stellt … die Lernenden durch den Dialog darin unterstützt, sowohl ihre eigene Weltanschauung als auch die Weltanschauung von anderen zu präzisieren und anzuerkennen, dass alternative Ordnungsmuster existieren

Diese Zusammenstellung wirft für Lehrende vermutlich viele Fragen, Ängste und Reaktanzen hervor, gepaart zeitweise mit neuer Orientierung und Begeisterung für den anstehenden Wandel. Sicherlich lässt sich auch die Systemfrage aus dieser Tabelle ableiten: Ist das deutsche Hochschulsystem in der Lage, den Lehrenden einen Kontext anzubieten, diese Qualitäten zu entwickeln und im System zu halten, oder löst das Hochschulsystem in seiner jetzigen Verfassung ganz im Sinn einer autopoetischen Systemauffassung nicht genau das Gegenteil aus: Belohnt werden Experten, die Spezialwissen erzeugen und vermitteln?

Werden ausreichend Ressourcen, Anreize und Freiräume zur Verfügung gestellt, damit sich Lehrenden in diese komplexen Rollen hineinentwickeln können, lautet die Verantwortungsfrage an die Hochschulleitungen, die den Wandeln begleiten und stimulieren wollen. Gibt es in der Managementforschung Taxonomien und Metaphern, die auf die Situation an Hochschulen übertragen werden können, um die Identitätserweiterung der Lehrenden hilfreich zu umschreiben, ist die Frage dieses Beitrags. Wir greifen dazu auf das Konzept der agilen Führung von Joiner und Josephs (2007) zurück, die fünf Stufen von Führung unterschieden haben, um Komplexität zu bewältigen. Wir wählen daraus die mittleren Stufen, die die höchste Relevanz für die Führung des Lehr-Lern-Geschehens an Hochschulen haben: die Experten, Macher und Katalysatoren (Joiner und Josephs 2007).

3 Den Bewegungsraum der Entwicklung aufstellen

Wir gehen für unsere weiteren Überlegungen davon aus, dass System- und Persönlichkeitsentwicklung immer im Spannungsraum von konstruktiven Polaritäten erfolgen muss. Jedes System ist durchzogen von diesen Polaritäten, die durch ihre Spannungen dem System die Energie geben, sich immer wieder neu an die steigenden Komplexitäten anzupassen. Ob und wie diese Energie konstruktiv genutzt wird, hängt von der Ambiguitätstoleranz der Leitung, der Systemmitglieder und ihrer Fähigkeit zum Widerspruchsmanagement ab (Müller-Christ 2014, S. 241 ff.).

Wir gehen für die Überlegungen dieses Beitrags davon aus, dass diese Anforderungen die Hochschullehrenden in einen Spannungsraum zwischen Fach- und Orientierungswissen auf der einen Seite sowie Freiheit und gesellschaftlicher Verantwortung auf der anderen Seite treiben. Durch die immer kleinteiligere Spezialisierung der Wissenschaften in den vergangenen Jahren verengte sich auch der Blick auf das eigene Forschungsgebiet und die Frage nach dem übergeordneten Sinn ging zuweilen verloren. Diese Brücke gilt es nun wieder zu schlagen, alle Teilkenntnisse müssen in ihrer vollen Tiefe berücksichtigt und gleichzeitig in Zusammenhang mit dem großen Ganzen gesetzt werden. Schließlich können Menschen den Sinn der Dinge erst erkennen, wenn sie die Einzelteile in das Bild des großen Ganzen einzuordnen vermögen (Weibel 1986, S. 25 f.).

Hochschullehrende stehen damit der Herausforderung gegenüber, zwar ihr eigenes, vertrautes Feld zu wahren, aber gleichzeitig die eigenen Paradigmen zu überwinden, um neben dem Fachwissen den Lernenden auch Orientierungswissen bereitzustellen. Ferner wird immer vehementer darauf hingewiesen, dass Hochschullehrende eine gesellschaftliche Verantwortung tragen, weil sie maßgeblich an der Ausbildung zukünftiger Führungskräfte in unserer Gesellschaft mitwirken (Müller 2017, S. 299). Zeitgemäße Lehr-Lern-Formate stellen sich meist als Gruppenarbeiten von Studierenden da, die sich mit Problemstellungen befassen, die einen disziplinären oder interdisziplinären Hintergrund aufweisen. Aus dieser Art der Lehre sollen die Studierenden v. a. wichtiges Wissen für ihre spätere Berufstätigkeit sowie Schlüsselkompetenzen mitnehmen (Zumbach 2003). Die Rolle des Lehrenden als Wissensträger tritt hier zurück und wandelt sich zu der des Lernbegleiters.

Die Methode der Systemaufstellung kann an dieser Stelle nicht näher erläutert werden. Die Leser sind eingeladen, sich in diesem Text durch Visualisierungen zu eigenen Hypothesen anregen zu lassen. Um die Einsatzmöglichkeiten der Methode in Forschung und Lehre nachzuvollziehen, empfehlen wir weitergehende Literatur wie beispielsweise Müller-Christ (2016a, 2016b).

4 Die Rollen des Hochschullehrenden nach Vorbild des Leadership-Agility-Ansatzes – eine Analogie

Die Abb. 1 illustriert die drei ersten Stufen der Führungstypen des Leadership-Agility-Ansatzes. Die beiden oberen Stufen des Achiever und des Catalyst verweisen auf eine Komplexitätsstufe, die unseres Erachtens nach an Hochschulen noch nicht zu bewältigen sind. Die Abbildung verdeutlicht, dass die Unterscheidung der Stufen sich auf die unterschiedliche Dynamik und Komplexität beziehen, die in einem Führungskontext vorkommen können. Ab einem bestimmten Komplexitätsniveau gibt es eine imaginäre Grenze zwischen einem Leadership-Paradigma 1.0 und einem Paradigma 2.0. Der Unterschied kann hier noch holzschnittartig umschrieben werden als der Wandel von einer planbaren

Abb. 1 Darstellung der Rollen des Lehrenden. (In Anlehnung an Joiner und Josephs 2007)

Welt in eine unplanbare Situation, die ein weiterentwickeltes Verständnis von Führung braucht. Dieses Verständnis lässt sich kurz als Kontextführung oder Führung ohne Ziele umschreiben (Stein 2007, S. 128 ff.)

Die drei Typen der Führung werden im Weiteren als Analogie verwendet, um den Wechsel der Rollenidentitäten von Hochschullehrenden auf eine andere Art zu umschreiben. Da sich die Komplexität und Dynamik an Hochschulen ähnlich steigern wie in Unternehmen, gehen wir davon aus, dass sich auch die Führungsaufgaben ähnlich verändern. Dabei modellieren wir Führung in Hochschulen als Gestaltung des Lehr-Lern-Prozesses mit Studierenden sowie die Führung von Mitarbeitern in Instituten und Forschungsprojekten. Die Überlegungen sind im Weiteren bewusst überspitzt dargestellt und werden ergänzt durch die Ergebnisse einer Systemaufstellung, die zu diesem Thema an der Universität Bremen durchgeführt wurde.

4.1 Die Hochschullehrenden als Experten

Die Rollenbeschreibung der Lehrenden als Experten war über viele Jahre innerhalb der Hochschule klar festgelegt und das Fachwissen wurde seitens der Hochschullehrenden im frontalen Unterricht vermittelt. Dieser Prototyp hat das Wissen seiner Disziplin tief durchdrungen und weiß jede fachliche Fragestellung seitens der Studierenden zu beantworten. Die Rolle des Experten wird dahingehend beschrieben, dass er für sich steht und nicht davor zurückschreckt, seine Position und seine Meinung zu vertreten. Ein Experte wird meistens als Einzelkämpfer auf seinem Gebiet dargestellt, der die Lösung eines Problems nicht in sein Team gibt, sondern sich im Stillen allein damit auseinandersetzt (Joiner und Josephs 2007, S. 44). Hier wird das Wissen über Forschung generiert und anschließend über eigene Literatur an die Studierenden vermittelt. So werden die Studierenden lediglich dazu aufgefordert, das vorgetragene Wissen zu reproduzieren und innerhalb der Leistungsabfrage abzuliefern. Das so erworbene Wissen zeichnet sich besonders durch eine hohe Dichte von Fakten und Modellen aus, das der Experte durch ein sehr eigenständiges und analytisches Denken erworben oder geschaffen hat. Hinzu kommt, dass sich die Hochschullehrenden in Strukturen innerhalb der Hochschule bewegen, die zumeist auch als Expertenorganisation umschrieben wird. Hochschullehrer haben in dieser Expertenorganisation eine dominante und autonome Position, die durch die grundgesetzliche Freiheit von Forschung und Lehre begründet ist. Die Hochschulgesetze schreiben der Funktion der Professoren eine Entscheidungsbefugnis zu, die der einer Top-Führungskraft in Unternehmen gleichkommt.

All dies unterstreicht die Modellierung des Hochschullehrenden als Experten. Diese Rolle wird meist nicht nur durch die Person des Hochschullehrenden ausgefüllt, sondern auch ein Stück weit von den äußeren Gegebenheiten gewünscht. Eine Hauptaufgabe ihres Berufs stellt die Vermittlung von Wissen an Studierende da. Die Abb. 2 zeigt, dass in der Systemaufstellung der Stellvertreter für die Hochschullehrenden als Experten intuitiv eine Position zwischen Fachwissen und gesellschaftlicher Verantwortung gewählt hat.

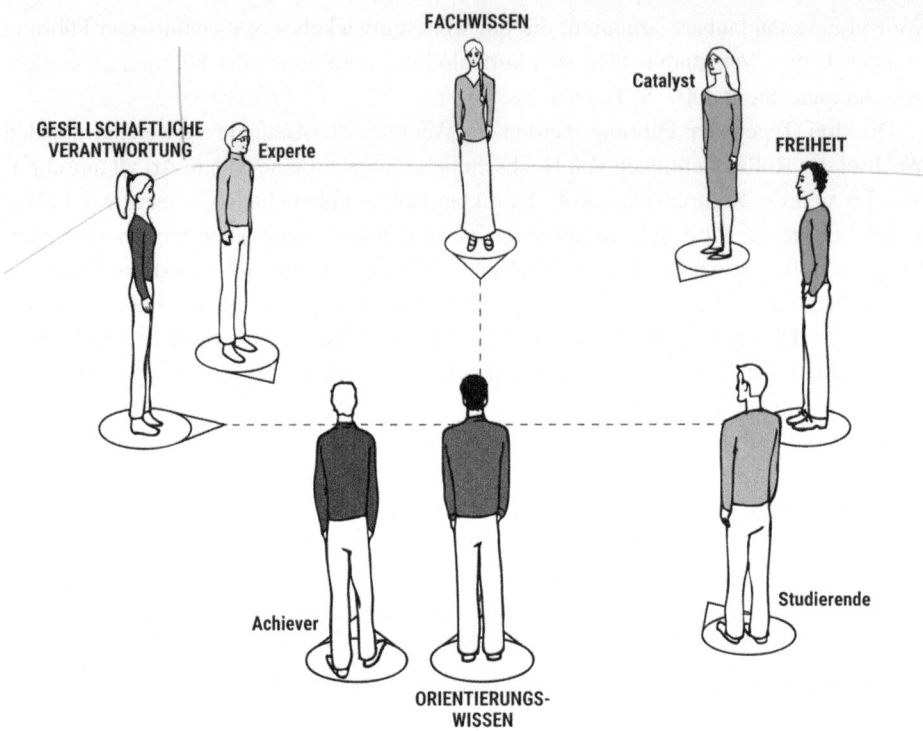

Abb. 2 Die intuitive Positionierung der Repräsentanten im Spannungsfeld der Hochschullehrenden

Diesen Ort, der etwas außerhalb des Spannungsraums liegt, bezeichnet der Stellvertreter als die Komfortzone des Experten, die ihm die Gelegenheit bietet, von außen zuzuschauen und sich nicht vollständig einbringen zu müssen. Tatsächlich haben wir die Erfahrung gemacht, dass es viele Professoren gibt, die bei schwierigen Entscheidungen gerade auch in Führungskontexten sich auf ihren Expertenstatus zurückziehen und wichtige Entscheidungen nicht treffen. Sie bleiben eben außerhalb des Spannungsraums. So hat der Vertreter für die Hochschullehrenden als Experten auch sehr stimmig geäußert, dass er, wenn er unter Druck gerät, seine Komfortzone ein wenig Richtung Fachwissen verlagert. Wir formulieren aus diesem Bild heraus die folgende erkenntnisleitende These:

▶ **Hypothese 1** Die Komfortzone der Hochschullehrenden ist ihr Expertenstatus. Sie empfinden diesen Status als Ausdruck ihrer Gesellschaftsverantwortung und rücken, wenn sie unter Führungsstress geraten, ihre Komfortzone näher an das Fachwissen heran. Die Komfortzone liegt außerhalb der grundlegenden Spannungsfelder.

4.2 Die Hochschullehrenden als Achiever

Während der Typ des Experten daran interessiert ist, seine eigenen fachlichen Vorstellungen umzusetzen, liegt bei dem Achiever der Fokus auf Veränderung, auf dem Machen oder dem Bewegen („to achieve") und auf der Führung eines Teams (Joiner und Josephs 2007, S. 65). Er ist daran interessiert Fragen aus dem Führungskontext im Team zu entscheiden und sie gemeinsam zu lösen, anstatt sich allein mit der Problematik auseinanderzusetzen. Dem Achiever ist deutlich bewusst, dass innerhalb eines Teams unterschiedliche Menschen zusammenarbeiten; diese Unterschiedlichkeit heißt der Achiever willkommen. Der Fokus auf das Team führt dazu, dass der Achiever in seinem Führungsverhalten die Balance halten will zwischen Kontrolle und Vertrauen. Durch die Tatsache, dass der Achiever detailreiche Einzelaufgaben in sein Team geben kann, bleibt der Blick frei für Querschnittsthematiken. Die daraus möglicherweise entstehenden Risiken bewältigt der Achiever eher, als dass er sie vermeidet. Damit einher geht die Benennung und Bewältigung von Emotionen, die im Team hochkommen.

In der Modellierung des Hochschullehrenden als Achiever sind die Teams die Studierenden und die wissenschaftlichen Mitarbeiter. In der Rolle des Achiever kommen innerhalb einer Lehrveranstaltung Methoden der Wissensvermittlung zum Einsatz, die die Studierenden mehr einbeziehen. Zudem bieten die Hochschullehrenden Problemlösungen nicht immer als bereits vorhandenes Wissen an, sondern bearbeiten Problemfragestellungen mit den Studierenden gemeinsam. Der Achiever nutzt das Faktenwissen des Experten, um eine geeignete Fragestellung an die Studierenden richten zu können und überlässt die Lösung der Fragestellung weitestgehend den Studierenden. Hierbei hält der Achiever die Balance zwischen dem Vertrauen gegenüber den Studierenden, dass sie eigenständig handeln können, lässt ihnen jedoch nicht ein ganz freies Feld, sondern fungiert als Setzer von Leitplanken, innerhalb derer der Prozess eigenständig abläuft. Diese Umschreibung verweist auf die gegenwärtige Diskussion um die Neugestaltung der akademischen Lehre, die als Bewegung vom Teaching zum Learning umschrieben wird (Bachmann und Thomann 2011, S. 11).

Neben der Wandlung der eingesetzten Methoden kann sich auch ein thematischer Wandel vollziehen: Während der Experte vornehmlich disziplinäre Themen im Fokus hat, wendet sich der Achiever mehr interdisziplinären Themen zu. Es gilt die damit verbundenen Spannungen auszuhalten sowie die möglichen Risiken zu managen. Die Anzahl der Trade-off-Situationen (Müller-Christ 2014, S. 280) steigt und diese gilt es konstruktiv zu bewältigen. Dieser Balanceakt zwischen dem Fachwissen und dem Orientierungswissen zeigt sich auch in der durchgeführten systemischen Aufstellung durch ein ständiges Wandern des Stellvertreters zwischen den Polen Fach- und Orientierungswissen. Er fühlte sich an beiden Polen zu Hause und versuchte durch seine Bewegung das System zu einem Wandel zu stimulieren.

Während der Expert sehr sachorientiert handelt, bemüht sich der Achiever die Emotionen zu benennen sowie diese als positiven Verstärker in den Prozess einfließen zu lassen. Die Thematisierung der Emotionen und die anschließende Verbindung mit den fachlichen Inhalten ermöglicht ein vollkommen anderes Wahrnehmen der Lerninhalte seitens der Studierenden. Vom Standpunkt des Achiever aus gelingt es dem Hochschullehrenden mehr Querschnittsthemen in den Fokus zu nehmen sowie mehr Unterschiedlichkeit zuzulassen. Die Rolle des Achiever scheint eine gute Voraussetzung dafür zu sein, Bildung für eine nachhaltige Entwicklung in die Hochschulen zu tragen, ein Anspruch, den das Weltaktionsprogramm der Vereinten Nationen eindringlich von den Hochschulen fordert (Leal Filho 2016, S. 3).

Durch die Entwicklung der Hochschullehrenden in Richtung des Achiever und die damit verbundene Entfernung von seinem Fachwissen entsteht eine neue Spannung, die sich nur schwer mit der hierarchischen Struktur vereinbaren lässt, die innerhalb der Hochschule vorherrscht. Die Hochschullehrenden sehen sich somit zwei neuen Anforderungen gegenüber: zum einen gilt es die unterschiedlichen Rollen innerhalb ihrer Person zu vereinen, was das Risiko für einen inneren Konflikt ansteigen lässt. Zum anderen kann wegen der begrenzten zeitlichen und persönlichen Ressourcen Fachwissen und Orientierungswissen nicht gleichzeitig intensiviert werden.

Wann wird eine der beiden Rolle von dem Hochschullehrenden verlangt und wie gelingt es dem Hochschullehrenden diese glaubhaft zu transportieren und in ihrer Widersprüchlichkeit nebeneinander stehen zu lassen? Aus der Beobachtung der Bewegungen und der Äußerungen des Stellvertreters in der Aufstellung haben wir die folgende erkenntnisleitende These abgeleitet:

▶ **These 2** Die Rolle des Achievers führt zu intensiver Bewegung der Lehrenden zwischen Fach- und Orientierungswissen. „Achiever" entwickeln nicht das Fachwissen, sondern öffnen den Raum für Orientierungswissen und geraten dadurch in den Spannungsraum, in dem sie das Was und das Wohin des Wirkens begründen müssen.

4.3 Die Hochschullehrenden als Katalysatoren

Die Rolle des Catalyst definiert sich v. a. über ein Führungsverhalten, das stark auf sich selbst entwickelnde Prozesse setzt sowie großes Vertrauen in diese hat. Das Ziel dieser Prozesse entsteht erst, während der Prozess schon gestartet ist. Diese Prozesse speisen sich aus einem Team, das einen starken Eigenantrieb hat. Die hohe Beteiligung aus der Gruppe garantiert eine intensive Integration von unterschiedlichen Perspektiven, die das Bild des zu erreichenden Ziels weiter ausgestalten. Hierzu trägt auch der seitens des Catalyst angestrebte interdisziplinäre Lösungsansatz bei. Zudem herrscht eine Metakommunikation vor, die einen offenen Umgang mit Emotionen und Risiken einschließt.

Der Hochschullehrende in der Rolle des Catalyst spannt für seine Studierenden lediglich ein Feld auf, innerhalb dessen sie agieren können. Hierbei setzt er nicht Grenzen, wie es bei dem Achiever der Fall ist, der Catalyst drängt mithilfe seiner hierarchischen Stellung das außerhalb vorherrschende System zurück und ermöglicht somit einen Raum für

Neues. In der Rolle des Catalyst entsteht das Bild beim Gehen, was bedeutet, dass es die größte Herausforderung an den Lehrenden ist, die Rolle des Experten sowie des Achiever weitestgehend zurückzuhalten. Er setzt vielmehr auf sich selbst entwickelnde Prozesse, die sich aus den Gruppenprozessen seitens der Studierenden entwickeln. Innerhalb dieser Gruppenprozesse gilt es immer wieder die Vogelperspektive einzunehmen, um eine hohe Integration von unterschiedlichen Perspektiven zu ermöglichen (Joiner und Josephs 2007, S. 97). Zudem muss der Lehrende lernen damit umzugehen, dass er den Prozess nicht über seine eigene Person und das damit verbundene Wissen steuern kann, sondern in die Wirkung des Prozesses vertrauen muss. Diese Situation aushalten zu können, verlangt von den Hochschullehrenden zum einen sich über die Wirkung seines Selbst im Klaren zu sein. Wir gehen davon aus, dass es unmöglich ist, nicht nicht zu kommunizieren (Watzlawick et al. 1969) und deshalb nicht möglich ist, nicht nicht zu wirken.

Die zentrale Frage für den Hochschullehrenden ist somit, wie die eigene Wirkung auf das System, in diesem Fall die Studierenden, so gesteuert werden kann, dass ein Setting entsteht, das eine hohe Eigendynamik entwickelt und viel Potenzial in der Situation freisetzt. Der Catalyst wandelt sich im Vergleich zum Achiever von den interdisziplinären Themen hin zu den transdisziplinären Themen. Als Leitgedanke des Catalyst trifft der Satz von Albert Einstein „Probleme kann man niemals mit derselben Denkweise lösen, durch die sie entstanden sind" sehr zu. Die Rolle des Catalyst hat sich zur zentralen Aufgaben gemacht, über Transdisziplinarität und neue Formen von Lehrveranstaltungen neues Wissen entstehen zu lassen, das in der Lage sein könnte, die Probleme von morgen zumindest besser zu verstehen, eventuell auch mögliche Lösungen aufzuzeigen. Dieser Prozess birgt ein hohes Risiko bezüglich der Frage, ob der Prozess gelingt und wie ein Ergebnis aussehen kann, das den Prozess als erfolgreich bezeichnet. Die Rolle des Catalyst stellt an die Lehrenden in erster Linie die Herausforderung, Unsicherheiten auszuhalten, die sich sowohl auf die Reaktionen aus dem System auf die Rolle ergeben als auch innerhalb der Person der Lehrenden. Ist eine Person überhaupt in der Lage diese unterschiedlichen Rollen zu vereinen und kann sie erkennen, wann welche Rolle verlangt wird?

In der durchgeführten systemischen Organisationsaufstellung positioniert sich die Stellvertreterin in dem Quadranten zwischen Fachwissen und Freiheit (Abb. 2). Aus dieser Position heraus steht der Catalyst in einer guten Verbindung zu den Studierenden. Über die Fähigkeit des Catalyst die Freiheit zu nutzen und das Fachwissen neu zu denken, ermöglicht er den Studierenden sich intensiv mit den Systemkräften auseinanderzusetzten. Aus den Beobachtungen der Bewegungen und der Äußerungen der Stellvertreterin haben wir folgende erkenntnisleitende These formuliert:

▶ **Hypothese 3** Katalytische Lern- und Forschungsprozesse zu ermöglichen, bedeutet für die Rolle des Hochschullehrenden, sich ein neues Verständnis von Freiheit anzueignen. Es geht um die Freiheit aller Beteiligten, über neue Methoden und neue Ausdrucksformen, Wissensbestände infrage zu stellen und zu kontextualisieren, ohne in die Beliebigkeit abzugleiten.

5 Die Einbindung der psychologischen Rollentheorie

Die gewonnenen Erkenntnisse, die sich sowohl in der Literatur als auch mithilfe der systemischen Organisationsaufstellung gezeigt haben, verdeutlichen, dass an die Rolle des Hochschullehrenden neue Anforderungen gestellt werden (Hanft 2015). Aus der Beschreibung der einzelnen Rollen geht hervor, wie unterschiedlich alle drei sind. Gerade diese Diversität der Rollen bildet die Anforderungen ab, die an den Hochschullehrenden der Zukunft gestellt werden. Die Rollentheorie hat an sich diese Vielfalt schon gut beschrieben, wir wollen mit diesem kleinen Ausflug in die psychologische Rollentheorie die neuen Rollentypen aus der komplexitätsorientierten Führungstheorie schemenhaft integrieren.

Diese unterschiedlichen Rollentypen aus der Führungslehre werden benötigt, um die Spannungsfelder zu bewältigen sowie den Studierenden neue Fähigkeiten an die Hand zu geben. Die unterschiedlichen Rollentypen, eingefügt in das Rollenmodell nach Neuberger (2002), ergeben ein neues Ordnungsangebot.

Die in Abb. 3 dargestellt Grafik visualisiert die Zusammensetzung der einzelnen Rollen des Hochschullehrenden im Fokus seiner Funktion in dem System Hochschule. Der Abbildung liegen folgende Annahmen zugrunde:

1. Die Rollen sind Erwartungen, die an eine Person gerichtet werden, diese sind durch ihre Sozialisationsgeschichte geprägt.
2. Diese Erwartungen sind positionsspezifisch.
3. Innerhalb des Systems werden von mehreren Rollensendern Erwartungen an eine Position gerichtet.
4. Die Person ist Mitglied mehrerer Systeme, damit gleichzeitig Inhaber verschiedener Positionen bzw. Träger mehrerer Rollen (Neuberger 2002, S. 321 f.).

Zentral im Rollenmodell verortet ist der Kern der Person. Der Kern kann auch als Identität verstanden werden. Um den Kern der Person schließen sich die unterschiedlichen Rollen, über die die Hochschullehrenden mit dem umgebenden System kommunizieren. Anzunehmen ist auch, dass ein ständiger Austausch zwischen dem Kern der Person und den jeweiligen Rollen besteht (Neuberger 2002, S. 322 f.) Dieser Austausch verläuft wechselseitig und kann zu interpersonellen Konflikten führen. Neben der Kommunikation zwischen dem Kern der Person besteht auch eine direkte Kommunikation zwischen den unterschiedlichen Rollen. Bereits innerhalb der Person des Hochschullehrenden gibt es unterschiedliche Kommunikationswege, zusätzlich werden diese beeinflusst von dem System, das den Hochschullehrenden umgibt. Dieses System, beispielhaft die Studierenden, reagieren sowohl auf die unterschiedlichen Rollen des Hochschullehrenden als auch dadurch, dass sie aktiv Anforderungen an die Rollen stellen (Neuberger 2002, S. 322). Wenn diese äußeren Erwartungen über die Rolle bis zum Kern der Person getragen werden, sich der Kern der Person mit den Anforderungen auseinandergesetzt hat und Unstimmigkeiten zwischen den Anforderungen und dem Kern der Person aufkommen, kann es zu einem interpersonellen Konflikt kommen. Dieser trägt sich nicht selten an die Oberfläche

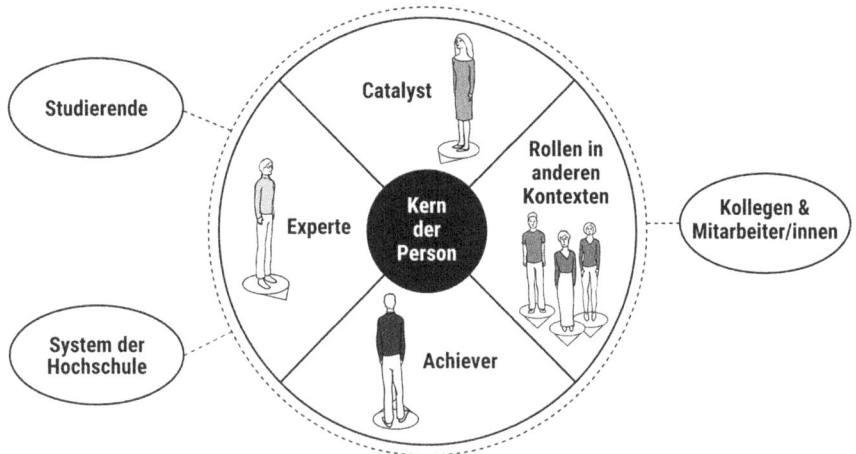

Abb. 3 Zusammenführung der Rollentypen in das Rollenmodell. (In Anlehnung an Neuberger 2002)

und wird vom äußeren System als unstimmiges Verhalten wahrgenommen (Neuberger 2002, S. 325). Die unterschiedlichen Formen der Konflikte, die auf unterschiedlichen Ebenen des Systems entstehen können, zeichnen ein Bild davon, welche Anforderungen an den Hochschullehrenden gestellt werden, die Rollen innerhalb des Hochschulsystems, die außerhalb des Hochschulsystems und den Kern der Person miteinander zu verbinden. Hierbei können nicht nur Konflikte zwischen den Rollen entstehen, auch zu den außerhalb der Person liegenden Anspruchsgruppen muss eine Verbindung gehalten werden. Um erfolgreich mit den unterschiedlichen Rollen sowie den damit verbundenen Spannungen umgehen zu können, bedarf es seitens der Hochschulen eines unterstützenden Netzes für die Hochschullehrenden. Formen der Weiterbildung oder der psychologischen Beratung wären denkbar. Denn wenn der Blick sich von den Rollen selbst auf deren mögliche Wirkung im System wendet, wird deutlich, warum es lohnenswert ist, die Komplexität der unterschiedlichen Rollen anzunehmen.

Eine mögliche Verbindung zwischen der psychologisch orientierten Rollentheorie und dem Bild der Systemaufstellung liegt in der Interpretation des Raums zwischen den Rollen. Die Rollentheorie verweist auf die inneren Konflikte; die Systemaufstellung zeigt ein Dreieck im Raum mit relativ großer Fläche (Abb. 4). Unsere Interpretation dieser Fläche haben wir in der folgenden erkenntnisleitenden These verdichtet:

▶ **Hypothese 4** Um die zunehmende Komplexität von Prozessen in Hochschulen zu bewältigen, müssen Hochschullehrende ihren Möglichkeitsraum deutlich erweitern. Sie brauchen die Agilität, also die innere und äußerliche Bewegungsmöglichkeit, Rollen zu übernehmen, die Widersprüchliches erfordern. Gleichzeitig müssten auch Studierende bereit sein, die Hochschullehrenden in den verschiedenen Rollen zu akzeptieren, um kontextangemessene Lehr-Lern-Arrangements mitzugestalten.

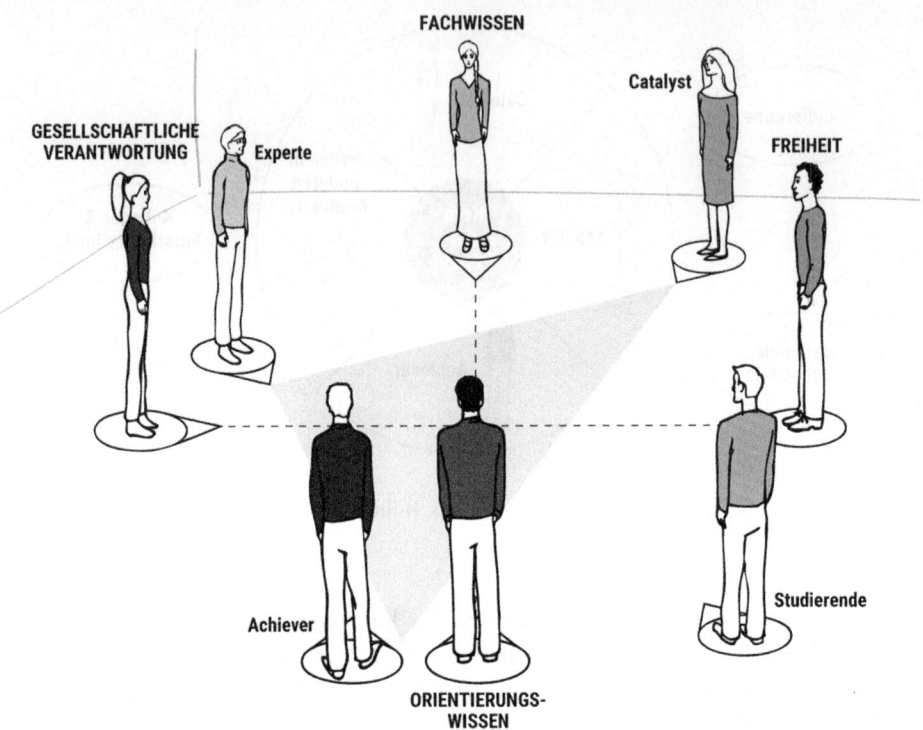

Abb. 4 Das gemeinsame Wirkungsfeld der Rollen des Hochschullehrenden im Spannungsfeld

6 Die Verantwortung des Systems Hochschule für den Transformationsprozess

Werden nur der gewünschte Wandel der Lernkultur und die damit einhergehende Rollenkomplexität des Hochschullehrenden zusammengedacht, lässt sich schnell der Rückschluss auf die Hochschule ziehen. Die Hochschule trägt die Verantwortung dafür, dass die Transformation der Hochschulen hin zu einer zukunftsfähigen Version gelingt. Der Hochschullehrende als Stakeholder stellt dabei die entscheidende Stellschraube dar. Über den Hochschullehrenden kann ein Bottom-up-Prozess angestoßen werden, der dazu führt, das Spannungsfeld so zu gestalten, dass die Entfaltung der drei Rollen des Hochschullehrenden ermöglicht wird. Hierzu steht die Hochschule in der Verantwortung, dem Hochschullehrenden strukturell und organisatorisch den Raum innerhalb des Systems Hochschule zu ermöglichen. Um den Wandel über die Person des Hochschullehrenden hinaus in die Organisation Hochschule und damit in die Lernkultur zu tragen, sollte ein Bewusstsein dafür geschaffen werden, auf welcher der Ebenen der Prozess in Gang gesetzt werden sollte, um eine langfristige und dauerhafte Wirkung zu erzielen. Nimmt die Hochschule die Verantwortung für ihre Lehrende als Lernende wahr, kann eine Transformation des Systems

Hochschule erfolgen, was zu einer gesunden, motivierenden und antreibenden Spannung im Spannungsfeld zwischen Fach- und Orientierungswissen sowie gesellschaftlicher Verantwortung und Freiheit führen kann.

Literatur

Bachmann H, Thomann G (2011) Kompetenzorientierte Hochschullehre. Die Notwendigkeit von Kohärenz zwischen Lernzielen, Prüfungsformen und Lehr-Lernmethoden. hep, Bern

Hanft A (2015) Heterogene Studierende – homogene Studienstrukturen. Herausforderung Heterogenität beim Übergang in die Hochschule. Waxmann, Münster

Hanft A, Brinkmann K, Kretschmer S, Maschwitz A, Stöter J (2016) Organisation und Management von Weiterbildung und Lebenslangem Lernen an Hochschulen. Waxmann, Münster

Joiner WB, Josephs SA (2007) Leadership agility: five levels of mastery for anticipating and initiating change. Wiley, Hoboken

Leal Filho W (2016) Nachhaltige Entwicklung an der Hochschule für Angewandte Wissenschaften Hamburg: Das FTZ-ALS und das „Nachhaltigkeitslab". In: Leal Filho W (Hrsg) Forschung für Nachhaltigkeit an deutschen Hochschulen. Springer, Wiesbaden, S 3–24

Müller V (2017) Man kann bei der Wissenschaft nichts bestellen – Über Wissenschaft und gesellschaftliches Handeln. Forsch Lehre Alles Was Die Wissenschaft Bewegt 4(17):298–299

Müller-Christ G (2014) Nachhaltiges Management. Einführung in die Ressourcenorientierung und widersprüchliche Managementrationalitäten. Utb, Baden-Baden

Müller-Christ G (2016a) Wie kommt das Neue in die Welt? Systemaufstellungen als Instrument eines forschungsorientierten Lernens in der Managementlehre. In: Weber G, Rosselet C (Hrsg) Organisationsaufstellungen. Grundlagen, Settings, Anwendungsfelder. Carl-Auer, Heidelberg, S 285–299

Müller-Christ G (2016b) Systemaufstellungen als Instrument der qualitativen Sozialforschung. Vier, vielleicht neue Unterscheidungen aus der Sicht der Wissenschaft. In: Weber G, Rosselet C (Hrsg) Organisationsaufstellungen. Grundlagen, Settings, Anwendungsfelder. Carl-Auer, Heidelberg, S 72–93

Neuberger O (2002) Führen und führen lassen: Ansätze, Ergebnisse und Kritik der Führungsforschung Bd. 2234. Baden-Baden

Stein C (2007) Führen ohne Ziele. Harv Bus Manag (12):128–129

UNECE-United (2012) Nations economic commission for europe: learning for thc future: competences in education for sustainable development. http://www.unece.orglfileadmin/DAMIenv/esdiESDPubllcations/Competences_Publlcation.pdf. Zugegriffen: 13. Mai 2017

Watzlawick P, Beavin JH, Jackson DD (1969) Menschliche Kommunikation, Formen, Störungen, Paradoxien. Huber, Bern, Stuttgart (Pragmatics of Human Communication, New York 1967)

Weibel ER (1986) Wissenschaft und Gesellschaft – Verantwortung und Vertrauen. In: Sitter B (Hrsg) Wissenschaft in der Verantwortung. Analysen und Forderungen. Bern, Stuttgart, S 9–35

Zumbach J (2003) Problembasiertes Lernen. Waxmann, Münster

Georg Müller-Christ ist seit Februar 2001 Hochschullehrer im Fachbereich 7, Wirtschaftswissenschaft für das Fachgebiet Nachhaltiges Management. Seine Forschungsinteressen bewegen sich von der strategischen Managementlehre über die Umweltmanagementlehre hin zu Konzepten eines nachhaltigen Managements für alle Arten von Institutionen. Er war Mitglied des Vorstands des Zentrums für Multimedia in der Lehre von 2005 bis 2016 und von 2008 bis 2011 Konrektor für Studium und Lehre der Universität Bremen. Seit 2009 ist er Sprecher des Partnernetzwerks Hochschulen und Nachhaltigkeit, seit 2015 Mitglied der Nationalen Plattform zur Umsetzung des Weltaktionsprogramms BNE sowie Sprecher des Fachforums Hochschule und Nachhaltigkeit. Seit 2012 ist er zertifizierter Systemaufsteller.

Merle Katrin Tegeler ist seit 2016 als wissenschaftliche Mitarbeiterin an der Universität Bremen im Bereich Nachhaltiges Management tätig. Sie absolvierte ihr Psychologiestudium an der Universität Bremen mit dem Schwerpunkt Coaching und Beratung. Anschließend schloss sie ihr Masterstudium an der Universität Bremen der Wirtschaftspsychologie mit dem Schwerpunkt Nachhaltigkeit. Kernthemen ihrer wissenschaftlichen Tätigkeit ist das Projekt „Hochschule Nachhaltigkeit – Arbeitspaket Lehre" sowie die Methode der organisatorischen Systemaufstellung.

Bachelor Betriebswirtschaftslehre im Wandel: Integration der verantwortungsvollen Managementausbildung in die akademische Bildung

Sigrid Bekmeier-Feuerhahn, Katharina Hetze und Rita Klapper

1 Einleitung

Nachhaltigkeit, Ethik, Corporate Social Responsibility (CSR) und weitere verwandte Begriffe fokussieren auf ein gemeinsames Ziel: Unternehmen und andere Akteure sollen Verantwortung für eine nachhaltige Entwicklung übernehmen. Im Oktober 2013 titelte DIE ZEIT: „Top-Manager geloben verantwortungsvolles Handeln", nachdem 21 Führungskräfte deutscher Unternehmen ein Leitbild für verantwortliches Handeln in der Wirtschaft unterzeichnet hatten. Obwohl das ursprüngliche Leitbild der Betriebswirtschaftslehre (BWL) – der ehrbare Kaufmann – bis ins 12. Jahrhundert zurückreicht (Klink 2008) und der Begriff der Nachhaltigkeit aus dem 18. Jahrhundert stammt (Michelsen und Adomßent 2014), hat die unternehmerische Verantwortungsübernahme für ökologische und soziale Aspekte in der Geschäftstätigkeit erst in den letzten vier Jahrzehnten immer mehr an Bedeutung gewonnen. Gleichzeitig wird ein solches Verhalten von Stakeholdern immer mehr erwartet und gefordert. Sozial-ökologisch nachhaltiges und ethisches Handeln werden so zu einem Wettbewerbsfaktor für Unternehmen. Gleichzeitig führt ein entsprechendes Missverhalten von Führungskräften immer wieder zu Unternehmensskandalen, die der Reputation des Unternehmens – oder gar der Branche – erheblichen Schaden zufügen können. Es werden somit Führungskräfte gebraucht, die sich dieser Verantwortung stellen und bereit sind, entsprechende Entscheidungen für ein nachhaltiges

---

S. Bekmeier-Feuerhahn (✉) · K. Hetze · R. Klapper
Leuphana Universität Lüneburg
Lüneburg, Deutschland
E-Mail: bekmeier@uni.leuphana.de

K. Hetze
E-Mail: hetze@uni.leuphana.de

R. Klapper
E-Mail: rita.klapper@uni.leuphana.de

© Springer-Verlag GmbH Deutschland, ein Teil von Springer Nature 2018
M. Raueiser und M. Kolb (Hrsg.), *CSR und Hochschulmanagement*,
Management-Reihe Corporate Social Responsibility,
https://doi.org/10.1007/978-3-662-56314-4_5

und verantwortungsvolles Handeln in ihre tägliche Geschäftstätigkeit zu integrieren (Lacy et al. 2010).

Was bedeutet dies für die universitäre Managementausbildung? Zum einen kann hinterfragt werden, inwiefern sich die Managementausbildung an Universitäten und anderen Hochschulen an den geänderten Bedürfnissen des Umfelds ausrichten sollte. Da sich die unternehmerische Geschäftstätigkeit durch veränderte Rahmenbedingungen und Stakeholdererwartungen in den letzten Jahren kontinuierlich gewandelt hat, werden von der Gesellschaft Hochschulabsolventen erwartet, die eine entsprechende Ausbildung erhalten haben, um diesen Anforderungen gerecht zu werden. In diesem Sinn hat der UN Global Compact, als weltweit größte Initiative für verantwortungsvolle Unternehmensführung, im Jahr 2006 die Gründung einer prinzipienbasierten Initiative für eine verantwortungsvolle Managementausbildung vorgeschlagen. Diese Initiative wurde von den Vereinten Nationen 2007 als Principles for Responsible Management Education (PRME) ins Leben gerufen. Aktuell haben mehr als 650 Universitäten und Hochschulen aus 85 Ländern unterzeichnet und sich somit verpflichtet, die sechs Prinzipien für eine verantwortungsvolle Managementausbildung umzusetzen. In Deutschland sind dies mit Stand Juni 2017 28 Universitäten und Fachhochschulen (PRME Secretariat 2017a).

Zum anderen sollte insbesondere berücksichtigt werden, was die diesbezüglichen Erwartungen von Studierenden sind. PRME und die internationale Studierendeninitiative oikos haben 2016 zum dritten Mal in einer Online-Befragung 1800 Wirtschaftsstudierende aus sieben Industrie-, Schwellen- und Entwicklungsländern zu ihrer Einstellung zu CSR und verantwortungsvoller Managementausbildung befragt. In den Ergebnissen zeigt sich, dass die Wirtschaftsstudierenden eine sehr positive Einstellung zu unternehmerischer Verantwortungsübernahme haben und CSR-Aktivitäten hinsichtlich der Wahl ihres zukünftigen Arbeitgebers eine wichtige Rolle spielen. So gaben 92 % der Studierenden an, dass es wichtig für sie sei, für einen sozial und ökologisch verantwortlichen Arbeitgeber tätig zu sein. Einige wären auch bereit, ein geringeres Gehalt in Kauf zu nehmen. So gaben beispielsweise jeweils 68 % der Studierenden an, dass alle Wirtschaftsstudenten CSR-Inhalte studieren sollten und dass ihre Hochschule mehr CSR-Inhalte ins Kerncurriculum integrieren sollte. Außerdem gaben 75 % der Studierenden an, dass ihre Hochschule sie mehr zu den Sustainable Development Goals (SDG) und dem unternehmerischen Beitrag zur Erreichung der Ziele unterrichten sollte. Für 27 % der Befragten sind keine Veränderungen im Curriculum nötig; 26 % gaben an, dass ein zu großer Schwerpunkt auf verantwortungsvolles Management in ihrem Studium gelegt werde (Haski-Leventhal 2016).

Vor diesem Hintergrund stellt die vorliegende Untersuchung die Frage, wie es um die Integration von ethischen, sozialen und ökologischen Nachhaltigkeitsaspekten in die strategische Positionierung und das Curriculum von BWL-Studiengängen an staatlichen deutschen Universitäten bestellt ist. Zusammenfassend hat die Studie somit zwei Ziele: Erstens soll sie eine vertiefte Untersuchung zur Frage des aktuellen Angebots von verantwortungsvoller Managementausbildung an deutschen Universitäten durchführen und zweitens die Beziehung zwischen Unternehmensstrategie im deutschen Hochschulwesen und dem Angebot von verantwortungsvoller Managementausbildung im Curriculum betrachten. Zu diesem Zweck gibt der Beitrag zunächst einen Überblick über den aktuellen Stand der Forschung zu verantwortungsvoller Managementausbildung, stellt anschließend Methodik und Untersuchungsergebnisse dar und schließt mit einem Fazit.

2 Stand der Forschung zu Responsible Management Education

Das Konzept einer verantwortungsvollen Managementausbildung (Responsible Management Education, RME) stellt den theoretischen Hintergrund der empirischen Untersuchung dar. Während das Leitbild des ehrbaren Kaufmanns seit Jahrhunderten in Kaufmannshandbüchern gelehrt wird, handelt es sich bei der Terminologie RME um ein junges Forschungsfeld. Erste Publikationen zur Integration von Inhalten zu Wirtschafts- und Unternehmensethik ins Managementstudium sind seit den 1980er-Jahren zu finden (Collins und Wartick 1995; Cummins 1999; Dunfee und Robertson 1988; Enderle 1990; Hosmer 1985, 1999; Mahoney 1990; Reiter 1997; Shannon und Berl 1997; Zsolnai 1998), wobei ein Großteil dieser Forschung ab den 2000er-Jahren stattfindet (s. u. a. Matten und Moon 2004; Rasche et al. 2013). Dies gilt ebenso für die Forschung zu RME. RME wird dabei als Lehre und Forschung zu CSR (Matten und Moon 2004, S. 323), als soziale Dimension der Managementausbildung (Cornuel und Hommel 2015, S. 2) bzw. als Teilbereich von Bildung für nachhaltige Entwicklung beschrieben, die sich auf die Integration nachhaltigkeitsbezogener Themen in die Entwicklungsperspektive von Universitäten und Hochschulen bezieht (Doherty et al. 2015, S. 36). Es können in der Literatur zu RME drei unterschiedliche Forschungsschwerpunkte identifiziert werden.

Der erste Forschungsschwerpunkt beleuchtet die verantwortungsvolle Managementausbildung aus der Perspektive der PRME (Adams und Petrella 2010; Alcaraz et al. 2011; Alcaraz und Thiruvattal 2010; Karakas et al. 2013; Maloni et al. 2012; Moratis 2013; Pies und Hielscher 2007; Rasche und Escudero 2009; Waddock et al. 2010). Da die UN-Initiative PRME erst 2007 ins Leben gerufen wurde, dienen einige Studien dem Zweck, die aufgestellten Prinzipien zu erklären und diesbezüglich Wissen zu verbreiten (Alcaraz und Thiruvattal 2010; Rasche und Escudero 2009). Die PRME-Prinzipen werden dabei als eine Antwort auf den Ruf nach verantwortungsvoll handelnden Unternehmen gesehen, für die es entsprechend ausgebildeter zukünftiger Führungskräfte bedarf (Pies und Hielscher 2007, S. 1). Dabei wird einerseits auf die Akzeptanz durch den Lehrkörper als notwendige Bedingung für eine erfolgreiche Umsetzung der Prinzipien verwiesen (Maloni et al. 2012). Andererseits wird diskutiert, wie sich die Initiativen PRME, UN Global Compact, Global Reporting Initiative und die Globally Responsible Leadership Initiative gegenseitig unterstützen und somit gemeinsam zum notwendigen Wandel hin zu einer nachhaltigen Entwicklung beitragen können (Adams und Petrella 2010).

Ein zweiter Forschungsschwerpunkt adressiert RME aus strategischer Sicht. Er zeigt auf, weshalb eine Veränderung der Managementausbildung aus Gründen des Risikomanagements für Universitäten und Hochschulen unabdingbar wird: Ohne eine Veränderung des Curriculums müssen die Organisationen einen Glaubwürdigkeitsverlust befürchten, wenn eine Lücke zwischen der postulierten Notwendigkeit einer verantwortungsvollen Managementausbildung und der Realität eines fehlenden Studienangebots besteht (Cornuel und Hommel 2015; Rasche et al. 2013). Dabei werden in den Studien sowohl Barrieren als auch Beweggründe für RME aufgezeigt und diskutiert (Cornuel und Hommel 2015; Doherty et al. 2015; Dyllick 2015; Hibbert und Cunliffe 2015; Muff 2013; Painter-Morland 2015; Rasche et al. 2013). Barrieren werden dabei sowohl aufgrund von internen wie auch externen Faktoren gesehen. Interne Faktoren sind (1) der Mangel an strukturellen Veränderungen und organisationale Routinen, die eine Veränderung der Ausbildung verzögern oder verhindern, (2) der Mangel einer entsprechenden Schulung des Lehrkörpers („faculty development") für RME, (3) ontologische und epistemologische Annahmen der Managementausbildung sowie (4) individuelle Faktoren, wie z. B. lang etablierte kognitive Denkmodelle von Lehrpersonal, die Veränderungen nur bedingt unterstützen (Doherty et al. 2015; Painter-Morland 2015; Rasche et al. 2013). Als externe Faktoren werden von Cornuel und Hommel (2015) die folgenden fünf Aspekte genannt: (1) Studierende, als Kunden der Hochschulen, die verantwortungsvolle Managementausbildung nicht genügend wertschätzen, (2) Lehrpläne und Unterrichtsmethoden, die nicht förderlich für RME sind, (3) Hochschulstrukturen, die eine organisationsweite Implementierung eines RME-basierten Lehrmodells behindern, (4) eine durch Hochschulrankings geförderte Standardisierung von Lehrformaten sowie (5) hochschuleigenes Unternehmertum und eine Fokussierung auf Hochschulrankings. Die Autoren ergänzen diesbezüglich, dass es eines umfangreichen Wandels an Hochschulen bedarf, der sowohl eine Veränderung des Verständnisses und des intellektuellen Unterbaus von Management, die Veränderung organisationaler Routinen als auch eine entsprechende Bildung des Lehrkörpers für RME beinhaltet.

Während somit Studierende, die verantwortungsvolle Managementausbildung nicht genügend wertschätzen, als Barriere für die Implementierung von RME gesehen werden (Cornuel und Hommel 2015), können sie im umgekehrten Fall als Beweggrund für eine Veränderung der BWL gesehen werden. Hierfür müssen Studierende den praktischen Wert einer solchen Ausbildung, die ein transformatives Lernen ermöglicht, für ihre zukünftige Berufstätigkeit als Manager und Führungspersönlichkeiten begreifen (Doherty et al. 2015; Hibbert und Cunliffe 2015). Daneben werden weitere Akteure als Treiber für die Veränderung der Managementausbildung genannt. So können sowohl die Gesellschaft, Regulierer und Akkreditierungsorganisationen als auch der Arbeitsmarkt verantwortlich ausgebildete Führungskräfte von den Bildungsinstitutionen verlangen (Doherty et al. 2015; s. auch Matten und Moon 2004). Die Autoren verweisen in ihrer Argumentation hierbei auf eine Studie, die diese Forderung von Chief Executive Officers (CEOs) nach entsprechend ausgebildeten Mitarbeitenden bestätigt: „A 2010 UN Global Compact/Accenture CEO study found that 93 per cent of the 766 CEOs surveyed considered sustainability to be vitally important in the future success of their companies, with education expected to play a role in equipping executives with the appropriate knowledge and skills" (Doherty et al. 2015, S. 37). Darüber hinaus kann auch die Veränderung des universitären Selbstbilds als Treiber für eine Veränderung der Managementausbildung gesehen werden. In diese Richtung argumentieren Muff (2013) und Dyllick (2015), die begründen, dass es einer solch fundamentalen Veränderung des universitären Selbstbilds in dem Sinn bedarf, dass Universitäten und Hochschulen sich als Vorbilder für die notwendige Transformation der Gesellschaft für eine nachhaltige Entwicklung begreifen und durch die Ausbildung verantwortungsvoller Führungskräfte einen Dienst an der Gesellschaft leisten.

Ein dritter Forschungsschwerpunkt untersucht nationale, kontinentale und globale Perspektiven verantwortungsvoller Managementausbildung (Christensen et al. 2007; Hesketh 2006; Matten und Moon 2004; Rasche et al. 2013; Seto-Pamies et al. 2011; Wyness et al. 2015). Studien, die sich auf einzelne Länder konzentrieren, wurden zu RME beispielsweise in Spanien, Kanada, der Türkei und Südafrika durchgeführt. In einigen wird zwischen eigenständigen (separierten) und integrierten Kursen zu CSR oder Nachhaltigkeit unterschieden. Dabei sind integrierte Kurse zu bevorzugen, da sie eine ganzheitliche Sicht auf nachhaltiges Management aufzeigen und den Studierenden somit die notwendigen Kompetenzen vermitteln (Kolb et al. 2017; Seto-Pamies et al. 2011; Wyness et al. 2015). An spanischen Universitäten kann auf den ersten Blick im Managementcurriculum ein hoher Prozentsatz an CSR-Inhalten gefunden werden, allerdings lassen sich auf den zweiten Blick nur wenige eigenständige, meist freiwillige CSR-Kurse sowie ein geringes Niveau bei CSR-Inhalten in konventionellen Managementkursen finden (Seto-Pamies et al. 2011). Eine Studie zum angloamerikanischen Kontext untersucht die Integration von Nachhaltigkeit in die Entrepreneurship-Ausbildung. Sie kommt ebenfalls zu dem Ergebnis, dass die Nachhaltigkeitsinhalte hauptsächlich als eigenständige Kurse neben den klassischen Entrepreneurship-Kursen gesehen und folglich nicht in diese integriert werden (Wyness et al. 2015). Auf kontinentaler Ebene geben Matten und Moon (2004) anhand mehrerer Faktoren einen Überblick über die CSR-Ausbildung in Europa. Dabei sind sehr große Unterschiede hinsichtlich Verständnis, Kontextualisierung und Bezeichnung von entsprechenden Kursen zu finden, wobei als Fundierung die Konzepte Wirtschaftsethik oder Umweltverantwortung dominieren. Die Autoren kommen außerdem zu dem Ergebnis, dass CSR-Inhalte auf unterschiedlichen Ausbildungsniveaus von Bachelor und Master bis hin zu Master-of-Business-Administration(MBA)-Programmen angeboten werden. Rasche et al. (2013) untersuchten darüber hinaus MBA-Programme in Nordamerika und Europa hinsichtlich der Erweiterung des Studienangebots um Ethikkurse. Dabei wird deutlich, dass im Zeitraum zwischen 2005 und 2009 in allen Disziplinen die Anzahl an Wahlmodulen zu Ethik im Untersuchungszeitraum zugenommen hat und dass dies insbesondere in Management-Programmen der Fall ist. Ein solcher Trend findet sich auch in weiteren MBA-Programmen, wo ein Anstieg um das Fünffache an eigenständigen Ethikkursen zu verzeichnen ist (Christensen et al. 2007). Klapper und Farber (2016) haben im lateinamerikanischen Kontext die Auswirkungen von unterschiedlichen pädagogischen Konzepten nachhaltiger Unternehmensbildung untersucht. Die Absicht war, ein soziales Unternehmen zu schaffen sowie auf damit verbundene unternehmerische Verhaltensweisen, Werte, Kompetenzen und Ergebnisse hinzuweisen. Der empirische Kontext umfasste peruanische MBA-Studenten, ein Curriculum zur sozialen Verantwortung von Unternehmen und die Durchführung selbst initiierter Sozialunternehmensprojekte von Studenten. Durch die Entwicklung und Anwendung einer Vor- und Nachbefragung, die durch einen multiperspektivischen theoretischen Ansatz unterstützt wird, der sich insbesondere auf Alain Gibbs Theorie des unternehmerischen Verhaltens, der Werte, Kompetenzen und Ergebnisse stützt, wurde experimentelles Lernen mit herkömmlicher Vorlesung und fallbasiertem Lernen verglichen. Die Studie zeigte, dass Studenten, die an der erlebnisorientierten Lernerfahrung beteiligt sind, zumindest kurzfristig ihre unternehmerischen Einstellungen und Absichten ändern, was Auswirkungen auf das Unternehmertum und den Unterricht in sozialen Unternehmen, insbesondere in Bezug auf die Gestaltung und Durchführung von Schulungen mit intensivierten und routinierten Maßnahmen hat.

Im Hinblick auf Studien zur verantwortungsvollen Managementausbildung in Deutschland fällt auf, dass eine Forschungslücke besteht. Neben der bereits genannten Arbeit von Pies und Hielscher (2007) ist die Publikation von Kolb et al. (2017) eine der wenigen Ausnahmen. Die Studie stellt das Ergebnis einer Forschungsarbeit zu RME-Aktivitäten in Lehre und Forschung an einer privaten deutschen Business School dar. Sie zeigt dabei sowohl auf, wie diese Bildungseinrichtung RME implementierte, demonstriert aber auch, weshalb die Notwendigkeit besteht, eine solche Managementausbildung mit einem Beitrag zur Erreichung der SDG zu verknüpfen. Um die Forschungslücke weiter zu schließen, gibt die vorliegende Untersuchung zum aktuellen Stand der verantwortungsvollen Managementausbildung an staatlichen deutschen Universitäten sowohl einen Überblick über die strategische Verankerung auf Universitäts- und Fakultätsebene als auch über das Angebot entsprechender Module im Studiengang Bachelor of Science (BSc) BWL. Im Folgenden identifiziert sie Grundmuster der Integration von Nachhaltigkeit in Strategie und Curriculum. Hierbei ist für die empirische Untersuchung ein Verständnis von verantwortungsvoller Managementausbildung grundlegend, das im BWL-Studium klassische Managementinhalte mit Aspekten der Übernahme unternehmerischer Verantwortung für ethische, soziale und ökologische Belange in der Geschäftstätigkeit kombiniert. Die Autoren knüpfen mit diesem Verständnis an vorhergehende Studien von Liyanage (2017), Rands und Starik (2009) und Christensen et al. (2007) an, die versucht haben, die unterschiedlichen Begriffe miteinander zu verbinden. Somit können Wirtschaftsethik[1] und die damit einhergehende Vermittlung moralischer Werte als Grundlage für die verantwor-

---

[1] Definiert als: „A form of applied ethics that examines ethical rules and principles within a commercial context; the various moral or ethical problems that can arise in a business setting; and any special duties or obligations that apply to persons who are engaged in commerce." (Christensen et al. 2007, S. 351).

tungsvolle Managementausbildung gesehen werden, die in neuester Zeit um CSR[2] und Nachhaltigkeit[3] erweitert wurde (Rands und Starik 2009).

3 Methodik und Vorgehensweise

3.1 Untersuchungsgruppe und -zweck

Der Analyse des aktuellen Stands der verantwortungsvollen Managementausbildung in Deutschland lag ein qualitatives Vorgehen zugrunde. Die Datenerhebung erfolgte durch Dokumentenanalyse. Informationen auf Webseiten deutscher Universitäten wurden hinsichtlich des universitären Leitbilds und ihres Studienangebots einer Betrachtung unterzogen. Entsprechend fiel die Dokumentenauswahl auf das kommunizierte Leitbild bzw. Profil der Universität, das Leitbild bzw. Profil der Fakultät sowie Modulbeschreibungen der BWL-Studiengänge. Als Grundlage zur Bestimmung der relevanten Untersuchungsgruppe diente das Hochschulranking des Centrums für Hochschulentwicklung (CHE) 2016/17, das für den Studiengang BWL 42 staatliche deutsche Universitäten aufführt[4]. Bei diesen 42 Universitäten wurde zunächst geprüft, ob sie einen allgemeinen Studiengang BSc BWL anbieten. Hierdurch reduzierte sich die Untersuchungsgruppe auf 36 Universitäten, da sechs Universitäten nur einen spezialisierten Studiengang, wie z. B. Medienwirtschaft, anbieten. Bei den verbleibenden Universitäten wurde untersucht, ob und wie die Universitäten das Thema unternehmerischer Verantwortungsübernahme strategisch auf Universitäts- und bzw. oder Fakultätsebene in ihrer Dokumentation verankert haben. Außerdem wurde das kommunizierte BWL-Studienangebot daraufhin analysiert, ob und in welcher Art Module mit Nachhaltigkeitsbezug kommuniziert werden.

---

[2] Definiert als: „The voluntary actions taken by a company to address economic, social, and environmental impacts of its business operations and the concerns of its principal stakeholders." (Christensen et al. 2007, S. 351).
[3] Definiert als: „Business that contributes to an equitable and ecologically sustainable economy. Sustainable businesses offer products and services that fulfill society's needs while contributing to the well-being of the earth's inhabitants." (Christensen et al. 2007, S. 351).
[4] RWTH Aachen, Uni Augsburg, Uni Bamberg, Uni Bayreuth, FU Berlin, HU Berlin, TU Berlin, Uni Bremen, TU Clausthal, BTU Cottbus-Senftenberg, Uni Düsseldorf, Uni Duisburg-Essen, KU Eichstätt-Ingolstadt, Europa-Uni Flensburg, Europa-Uni Frankfurt/O., TU Bergakademie Freiberg, Uni Freiburg, Uni Göttingen, Uni Greifswald, Uni Halle-Wittenberg, TU Hamburg, Uni Hamburg, BW-Uni Hamburg, TU Ilmenau, TU Kaiserslautern, Uni Kiel, Uni Köln, Leuphana Uni Lüneburg, Uni Magdeburg, Uni Mannheim, Uni Marburg, LMU München, TU München, Uni Münster, Uni Passau, Uni Potsdam, Uni Regensburg, Uni des Saarlandes, Uni Siegen, Uni Stuttgart, Uni Trier, Uni Tübingen.

3.2 Kategoriensystem

Die Analyse der Studienprogramme erfolgte in Anlehnung an die strukturierende qualitative Inhaltsanalyse nach Kuckartz (2014) und vollzog sich in mehreren Arbeitsschritten. Zunächst erfolgte die Entwicklung des Kategoriensystems mithilfe eines deduktiven Vorgehens. Die thematischen Hauptkategorien wurden sowohl aus den PRME-Kriterien (PRME Secretariat 2017b) als auch aus der Definition von nachhaltiger Entwicklung (World Commission on Environment and Development 1987) und der einschlägigen Literatur zu RME (Matten und Moon 2004) entwickelt. Dabei wurden die PRME-Kriterien „purpose" und „values"[5] ebenso berücksichtigt wie die ethische, soziale, ökologische und ökonomische Dimension der Definition von nachhaltiger Entwicklung. Zusätzlich wurden aus den von Matten und Moon (2004) definierten Aspekten von verantwortungsvoller Managementausbildung weitere Kategorien abgeleitet. Die Kategorien lassen sich nach ihrer Ausrichtung entweder einer strategisch-formalen oder einer inhaltlichen Kategorie zuordnen. Der ersten Kategorie können vier Subkategorien zugeordnet werden, während die inhaltliche Kategorie in fünf Subkategorien unterschieden wird (Tab. 1). Das vollständige Codiersystem findet sich im Anhang.

Die Subkategorie *strategische Verankerung* bewertet, ob sich Nachhaltigkeit auf institutioneller Ebene finden lässt, und ist Ausdruck des universitären Selbstverständnisses und der Planung. Die Subkategorie *Integration auf Modulebene* bewertet, ob es sich bei den Modulen um Managementmodule mit wenig exponierten Nachhaltigkeitsinhalten[6], ex-

Tab. 1 Kategoriensystem und Bewertungsskala zur Analyse der Studienprogramme

Kategorien	
A. Formale Kategorien	B. Inhaltliche Kategorien
A1. Strategische Verankerung	B1. Modul zu Ethik
A2. Integration auf Modulebene	B2. Modul zu Sozialem
A3. Gesamtumfang an Modulen	B3. Modul zu Ökologie
A4. Zeitdauer im Studienverlauf	B4. Modul zu Ökonomie (im Nachhaltigkeitskontext)
	B5. Modul zur ganzheitlichen Betrachtung
Bewertungsskala	
Keine Ausprägung	
Geringe Ausprägung	
Mittlere Ausprägung	
Hohe Ausprägung	

---

[5] Das PRME-Prinzip „purpose" bezieht sich auf die Subkategorie *strategische Verankerung*. Das PRME-Prinzip „values" bezieht sich auf die Subkategorien *Integration auf Modulebene* und *Gesamtumfang an Modulen*.
[6] Als Nachhaltigkeitsinhalte wurden Inhalte des Moduls definiert, die gemäß der Definition von Nachhaltigkeit in Kap. 2 Aspekte aus den Bereichen Nachhaltigkeit, Ethik und CSR aufweisen, siehe Codiersystem im Anhang.

plizite Nachhaltigkeitsmodule[7] oder integrierte Module handelt. Eine Integration wird als höchste Stufe bewertet, weil die Integration von Nachhaltigkeit in den Managementkontext den normativen Kontext des Moduls bildet. Sie ist somit höher zu gewichten als ein explizites Nachhaltigkeitsmodul, das als Add-on-Angebot im Curriculum angeboten wird, in dem jedoch keine inhaltliche Integration der beiden Bereiche Nachhaltigkeit und Management stattfindet. Die Subkategorie *Gesamtumfang an Modulen* bewertet, wie viele Managementmodule mit wenig exponierten Nachhaltigkeitsinhalten, explizite Nachhaltigkeitsmodule und integrierte Module im Studienverlauf von der Universität insgesamt angeboten werden. Die Subkategorie *Zeitdauer im Studienverlauf* bewertet, in welchem zeitlichen Umfang die Module im Studienverlauf angeboten werden. Die Subkategorien der *inhaltlichen Analysekategorie* sind: Ethik, Soziales, Ökologie, Ökonomie und Ganzheitlichkeit. Sie untersuchen, inwiefern Module zu den einzelnen Bereichen bzw. einer ganzheitlichen Betrachtung der einzelnen Bereiche angeboten werden.

Um die Intensität der definierten Kategorien zu erfassen, fand eine vierstufige Bewertung der Subkategorien statt. Jede Kategorie wurde spezifisch dahingehend bewertet, ob diese von der jeweiligen Universität nicht, in einem geringen, mittleren oder hohen Ausmaß erfüllt wird (Codiervorschrift s. Anhang). Grundsätzlich wurden die einzelnen Aussagen immer im Kontext analysiert, um auch die Intention hinter den Worten zu erfassen. So ist beispielsweise die Subkategorie *Integration auf Modulebene* nicht erfüllt, wenn sich kein Modul mit Nachhaltigkeitsinhalten finden lässt. Das Kriterium ist gering erfüllt, wenn sich in einem Managementmodul in der Inhaltsbeschreibung Nachhaltigkeitsthemen finden lassen. Es ist zu einem mittleren Umfang erfüllt, wenn es sich bei dem Modul um ein separates Angebot zu Nachhaltigkeit oder (Wirtschafts-)Ethik handelt und es ist zu einem großen Umfang erfüllt, wenn es ein Modul ist, das Management- und Nachhaltigkeitsthemen integriert betrachtet und im Namen adressiert.

3.3 Vorgehensweise der empirischen Untersuchung

Es wurde zunächst die Subkategorie strategische Verankerung analysiert. Hierzu wurde von zwei Codiererinnen auf den jeweiligen Universitätswebseiten sowohl auf Universitäts- als auch auf Fakultätsebene untersucht, ob im Profil Nachhaltigkeit als relevantes Universitäts- und Fakultätsthema benannt wird. Zu diesem Zweck wurden die zugehörigen Bereiche des Profils (Portrait, Selbstverständnis, Über uns, Leitbild) hinsichtlich eines handlungsorientierten Verständnisses von Nachhaltigkeit oder gesellschaftlicher Verantwortung untersucht, das spezifische Bezüge und eine Auswirkung auf die Lehre verdeutlicht.

Zur Analyse der curriculumsbezogenen Subkategorien A2–B5 wurde auf den Webseiten der Universitäten das Modulhandbuch des Studiengangs analysiert. Die erste Codierung der Modulhandbücher erfolgte unabhängig von vier Codiererinnen mithilfe einer

---

[7] Modul zu Nachhaltigkeit oder Ethik.

Schlagwortliste mit den Begriffen CSR, Verantwortung, Nachhaltigkeit, Umwelt, Gesellschaft, Entwicklung, Soziales, Ethik, Governance, Normen und Werte. Um die objektive Bewertung des Datenmaterials zu gewährleisten, wurde die Technik des konsensuellen Codierens angewandt. Im ersten Schritt wurden die Dokumente unabhängig codiert. Im zweiten Schritt gingen je zwei Forscherinnen die Codierungen durch und diskutierten unterschiedliche Codierungen, um einen Konsens über angemessene Codierungen zu erzielen. Diese Vorgehensweise hatte zum Ziel, einen hohen Grad an Zuverlässigkeit und Gültigkeit der Datensammlung und -interpretation und Kohärenz zwischen den beteiligten Forscherinnen zu erreichen.

Fünf Universitäten stellen auf ihrer Webseite kein Modulhandbuch zur Verfügung. Hierdurch reduzierte sich die Untersuchungseinheit auf 31 Universitäten. Die Untersuchungsergebnisse werden im folgenden Abschnitt dargestellt und diskutiert. Aus Datenschutzgründen erfolgte eine Pseudonymisierung der betrachteten Universitäten, sodass sie im Folgenden nur anhand einer ihr zugewiesenen Zahl benannt werden.

4 Ergebnisdarstellung: BWL-Studienangebot an Modulen mit Nachhaltigkeitsbezug

4.1 Überblick über das Angebot

Die folgenden beiden Abbildungen geben auf aggregierter Ebene einen Überblick über das aktuelle Studienangebot mit Nachhaltigkeitsbezug, jeweils getrennt nach den beiden

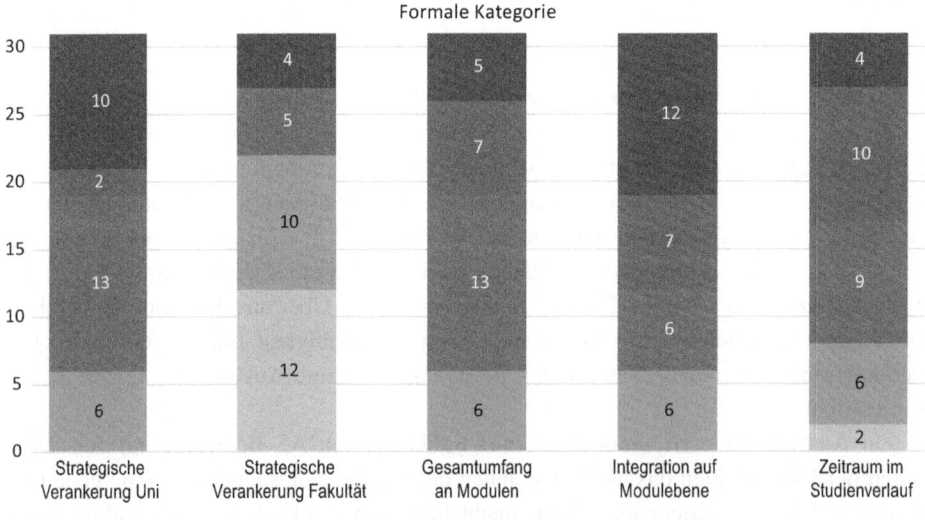

Abb. 1 Erfüllung der Subkategorien der formalen Kategorie

Hauptkategorien *formale* und *inhaltliche* Kategorien. Zunächst erfolgt eine Analyse der formalen Subkategorien.

Die Abb. 1 zeigt, dass 12 Universitäten eine mittlere bis starke strategische Verankerung der Nachhaltigkeit im fakultätsübergreifenden, gesamtuniversitären Universitätsprofil bzw. im Leitbild abbilden. Sie bringen hier zum Ausdruck, dass sich die Institution ihrer Rolle für eine nachhaltige Entwicklung bewusst ist. Dabei wird auf die Lehre eingegangen und dargelegt, welche Bedeutung die Vermittlung entsprechender Handlungskompetenzen an die Studierenden für eine nachhaltige Entwicklung hat. Anteilmäßig stärker ausgeprägt sind jedoch die Universitäten (ca. 61 %), die nur eine geringe Ausprägung von Nachhaltigkeitsaspekten in ihrer Profilbeschreibung (13 Universitäten) oder keine Berücksichtigung dieser Aspekte (6 Universitäten) erkennen lassen.

Eine strategische Verankerung von Nachhaltigkeitsaspekten in den analysierten Fakultätsprofilen findet in einem noch geringeren Ausmaß statt. Auffällig ist zunächst, dass bei ca. 38 % der untersuchten Bildungsträger (12 Universitäten) kein Fakultätsprofil zu identifizieren ist. Die verbleibenden 19 Universitäten teilen sich nahezu hälftig auf in ein Cluster, welches sich durch keine Angabe von Nachhaltigkeitsbezügen auszeichnet (10 Universitäten) und ein Cluster mit mittlerer bis starker Berücksichtigung von Nachhaltigkeitsaspekten im Fakultätsprofil (9 Universitäten). Insgesamt zeigen sich hier also durchaus noch Entwicklungspotenziale in Bezug auf eine strategische Verankerung von Nachhaltigkeitsaspekten in institutionellen Leitbildern und Profilen.

Die Kategorie Gesamtumfang an Modulen vermittelt einen Überblick über das Gesamtangebot an Modulen mit Nachhaltigkeitsbezug. Hier zeigt die Analyse, dass das Cluster mit keiner bzw. keiner eindeutigen Explikation von Modulangeboten mit Nachhaltigkeitsinhalten ca. 61 % der analysierten Universitäten beinhaltet und damit deutlich überwiegt. Entsprechend zeigt die detaillierte Analyse bezüglich der Integrationstiefe, dass bei ca. 39 % der betrachteten Universitäten bereits Management-Module existieren, bei denen Nachhaltigkeitsaspekte als Lehrinhalte konkret angegeben werden und das Thema Nachhaltigkeit auch im Modultitel geführt wird. Hinsichtlich des Zeitverlaufs wird deutlich, dass die Module an 14 Universitäten über einen Zeitraum von zwei oder mehr Semestern belegt werden können.

Insgesamt zeigt sich also, was die formale Verankerung von Nachhaltigkeitsaspekten auf institutioneller und modularer Ebene von Universitäten angeht, ein durchaus heterogenes Bild. Man findet eine ganze Reihe von Universitäten, bei denen das Thema Nachhaltigkeit in keiner oder nur geringer Weise eine Rolle spielt: sie berücksichtigen Nachhaltigkeitsaspekte in ihren schriftlichen Ausführungen zur strategischen Positionierung und Modulangeboten gar nicht oder nur in sehr geringer Ausprägung. Allerdings ist dieser Typus von Universitäten nicht durchgängig in der Mehrheit. Vielmehr sind auch Ansatzpunkte erkennbar, die insbesondere auf Modulebene eine zunehmende Entfaltung von Nachhaltigkeitsaspekten in der Managementausbildung erwarten lassen.

Wie verhält es sich nun mit der inhaltlichen Ausrichtung der Module?

Wie Abb. 2 zeigt, werden kaum monothematische Module angeboten. Ökologie und Ökonomie als Aspekte einer nachhaltigen Entwicklung werden relativ selten als eigen-

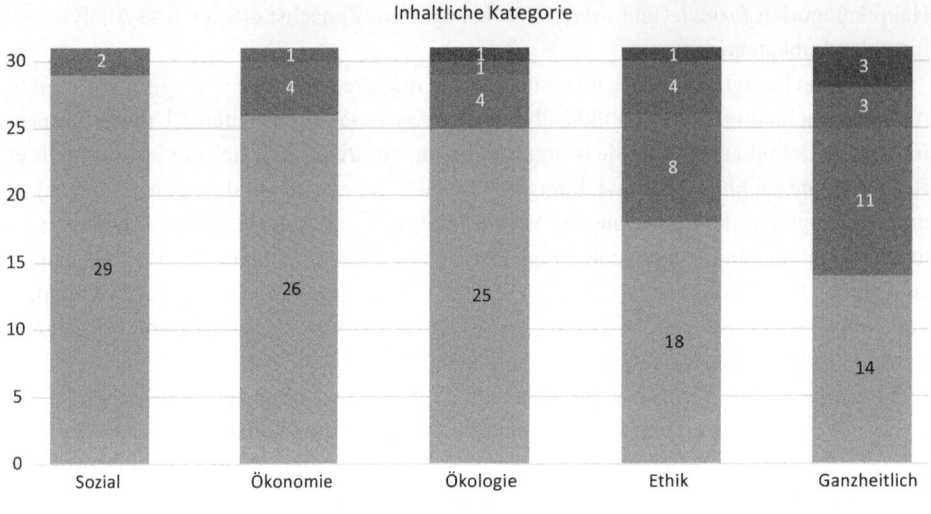

Abb. 2 Erfüllung der Subkategorien der inhaltlichen Kategorie

ständige Module geboten (Abb. 2). Sehr selten vertreten ist die Subkategorie Sozial; von den 31 betrachteten Universitäten werden lediglich zwei Module zu Diversity Management identifiziert. Im Gegensatz dazu ist „diversity" ein Thema, das relativ häufig auf strategischer Ebene im Profil der Universitäten explizit benannt und teilweise ausführlich erläutert wird. Hier besteht somit eine deutliche Diskrepanz zwischen der Bedeutung von „diversity" im Selbstbild und im Curriculum. Diese geringe Integration von Themen der sozialen Nachhaltigkeit findet sich auch in der Literatur. Dempsey et al. (2009) haben aufgezeigt, dass es nur eine begrenzte Anzahl an Studien zum Thema soziale Nachhaltigkeit im Sinn von intergenerationeller Verteilungsgerechtigkeit gibt, während verwandte Themen wie soziales Kapital, soziale Kohäsion und soziale Exklusion eher in der Literatur behandelt werden (Dempsey et al. 2009; Hopwood et al. 2005; Littig und Griessler 2005).

Demgegenüber werden v. a. Wirtschaftsethikmodule als eigenständige Module angeboten, was mit der eingangs benannten ursprünglichen Orientierung der BWL am Leitbild des ehrbaren Kaufmanns begründet werden kann. Die meisten Angebote sind jedoch im Bereich der ganzheitlichen Betrachtung von Nachhaltigkeit zu verzeichnen. Immerhin gut die Hälfte der betrachteten Universitäten haben hier ein Angebot aufzuweisen, wobei 19 % der betrachteten Universitäten Veranstaltungsangebote anbieten, bei denen drei und mehr Nachhaltigkeitsaspekte gemeinsam beleuchtet werden. Dies kann als eine erste Orientierung in Richtung eines umfassenden Nachhaltigkeitsverständnisses interpretiert werden, welches auf einen dauerhaften Ausgleich zwischen ökonomischen, ökologischen, sozialen und ethischen Leistungen zielt.

4.2 Grundmuster der inhaltlichen Integration in Strategie und Curriculum

Bisher wurde eine kumulative Betrachtung auf Kategorienebene vorgenommen, d. h. es wurde analysiert, wie gut die einzelnen Subkategorien von den Universitäten insgesamt erfüllt werden. Über diese Festlegungen kann nun fallbezogen diskutiert werden, welcher Zusammenhang zwischen der strategischen Verankerung auf Universitäts- und Fakultätsebene und dem betriebswirtschaftlichen Curriculum deutlich wird. Das in Abb. 3 gezeigte Spektogramm stellt das Ergebnis einer typologischen Analyse dar und zeigt, wie die verschiedenen Universitäten hinsichtlich der strategischen Verankerung des Themas Nachhaltigkeit und des entsprechenden Modulangebots gruppiert werden können und welche vier Grundmuster hierbei erkennbar werden. Zu identifizieren sind: die Holistiker, die Fokussierten, die Peripheren und die Inaktiven.

In die Gruppe der *Holistiker* sind sechs Universitäten einzuordnen (U8, U27, U15, U20, U28 und U24). Diese Gruppe zeichnet sich dadurch aus, dass sie sowohl hinsichtlich der strategischen Verankerung auf einer der beiden Ebenen Universität oder Fakultät als auch beim Modulangebot einen mittleren oder hohen Erfüllungsgrad erzielen. Die strategische Verankerung wird im Curriculum umgesetzt; die Barrieren für verantwortungsvolle Managementausbildung scheinen relativ gering oder ausgeräumt. Die Universitäten dieses Grundmusters erwecken den Eindruck, die Notwendigkeit einer verantwortungsvollen Managementausbildung erkannt zu haben und dies entsprechend umzusetzen. Diese relativ kleine Gruppe von Universitäten gehört wohl eher zu den Pionieren in der deutschen Hochschullandschaft.

Wesentlich mehr Universitäten sind dem Typus der *Fokussierten* zuzuordnen (U19, U5, U7, U4, U22, U23, U26, U2, U17, U12, U1 und U11). Diese Gruppe kann nach ihrer Strategie- oder Handlungsorientierung nochmals in zwei Gruppen unterteilt werden. Die *Strategiefokussierten* adressieren Nachhaltigkeitsaspekte in relativ starkem Ausmaß im Universitäts- und/oder Fakultätsprofil, weisen jedoch deutliche Entwicklungspotenziale im Programmangebot auf Modulebene auf. Bei den *Handlungsfokussierten* verhält es sich anders herum. Dementsprechend ist bei dieser Gruppe die Nachhaltigkeitsperspektive im Modulangebot relativ gut verankert, im Universitäts- und/oder Fakultätsprofil ist diese Verortung jedoch nur in geringem Maß vorzufinden. Es kann deshalb diskutiert werden, ob es an den jeweiligen Universitäten Barrieren gibt, die eine Übersetzung der strategischen Verankerung ins Curriculum bzw. vom Curriculum in die Strategie behindern.

Unter dem Typus der *Peripheren* sind die Universitäten auszumachen, bei denen die Nachhaltigkeitsperspektive in der Managementausbildung kaum oder nur punktuell zu finden ist (U3, U18, U21, U9, U13, U16, U6, U14 und U25). Entsprechend können die Peripheren noch einmal in die beiden Gruppen *Zögerliche* und *Ambivalente* unterteilt werden. Die Zögerlichen haben sowohl eine geringe strategische Verankerung der Nachhaltigkeitsperspektive im Universitäts- oder Fakultätsprofil als auch ein geringes Modulangebot mit Nachhaltigkeitsbezügen. Dieses Ergebnis deutet darauf hin, dass in diesen Universitäten allenfalls erste vorsichtige Ansätze bezüglich der Übernahme der

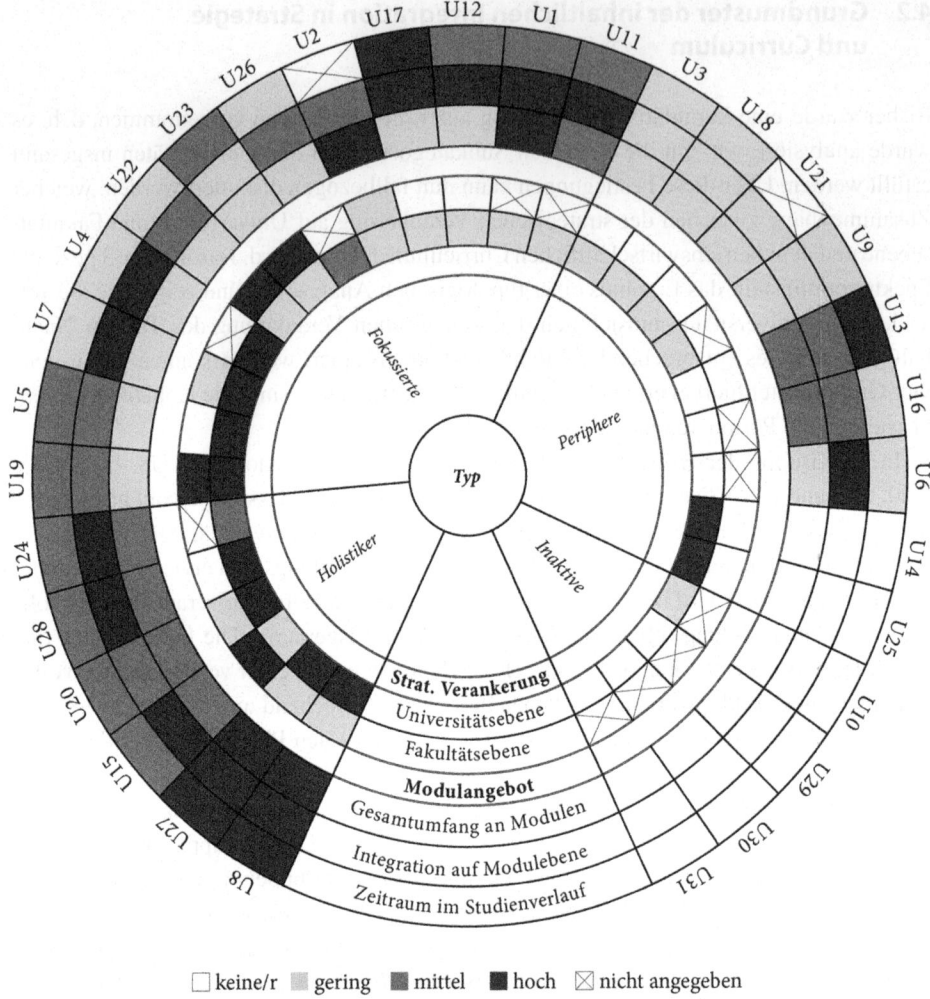

Abb. 3 Darstellung des Spektrums von Responsible Management Education in Strategie und Curriculum

Nachhaltigkeitsperspektive in die Managementausbildung existieren. Jedoch scheint das Engagement diesbezüglich noch sehr gering und zu sein. Demgegenüber scheinen sich die Ambivalenten in einem Zwiespalt zu befinden. Einerseits gibt es eine Gruppe, die eine relativ gute Verankerung der Nachhaltigkeitsperspektive auf Modulebene aufweist, jedoch wird dem Thema auf strategischer Ebene (Universitäts- oder Fakultätsprofil) keine Bedeutung zugemessen. Andererseits ist eine Gruppe zu identifizieren, die auf strategischer Ebene ihre Nachhaltigkeitsperspektive intensiv kommuniziert, jedoch auf Modulangebot keine Nachhaltigkeitsthemen adressiert. Dies kann als Hinweis entweder auf eine Bottom-up- oder auf eine Top-down-Strategie gesehen werden. Zu vermuten ist, dass insbesondere für den Typus der Peripheren die bereits genannten Barrieren für die Übernahme der Nachhaltigkeitsperspektive in die Managementausbildung vielfältig und hoch ausgeprägt sind.

Die *Inaktiven* scheinen die Relevanz des Themas Nachhaltigkeit in der Managementausbildung für sich noch nicht erkannt zu haben oder im organisationalen Bereich vor so hohen Hürden zu stehen, dass sie jegliche Aktivität verhindern (U10, U29, U30 und U31). Sie haben das Thema Nachhaltigkeit weder strategisch verankert noch stellen sie ein entsprechendes Angebot an Modulen zur Verfügung. In dieser Gruppe ist auf einen Ausnahmefall hinzuweisen: Es wird auch eine Universität zu den Inaktiven gezählt, die eine geringe strategische Verankerung auf Universitätsebene vorweisen kann. Vor dem Hintergrund, dass diese Universität in ihrem Universitätsprofil ein allgemeines Schlagwort aus dem Bereich Nachhaltigkeit ohne weitere kontextuelle Bezüge anführt und ansonsten keine weiteren Aktivitäten in Bezug auf Nachhaltigkeit zu identifizieren sind, scheint es gerechtfertigt, diese Institution den Inaktiven zuzuordnen.

In der Gesamtsicht verdeutlichen diese Ergebnisse, dass die meisten Universitäten, die Nachhaltigkeit im Profil auf Universitäts- oder Fakultätsebene strategisch verankert haben, ein größeres Modulangebot zur Verfügung stellen, als dies bei Universitäten mit einer fehlenden strategischen Verankerung der Fall ist. Zu einem etwas schwächeren Grad findet sich das Ergebnis auch für Universitäten, die das Thema Nachhaltigkeit gering auf Universitäts- aber stark auf Fakultätsebene verankert haben. Es kann argumentiert werden, dass die Curriculumsentwicklung hier möglicherweise top-down gesteuert wird. Im Gegensatz dazu gibt es aber auch Universitäten, die eine geringe strategische Verankerung aber ein großes Modulangebot aufweisen. Bei diesen Universitäten kann folglich davon ausgegangen werden, dass die Curriculumsentwicklung nicht durch eine strategische Verankerung, sondern durch individuelles Engagement des Lehrkörpers, sprich bottom-up, vorangetrieben wird. Es kann somit diskutiert werden, welche der in der einschlägigen Literatur identifizierten Barrieren sowohl bei einer mangelnden Auswirkung der strategischen Verankerung auf die Curriculumsentwicklung als auch bei einer fehlenden Rückwirkung des Curriculums auf die strategische Verankerung eine Rolle spielen könnten.

5 Fazit und Ausblick

Die Studie untersucht anhand von schriftlichen Dokumentationen für 31 deutsche staatliche Universitäten die Integration von Nachhaltigkeit in Universitäts- und Fakultätsprofil sowie in das betriebswirtschaftliche Curriculum auf Bachelorstufe. Bedeutsame Erkenntnisse der Analyse sind die folgenden: (1) Die strategische Verankerung von Nachhaltigkeit im Leitbild oder Selbstbild der Institutionen ist weniger stark ausgeprägt als das Modulangebot. Sie ist zudem eher auf Universitätsebene als auf Fakultätsebene vorhanden. (2) Es werden häufig keine eindeutigen Explikationen von Modulangeboten mit Nachhaltigkeitsinhalten vorgenommen. (3) Bei den relevanten Veranstaltungsangeboten überwiegt eher ein ganzheitliches Nachhaltigkeitsverständnis. Nur relativ selten sind eigenständige Veranstaltungen mit monothematischen Ausrichtungen zu finden. (4) Bei einer typologischen

Analyse der betrachteten Universitäten können vier Haltungstypen identifiziert werden, bei denen die Integration von Nachhaltigkeit und Management bisher unterschiedlich weit fortgeschritten ist: der Holistiker, der Fokussierte, der Periphere und der Inaktive.

Insgesamt liefert die Studie einen Überblick über den Status quo der Integration von Nachhaltigkeit in die strategische Ausrichtung von ausgewählten deutschen Universitäten und in deren betriebswirtschaftliches Curriculum im Bachelorprogramm. Durch diese vorgenommene Eingrenzung wird ein erster Aspekt des weiteren Forschungsbedarfs deutlich. Die Untersuchung könnte auf weitere Universitäten und Fachhochschulen, die ein entsprechendes Studienprogramm anbieten, ausgedehnt werden, um ein umfassenderes Bild für die deutsche Hochschullandschaft zu erhalten. So könnte für diese analog untersucht werden, in welchem Ausmaß die im Rahmen dieser Studien identifizierten formalen und inhaltlichen Kategorien erfüllt werden und welche der vier identifizierten Grundmuster bei diesen Bildungsinstitutionen zu finden sind. Ebenso wichtig ist der Vergleich mit internationalen Hochschulinstitutionen, was ein Benchmarking der deutschen Situation ermöglichen würde.

Eine zweite Einschränkung ist dadurch gegeben, dass die Untersuchung sich auf die auf der Universitätswebseite kommunizierten, öffentlich verfügbaren Informationen stützt. Zum einen konnte aus den vorliegenden Dokumenten nicht durchgängig zweifelsfrei identifiziert werden, ob es sich bei den untersuchten Modulen um Pflicht- oder Wahlmodule handelt. Hierdurch musste auf diese Kategorie verzichtet werden. Zum anderen wurden die erhobenen Daten dabei nicht durch weitere, z. B. durch Befragungen gewonnene Informationen ergänzt. Somit besteht weiterer Forschungsbedarf hinsichtlich der Gründe für eine unterschiedlich ausgeprägte Integration von Nachhaltigkeit in Strategie und Curriculum. Die in der Literatur diskutierten Treiber und Barrieren für eine verantwortungsvolle Managementausbildung wurden im Rahmen dieser Studie nicht untersucht. Gleichwohl wurde anhand der vier Grundmuster deutlich, dass bei der Untersuchungsgruppe unterschiedlich hohe Barrieren zu bestehen scheinen. Eine hier ansetzende Studie könnte folglich untersuchen, welche Treiber und Barrieren von Verantwortlichen an den Universitäten, von Studierenden und weiteren Stakeholdern für eine umfassendere Umsetzung verantwortungsvoller Managementausbildung gesehen werden.

Es könnte dabei analysiert werden, welche Anreize geschaffen und welche Hürden abgebaut werden müssten, damit die Inaktiven, die Peripheren und die Fokussierten schließlich zu Holistikern würden. Ein Anreiz könnte beispielsweise sein, wenn (potenzielle) Studierende der Institutionen ihrem Willen nach einer verantwortungsvollen Managementausbildung Ausdruck verleihen und eine Integration von Nachhaltigkeit in Strategie und Curriculum zu einem Auswahlkriterium für die Ausbildungsstätte machen. Ebenso können Arbeitgeber, die Betriebswirte mit einer verantwortungsvollen Managementausbildung und einer entsprechenden Handlungskompetenz bevorzugen, die Universitäten dazu motivieren, ihren Studierenden eine solche Ausbildung zu bieten. Welche Veränderungen sind also nötig, um verantwortungsvolle Managementausbildung im deutschen Hochschulsystem erfolgreich zu etablieren? Dies bedarf einer Erforschung der kognitiven Schemata der betroffenen Stakeholder.

Eine weitere Einschränkung besteht hinsichtlich der Tatsache, dass für die einzelnen Universitäten kein spezifischer Kontext ihrer Tätigkeit berücksichtigt wurde. So blieb beispielsweise unberücksichtigt, ob es sich um eine große oder eine kleine Universität handelt oder auf welche Entstehungsgeschichte, kulturellen Einflüsse und diesbezügliche Entwicklung die Bildungsinstitution zurückblicken kann. Auch hier besteht somit Bedarf an weiterer Forschung, durch die die in dieser Studie gewonnenen Erkenntnisse weitergehend interpretiert und analysiert werden könnten.

Danksagung Die Autorinnen danken den drei Studentinnen der Leuphana Universität Lüneburg Vera Geywitz, Julia Krumkamp und Corinna Thoelke für ihre Unterstützung bei der Datenerhebung.

Anhang

Codiersystem

Subkategorie	Abstufung		
	Gering	Mittel	Hoch
Strategische Verankerung (auf Universitäts- und Fakultätsebene)	Im Profil auf Universitäts- bzw. Fakultätsebene wird der Stellenwert von Nachhaltigkeit anhand allgemeiner Schlagwörter zu Nachhaltigkeit verdeutlicht oder ein spezifischer Anwendungsbereich für Nachhaltigkeit benannt	Im Profil auf Universitäts- bzw. Fakultätsebene wird der Stellenwert von Nachhaltigkeit anhand allgemeiner Schlagwörter zu Nachhaltigkeit verdeutlicht und ein spezifischer Anwendungsbereich benannt	Im Profil auf Universitäts- bzw. Fakultätsebene wird die Relevanz von Nachhaltigkeit anhand allgemeiner Schlagwörter zu Nachhaltigkeit verdeutlicht und deren Integration in die Lehre in Bezug auf Kompetenz- und/oder Handlungsorientierung dargelegt
Gesamtumfang an Modulen	Schlagwörter: CSR, Verantwortung, Nachhaltigkeit, Umwelt, Ethik, Normen und Werte Im Kontext der Modulinhalte: Governance, Entwicklung, Gesellschaft, Sozial Geringes Angebot von maximal vier Modulen mit Nachhaltigkeitsinhalten; es findet sich darunter kein explizites Nachhaltigkeitsmodul	Schlagwörter: CSR, Verantwortung, Nachhaltigkeit, Umwelt, Ethik, Normen und Werte Im Kontext der Modulinhalte: Governance, Entwicklung, Gesellschaft, Sozial Mittleres Angebot von maximal vier Modulen mit Nachhaltigkeitsinhalten, es finden sich darunter ein explizites Nachhaltigkeitsmodul	Schlagwörter: CSR, Verantwortung, Nachhaltigkeit, Umwelt, Ethik, Normen und Werte Im Kontext der Modulinhalte: Governance, Entwicklung, Gesellschaft, Sozial Großes Angebot von mindestens vier Modulen mit Nachhaltigkeitsinhalten, davon mindestens zwei explizite Nachhaltigkeitsmodule

Subkategorie	Abstufung		
	Gering	Mittel	Hoch
Integration auf Modulebene	Es gibt ein Managementmodul, in dessen Modulbeschreibung sich geringe Inhalte zu den definierten Schlagwörtern finden	Add-on: Es gibt ein explizites Modul aus dem Nachhaltigkeitsbereich (inklusive Ethik)	Es gibt ein Managementmodul, bei dem Nachhaltigkeitsaspekte in der Modulbeschreibung genannt werden und das Thema Nachhaltigkeit bereits im Modultitel adressiert wird
Zeitdauer im Studienverlauf	Kurze Zeitdauer im Studienverlauf: Es können nur in einem Semester Module mit Nachhaltigkeitsinhalten belegt werden	Mittlere Zeitdauer im Studienverlauf: Es können in zwei Semestern Module mit Nachhaltigkeitsinhalten belegt werden	Lange Zeitdauer im Studienverlauf: Es können in drei oder mehr Semestern Module mit Nachhaltigkeitsinhalten belegt werden
Inhalt zu Ethik, Sozialem, Ökologie, Ökonomie oder Ganzheitlichkeit	Geringes Modulangebot: Es wird ein entsprechendes Modul angeboten	Mittleres Modulangebot: Es werden zwei entsprechende Module angeboten	Großes Modulangebot: Es werden drei oder mehr entsprechende Module angeboten

Literatur

Adams C, Petrella L (2010) Collaboration, connections and change: the UN global compact, the global reporting initiative, principles for responsible management education and the globally responsible leadership initiative. Sustainability accounting. Manag Policy J 1(2):292–296

Alcaraz JM, Thiruvattal E (2010) An interview with Manuel Escudero the united nations' principles for responsible management education: a global call for sustainability. Acad Manag Learn Educ 9(3):542–550

Alcaraz JM, Marcinkowska MW, Thiruvattal E (2011) The UN-principles for responsible management education: sharing (and evaluating) information on progress. J Glob Responsib 2(2):151–169

Christensen LJ, Peirce E, Hartman LP (2007) Ethics, CSR, and sustainability education in the financial times top 50 global business schools: baseline data and future research directions. J Bus Ethics 73(4):347–368

Collins D, Wartick SL (1995) Business and society/business ethics courses. Bus Soc 34(1):51–89

Cornuel E, Hommel U (2015) Moving beyond the rhetoric of responsible management education. J Manag Dev 34(1):2–15

Cummins J (1999) The teaching of business ethics at undergraduate, postgraduate and professional levels in the UK. Institute of Business Ethics, London

Dempsey N, Bramley G, Power S, Brown C (2009) The social dimension of sustainable development: defining urban social sustainable development. Sustain Dev 19(5):289–300

Doherty B, Meehan J, Richards A (2015) The business case and barriers for responsible management education in business schools. J Manag Dev 34(1):34–60

Dunfee TW, Robertson DC (1988) Integrating ethics into the business school curriculum. J Bus Ethics 7(11):847–859

Dyllick T (2015) Responsible management education for a sustainable world. J Manag Dev 34(1):16–33

Enderle G (1990s) A worldwide survey of business ethics in the 1990s. J Bus Ethics 16(14):1475–1483

Haski-Leventhal D (2016) UN PRME and oikos survey for students shows first result. https://oikos-international.org/news/un-prme-and-oikos-survey-for-students-shows-first-results/. Zugegriffen: 17. Juni 2017

Hesketh J (2006) Educating for responsible management: a South African perspective. Soc Bus Rev 1(2):122–143

Hibbert P, Cunliffe A (2015) Responsible management: engaging moral reflexive practice through threshold concepts. J Bus Ethics 127(1):177–188

Hopwood B, Mellor M, O'Brien G (2005) Sustainable development: mapping different approaches. Sustain Dev 13(1):38–52

Hosmer LT (1985) The other 338: why a majority of our schools of business administration do not offer a course in business ethics. J Bus Ethics 4(1):17–22

Hosmer LT (1999) Somebody out there doesn't like us: a study of the position and respect of business ethics at schools of business administration. J Bus Ethics 22(2):91–106

Karakas F, Sarigollu E, Manisaligil A (2013) The use of benevolent leadership development to advance principles of responsible management education. J Manag Dev 32(8):801–822

Klapper RG, Faber VA (2016) In Alain Gibb's footsteps: evaluating alternative approaches to sustainable enterprise education (SEE). Int J Manag Educ 14(3):422–439

Klink D (2008) Der Ehrbare Kaufmann: das ursprüngliche Leitbild der Betriebswirtschaftslehre und individuelle Grundlage für die CSR-Forschung. ZfB Zeitschrift für Betriebswirtschaftslehre, ZfB-Special Issue 3/2008: 57–79. http://www.der-ehrbare-kaufmann.de/fileadmin/Gemeinsame_Dateien/der-ehrbare-kaufmann.de/PDFs/klink-zfb-si0308.pdf. Zugegriffen: 6. Febr. 2018

Kolb M, Schmidpeter R, Fröhlich E (2017) Implementing sustainability as the new normal: responsible management education – from a private business school's perspective. Int J Manag Educ Part B 15(2):280–292

Kuckartz U (2014) Qualitative Inhaltsanalyse. Methoden, Praxis, Computerunterstützung, 2. Aufl. Beltz Juventa, Weinheim, Basel

Lacy P, Cooper T, Hayward R, Neuberger L (2010) A new era of sustainability. UN global compact-accenture survey. https://www.unglobalcompact.org/docs/news_events/8.1/UNGC_Accenture_CEO_Study_2010.pdf. Zugegriffen: 17. Juni 2017

Littig B, Grießler E (2005) Social sustainability: a catchword between political pragmatism and social theory. Int J Sustain Dev 8(1/2):65–79

Liyanage SIH (2017) Five Pillars for innovative business Management curriculum. Int J Bus Adm Res Rev 1(17):52–58

Mahoney J (1990) Teaching business ethics in the UK, europe, and the USA: a comparative study. Athlone Press, London, Atlantic Highlands

Maloni MJ, Smith SD, Napshin S (2012) A methodology for building faculty support for the united nations principles for responsible management education. J Manag Educ 36(3):312–336

Matten D, Moon J (2004) Corporate social responsibility education in europe. J Bus Ethics 54(4):323–337

Michelsen G, Adomßent M (2014) Nachhaltige Entwicklung: Hintergründe und Zusammenhänge. In: Heinrichs H, Michelsen G (Hrsg) Nachhaltigkeitswissenschaften. Springer, Berlin, Heidelberg, S 3–59

Moratis L (2013) A tale of two standards on responsible management education. J Glob Responsib 4(2):138–156

Muff K (2013) Developing globally responsible leaders in business schools. A vision and transformational practice for the journey ahead. J Manag Dev 32(5):487–507

Painter-Morland M (2015) Philosophical assumptions undermining responsible management education. J Manag Dev 34(1):61–75

Pies I, Hielscher S (2007) Nachhaltigkeit in Forschung und Lehre – Die „Principles for Responsible Management Education" des UN Global Compact. Diskussionspapier Nr. 2007-20 des Lehrstuhls für Wirtschaftsethik an der Martin-Luther-Universität Halle-Wittenberg. Martin-Luther-Universität, Halle

PRME Secretariat (2017b) Six. Principles. www.unprme.org. Zugegriffen: 17. Juni 2017

Rands G, Starik M (2009) The short and glorious history of sustainability in North American management education. In: Wankel C, Stoner J (Hrsg) Management education for global sustainability. IAP, New York

Rasche A, Escudero M (2009) Leading change: the role of the principles for responsible management education. Zeitschrift Für Wirtschafts- und Unternehmensethik 10(2):244–250

Rasche A, Gilbert DU, Schedel I (2013) Cross-disciplinary ethics education in MBA programs: rhetoric or reality? Acad Manag Learn Educ 12(1):71–85

Reiter S (1997) The ethics of care and new paradigms for accounting practice. Account Auditing Account J 10(3):299–324

Secretariat PRME (2017a) List of German PRME participants. www.unprme.org. Zugegriffen: 17. Juni 2017

Seto-Pamies D, Domingo-Vernis M, Rabassa-Figueras N (2011) Corporate social responsibility in management education: Current status in Spanish universities. J Manag Organ 17(5):604–620

Shannon JR, Berl RL (1997) Are we teaching ethics in marketing? A survey of students' attitudes and perceptions. J Bus Ethics 16(10):1059–1075

Waddock S, Rasche A, Werhane P, Unruh G (2010) The principles for responsible management education: implications for implementation and assessment. In: Swanson DL, Fisher DG (Hrsg) Toward assessing business ethics education. IAP, Charlotte, S 13–28

World Commission on Environment and Development (1987) Our common future. http://www.un-documents.net/our-common-future.pdf. Zugegriffen: 17. Juni 2017

Wyness L, Jones P, Klapper R (2015) Sustainability: what the entrepreneurship educators think. Educ + Train 57(8/9):834–852

Zsolnai L (Hrsg) (1998) The European difference. Business ethics in the community of European business schools. Kluwer, Boston, Dordrecht, London

Prof. Dr. Sigrid Bekmeier-Feuerhahn ist Professorin für BWL, insbesondere Kommunikation und Kulturmanagement, in der Fakultät Wirtschaftswissenschaften an der Leuphana Universität Lüneburg. Sie ist Mitglied des Instituts für Management und Organisation und übernahm 2009 die Position der Koordinatorin des Majors Management & Business Development im Masterstudiengang Management & Entrepreneurship. Zusätzlich leitet sie seit Beginn des Jahres den neuen Bachelorstudiengang Management & Behavior. Nach dem Studium der Wirtschaftswissenschaften promovierte und habilitierte sie an der Universität Paderborn zu Themen der Absatz-, Konsum- und Verhaltensforschung. Ihr wissenschaftliches Hauptinteresse gilt seither der Kommunikation sowie dem Kulturmanagement. Neben der Analyse und Gestaltung interner und externer Kommunikation mit Anspruchsgruppen bildet CSR-Kommunikation einen ihrer aktuellen Forschungsschwerpunkte.

Dr. Katharina Hetze hat an der Leuphana Universität Lüneburg BWL mit Schwerpunkt Nachhaltigkeitsmanagement studiert und zu CSR-Berichterstattung promoviert. Sie war bis Ende 2017 wissenschaftliche Mitarbeiterin am Institut für Management und Organisation der Leuphana Universität Lüneburg. Außerdem war sie an der ZHAW School of Management and Law in Winterthur (Schweiz) wissenschaftliche Mitarbeiterin am Center for Corporate Responsibility und in dieser Funktion die PRME-Koordinatorin der ZHAW School of Management and Law. Seit 2018 ist sie bei der Deutschen Gesellschaft für Internationale Zusammenarbeit (GIZ) GmbH in der Stabsstelle Unternehmensentwicklung als Fachkonzeptionistin für Nachhaltigkeit tätig.

Dr. Rita G. Klapper ist eine international anerkannte Unternehmungsgründungsspezialistin, die mit Forschung und Lehre an der Schnittstelle zwischen Unternehmertum, Nachhaltigkeit und Führung arbeitet. Zurzeit ist sie als Senior Lecturer/Associate Professor im Bereich Entrepreneurship und Small Business Management an der Liverpool John Moores University (GB) und als Visiting Lecturer für Leuphana Universität, Lüneburg beschäftigt. Im Jahr 2008 erhielt sie ihren Doktor (PhD) in Entrepreneurship von der University of Leeds (GB) und 2001 einen MPhil in Sustainability von der Northumbria University (GB). Dr. Klapper ist seit 2014 vom Institut für Leadership und Management in Großbritannien als Executive Coach und Mentor (Level 7) akkreditiert. Außerdem hat sie langjährige Erfahrung im Coaching und Mentoring von Studierenden, Alumni, Kollegen und Kleinunternehmern für (internationale) berufliche Karriereprogression. Für sowohl Lehre als auch Forschung arbeitet Dr. Klapper mit innovativen Methoden, wie z.B. Kunst, Musik, Theater, Meditation.

Zukunftsfähige Lehre gestalten: Studierende treten für Ethik und Nachhaltigkeit an Hochschulen ein

Rebecca C. Ruehle, Loreen Wachsmuth, Anne-Kristin Geisbüsch, Josephin Wagner und Lisa Heldt

1 Studierende organisieren sich

Zentrale Hebel für den Wandel hin zu nachhaltigem Wirtschaften in zukunftsfähigen Unternehmen sind reflektierte, verantwortungsvolle Entscheidungsträger. Wir halten es daher für essenziell, schon an den Hochschulen die Voraussetzungen und Fähigkeiten für reflektierte Entscheidungen und den Umgang mit komplexen Herausforderungen zu schaffen. Als zentrale Orte der Bildung, Forschung und Innovation sind Hochschulen kritische Treiber eines gesellschaftlichen Wandels (WBGU 2011). In der Realität sind einige Hochschulen bereits Vorreiter, während sich andere sehr zögerlich den Themen Ethik, Verantwortung und Nachhaltigkeit nähern. Wir halten es allerdings für unverzichtbar, dass Hochschulen nicht Engpass, sondern Beschleuniger einer nachhaltigen Entwicklung werden.

Trotz einiger weniger Universitäten mit Vorbildfunktion sind unsere Erfahrungen noch lange nicht zufriedenstellend: Ethische Fragen in Bezug auf das eigene Fachgebiet werden in der Hochschullehre bisher nur in begrenztem Rahmen aufgegriffen und kaum

R. C. Ruehle (✉) · L. Wachsmuth · A.-K. Geisbüsch · J. Wagner · L. Heldt
sneep e.V. ethics and economics
Fredersdorf-Vogelsdorf, Deutschland
E-Mail: rebecca.ruehle@sneep.info

L. Wachsmuth
E-Mail: loreen.wachsmuth@sneep.info

A.-K. Geisbüsch
E-Mail: anne-kristin.geisbuesch@sneep.info

J. Wagner
E-Mail: josephine.wagner@sneep.info

L. Heldt
E-Mail: lisa.heldt@sneep.info

© Springer-Verlag GmbH Deutschland, ein Teil von Springer Nature 2018
M. Raueiser und M. Kolb (Hrsg.), *CSR und Hochschulmanagement*,
Management-Reihe Corporate Social Responsibility,
https://doi.org/10.1007/978-3-662-56314-4_6

tiefergehend diskutiert. Dabei beobachten wir, dass die Themen (Wirtschafts-)Ethik und Nachhaltigkeit im deutschsprachigen Raum zwar über die letzten Jahre an Bedeutung gewonnen haben, aber immer noch deutlich unterrepräsentiert sind. Diese Annahme wird für das Themengebiet der Nachhaltigkeit von Gerhard de Haan bestätigt, der 2014 eine Auswertung bestehender, auf einschlägigen Portalen genannter Studienangebote (etwa 17.000) mit der Anzahl der Studiengänge mit klarem Nachhaltigkeitsbezug (unter 1 %) heraussuchte (de Haan 2014). Eine von sneep e. V. durchgeführte Umfrage im Jahr 2009 mit Bezug zur Wirtschafts- und Unternehmensethik (s. Abschn. 1.1) und eine Erfassung von Bachelor- und Masterstudiengängen mit den Themenkombinationen Ethik, Verantwortung, Nachhaltigkeit und/oder Wirtschaftswissenschaften zeichnen ein ähnliches Bild (sneep 2017). Dabei bleibt zu betonen, dass sich unsere Forderungen nach mehr Ethik und Nachhaltigkeit nicht nur auf die klassischen Wirtschaftsstudiengänge Betriebs- und Volkswirtschaftslehre beschränken, sondern auch für alle anderen Disziplinen wie Medizin, Lehramt, Ingenieurwissenschaften, Naturwissenschaften, Rechtswissenschaften, Kulturwissenschaften usw. gelten. Nachhaltigkeit und angewandte Ethik verstehen sich als Wissenschaftszweige, die interdisziplinär arbeiten und wirken und aufgrund aktueller Entwicklungen wie Klimawandel, Biodiversitätsverlust, soziale Ungleichheit usw. für die Zukunft unverzichtbar werden. Sie sollten deshalb an den Hochschulen zur Selbstverständlichkeit und in der Lehre zum integralen Bestandteil aller Studienbereiche werden.

Im deutschsprachigen Raum finden sich an vielen Hochschulstandorten studentische Gruppen zusammen, um das bestehende Defizit an Bildungsangeboten durch eigenes Engagement auszugleichen. Dadurch wird eine Aufgabe von uns Studierenden übernommen, die eigentlich die Hochschule als Ort der Bildung, Forschung und Innovation selbst innehaben sollte. Studentisches Engagement ist essenziell für eine lebendige Universität, aber es kann und soll eine flächendeckende, institutionalisierte kritische Auseinandersetzung mit Ethik und Nachhaltigkeit nicht ersetzen. Dafür benötigt es eine feste Verankerung dieser Themen in der Lehre.

Auch sneep e. V. („student network for ethics in economics and practice"), ein gemeinnütziges studentisches Netzwerk für Wirtschafts- und Unternehmensethik, gründete sich 2003 mit der Motivation, den kritischen Diskurs zur Wirtschafts- und Unternehmensethik zu fordern und zu fördern. Seitdem organisieren sich unsere knapp 500 Mitglieder an etwa 30 Hochschulstandorten in Deutschland und der Schweiz und gestalten dabei diverse Projekte, Fortbildungen, Tagungen und kreative Veranstaltungen sowohl eigenständig als auch in Zusammenarbeit mit anderen Organisationen und Unternehmen. Ein Austausch zwischen den verschiedensten Akteuren ist uns besonders wichtig, weil so Verständnis geschaffen und neue Lösungsmöglichkeiten erarbeitet werden. Im Fokus stehen hierbei Themen wie globale Gerechtigkeit, Digitalisierung, Lobbyismus, Postwachstumsökonomie, nachhaltiger Konsum, Suffizienzstrategien, faire Wertschöpfungsketten u. v. m. Außerdem bieten wir eine Plattform zum überfachlichen Austausch der verschiedenen Disziplinen an den Hochschulen. Neben der Schaffung eines Raums für die eigene Weiterbildung und kritische Diskussionen sollen kreative Formate letztendlich aber auch diejenigen erreichen, die sich bisher noch nicht mit Themen der (Wirtschafts-)Ethik und nachhaltigen

Entwicklung auseinandergesetzt haben. Auf diese Weise sollen Studierende für die eigene Verantwortung in der Gesellschaft sensibilisiert aber auch begeistert werden. Wir animieren sie somit dazu, die Grenzen der klassischen Ökonomie zu verlassen, um so Möglichkeiten für ein Wirtschaften im 21. Jahrhundert aufzuzeigen.

Dieser Beitrag versteht sich als Zusammenfassung unserer Forderungen für den Bereich Hochschullehre. Während der erste Abschnitt einen Einblick in unser Engagement in diesem Bereich bietet, formulieren wir im zweiten Abschnitt deutliche Forderungen an Hochschulakteure, insbesondere an die Hochschulleitungen und Lehrenden, sowie politischen Akteure. Um unseren Gedanken Nachdruck zu verleihen, ist dieser Abschnitt mit paraphrasierten Anekdoten und Zitaten unserer Mitglieder und sneep-externer Studierender angereichert, die uns ihre Eindrücke nach einem Aufruf über unseren Newsletter und auf unserer Facebook-Seite im Mai 2017 haben zukommen lassen. Der dritte Abschnitt schließt den Beitrag mit einer Zukunftsvision: So könnte der Alltag an einer nachhaltig-ethischen Hochschule aussehen.

1.1 Beispielhafte Projekte im Bereich Lehre und Bildung

Die folgenden drei Projekte stehen beispielhaft für unser überregionales Engagement im Bereich Lehre und Bildung. Nicht näher ausgeführt sind hierbei die Vorträge, Workshops und Tagungen, die von Lokalgruppen regelmäßig an ihren Hochschulstandorten organisiert werden.

1.1.1 Von sneep e. V. durchgeführte Umfragen bestätigen das Defizit

Im Jahr 2009 führte sneep e. V. eine Online-Umfrage unter knapp 3400 Studierenden verschiedener Studiengänge zum Thema Wirtschaftsethik und Corporate Social Responsibility (CSR) in der Lehre durch. Die Umfrage wurde an der Universität Köln und der Ludwig-Maximilians-Universität München über die Universitätsverteiler sowie im sneep-Netzwerk und durch private Verteiler und Kontakte beworben. Über die Hälfte der Befragten kamen von den Universitäten in Köln und München. Die Ergebnisse beruhen daher nicht nur auf Angaben von sneep-Mitgliedern, d. h. wirtschaftsethikaffinen Studierenden. Der Großteil der Befragten studierte im Hauptfach Betriebswirtschaftslehre (BWL, 22 %), Geisteswissenschaften (18 %), Pädagogik oder Naturwissenschaften (jeweils 12 %). Die Umfrage ergab, dass 70 % der Befragten keine Vorlesungen und Seminare zu Wirtschafts- und Unternehmensethik besucht haben, ein Großteil sich aber diese Themen in der Lehre wünscht bzw. der Meinung ist, dass es ein Pflichtfach werden sollte (41 % stimmten dieser Aussage voll und ganz zu). Mit einer überwiegenden Mehrheit waren sie darüber hinaus der Auffassung, dass Kenntnisse zur Ethik wichtig für ihr späteres Berufsleben sind (knapp 74 % stimmten stark bzw. voll und ganz zu; sneep 2010a). Eine weitere, interne Umfrage unter unseren Mitgliedern aus dem Jahr 2015 (N = 84) ergab, dass 95 % der Befragten sich aus persönlichem Interesse am Thema und 58 % als Ergänzung zum Studium ehrenamtlich bei uns im Verein engagieren (Mehrfachantworten waren möglich; sneep 2015). Die beiden Umfragen zeigen, dass ein entsprechender Bedarf am Einbezug (wirtschafts-)ethischer und nachhaltigkeitsbezogener Themen unter Studierenden herrscht. Auch wenn wir positive Entwicklungen in Hinsicht auf Ethik und Nachhaltigkeit in der Bildung sehr wohl anerkennen, hören wir von unseren Mitgliedern immer wieder, dass beide Disziplinen in den klassischen Studiengängen selten verpflichtend, sondern (wenn überhaupt) nur als Wahl- oder Sonderfach im Curriculum angeboten werden.

1.1.2 Wirtschafts- und Unternehmensethik in der Schule

Nicht nur auf der Hochschulebene, sondern auch in den Schulen fordert sneep e. V. ein Umdenken. Unserer Erfahrung nach gibt es zwar an vielen Schulen Ethikfächer, aber die praktische Relevanz wirtschaftsethischer Fragen und deren Einordnung in ein Gesamtbild findet nicht in dem Maß statt, wie es sein könnte. Das liegt nicht zuletzt an dem geringen Stellenwert, der dem Fach in der Bildungslandschaft bisher noch beigemessen wird, indem es beispielsweise kaum verpflichtend gelehrt wird (Kultusministerkonferenz 2008) oder keine fundierte Ausbildung der Lehrkräfte stattfindet (Fachverband Ethik 2016; Schäfers 2017). Aus diesem Grund kooperieren zwei sneep-Lokalgruppen mit örtlichen Schulen, um mit Schülern in praxisnahen Planspielen und Diskussionsrunden wirtschaftsethische Dilemmata aufzuzeigen und zu reflektieren. Die Wahrnehmung der eigenen Verantwortung und Möglichkeiten des Wandels sollen somit geschärft werden.

1.1.3 Offene Briefe zeigen Wirkung

Auf Hochschulebene forderten wir bereits 2010 in einem offenen Brief 361 Hochschulen, die damalige Bundesministerin für Bildung und Forschung Anette Schavan und die Kultus- und Wissenschaftsminister der Länder dazu auf, Wirtschaftsethik als Pflichtmodul in die akademische Lehre zu integrieren. Bei einer Rücklaufquote von knapp 14 % (50 absolut) erachteten 20 Hochschulen die Integration von Ethik und Nachhaltigkeit in der Hochschulbildung als wichtig und 17 taten ein weiteres Interesse am Dialog kund (sneep 2010b, 2011).

Drei Jahre später folgte unter der Federführung von sneep ein offener Brief an die Wirtschaftsfakultät der Universität in Zürich mit der Forderung zum „Mitdenken statt Mitlaufen in der Oekonomik" (sneep 2013). Darin sprachen sich die Wirtschaftsstudierenden dafür aus, dass „die Ökonomik wie jede andere Wissenschaft auch versuchen muss, reale Vorgänge zu diskutieren, zu erforschen und Erklärungsansätze zu finden." Weiterhin schrieben sie:

> In vielerlei Hinsicht können wir da mit unserem Fach nicht zufrieden sein; seien es die völlig vereinfachten Modelle, deren Grundannahmen kaum diskutiert werden, oder ökonomische Theorien über das menschliche Individuum, die empirischen Befunden völlig widersprechen. Leider werden diese Kritikpunkte oft nicht diskutiert, weil für viele – Studierende, aber auch Dozierende – die Ökonomik als Anleitung zum „Geld machen" für die Wirtschaft da ist, und nicht als Differenzierung und Erkenntnisprozess über die Wirtschaft [Hervorhebungen im Original]. Völlig egal, welches Fach Du studierst, gilt für uns in Bezug auf alle Sozialwissenschaften gleichermassen [sic]: Sie muss sich die Frage stellen, was die Gesellschaft erhält und weiterbringt! (Open Petition Schweiz 2013)

Dem offenen Brief folgten viele Gespräche an der Universität Zürich und letztendlich die Einrichtung eines Wahlmoduls Umweltwissenschaften (University of Zurich 2017).

Im Jahr 2017 soll nun ein überregionales und hochschulgruppenübergreifendes Positionspapier zu mehr Nachhaltigkeit und Ethik an Hochschulen einen größeren Diskurs und Entwicklungsprozess an unseren Hochschulen anstoßen.

1.2 Das Positionspapier 2017

Ende 2016 schlossen wir uns mit mehreren überregionalen studentischen Organisationen (netz-werk n e. V., Weitblick e. V. und Was bildet ihr uns ein? e. V.) zur „Initiative für Nachhaltigkeit und Ethik an Hochschulen" zusammen, um gemeinsam für das Ziel einzutreten, an den Hochschulen die Weichen für eine zukunftsfähige Gesellschaft und Wirtschaft zu stellen. Ergebnis dieser Kooperation ist ein Positionspapier, in dem wir unsere Forderungen für die stärkere Integration von Nachhaltigkeit und Ethik an Hochschulen darlegen. Das Papier ist seit Ende 2017 veröffentlicht (Initiative für Nachhaltigkeit und Ethik an Hochschulen 2017) und soll seitdem als Grundlage eines umfassenden Diskurses dienen.

Das Anliegen von uns Studierendeninitiativen ist es, Veränderungen anzustoßen und Potenziale, Maßnahmen sowie konkrete Best Practices zur Verankerung von Nachhaltigkeit und Ethik aufzuzeigen. Mit dem Papier soll eine Basis für konstruktive Diskussionen und Zusammenarbeiten zwischen Studierenden, Lehrenden, Hochschulen und Politik der Kommunen und Länder sowie weiteren Bildungsakteuren geschaffen werden. Ein Austausch all jener Akteure ist uns besonders wichtig und prägt den Prozess seit der Veröffentlichung maßgeblich. Das Positionspapier ist inhaltlich in die vier Bereiche Governance, Betrieb, Forschung und Lehre untergliedert. Im Folgenden geben wir einen sehr kurzen Einblick über die vier Themenfelder des Positionspapiers, bevor wir uns näher mit dem Bereich Hochschullehre befassen werden.

1.2.1 Governance der Hochschulen

Governance als struktur- und rahmengebender Prozess ist ein zentraler Bestandteil und wichtiges Instrument für die Verankerung von Nachhaltigkeit und Ethik an Hochschulen. Auf bundes- und landespolitischer Ebene ist es entscheidend, Rahmenbedingungen und Anreize (z. B. innerhalb des fiskalischen Mittelvergabesystems) für eine nachhaltigkeitsorientierte und verantwortungsvolle Entwicklung der Hochschulen bereitzustellen. Auf Hochschulebene indes kann dies beispielsweise durch das klare Bekenntnis zum Leitbild der nachhaltigen Entwicklung, zu Nachhaltigkeits- und Ethikkodizes, durch die Ausrichtung an Nachhaltigkeitszielen oder durch Nachhaltigkeitsmanagement und ähnlichem geschehen. Dabei sollen sich Hochschulverwaltungen nicht in Audits und Evaluationen verlieren, sondern letztendlich mit ihren Aktivitäten immer der Lehre und Forschung dienen. Transparente Kommunikation, Dialog und systematische Partizipation der wesentlichen Stakeholder sehen wir dabei als Kernprinzipien einer funktionierenden Nachhaltigkeitssteuerung. Darunter fällt für uns auch die Förderung studentischen Engagements. Studierende, die neben dem Studium auf universitärer oder außeruniversitärer Ebene eine sozioökologische und verantwortungsvolle wirtschaftliche Entwicklung mitgestalten, bringen damit auch gleichzeitig ihre Hochschulen voran und bereiten sich auf komplexe Herausforderungen im Beruf vor.

1.2.2 Betrieb der Hochschulen

Der Bereich Betrieb widmet sich der Infrastruktur der Hochschulen wie Ressourcen-, Flächen- und Energiemanagement, dem Beschaffungswesen sowie den angebotenen Mobilitäts- und Ernährungsmöglichkeiten sowie Gesundheitsmanagement. Zunehmende Ressourcenknappheit, Klimawandel, Menschenrechtsverletzungen in Lieferketten und drastische Biodiversitätsverluste erfordern eine Transformation der aktuellen Produktions- und Konsummuster (IPCC 2014; Whiteman et al. 2013). Um langfristig tragbar zu sein, müssen diese Muster hinterfragt und im Sinn einer gesteigerten Effizienz, Konsistenz und Suffizienz umgestaltet werden. Die Grundlage hierfür bildet ein umfassendes Energie- und Umweltmanagementsystem als Steuerungstool sowie Nachhaltigkeitsstandards in der Beschaffung. Hochschulen können und sollten zudem ihr besonderes Potenzial als Vorbild an der Schnittstelle von Lehre, Forschung und Praxis nutzen, indem aktuelle Erkenntnisse auf den eigenen Betrieb angewendet werden und der Campus als Reallabor für innovative Technologien oder Ansätze, wie z. B. verhaltensbasierte Methoden, genutzt wird. Wir begrüßen daher ausdrücklich momentane Entwicklungen an einigen Hochschulen und ermuntern gleichzeitig zu einer Ausdehnung der Bemühungen auf weitere Bereiche und zusätzliche Hochschulen.

1.2.3 Forschung an den Hochschulen

Nachhaltige Entwicklung ist angewiesen auf unabhängige, fundierte Forschung, die einerseits das Verständnis der Ursachen, Wirkungen und wechselseitigen Abhängigkeiten globaler Phänomene wie dem Klimawandel ausbaut und andererseits innovative Technologien und Strategien für das Gelingen der Nachhaltigkeitstransformation entwickelt (WBGU 2011). Der dringende Wandel hin zu einer zukunftsfähigen Gesellschaft ist ein Querschnittsthema, das diverse Fach- und Alltagsbereiche betrifft. Es erfordert daher eine verstärkt inter- und transdisziplinäre Forschung, die eine ganzheitliche Betrachtung vornimmt, lösungs- und praxisorientierte Schwerpunkte setzt und den Transfer in die Praxis unterstützt. Gleichzeitig halten wir Transparenz hinsichtlich der Finanzierung von Forschungsprojekten und die Förderung von Nachwuchsforschung für wichtig. Der direkte Wissensfluss von der Forschung in die Lehre stellt an Hochschulen einen Mehrwert für die Studierenden dar und sollte entsprechend genutzt werden.

1.2.4 Lehre an den Hochschulen

Gerade in der Lehre sehen wir den kritischen Hebel, um Studierende zu befähigen, reflektierte Entscheidungsträger und Multiplikatoren für eine nachhaltige Entwicklung und für verantwortungsvolles Wirtschaften zu werden. Nachhaltigkeitsherausforderungen stellen in der Regel Dilemmata dar, die u. a. durch das Fehlen eindeutig richtiger Lösungen, Interdependenzen und Zielkonflikte, durch weitreichende, z. T. unbekannte Konsequenzen und durch ihre Neuartigkeit gekennzeichnet sind. Eine kritische, ganzheitliche Betrachtung und Bewertung unterschiedlicher Handlungsoptionen und ihrer Folgen sind daher unabdingbar, um die Basis für verantwortungsvolle, zukunftsfähige Entscheidungen zu bilden. Ethik sollte daher ein wesentlicher Bestandteil der Lehre sein, um die Voraussetzungen für eine nachhaltige Entwicklung der Gesellschaft und Wirtschaft zu schaffen. Aus diesem Grund konzentrieren wir uns in diesem Beitrag auf Lehre als *das* Handlungsfeld für den verstärkten Einbezug von Ethik und Nachhaltigkeit und fordern, dass diese Themen integraler Bestandteil der Hochschulausbildung werden. Zudem sehen wir einen großen Unterschied darin, ob Ethik und Nachhaltigkeit als Extrakurse oder Vorlesungseinheiten angeboten und die Beschäftigung damit auf diese Weise abgehakt werden kann oder ob sie den Grundtenor aller Veranstaltungen bilden. Eine Studentin und ein Student geben ihre Erfahrungen damit folgendermaßen wieder:

> Während meines Masterstudiums wurde zu Beginn eines Marketingkurses groß angekündigt, dass wir in der letzten Stunde auch ethische Aspekte behandeln würden. Darauf hatte ich mich ganz besonders gefreut. Als am Ende der Vorlesungsreihe jedoch die Zeit knapp wurde, wurde der Ethikanteil einfach gestrichen. Das Thema sei doch nicht ganz so wichtig wie der Rest, war die Begründung.

> Wir hatten eine Vorlesung mit dem offiziellen Namen Nachhaltiges Logistikmanagement. Die gesamte Zeit über ging es aber nur um das Thema Effizienz. Kostenminimierende Maßnahmen spielen in einer nachhaltigen Logistik eine Rolle – eine Leerfahrt kann nicht nachhaltig sein, das ist völlig klar – aber warum hält er diese Vorlesung vor uns, wo wir doch Studierende eines Studiengangs zu nachhaltigem Management sind? Also stellte ich unserem Professor die zentrale Frage: Warum hat er die Veranstaltung Nachhaltiges Logistikmanagement genannt? Er hatte keine Antwort parat und meinte dann nur, dass er nächstes Mal die Veranstaltung halt nicht mit nachhaltig titulieren würde. Ein Großteil der Studentinnen und Studenten, die mit dem Wunsch, die Grundzüge einer alternativen Wirtschaft kennenzulernen, in unser Studium starteten, werden enttäuscht.

Daher haben wir folgende vier Aspekte als zentrale Punkte für den Bereich Lehre identifiziert:

- Förderung von kritischem Denken und die aktive Auseinandersetzung mit Verantwortung und Ethik,
- Theorien- und Methodenvielfalt in der Lehre,
- Befähigung der Studierenden zur Lösung komplexer gesellschaftlicher Probleme und
- Setzung stärkerer Anreize für eine qualitative hochwertige Lehre.

2 Unsere Forderungen und Verbesserungsvorschläge für den Bereich Lehre

2.1 Kritisches Denken und die aktive Auseinandersetzung mit Verantwortung und Ethik werden gefördert

In Anbetracht der globalen Krisen erachten wir es als unabdingbar, dass die Ethik den Weg (zurück) in die Wirtschaft und Unternehmenspraxis findet. Dies kann nur gelingen, wenn zukünftige Entscheidungsträger bereits an der Hochschule die Fähigkeit trainieren, mit komplexen Sachverhalten umzugehen und auch eigene Entscheidungen sowie deren Wirkung kritisch zu hinterfragen. Eine Studentin merkt dazu an:

> [...] teilweise wird in den Vorlesungen so getan, als gäbe es gar keine Probleme mit unserer aktuellen Wirtschaftsweise und so werden dann auch die zukünftigen Manager ausgebildet: ohne Kenntnis über die kritischen Themen und die eigene Verantwortung dafür oder darüber, wie man es besser machen kann.

Die Überwindung veralteter Denkmuster sehen wir als essenzielle Grundlage für ein verantwortungsvolleres, zukunftsfähiges Handeln im späteren Berufsfeld. Wir stellen aber leider fest, dass Formate wie Diskussionen zur kritischen Reflexion der gelehrten Inhalte wenig Anwendung finden, da Frontalunterricht nach wie vor die am häufigsten gewählte Lehrmethode ist. Insbesondere in Bachelorstudiengängen (beispielsweise Wirtschaftswissenschaften) werden Lehrinhalte meist als feststehend gelehrt, ohne vielfältige Perspektiven zu beleuchten. Eine Studentin und ein Student berichten uns von dogmatischer Lehre:

> Sogar in der Unternehmensethikvorlesung bestand unser Professor darauf, dass Moral immer mit Gewinnstreben vereinbar sein müsse. Zuerst der Gewinn, dann die Moral. Positive Beispiele von Unternehmen, die ethisches Handeln an erste Stelle setzten, tat er als Nischenphänomene ab.

> Unser Dozent schreckte nicht davor zurück, den Stakeholderansatz vollkommen verzerrt und unzureichend darzustellen, damit man zu dem Schluss kommen konnte, die Shareholderinteressen sowie das Fortbestehen des Unternehmens seien nicht mit dem Stakeholderansatz vereinbar.

Der daraus resultierende fehlende Wissenstransfer der gelehrten Themen kann Studierende nicht in dem Maß in die Lage versetzen, sich aktiv mit der persönlichen Verantwortung innerhalb der Gesellschaft auseinanderzusetzen und die eigene Rolle kritisch zu reflektieren, wie es nötig wäre. Darüber hinaus wird gerade in den Wirtschaftswissenschaften, aber auch in anderen Disziplinen v. a. Auswendiglernen als Prüfungsleistung honoriert. Eine Studentin schildert ihre Erfahrung im Fach Strategisches Management ihres Masterstudiengangs Betriebswirtschaftslehre:

> Unser Professor stellte uns die zu behandelnden Themen vor und kommt schließlich zu folgender Schlussfolgerung: „[...] die Leute, die diese Modelle entwickelt haben, haben sich etwas dabei gedacht. Also belassen wir es dabei und lernen sie auswendig."

Im Hochschulkontext können wir drei wesentliche Akteurgruppen identifizieren, die kritisches Denken und die aktive Auseinandersetzung mit der persönlichen Verantwortung innerhalb der Gesellschaft beeinflussen und fördern können: Erstens die Hochschulen, die alternative Prüfungsleistungen abseits von Klausuren wie Hausarbeiten, Projektarbeiten, Präsentationen oder Planspiele etablieren könnten. Außerdem könnten zusätzlich zum Hauptfach auch Nebenfächer oder Komplementärstudien eingeführt werden, die den sinnbildlichen Blick über den Tellerrand ermöglichen. Zweitens die Lehrenden, die plurale Theorien auf aktuelle gesellschaftliche Herausforderungen anwenden und sie durch den Einsatz partizipativer Lehrmethoden erlebbar machen könnten. Tutorien, die als Plattform zur kritischen Reflexion der Vorlesungsinhalte dienen, könnten zudem dazu genutzt werden, Lösungen zu Problemstellungen selbstständig und methodisch angeleitet zu erarbeiten. Und drittens die Studierenden, die zum Mitdenken und Engagement angeregt werden sollten, um die Lehrinhalte nicht nur anzuwenden, sondern auch zu hinterfragen – womit wir uns hier auch explizit an unsere Kommilitonen wenden und diese auffordern wollen, dies auch tatsächlich zu tun.

2.2 Lehre bietet Theorien- und Methodenvielfalt und fördert diese

Wissenschaften unterliegen steten Weiterentwicklungen, weshalb bestehende Theoriefelder in der Forschung eine fortlaufende Überprüfung und Anpassung benötigen. In der Lehre muss deshalb die Entwicklung verschiedener Theorien und Denkschulen ebenfalls Berücksichtigung finden. Die Vielfalt in der Forschung soll sich in der Vermittlung von unterschiedlichen Denkströmungen und Paradigmen widerspiegeln. Dazu ist es notwendig, dass Lehrende einen umfassenden Überblick über den aktuellen Wissensstand in einem Forschungsbereich wiedergeben und ungeklärte Fragen offenlegen, ganz nach dem Motto „Was kontrovers ist, sollte auch kontrovers gelehrt werden". Eine Studentin schreibt:

> Der Professor in meiner ersten VWL-Vorlesung schärfte uns ein, dass sich die Volkswirtschaftslehre NUR mit Wachstum beschäftige und ohne dieses würde auch nichts funktionieren – wer etwas anderes behauptete, erzähle in seinen Augen Unsinn.

Das Ermöglichen einer kritischen Auseinandersetzung mit vielfältigen, teils auch gegensätzlichen Denkströmungen in der Lehre befähigt Studierende darin, verschiedene Sichtweisen einzunehmen und vielfältige Herangehensweisen an Problemstellungen zu entwickeln.

Als Studierende mit wirtschaftswissenschaftlichem Hintergrund mussten wir jedoch leider die Erfahrung machen, dass insbesondere in der volkswirtschaftlichen Lehre noch immer überwiegend einseitig neoklassische Ansätze vorgestellt werden. Eine reflektierte und kritische Auseinandersetzung mit den getroffenen Annahmen sowie die Einbeziehung alternativer Perspektiven und Schulen findet wenig bis gar nicht statt. Eine Studentin zieht das folgende Fazit:

> Ich glaube, ich muss gar nicht erwähnen, dass Wirtschaftsethik oder allgemein eine Theorienvielfalt der Ökonomik außerhalb der Neoklassik in meinem Studium bisher keine Rolle gespielt hat – und bei vielen meiner Kommilitonen auch nie spielen wird.

Zu diesem Schluss kommt auch die 2016 erschienene Studie zur Pluralität der volkswirtschaftlichen Lehre in Deutschland von Beckenbach et al. (2016), für die einerseits Lehrende befragt und andererseits Lehrinhalte analysiert wurden. Von 588 befragten Ökonomen, die in den letzten vier Semestern vor der Umfrage lehrend an volks- und wirtschaftswissenschaftlichen universitären Fakultäten tätig waren, gaben 77,2 % an, dass es „in der Volkswirtschaftslehre einen ‚mainstream', d. h. einen von der Mehrzahl der WissenschaftlerInnen geteilten Kanon an grundsätzlichen Konzepten und Axiomen etc. gibt." Weiterhin bestätigten 62,6 % der Befragten, dass ein „sidestream" existiere, der Konzepte, Theorien und Theorieansätze beinhalte, die für die Ökonomik ebenfalls von Relevanz seien, vom Mainstream jedoch nicht abgedeckt würden. Demzufolge ist davon auszugehen, dass etwa 14 % der Befragten der Ansicht sind, der Mainstream würde alle für die Ökonomik relevanten Konzepte und Ansätze liefern (Beckenbach et al. 2016. S. 86 f.). Die Befragten wurden gebeten, zentrale Konzepte und Axiome zu nennen, die sie dem Mainstream zurechnen. Hierbei haben 319 Ökonomen über 1000 Begriffe genannt, die anschließend in Oberbegriffe zusammengefasst worden sind. Die am häufigsten genannten Begriffe lassen sich den fünf Oberkategorien Homo oeconomicus (110 Nennungen), Rationalität (91 Nennungen), Gleichgewicht (63 Nennungen), Maximierung (51 Nennungen) und Neoklassik (38 Nennungen) zuordnen (Beckenbach et al. 2016, S. 87 f.). Die Analyse der Lehrinhalte in den Grundlagenveranstaltungen Einführung in die VWL, Mikroökonomik und Makroökonomik erfolgte auf Basis von Modulbeschreibungen und den von Lehrenden zur Verfügung gestellten Lehrmaterialien wie Power-Point-Folien (Beckenbach et al. 2016, S. 127 ff.). Diese Untersuchung ergab u. a., „dass es im Bereich der Grundlagenveranstaltungen eine starke Fokussierung auf ähnliche Begriffe gibt. Die dabei zutage tretenden Verknüpfungen lassen ein neoklassisches Grundkonzept erkennen" (Beckenbach et al. 2016, S. 226).

Zudem ist ein Mangel an methodischer Vielfalt in der Lehre zu beobachten. Dies betrifft zum einen das Lehrangebot für Studierende in Hinblick auf das Erlernen von Forschungsmethoden. Meist wird in der wirtschaftswissenschaftlichen Ausbildung der Fokus auf die Vermittlung von statistischen und mathematischen Kenntnissen gelegt und damit die Ausbildung auf quantitatives Methodenwissen beschränkt. Eine Studentin bestätigt diese Aussage:

> In meinem Studium wurden zwar Wirtschaftsgeschichte und Wirtschaftsethik als Wahlfächer angeboten – aber gerade letzteres soll wohl sehr viel Mathe beinhalten, anstatt das wirtschaftsethische Fragen diskutiert werden.

Die Wirtschaft ist jedoch immer eingebettet in die Gesellschaft und ihre Umwelt, weshalb für die Untersuchung von gegenseitigen Wechselwirkungen ebenfalls qualitative Methoden herangezogen werden sollten, die ein besseres Verständnis von sozialen Normen und Strukturen zulassen. Eine Auseinandersetzung mit unterschiedlichen Forschungsmethoden ermöglicht es Studierenden zudem, ihre Problemlösekompetenzen zu erweitern.

Zum anderen findet sich ein Mangel an methodischer Vielfalt hinsichtlich der gewählten Lehrmethoden. Wir sind der Meinung, dass die erfolgreiche Vermittlung von theoretischen und methodischen Lehrinhalten nur durch den Einsatz verschiedener, insbesondere partizipativer Lehrmethoden wie etwa Gruppenarbeiten, Diskussionsrunden, interaktive und kooperative Spiele oder forschendes Lernen erreicht werden kann. Dem Lehrinhalt angepasste Lehrmethoden können das Verständnis eines Sachverhalts sowie die Selbstwirksamkeit der Studierenden erhöhen, indem verschiedene Lerntypen bedient und Perspektivenwechsel ermöglicht werden. Um diesem Anspruch gerecht zu werden, müssen Lehrende durch entsprechende Aus- und Fortbildungen im Bereich der didaktischen Methoden dazu befähigt werden, vielfältige Inhalte verständlich, abwechslungsreich und partizipativ zu vermitteln. Durch regelmäßige Evaluierungen der Lehrinhalte und -methoden soll die Umsetzung sichergestellt werden. Gleichzeitig kann dadurch ein diskursiver Austausch von Lehrenden mit Studierenden eingeleitet werden.

Auch wenn die Finanzierung all dieser Forderungen überwiegend in der Verantwortung von Bund und Ländern liegen, so sehen wir auch mögliche Handlungsfelder für Hochschulleitungen, aktiv die Methoden- und Theorienvielfalt in der Lehre zu fördern. So scheint es etwa sinnvoll, einen Austausch von Lehrenden einer Hochschule über ihre Lehrerfahrungen zu etablieren. Dieser ermöglicht die gemeinsame Auseinandersetzung mit Schwierigkeiten bei der Vermittlung von Lehrinhalten und der Aktivierung von Studierenden sowie eine entsprechende Erarbeitung und Vorstellung von Lösungsmöglichkeiten. Die strukturelle Verankerung einer solchen Austauschplattform sowie die notwendige didaktische Ausbildung des Lehrpersonals kann etwa durch Zentren für Hochschullehre realisiert werden. Unter anderem in Berlin, Bonn und Münster wurde dies bereits umgesetzt (Westfälische Wilhelms-Universität Münster 2011; Technische Universität Berlin 2017; Rheinische Friedrich-Wilhelms-Universität Bonn 2017). Die geforderten Lehrevaluationen sollten von Hochschulen dazu genutzt werden, individuelle Personalentwicklungsmaßnahmen zu entwerfen, sodass Lehrenden stets die Weiterbildungen angeboten werden, die am sinnvollsten erscheinen.

Vielfältige Lehrinhalte und -methoden können durch Hochschulen ebenfalls gefördert werden, indem sie sich dem Konzept des Open Educational Resources (OER) öffnen und öffentliche Lehrveranstaltungen als mögliche Module für Studierende anerkennen. Das hochschulübergreifende Projekt Hamburg Open Online University (HOOU 2017) zeigt, wie Hochschulen die klassische Präsenzlehre mit den Möglichkeiten digitaler Technologien ergänzen und erweitern können und gleichzeitig einen interdisziplinären Austausch von Lehrenden, Studierenden sowie der interessierten Öffentlichkeit ermöglichen.

2.3 Studierende werden zur Lösung komplexer gesellschaftlicher Probleme befähigt

Die gesellschaftlichen Herausforderungen unserer Zeit sind keine eindimensionalen Probleme, sondern beruhen auf dem Zusammenwirken vielschichtiger Themenfelder, deren Wechselwirkungen es zu verstehen gilt. Ganzheitliches Denken ist daher für die Abschätzung positiver wie negativer Folgen eigener Verhaltensweisen wichtig. Ebenso ist die Gesellschaft von sich ständig ändernden Rahmenbedingungen geprägt. Studierende als angehende Fach- und Führungskräfte sollten durch die Hochschulen dazu befähigt werden, ein breites Spektrum an Kompetenzen zu erwerben. In diesem Sinn fordern wir lediglich die Umsetzung dessen, was der Akkreditierungsrat bereits im Qualifikationsrahmen für deutsche Hochschulabschlüsse fordert, als er schrieb, dass das Studium Studierende dazu befähigen soll „Wissen zu integrieren und mit Komplexität umzugehen; auch auf der Grundlage unvollständiger oder begrenzter Informationen wissenschaftlich fundierte Entscheidungen zu fällen und dabei *gesellschaftliche, wissenschaftliche und ethische* [Hervorhebung der Verfasserinnen] Erkenntnisse zu berücksichtigen, die sich aus der Anwendung ihres Wissens und aus ihren Entscheidungen ergeben" (Akkreditierungsrat 2005). Gerade die Diskussion um Nachhaltigkeit und Ethik, aber auch die Integration anderer Themenfelder, sollte Studierenden nicht als lästiges Übel vermittelt, sondern als wertvolle interdisziplinäre Auseinandersetzung ans Herz gelegt werden. Eine Studentin gibt die Meinung eines Logistikprofessors wie folgt wieder:

> Nachhaltigkeit in der Logistik werde zwar immer wichtiger, aber es sei eben noch Nischenthema. In Logistik ginge es eben immer um Kostenminimierung und da täte man sich mit dem unbeliebten Thema Nachhaltigkeit keinen großen Gefallen.

Im Zuge einer transdisziplinären Ausbildung sollten Studierende mit den wesentlichen Herausforderungen ihrer zukünftigen Handlungsfelder vertraut gemacht werden, wobei gesellschaftsrelevante Fragestellungen im Fokus stehen sollten. Zusätzlich ermöglicht eine interdisziplinäre Ausrichtung der Lehre den Studierenden die Einnahme unterschiedlicher Perspektiven, was zur Lösung der bestehenden komplexen Probleme und ethischer Dilemmata sowie zur Reflexion eigener Entscheidungsprozesse unerlässlich ist. Studierende müssen innerhalb ihrer Lehrveranstaltungen in die Lage versetzt werden, die Möglichkeiten aber auch die Grenzen ihrer eigenen Disziplin reflektieren zu können. Grundvoraussetzung dafür ist nichtsdestotrotz eine solide disziplinäre Ausbildung.

Die Forderung nach einer interdisziplinären Ausgestaltung von Lehrveranstaltungen muss dazu in den Hochschulgesetzgebungen der Länder verankert werden, um diese finanziell und strukturell zu fördern. Hochschulleitungen sollten ihre Lehrenden finanziell und ideell darin unterstützen, sich Fachwissen und Kompetenzen anzueignen, die sie für eine trans- und interdisziplinäre Gestaltung ihrer Vorlesungen, Seminare und Tutorien benötigen. Häufig mangelt es jedoch gerade auf der Ebene der Dekane und der Hochschulleitung an Verständnis für die Notwendigkeit von Nachhaltigkeit und Ethik in der Lehre. Eine Studentin prägte die folgende Begegnung langfristig:

Bei einer von unserer Lokalgruppe durchgeführten Umfrage unter den Lehrenden unserer Universität fragten wir nach der Bedeutung von Unternehmensethik. Die Antwort der damaligen Wirtschaftsdekanin war, dass sich diese Frage nicht stelle, solange alle Unternehmer die zehn Gebote einhielten.

Den Lehrenden sollten zudem Raum und Zeit für den Austausch mit Kollegen verschiedener Fachrichtungen gegeben werden, um Anknüpfungspunkte für gemeinsame Forschung und Lehrkonzepte zu finden und diese zu entwickeln. In Berufungsverfahren sollte als eine ergänzende Anforderung an die Bewerber die Herausarbeitung von Anknüpfungspunkten für gemeinsame Lehrkonzepte mit zukünftigen Kollegen implementiert werden.

Inter- und transdisziplinär ausgerichtete Veranstaltungen sollten von Hochschulleitungen strukturell durch eine Verankerung in den Studienverlaufsplänen gestärkt werden. Für Studierende könnte durch das Einführen additiver Schlüsselkompetenzen, einem Studium generale oder Komplementärstudium, die Belegung fachbereichsfremder Lehrveranstaltungen verpflichtend werden, so wie es u. a. in Mainz oder Lüneburg bereits möglich ist (Johannes Gutenberg-Universität Mainz 2017; Leuphana Universität Lüneburg 2017). Auch wenn eine solche interdisziplinäre Verankerung in Prüfungsordnungen nicht gewünscht wird, sollten sich Hochschulleitungen für eine Öffnung von Lehrveranstaltungen für Fachfremde einsetzen. Um Studierenden die Möglichkeit zu eröffnen, vorhandene Wissenslücken zu schließen, sind das Angebot begleitender Tutorien oder die Bereitstellung von Lernmaterialien zum Selbststudium sinnvoll. Eine weitere Maßnahme könnte die Anrechnung von zusätzlich erbrachten interdisziplinären Kursen in Form eines Zertifikats sein.

2.4 Es werden stärkere Anreize für eine qualitativ hochwertige Lehre gesetzt

Die vorangegangenen Forderungen und vorgeschlagenen Maßnahmen zeigen, dass die erfolgreiche Verankerung von ethischen und nachhaltigen Gesichtspunkten innerhalb der Lehre sehr stark vom Engagement der Lehrenden abhängt. Dafür ist es notwendig, dass gute Lehre eine höhere Anerkennung erhält. Eine Vergütung der Lehrenden, die sich stärker an ihrem tatsächlichen Vorbereitungs- und Organisationsaufwand orientiert, ist daher in unseren Augen zwingend erforderlich. Bisher definieren die Lehrverpflichtungsordnungen der Länder ausschließlich die zu leistenden Semesterwochenstunden. Tutoren, wissenschaftliche Hilfskräfte und Lehrbeauftragte werden nach einem festen Stundensatz vergütet, mit dem neben den Präsenzzeiten pauschal auch Vor- und Nachbereitung sowie Korrekturzeiten abgegolten werden. Gute Lehre, die den bisher genannten Forderungen entspricht, bedarf jedoch eines höheren Zeitaufwands, der in vielen Fällen weit über die Pauschalzeiten hinausgeht. Dies führt dazu, dass die Vergütungssätze für die tatsächlich geleisteten Stunden teilweise erheblich geringer sind. Ebenfalls unberücksichtigt bleiben bei der Vergütung von Tutoren, wissenschaftlichen Hilfskräften, wissenschaftlichen Mitarbeitern sowie Lehrbeauftragten auch qualitative Aspekte der Lehrgestaltung. Vor allem die unbefristete Beschäftigung von exzellenten Wissenschaftlern sowie Dozenten im akademischen Mittelbau ist nicht gesichert. Wer sich von einer befristeten Stelle zur nächsten hangelt und Angst hat, durch das Wissenschaftszeitvertragsgesetz seinen Arbeitsplatz zu verlieren, kann sich weder auf seine Forschung noch auf die Lehre konzentrieren. Ein Student fasst diese Erfahrung folgendermaßen zusammen:

> Es war für uns Studierende ein Schock, als einer unserer fachlich kompetentesten und bemühtesten Dozenten aufgrund der Gesetzeslage die Universität verlassen und seine Forschungstätigkeit gänzlich einstellen musste. Das Ende seiner wissenschaftlichen Karriere war für die Universität, die Forschung und vor allem für uns ein sehr großer Verlust.

Bei Professoren finden besondere Leistungen in der Lehre durch gesonderte Leistungsbezüge Berücksichtigung. Das ist ein guter Ansatz, allerdings ließen sich die Anreize für eine qualitativ hochwertigere Lehre durch zusätzliche Maßnahmen weiter steigern. Eine Studentin erzählt von der Reaktion eines wissenschaftlichen Mitarbeiters auf die geäußerte Kritik am Unterricht:

> Weißt du [...] der Professor kann die Jahre bis zur Rente an einer Hand abzählen und wir am Lehrstuhl merken auch, dass in viele Dinge einfach keine Energie und Ressourcen mehr investiert werden. Da bewegt sich nicht mehr viel.

Wir sehen in diesem Sinn auch die soziale Anerkennung qualitativ guter Lehrleistungen als einen wichtigen Punkt, der sowohl in den Lehrendenkreisen als auch von unseren Kommilitonen selbst erfolgen könnte. Professoren sollten nicht nur für ihre Forschung, sondern auch für ihre exzellente Lehre öffentlich im Fokus stehen.

Der Gesetzgeber hat mit den länderspezifischen Lehrverpflichtungsverordnungen die Möglichkeit, einen gesetzlichen Rahmen zu schaffen, bei der für die Vergütung von Lehrenden neben dem Vorbereitungs-, Nachbereitungs- und Organisationsaufwand ebenfalls die Qualität der Lehre berücksichtigt wird. Hochschulleitungen können insbesondere durch die Bestimmungen für ihre Berufungen Einfluss auf eine stärkere Anerkennung von guter Lehre nehmen. Berufungsverfahren sollten nicht nur Forschungsleistungen und Lehrerfahrungen, sondern ebenfalls Lehrleistungen als ein wichtiges Kriterium im Auswahlprozess definieren. Als gleich gewichtetes Kriterium sollte dieses auch schon Eingang in die Stellenausschreibungen finden. Anhand der Diskussion von exemplarischen Lehrveranstaltungen und ihrer Ausgestaltung könnten die Lehrmotivation und -qualifikation im Bewerbungsverfahren geprüft werden. Zusätzlich sollten Hochschulen transparente Bewertungskriterien entwickeln, die als besondere Leistungen in der Lehre durch Lehrveranstaltungsevaluationen abgefragt werden.

3 Zusammenfassung

In unserer Rolle als Studierende, aber auch als Repräsentanten des sneep-Netzwerks, fordern wir, dass wichtige Fragen der Ethik und nachhaltigen Entwicklung systematisch Einzug in die Hochschullehre finden. In unserem offenen Brief vom Jahr 2013 hat die Züricher sneep-Gruppe unsere Position bereits folgendermaßen treffend artikuliert:

> Wir sind der Meinung, dass die Gesellschaft von jeder Wissenschaft berechtigte Ansprüche verlangen muss. Diese Ansprüche sind unter anderem eine wertneutrale Forschung, Interdisziplinarität, eine Diversität an unterschiedlichen Perspektiven sowie eine sich selbst hinterfragende Stellung zu etablierten Modellen und Methoden. Jede Wissenschaft muss eine Idee haben, welche Rolle ein zu beobachtendes Gesellschaftssystem (wie z. B. die Ökonomie) in Geschichte, Gegenwart und Zukunft der Menschheit spielt und spielen soll. (Open Petition Schweiz 2013; sneep 2013)

Uns ist zusammengefasst besonders wichtig, dass

- kritisches Denken und aktive Verantwortungsübernahme gefördert werden,
- Theorien- und Methodenvielfalt in der Lehre zum Standard werden,
- die Lösung gesellschaftlicher Probleme in der Lehre eine zentrale Rolle spielt und
- Anreize für eine qualitativ hochwertige Lehre gesetzt werden.

Trotz unserer deutlichen Forderungen sind wir uns bewusst, dass sich nicht nur aufseiten der Hochschulleitungen und Lehrenden etwas verändern muss, sondern, dass auch wir Studierende einen großen Teil zu einer gelingenden Hochschule der Zukunft beitragen müssen. Wir wünschen uns daher, dass sich auch unsere Kommilitonen für kritisches Denken, Diskutieren über Ethik und Nachhaltigkeit und Interdisziplinarität begeistern lassen und einsetzen. Das Studium bietet uns die Möglichkeit, uns unserer eigenen Rolle in der Gesellschaft bewusst zu werden und diese zu formen. Diesen Prozess zu durchlaufen, bedeutet jedoch mehr als nur Prüfungsleistungen zu bestehen.

Der abschließende Abschnitt beschreibt, wie wir uns das Studium eines Studierenden einer Universität der Zukunft vorstellen.

4 Eine Zukunftsversion: Uni-Topia

Nur noch eine halbe Stunde, dann würde mein Seminar beginnen. Ich musste unbedingt pünktlich sein, denn ich wollte keine Minute verpassen. Einerseits waren die Seminare so klein, dass jede fehlende Person auffiel, andererseits versprach das Thema heute spannend zu werden. Die Professorin für den Kurs Wirtschaftstheorien hatte in der letzten Einheit versprochen, die heutige Sitzung gemeinsam mit einem Karl-Marx-Experten aus der Philosophischen Fakultät zu leiten. Nachdem wir bereits über die klassische Nationalökonomie, die Neoklassik, Keynes und auch die Österreichische Schule gesprochen hatten, war ich besonders gespannt auf Marx. Zum Glück dauerte die Fahrt mit dem Fahrrad nur fünfzehn Minuten und mittlerweile konnte man auch einfach einen Fahrradstellplatz vor dem Universitätsgebäude finden. Das war nicht selbstverständlich: Seitdem die Universitätsleitung sich erfolgreich bei der Stadtverwaltung für Fahrradwege aus jedem Stadtteil zur Universität eingesetzt hatte, war es aufgrund der hohen Nutzung für einige Zeit ziemlich schwer gewesen, sein Fahrrad an einem geeigneten Standort abzuschließen. Zum Glück reagierte die Verwaltung zügig und in kürzester Zeit wurden ehemalige Parkplätze zu Fahrradstellplätzen umfunktioniert. Anscheinend hatte ein Lehrstuhl die Maßnahmen sogar wissenschaftlich begleitet und herausgefunden, dass durch diese Anreize die Autofahrten von und zur Universität deutlich verringert wurden. In einer Rundmail der Universität hieß es dazu, dass wir nun im Vergleich zum Vorjahr 17 % CO_2 einsparen würden. Gar nicht so schlecht für zwei so einfache Maßnahmen.

Natürlich muss ich zugeben, dass das schnelle Radfahren ganz schön in die Beine ging. Nachdem wir gestern auf einer Exkursion und erst spät abends zurückgekommen waren, kann ich meine Müdigkeit allerdings rechtfertigen: Unser Dozent im Kurs Geld, Währung und Gesellschaft hatte uns neben den wichtigsten Theorien der Makroökonomik und komplizierten mathematischen Formeln auch beigebracht, das Gelernte zu hinterfragen. Um diese Fähigkeiten zu üben, fuhr er mit uns an die Frankfurter Börse. Dort sollten wir mit einer Investmenbankerin die volkswirtschaftlichen Auswirkungen von Währungsspekulationen durch beispielsweise Hedgefonds diskutieren. Ihre Antworten überraschten kaum einen von uns: Natürlich seien die Spekulationen nur halb so schlimm wie häufig in den Medien dargestellt. Glücklicherweise waren wir in kontroversen Diskussionen geübt und konnten auch noch etwas dazu lernen. Man kann den gleichen Sachverhalt schließlich aus verschiedenen Blickwinkeln betrachten – damit hatte die Investmentbankerin aber scheinbar nicht gerechnet. Trotz der langen Zugfahrt nach Frankfurt hatte sich die Exkursion also gelohnt. In der darauffolgenden Woche würden wir die Finanztransaktionssteuer, auch Tobin-Steuer genannt, diskutieren. Dafür hatte ich mit einer Kommilitonin ein Referat vorbereitet. Trotz unserer anfänglichen Begeisterung hatten wir nach der Anregung unseres Dozenten auch einige kritische Punkte herausgearbeitet. Wie sagt er so schön: Die Welt sei zu komplex für einfache Lösungen.

Noch zehn Minuten. Ich hatte es zeitig – und in Gedanken vertieft – an die Universität geschafft. Jetzt noch schnell ein Kaffee „to go", um die Müdigkeit vor dem Marx-Seminar loszuwerden. Die Universität hatte schon lange auf Fairtrade-zertifizierten Kaffee, Kakao und Tee umgestellt, aber vor ein paar Jahren wurden auch die Plastikbecher verbannt. Eine studentische Hochschulinitiative hatte angeregt, ein günstiges Pfand- und Abgabesystem für wiederverwendbare Becher einzuführen. Mittlerweile unterstützen einige Cafés in Universitätsnähe ebenfalls das Konzept. Die Stadtverwaltung hatte sogar vorgeschlagen, das System probeweise in der ganzen Stadt einzuführen, nachdem es so gut an der Universität funktionierte. Bei einer solchen Reichweite bin ich immer richtig stolz, dass sich unsere Universitätsleitung so offen für Innovationen zeigt. Wir können im Kleinen ein Vorbild für eine ganze Stadt sein.

Mit Kaffeebecher in der einen und den Skripten in der anderen Hand nehme ich die letzten Treppenstufen zum Seminarraum. Eine kurze Begrüßung, zwanzig Minuten Einführung und schon kann die Diskussion beginnen. Es ist spannend, sowohl einen Philosophen als auch eine Wirtschaftswissenschaftlerin in einem Raum zu haben. Beide ergänzen sich gut mit ihren Ansichten, bis es auf einmal zu einer klaren Meinungsverschiedenheit kommt. Da streiten sich doch tatsächlich zwei gestandene Wissenschaftler vor uns über die richtige Interpretation zu einem kleinen Detail der marxistischen Wirtschaftstheorie.

In einer kurzen Diskussionspause hebt Matthias, ein guter Freund von mir, seine Hand. Will er sich tatsächlich in diese Diskussion einmischen? – „Entschuldigung, könnten Sie uns bitte sagen, wer von Ihnen beiden nun Recht hat und was wir für unsere Prüfung lernen sollen?" Fragen sind eigentlich immer sehr willkommen. Dennoch herrscht erst mal Schweigen. Nach kurzer Zeit bricht unsere Professorin mit einem leichten Räuspern die Stille: „Sie sollen doch nichts auswendig lernen. Es geht darum die Theorien kritisch zu hinterfragen. Auch die Forschung ist sich in vielen Dingen halt nicht einig." Mein Blick fällt auf Matthias links neben mir. Er notiert sich das Gesagte eins zu eins in seinen Notizblock. Ich glaube, er hat es immer noch nicht ganz verstanden. Vielleicht können wir nachher beim Essen in der Mensa noch einmal darüber diskutieren. Dort kann ich dann auch meinen inzwischen leer getrunkenen Kaffeebecher abgeben.

Jetzt habe ich aber erst einmal eine Psychologievorlesung. Hier an der Universität ist es üblich, dass man nicht nur in sein Hauptfach, sondern mindestens noch in ein oder zwei weitere Themenfelder Einblick nimmt. Das hilft dabei, die eigenen Denkmuster zu hinterfragen und mal über den Tellerrand zu blicken. In der Vorlesung sitze ich neben Lea, einer Kommilitonin aus der Biologie, und ihrem schlafenden Baby. Ich bin wirklich beeindruckt, wie sie das Studium mit Kind meistert. Zum Glück bietet unsere Universität auch Kinderbetreuung an, aber Lea meint, dass ihre Tochter da noch nicht bereit für sei. Wie schön, dass ihr auch als Mutter beim Studium keine Steine in den Weg gelegt werden.

Als Matthias und ich uns später wirklich mit ein paar anderen Freunden in der Mensa treffen, komme ich gar nicht dazu das Thema Auswendiglernen anzusprechen. Zu groß ist die Aufregung über unsere bereits abgeschlossene Gruppenarbeit zur Verbesserung der Bildungschancen für Kinder aus sozial benachteiligten Familien. Unser Dozent fand unsere Ideen so gut, dass er uns für eine Auszeichnung vorgeschlagen hat. Wenn wir ausgewählt werden würden, dürften wir das Projekt auf Bundesebene auf einem Kongress mit gemeinnützigen Organisationen und Politikern vorstellen und möglicherweise würden Teile davon dann sogar umgesetzt. Das motiviert natürlich gleich doppelt.

Vielleicht spreche ich morgen noch einmal mit Matthias. Dann ist Donnerstag, da treffen wir uns meist in der Bibliothek zum Selbststudium, zur Forschung und zum Austausch. Glücklicherweise bleibt uns dafür, trotz unseres vielseitigen und intensiven Curriculums, immer noch genug Zeit.

Ich verabschiede mich nach einem gesunden Essen in der Mensa von meinen Kommilitonen und mache mich auf zur Sprechstunde meiner Masterarbeitsbetreuerin. Seit sie eine unbefristete Mitarbeiterstelle an der Universität hat, inklusive festgeschriebenen Zeiten für Forschung und Betreuung von Studierenden, ist sie viel entspannter und nimmt sich richtig Zeit. Wir gehen verschiedene Möglichkeiten durch: Sollte ich besser normativ arbeiten oder doch lieber eine quantitative oder gar qualitative Studie durchführen? Die Entscheidung läge bei mir. Als Grundlage bis zum nächsten Treffen legt mir meine Dozentin noch Karl Poppers Logik der Forschung ans Herz. Ich solle mich noch mal in die Wissenschaftstheorie einlesen. Was für ein Glück, dass morgen mein freier Forschungstag ist.

Ich staune immer wieder wie vielseitig die Universität und ihre studentischen Initiativen sich engagieren. Für 19 Uhr hat eine unserer Initiativen einen interessanten Vortrag zum Thema Menschenrechte in der Lieferkette organisiert. Trotz der Müdigkeit kann ich mir das nicht entgehen lassen. Vielleicht kommt Matthias ja mit.

Danksagung Wir danken allen sneep-Mitgliedern sowie Studierenden, die uns ihre Anekdoten aus ihrem Unialltag zugeschickt haben, um diesen Beitrag damit bereichern zu können. Außerdem danken wir den Initiativen netzwerk n e. V., Weitblick e. V. und Was bildet ihr uns ein? e. V. für die gute Zusammenarbeit am Positions- und Forderungspapier 2017.

Literatur

Akkreditierungsrat (2005) Qualifikationsrahmen für Deutsche Hochschulabschlüsse. http://www.akkreditierungsrat.de/fileadmin/Seiteninhalte/KMK/Vorgaben/KMK_Qualifikationsrahmen_aktuell.pdf. Zugegriffen: 28. Mai 2017

Beckenbach F, Daskalakis M, Hofmann D (2016) Zur Pluralität der volkswirtschaftlichen Lehre in Deutschland. Eine empirische Untersuchung des Lehrangebots in den Grundlagenfächern und der Einstellung der Lehrenden. Metropolis, Marburg

Fachverband Ethik (2016) Denkschrift zum Ethikunterricht. Zwischen Diskriminierung und Erfolg. http://www.fachverband-ethik.de/fileadmin/daten_bundesverband/dateien/Grundlagentexte/Denkschrift_zum_Ethikunterricht_2016.pdf. Zugegriffen: 28. Mai 2017

Gutenberg-Universität Mainz J (2017) Willkommen auf der Homepage des Studium generale. http://www.studgen.uni-mainz.de/. Zugegriffen: 30. Mai 2017

de Haan G (2014) m Projekt zur Struktur. Stand der Implementierung von Nachhaltigkeit an deutschen Hochschulen. Vortrag auf der Konferenz des Rates für Nachhaltige Entwicklung vom 13.10.2014

HOOU, Hamburg Open Online University (2017) http://www.hoou.de/p/. Zugegriffen: 26. Mai 2017

Initiative für Nachhaltigkeit und Ethik an Hochschulen (2017) Positions- und Forderungspapier Nachhaltigkeit und Ethik an Hochschulen. http://www.nachhaltige-hochschulen.de/. Zugegriffen: 12. Febr. 2018

IPCC, Intergovernmental Panel on Climate Change (2014) Summary for policymakers. In: Climate change 2014: imp acts, adaptation, and vulnerability. Part A: global and sectoral aspects. Contribution of Working Group II to the Fifth Assessment Report of the Intergovernmental Panel on Climate Change. IPCC, Cambridge, New York

Kultusministerkonferenz (2008) Zur Situation des Ethikunterrichts in der Bundesrepublik Deutschland. Bericht der Kultusministerkonferenz vom 22.02.2008. http://www.kmk.org/fileadmin/Dateien/veroeffentlichungen_beschluesse/2008/2008_02_22-Situation-Ethikunterricht.pdf. Zugegriffen: 28. Mai 2017

Leuphana Universität Lüneburg (2017) Das Komplementärstudium. http://www.leuphana.de/college/studienmodell/komplementaerstudium.html. Zugegriffen: 30. Mai 2017

Open Petition Schweiz (2013) Petition Offener Brief an die Wirtschaftsfakultaet der UZH – Mitdenken statt mitlaufen in der Oekonomik! https://www.openpetition.eu/ch/petition/online/offener-brief-an-die-wirtschaftsfakultaet-der-uzh-mitdenken-statt-mitlaufen-in-der-oekonomik. Zugegriffen: 28. Mai 2017

Rheinische Friedrich-Wilhelms-Universität Bonn (2017) Das Bonner Zentrum für Hochschullehre. https://www.bzh.uni-bonn.de/. Zugegriffen: 20. Mai 2017

Schäfers B (2017) Für besseren Ethik-Unterricht. http://www.deutschlandfunk.de/schule-in-bayern-fuer-besseren-ethik-unterricht.886.de.html?dram:article_id=386316. Zugegriffen: 28. Mai 2017

sneep, student network for ethic in economics and practice (2010a) sneep Umfrage. Wirtschafts- und Unternehmensethik an deutschen Hochschulen. http://www.sneep.info/angebote/publikationen/sneep-umfrage-2009/. Zugegriffen: 1. Juni 2017

sneep, student network for ethic in economics and practice (2010b) Studenten fordern mehr Wirtschaftsethik in der akademischen Ausbildung. Offener Brief an alle deutschen Hochschulpräsidenten. http://www.sneep.info/angebote/publikationen/offener-brief-2010/. Zugegriffen: 1. Juni 2017

sneep, student network for ethic in economics and practice (2011) Auswertung der Reaktionen auf den Offenen Brief vom 30.11.2010. http://www.sneep.info/angebote/publikationen/reaktion-offener-brief-2010/. Zugegriffen: 1. Juni 2017

sneep, student network for ethic in economics and practice (2013) Offener Brief an die Wirtschaftsfakultaet der UZH – Mitdenken statt mitlaufen in der Oekonomik! http://www.sneep.info/angebote/publikationen/offener-brief-2013. Zugegriffen: 28. Mai 2017

sneep, student network for ethic in economics and practice (2015) Interne Umfrage. http://www.sneep.info/angebote/publikationen/interne-umfrage-2015/. Zugegriffen: 1. Juni 2017

sneep, student network for ethic in economics and practice (2017) Studiengangsliste. http://www.sneep.info/angebote/studiengangsliste/. Zugegriffen: 1. Juni 2017

Technische Universität Berlin (2017) Berliner Zentrum für Hochschullehre. http://www.bzhl.tu-berlin.de. Zugegriffen: 25. April 2018

University of Zurich (2017) Nebenfach Umweltwissenschaften. http://www.ieu.uzh.ch/en/teaching/envsci/bachelor.html. Zugegriffen: 28. Mai 2017

WBGU, Wissenschaftlicher Beirat der Bundesregierung Globale Umweltveränderungen (2011) Welt im Wandel. Gesellschaftsvertrag für eine Große Transformation. Hauptgutachten. WBGU, Berlin

Westfälische Wilhelms-Universität Münster (2011) Zentrum für Hochschullehre. https://www.uni-muenster.de/ZHL/. Zugegriffen: 29. Mai 2017

Whiteman G, Walker B, Perego P (2013) Planetary boundaries. Ecological foundations for corporate sustainability. J Manag Stud 50(2):307–336

Rebecca C. Ruehle (M.A., MLitt) hat ein duales Bachelorstudium an der Dualen Hochschule Baden-Württemberg Stuttgart mit Fachrichtung International Business absolviert. Ihr Masterstudium in den Bereichen Philosophie, Betriebswirtschaftslehre und Psychologie beendete sie 2015 in Mannheim. Anschließend studierte sie ein Jahr an der Universität St. Andrews in Schottland im MLitt *Moral, Political, and Legal Philosophy*. Seit Oktober 2016 ist sie Doktorandin im Doktorandenprogramm *Ethics and Responsible Leadership in Business* am Wittenberg-Zentrum für Globale Ethik und seit Mai 2017 wissenschaftliche Mitarbeiterin an der Universität Halle-Wittenberg. Rebecca Ruehle ist im Herbst 2016 in den Vorstand des sneep e.V. eingetreten, nachdem sie lange Jahre in der Lokalgruppe Mannheim sowohl Lokalgruppenleitung als auch Mitglied war.

Loreen Wachsmuth (M.A.) hat den Bachelor *Wirtschaftspsychologie* mit dem Nebenfach Personalmanagement und Arbeitsrecht an der Leuphana Universität Lüneburg und den Master *Business Ethics und CSR Management* an der Technischen Universität Dresden studiert. In ihrer Masterarbeit ging sie der Frage nach, welchen praktischen Nutzen die Psychologie für die nachhaltige Entwicklung haben kann – ein Thema, welches sie bis heute beschäftigt. Sie ist seit 2011 beim sneep e.V. Mitglied, seit 2013 im Vorstand und seit 2016 dessen Vorstandsvorsitzende. In den Schreib- und Entwicklungsprozess des Positionspapiers für mehr Nachhaltigkeit und Ethik an Hochschulen ist sie seit Anfang an involviert.

Anne-Kristin Geisbüsch (B.A.) ist seit 2013 beim sneep e.V. aktiv. Neben ihrem Bachelorstudium der *Wirtschaftswissenschaften* hat sie an der 2014 veröffentlichten Studie von sneep e.V. und dem Deutschen Global Compact Netzwerk zur Fortschrittsberichterstattung von KMUs mitgewirkt. Derzeit absolviert sie an der Universität Kassel den Masterstudiengang *Nachhaltiges Wirtschaften*. Mit anderen sneeps und studentischen Initiativen hat sie das Positions- und Forderungspapier für mehr Nachhaltigkeit und Ethik an Hochschulen erarbeitet, welches seit Herbst 2017 zu einem verstärkten Diskurs führen soll.

Josephin Wagner (B.A.) absolvierte ihr Bachelorstudium in den Fächern Kommunikationswissenschaft und Wirtschaft an der Universität Greifswald. Zurzeit studiert sie an der Universität Kassel den Masterstudiengang *Nachhaltiges Wirtschaften*. Neben ihrem Studium engagiert sie sich seit Herbst 2016 beim sneep e.V. als Lokalgruppenleiterin und ist aktiv an der Erarbeitung des Positions- und Forderungspapiers für mehr Nachhaltigkeit und Ethik an Hochschulen beteiligt. Ihr Ziel ist es dabei, das Verantwortungsbewusstsein ihrer Kommilitoninnen und Kommilitonen zu wecken und gemeinsam mit ihnen Wege zu finden, Einfluss auf die Gestaltung der Gesellschaft von morgen zu nehmen.

Lisa Heldt studiert an der Leuphana Universität Lüneburg den B.Sc. *Environmental and Sustainability Studie*s mit Wirtschaftspsychologie als Nebenfach. Ihr Schwerpunkt liegt dabei im Bereich Nachhaltigkeitsmanagement. Sie hat als studentische Hilfskraft in mehreren Forschungsprojekten am *Centre for Sustainability Management* der Leuphana gearbeitet, wo sie aktuell bei Prof. Dr. Stefan Schaltegger ihre Bachelorarbeit zum Thema Sustainable Entrepreneurship schreibt. Lisa Heldt ist seit 2015 aktives Mitglied beim sneep e.V., wo sie bis vor Kurzem noch die Lokalgruppe in Lüneburg leitete.

Studierende als Chance für eine partizipative und nachhaltige Hochschule

Anna Katharina Beyer und Julia Weber

1 Einleitung

„Die Wissenschaft und ihre Lehre ist frei"[1] lautet ein Leitsatz, der so oder in ähnlicher Form in Europa gesetzlich verankert ist und oftmals sogar im Verfassungsrang nationaler Rechtsordnungen steht. Ausgehend von dieser Basis setzen wir uns auf den folgenden Seiten mit der an Hochschulen voranschreitenden Ökonomisierung auseinander. Wir sehen dieses Buch *CSR und Hochschulmanagement* als Anlass darüber nachzudenken, ob CSR als Konzept überhaupt auf eine Universität passt oder ob es Ausdruck der Ökonomisierung von Hochschulen ist.

In diesem Zusammenhang gehen wir auf die derzeitige Lage an Universitäten aus Sicht von Studierenden ein und diskutieren, weshalb Bildung nicht als Ware im herkömmlichen Sinn gehandelt werden kann. Wir hinterfragen, ob Hochschulmanagement unternehmerisch umgesetzt werden kann und welche Konsequenzen sich aus unternehmerischen Handlungsweisen für den Hochschulsektor an sich und die Entwicklung der Gesellschaft im Ganzen ergeben. Weiterhin zeigen wir auf, welche Haltung und Rolle den Studierenden in einer unternehmerischen Hochschule zugeschrieben werden und welche Art des Studierens vom System verlangt wird.

In weiterer Folge zeichnen wir als Gegenentwurf eine Universität, die sich den Herausforderungen der Gesellschaft annimmt und Dozierende sowie Studierende als gemeinsamen Teil der Institution sieht. Dafür geben wir einen Einblick in bisher durch die Zusam-

---

[1] Artikel 17 Ab. 1 Österreichisches Staatsgrundgesetz.

A. K. Beyer (✉) · J. Weber
oikos Vienna, COMMIT
Wien, Österreich
E-Mail: info@commitnow.org

J. Weber
E-Mail: julia.weber@oikos-international.org

menarbeit mit Studierenden und Lehrenden gewonnene Eindrücke, die wir durch Projekte der Initiative COMMIT erlangt haben. Wir zeigen, welches Potenzial für die Forschung und Lehre entsteht, wenn nicht ökonomische Leitsätze den Universitätsalltag prägen, sondern das gemeinsame Freisetzen von Potenzialen für ein nachhaltiges Morgen.

> Education is not a one-way street. Professors and students have different perspectives and are, therefore, able to nourish and learn from each other. Where mentors and learners meet, that is where education happens (COMMIT 2014).

2 Status quo

2.1 Die unternehmerische Hochschule und ihre Kunden

Der Ansatz des New Public Management (NPM) hat auch vor (öffentlichen) Hochschulen in Europa keinen Halt gemacht (Knobloch 2010, S. 143; Pelizzari 2005, S. 84). Insbesondere die Verteilung der unzureichenden Ressourcen aus dem öffentlichen Haushalt spielt dem Modell unternehmerische Hochschule in die Hände, soll diese doch von der prekären Unterfinanzierung von Wissenschaft und Forschung ablenken (Zeuner 2007, S. 6). Öffentliche Institutionen sollen geführt werden wie privatwirtschaftliche Unternehmen, damit diese effizienter und somit aus Perspektive dieser Weltanschauung besser funktionieren. Die Einführung des NPM kann als Form von Privatisierung gesehen werden, in der betriebswirtschaftliche Instrumente als nötige Vorbedingung für „künftige marktradikale Liberalisierungsschritte" fungieren (Pelizzari 2005, S. 84). Im Mittelpunkt des NPM steht die Ausrichtung am Markt durch Kunden-, Qualitäts- und Wettbewerbsorientierung (Schedler und Proeller 2011). Das Paradigma lautet: Unternehmertum löst alle Probleme. Die Hochschulen müssen sich am Markt behaupten und somit selbst profitabel sein (Knobloch 2010, S. 137). Um sich gegen die Konkurrenz am Markt durchzusetzen, gilt es, eine eigene Reputation, eine eigene Marke aufzubauen, die die eigene sog. Exzellenz der Forschung, aber natürlich auch der Lehre kommuniziert (Knobloch 2010). Damit Bildung rentabel wird, ist es nötig, dass diese als ein knappes Gut am Markt inszeniert wird (Pelizzari 2005, S. 86): ein knappes Gut, das den Studierenden am Arbeitsmarkt mehr Chancen ermöglichen wird als andere Produkte anderer Universitäten. Aus diesem Grund müssen die Universitätsstudiengänge immer mehr als Ausbildungsplätze für die Wirtschaft ausgestaltet werden, damit eben der zukünftige Marktwert der Studierenden steigt. Durch den Aufbau einer Marke wird den Studierenden also eine gewisse Leistung vermittelt, die diese als Kunden kaufen können. Diese Thematik wird noch verstärkt durch die diversen Rankings, die den Wettbewerb zwischen den Universitäten noch weiter anheizen, sind solche doch oftmals auf Indikatoren wie Einstiegsgehalt und Beruf abgestimmt und weniger auf den universitären Lernprozess selbst. Immer wichtiger für die Marke einer Universität werden auch CSR und Nachhaltigkeitsstrategien. CSR – Corporate Social Responsibility, wie der Name schon sagt – stammt aus der Betriebswirtschaft und argumentiert für mehr „Transparenz und Glaubwürdigkeit im unternehmerischen Handeln" (Schmidpeter

2014, S. V f.). Indem wir uns also in diesem Sammelwerk mit CSR und Nachhaltigkeit an Hochschulen auseinandersetzen, zeigen wir erneut, wie sehr sich Hochschulen selbst als Unternehmen sehen und auch als Unternehmen angesehen werden. Wir sehen das Thema CSR an Universitäten als einen Widerspruch in sich.

2.2 Studieren im Sinn eines Homo oeconomicus

Nicht nur die unternehmerische Hochschule orientiert sich am Markt, sondern auch die Studierenden werden zwangsläufig zu Unternehmern. Durch Investitionen in die eigene Bildung soll der zukünftige Marktwert gesteigert werden. Selbstoptimierung ist dabei das größte Ziel, um sich am Arbeitsmarkt später so gut wie möglich behaupten zu können. Dieses Verhalten ist nachvollziehbar, da sich die Arbeitsmarktsituation für Akademiker in den letzten Jahren stark verschlechtert hat (Bittlingmayer 2001). Für die Studierenden lohnt es sich also v. a. in jene Hochschulbildung zu investieren, aus der sie sich (zum Zeitpunkt des Studienbeginns) die besten Chancen am Arbeitsmarkt errechnen (Pelizzari 2005, S. 87). Von den Studierenden wird somit schon während des Studiums verlangt, dass sie zu rationalen MarktteilnehmerInnen werden und ganz im Sinn des, in der Volkswirtschaft noch immer populären Konzepts des (pseudorationalen) Homo oeconomicus handeln. In der Ausbildung zu erfolgreichen Marktteilnehmern stehen nicht nur in der zukünftigen Arbeitswelt, sondern auch schon im Studium die Eigenschaften Teamfähigkeit, Flexibilität, Mobilität, Effizienz, Kreativität und Selbstverantwortung im Mittelpunkt (Knobloch 2010, 142 ff.). Verstärkt werden die Gefühle als KundInnen zu agieren, wenn es Studiengebühren gibt. Das kommt daher, dass sobald wir Studierenden Studiengebühren zahlen, das Gefühl aufkommt, dass wir (bzw. unsere Eltern) unsere Bildung selbst bezahlen und daher eine Leistung als Kunde beziehen und dadurch gewisse Forderungen an die Universität stellen können. Ähnlich wie beim Paradigma des NPM, in dem Unternehmertum als die beste Lösung gesehen wird, scheinen wir als Kunden das Gefühl zu haben, mehr fordern zu dürfen als BürgerInnen, denen (bloß) ein formales Recht auf Bildung zukommt, jedoch indirekt mit Steuergeldern den Großteil des Universitätssektors überhaupt erst finanzieren. Das ist noch nicht lange so. Bevor der Bologna-Prozess in Gang gebracht wurde, sahen sich Studierende als Bürger, die ihre Rechte durch Diskussionen und oft auch Demonstrationen eingefordert haben (Gubitzer 2005, S. 42).

Wieso fordern heute also immer weniger Studierende ihre bzw. unsere Rechte durch Demonstrationen und Diskussionen ein?

Von den Universitäten wird uns vermittelt, dass wir unseren eigenen Marktwert schmälern, wenn wir unsere Hochschule kritisieren. Schließlich ist der Ruf einer Hochschule ein wichtiger Investitionspunkt der eigenen Ausbildung, was dazu führt, dass Kritik an der eigenen Hochschule von Studierenden eher nicht nach Außen transportiert wird, sondern Unmut, wenn überhaupt, nur im Freundeskreis ausgedrückt wird.

Man möchte meinen, dass diese veränderte Wahrnehmung – Bildung als Handelsware – dazu führt, dass Studierende ein qualitativ hochwertiges Produkt einfordern und somit die

Qualität der Lehre im ursprünglichen Sinn – fortschrittliche Bildung durch Wissenschaft – steigt. Tatsächlich führt der zugrundeliegende Arbeitsplatzfokus allerdings oftmals eher dazu, dass Studierende eine marktgerechtere Ausbildung gemessen am Status quo der Arbeitswelt fordern, statt nach einer wahrheitssuchenden und kritischen Wissenschaft zu verlangen (Zeuner 2007, S. 18).

Diese Entwicklungen führen schließlich dazu, dass das Aneignen von Wissen im Speziellen bzw. die Gestaltung der Zukunft für die Gesellschaft generell an der Hochschule zunehmend in den Hintergrund gedrängt wird und eher eine kurzfristige Verwertbarkeit des Gelernten am (Arbeits-)Markt im Mittelpunkt steht (Bultmann 2004). Als erfolgreiche SelbstunternehmerInnen müssen Studierende sich somit bemühen, effizient zu studieren. Das resultiert an Universitäten oft in einem größeren Fokus auf European Transfer Credits (ECTS) anstelle auf tatsächliche Lerninhalte (Gubitzer 2005, S. 44). Eine Konsequenz davon ist schließlich, dass Studierende schon zu Beginn des Studiums großem externen ökonomischen Druck ausgesetzt sind und gleichzeitig durch verschulte und überfüllte Lehrpläne an der Universität überfordert werden (Knobloch 2010, S. 13).

Doch nicht nur Studierende sind von dieser veränderten Ausrichtung betroffen. Auch im Forschungsbereich führt dies zu einem Anstieg von Konkurrenz insbesondere in Bezug auf die Gewährung von Forschungsgeldern, deren Generierung großen Einfluss auf den Aufstieg innerhalb der Institution hat und somit in einer „strukturbedingten Unfähigkeit zu solidarischem Handeln" resultiert (Zeuner 2007, S. 20). In Hinblick auf die von Mazzucato und Schäfer (2014) in ihrem Buch *Das Kapital des Staates* dargelegten Innovatorrolle des Staats, der in diesem Zusammenhang oftmals in Form der Universität auftritt, etwa im Bereich der Grundlagenforschung, die von privater Seite aus Risikogründen nicht angerührt wird, ist eine solche marktseitige Konkurrenzausrichtung fatal für eine progressive Forschung und Entwicklung. Eine Ausrichtung auf kurzfristige Erfolge ist hier fehl am Platz.

Damit kommt die Frage nach der eigentlichen Aufgabe von Universitäten. Geht es wirklich darum, Studierende am besten für den Arbeitsmarkt zu wappnen? Haben Universitäten nicht eher eine Verantwortung gegenüber der Gesellschaft als Ganzes wahrzunehmen, statt sich an den aktuellen Bedürfnissen des Markts respektive denen von (privaten) Unternehmen auszurichten?

Wir schließen uns in diesem Zusammenhang an Gubitzer (2005, S. 48) an, die unserer Ansicht nach ganz richtig die verschiedenen Rollen hervorgehoben hat, die in der universitären Vorbereitung im Vordergrund stehen sollen, nämlich jene, uns Studierende „als Bürgerinnen und Bürger; als Erwerbsarbeitende, als Haus- und Erziehungsarbeit Leistende, als ehrenamtlich Tätige; als NachfragerInnen und KonsumentInnen, als Menschen in Muße" zu unterstützen.

Uns geht es in diesem Beitrag insbesondere um die Auswirkung dieser Strukturen auf die Bildung und Lehre. Wir sehen als Studierende die strenge Ausrichtung am Arbeitmarkt der Universitäten (besonders auf den Wirtschaftsuniversitäten) als (langfristig) problematisch an und argumentieren, wie bereits im Absatz davor, dass die Eingliederung der Studierenden in den Arbeitsmarkt nicht das einzige und vordergründige Ziel einer

Universität sein darf. Wie bereits im Zitat von Gubitzer dargestellt, sollen Studierende in unserer Welt verschiedenste Rollen einnehmen und die Rolle als Erwerbsarbeitende ist nur eine davon. Uns geht es aber auch um eine nachhaltige Zukunft und die Frage, welche Rolle Hochschulbildung spielen wird, um eine sozial-ökologische Transformation zu ermöglichen.[2] In einem zweiten Schritt stellen wir insbesondere das durch die Ökonomisierung vorangetriebene Verhältnis zwischen Studierenden als KundInnen der Universität und den Lehrenden infrage. Wir sehen dieses Verhältnis als hinderlich für eine freie, kritische, reflektierte und kreative Lehre und Forschung.

2.3 Die Reformierung des Hochschulsektors durch Bologna

In der Literatur wird als wesentlicher Wendepunkt die Umstrukturierung der europäischen Hochschulen durch das Bologna-Abkommen genannt. Dieser Umstrukturierungsprozess ist in Bezug auf das Format – Bachelor, Master und PhD – am amerikanischen Universitätssystem angelehnt mit dem Fokus, die Hochschulen unter der Überschrift Mobilität zwischen Universitäten zu verbessern und im internationalen Bereich vergleichbar zu machen.

Štech (2011) untersucht in diesem Zusammenhang die insgesamt acht Kriterien[3], die diesem Umwandlungsprozess zugrunde gelegt worden sind und die seiner Ansicht nach zu einer starken Begradigung der im nationalen sowie kulturellen Kontext ursprünglich diversen und spezialisierten Studienlandschaft führt. Dies führt er primär auf Vereinheitlichung internationaler Universitäten und deren Ausrichtung auf die Arbeitswelt zurück. Die Normung der Lehre in ECTS wurde auf nationaler Ebene weiter in unterschiedlichster Form und Ausprägung umgesetzt, was wiederum unterschiedliche Ergebnisse liefert und zu verschiedenen Implementierungsgeschwindigkeiten und Quantifizierungen führt (Štech 2011, S. 267 f.).

Neben der Problematik, dass zuviel Fokus auf die Evaluierung der im Vordergrund stehenden formalen Ziele bestehend aus Struktur, Anrechnungspunkte und Qualitätssicherheit gerichtet wird und somit ohnehin knappe Ressourcen aus Lehre und Forschung abgezogen werden, besteht ein wesentlicher Kritikpunkt in der Form der Umsetzung von Bologna. Diese erfolgte vielfach bloß formal und führt somit zu einer Überlastung insbe-

---

[2] Die Perspektive sozial-ökologischer Transformation thematisiert notwendige gesellschaftliche Veränderungen, um die ökologische Krise angemessen zu bearbeiten, sie berücksichtigt Verteilungsfragen, aber auch, was und wie in der Gesellschaft unter welchen sozialen und ökologischen Bedingungen produziert wird, um ein gutes Leben für alle zu ermöglichen (Brand 2016, S. 217).

[3] Im Rahmen der Bologna-Deklaration wurden acht Basisziele in Form eines gemeinsamen europäischen Bildungsraums, dessen Stärkung im internationalen Wettbewerb, transparente und vergleichbare Abschlüsse, ein gestuftes Studiensystem, die Förderung der Mobilität (Studierende, Forschende, Lehrende, Universitätspersonal), ein gemeinsames Punktesystem, gemeinsame Qualitätssicherung sowie die generelle Stärkung der europäischen Dimension formuliert (Štech 2011, S. 269 f.).

sondere der Bachelorstudiengänge, die speziell am Anfang quasi auf der ersten Hälfte des in der Mitte durchteilten ursprünglichen Magisterstudiums basierten.

Auch bei der Punktevergabe ließe sich eine gewisse Willkür ohne tatsächliches Schema erkennen (Štech 2011, S. 274). Dies ist für Studierende oft klar erkennbar, bei der Anrechnung von Kursen anderer Universitäten etwa im Rahmen eines Erasmusaufenthalts, bei dem oft der Anschein entsteht, dass hier Schlüsse hinsichtlich der Vergleichbarkeit rein auf Basis der im Lehrveranstaltungsverzeichnis angeführten Wochenstunden und Kursüberschriften erfolgen, anstelle der tatsächlichen Lerninhalte.

Der Umstrukturierungsprozess hat dem oben dargelegten Fokus auf marktwirtschaftliche Strukturierung des Hochschulsektors in die Hände gespielt. Dies ist anhand der bei Stech (2011) beschriebenen ungeplanten Effekte auf nationaler Basis in Form von Imageveränderungen hinzu einer Massentauglichkeit der Universität, Veränderungen im Managementstil durch größere Autonomien bei gleichzeitigem Druck zur Selbstevaluation und strategischer Prioritätensetzung sowie einer verstärkten Einflussnahme externer Parteien im Universitätsbetrieb erkennbar (Štech 2011, S. 275).

Im nächsten Abschnitt möchten wir aufzeigen, welches Potenzial wir darin sehen, Studierende tatsächlich als vollwertige Mitglieder der Universität zu sehen und welche Rolle unsere Initiative COMMIT darin spielt.

3 Unsere bisherigen Beobachtungen bei Studierenden und daraus abgeleitete Handlungsoptionen

3.1 Zur Initiative COMMIT

COMMIT wurden von Studierenden der Universitäten St Gallen (CH), WU Wien (A), Copenhagen Business School (DK) und Kalkutta (Indien) als Projekt der internationalen Studierendenorganisation oikos[4] initiiert und ist seither mit unterschiedlichen Formaten im tertiären Bildungssektor aktiv.

Die Grundidee der Initiativgründung war der Aufbau eines Mitgestaltungsprozesses, durch den Studierende aktiv den eigenen Lernprozess mitgestalten können sollen. Begonnen haben wir damit, einen offenen Brief zu schreiben, in dem Wünsche und Vorstellungen von Studierenden für eine nachhaltige und zukunftsfähige Lehre im Mittelpunkt stehen, was von Studierenden wie Dozierenden grundsätzlich sehr gut aufgenommen wurde. Jedoch stellte sich immer wieder heraus, dass sich weder die Studierenden noch die Dozierenden wirklich vorstellen können, wie Lehre nach unseren Vorstellungen in der Realität aussehen könnte. COMMIT hat dies als Anlass genommen, sich vom Denken zum Handeln zu verlegen und ist nunmehr darauf spezialisiert, eine andere Lehre in Workshops,

---

[4] Bei oikos handelt es sich um eine internationale Studierendenorganisation, die 1987 gegründet wurde und sich für ökologische und soziale Nachhaltigkeit an Universitäten einsetzt.

Trainings und Summer Schools erlebbar, experimentierbar und gemeinsam gestaltbar zu machen.

Hierbei versucht COMMIT durch unterschiedliche Lernformate Studierenden wie auch Lehrenden alternative Herangehensweisen im individuellen Lernprozess an der Universität ausprobieren zu lassen und damit Themen der Nachhaltigkeit bzw. sozial-ökologischen Transformation zu behandeln. Dabei setzen wir den Fokus auf ein kooperatives miteinander und dem damit einhergehenden (Weiter-)Denken und Lernen aller Beteiligten – Studierende wie auch Professoren in ihrer Mentoringposition.

3.2 Ausgangssituation der COMMIT-Veranstaltungen

Durch eine kritische Auseinandersetzung im Team der COMMIT-InitiatorInnen wie auch im Austausch mit unterstützenden Universitätsangehörigen und Workshopteilnehmenden haben wir nicht nur Vieles über uns selbst gelernt, sondern auch durch Andere neue Perspektiven entwickelt.

Als Basis gehen wir bei unseren Veranstaltungen vom kleinsten gemeinsamen Nenner der Teilnehmenden aus. Bei Studierenden ist dies oftmals der gleiche Studienzweig, etwa ein Wirtschaftsstudium oder die Tätigkeit des Studierens an sich. Andere gemeinsame Grundlagen lassen sich vorab kaum festlegen, da z. B. 15 Personen 15 verschiedene Perspektiven, Hintergründe, Erfahrungen, Emotionen und Erwartungen mitbringen, die zwar Überschneidungen, diese jedoch in unendlich vielen Variationen bieten.

Auch inhaltlich können wir kaum von einer gemeinsamen Basis selbst innerhalb eines Studienfachs ausgehen. Speziell im Bachelorstudium verlaufen die angebotenen Kurse als in sich abgeschlossene Schienen mit keinen oder kaum Verknüpfungen zwischen den parallel ablaufenden Kursen und Wissensgebieten, weshalb ein größerer Zusammenhang selten hergestellt wird. Das erfahren jedoch alle unsere Teilnehmenden in den Workshops gleich. Weiterhin kennen die Teilnehmenden meist auch, dass in Universitäten auf eine einseitige Methodenlehre zurückgegriffen wird (Frontalunterricht mit schriftlicher Abschlussklausur, ab und zu ein Referat, Gruppenarbeit nur als kleine Teilleistung). Das bedeutet oftmals, dass Inhalte bloß vorgetragen werden, statt diese als aktive Anregung für eine kritische Reflexion der Studierenden zu nutzen. Dies führt mitunter dazu, dass Studierende wie früher in der Schule teilnahmslos ihre Anwesenheitspflicht in der Klasse absitzen.

Studierende bringen wie jeder andere Mensch aufgrund ihres sozialen wie kulturellen Hintergrunds verschiedenste Blickwinkel in ihr Studium mit. Dies führt dazu, dass sie Gelerntes unterschiedlich wahrnehmen und interpretieren und sich für Jeden und Jede grundsätzlich andere Fragen aus Gelesenem oder Gehörtem ergeben.

Diese verschiedensten Facetten untereinander im Fachkontext gemeinsam zu diskutieren, zu hinterfragen und weiterzuentwickeln, eröffnet unendliche Möglichkeiten für interaktive Lernprozesse der Studierenden selbst, aber auch für die Dozierenden in Hinblick auf den eigenen Horizont. Ein sehr berühmtes Zitat von Antoine de Saint-Exupéry

„um klar zu sehen reicht oft ein Wechsel der Blickrichtung" bringt das hier zugrundeliegende Potenzial schon ziemlich klar auf den Punkt.

Eine offene und gleichberechtigte Einbeziehung der partizipierenden Charaktere ist auch für ein weiteres Wesenselement eines nachhaltigen und ganzheitlichen Lernprozesses wichtig und daher als Chance zu sehen. Ähnlich wie Haar- oder Augenfarbe, Größe oder Körpergestalten haben Menschen auch unterschiedliche Talente in Bezug auf die Aneignung von Wissen und Fertigkeiten, ein Faktor, der leider oft bereits in der Pflichtschulbildung vernachlässigt wird und dazu führt, dass Lernende unter Anwendung einiger weniger Lernmethoden hinter anderen zurückgelassen werden, da die Studierenden eben auch jeweils unterschiedliche Lernansätze haben. Unterschiedliche Lerntypen werden also ignoriert, was zu einer systematischen Bevorzugung gewisser Lerntypen führt. Dementsprechend ist der Zugang zu Wissen je nach angebotenem Trägermaterial (Bücher etc) unterschiedlich schwer bei gleicher Ausgangsqualifizierung des Studierenden.

4 Konkrete Anwendungen oben beschriebener Themenpunkte anhand bisheriger COMMIT-Projekte

In diesem Abschnitt wollen wir auf konkrete Formate eingehen, die wir im Rahmen unserer Aktivität als COMMIT verwendet haben, und erläutern, inwieweit diese unsere oben dargelegten Forderungen hinsichtlich einer zukunftsfähigen und progressiven Hochschulbildung unterstützen können.

Die von uns verwendeten Methoden sind stark von einem konstanten Lernprozess beeinflusst und unterliegen damit einem ständigen Veränderungsprozess basierend auf bisherigen Erfahrungen und unterschiedlichen Zielgruppen der Workshops. Unterstützt werden wir hierbei durch einen Mentor, der uns von der Global Responsible Leadership Initiative (GRLI) zur Verfügung gestellt wurde. Dieser begleitet uns nunmehr seit 2014 bei der Entwicklung unserer Methoden, hilft uns, deren Anwendbarkeit kritisch zu reflektieren und durch das Stellen wesentlicher Fragen eigene inhaltliche Diskussionsprozesse anzuregen.

Unser Mentor ist ein erfahrener Moderator und beschäftigt sich seit Langem mit dem Thema Bildung, war bisher allerdings nicht in die Gestaltung von Hochschulbildung involviert. Die Ideen stammen großteils von den Mitgliedern von COMMIT und werden auch von uns durchgeführt. Unser Mentor gibt uns während der Vorbereitungen Tipps und teilt mit uns Erfahrungen aus anderen Workshops, die wir als wertvolle Inputs mit einbeziehen. Auch während der Workshops und im Rahmen der Nachbereitung erhalten wir auf diese Weise professionelles Feedback, durch Motivation und Unterstützung bei der Konkretisierung und Weiterentwickelung unserer Stärken und Rollen im Team. Mit COMMIT versuchen wir somit genau das umzusetzen, was wir uns auf einer Universität auch wünschen würden: Während wir unsere eigenen Themen erarbeiten und Projekte umsetzen, werden wir als Studierende begleitet und fachlich wie emotional unterstützt. Nach drei Jahren intensiver Mentoringbeziehung sind wir noch überzeugter davon, dass dieses Verhältnis zwischen Studierenden und Lehrenden den nachhaltigsten Lernprozess vorantreiben kann.

An dieser Stelle möchten wir in weiterer Folge auf drei sehr unterschiedliche Projekte der letzten Jahre eingehen, die wir mit Studierenden, SchülerInnen sowie Dozierenden durchgeführt haben. Wir verfolgen dabei das Ziel zu zeigen, wie unterschiedliche Adressatengruppen mit den von uns angewendeten Methoden umgehen, wie sich diese auf die unterschiedlichen Situationen anpassen lassen und welche Lerneffekte sich daraus für uns sowie die Teilnehmenden ergeben haben.

4.1 Participatory-Learning-Session in St. Gallen – Fokus auf Studierende

Im Herbst 2015 haben wir zum Thema „participatory learning" einen Workshop im Rahmen des oikos Future Labs in St. Gallen abgehalten. Hierbei wurde den Teilnehmenden, primär Studierende sowie vereinzelt Fakultätsangehörige der HSG und oikos-Alumni, die Aufgabe gestellt, zu einem zuvor definierten, gruppenbildenden Thema eine Learning-Session für den Rest der Gruppe abzuhalten. Im Vorfeld zu dieser Aufgabenstellung haben sich im Rahmen der Marshmallow-Challenge unterschiedliche Kooperationsmuster herauskristallisiert und sich die Teilnehmenden im Rahmen des Themenfindungsprozesses auf Basis emotionaler Bilder näher kennengelernt, Gemeinsamkeiten entdeckt und unterschiedliche Standpunkte erforscht.

Hinsichtlich der Herangehensweise an die Vorbereitung der eigenen Learning-Session haben sich bei den drei Gruppen unterschiedliche Herangehensweisen erkennen lassen. Während eine Gruppe strukturiert im Rahmen einer Open-Space-Session die eigene Session vorbereitete, hat sich eine andere später im Rahmen eines informellen abendlichen Beisammensein auf den Ablauf geeinigt und eine Dritte sich früh morgens vor der tatsächlichen Session zur Vorbereitung zusammengefunden.

Obwohl es sich hier eigentlich nur um eine kleine Gruppe von etwa 15 Studierenden gehandelt hat, waren doch die unterschiedlichen Ansätze und Arbeitstypen klar erkennbar, wenn es darum ging, sich auf die gestellte Aufgabe vorzubereiten. In herkömmlichen Lern und Prüfungsformaten ist eine solche unterschiedliche Auseinandersetzung mit einer ähnlichen Aufgabenstellung für alle zumeist kaum möglich.

Nach den jeweiligen Learning-Sessions gab es einerseits Zeit für Feedback der Gruppe an das jeweilige Moderationsteam sowie Möglichkeit zur Reflexion über persönliche Eindrücke und Emotionen im Vorfeld, während und nach Abschluss der Learning-Session für alle Beteiligten.

Hier war erkennbar, dass sich viele der Studierenden zu Beginn unsicher waren, in welcher Form sie die gestellte Aufgabe bewältigen können. Dass wir im allgemeinen Anfangsteil der Veranstaltung unterschiedliche Methoden herangezogen haben, die für die Moderation einer Gruppe passend sind, gab den Studierenden wichtige Impulse für die Vorbereitung der eigenen Session. Die teilnehmenden ProfessorInnen, die sich ebenfalls der Vorbereitung der Gruppensessions anschlossen, haben durch den Einwurf von leitenden Fragen zur Formulierung der jeweiligen Learning-Session beigetragen und den Studierenden damit ein unterstützendes Gerüst geboten, in dem diese eigene Ideen entwickelten. Interessant war, dass die Studierenden im Nachhinein angaben, nicht überzeugt davon gewesen zu sein, die gestellte Aufgabe meistern zu können oder mitunter auch kurz verzweifelten und sich daher positiv überrascht sahen, wie gut sich die am Vortag kennengelernten Methoden auf das eigene Thema anwenden und weiterentwickeln ließen.

Für uns ergab sich daraus die Erkenntnis, dass es wichtig ist, sich für eine Bildung sowie Methodik, die wir gerne sehen wollen, auch selbst einzusetzen bzw. diese umzusetzen und aktiv vorzuzeigen. Frei nach dem Motto: Ein Bild sagt mehr als tausend Worte.

Auch handelt es sich bei diesem Format um ein auf unterschiedlichen Ebenen und Fachrichtungen einsetzbares Instrument, mit dem Studierende Teile des Stoffgebiets den übrigen Studierenden sowie den Lehrenden auf individuelle und persönliche Art näher bringen können.

Dadurch wird nicht nur das Feld der Methoden (jeder bringt andere Ideen mit) erheblich erweitert, sondern auch schnell erkennbar, ob Studierende das Lerngebiet selbst verstanden haben, was sich gut daran erkennen lässt, ob diese in der Lage sind, es der Kollegenschaft einfach und verständlich zu vermitteln.

4.2 UN PRME Global Forum und Global Responsible Leadership Initiative in New York City

Sehr gefreut hat uns eine Einladung von GRLI zu ihrem Jahrestreffen in New York und dem anschließenden Treffen von UN Principles of Responsible Management Education (PRME). Bei beiden Veranstaltungen wurden wir dazu eingeladen, einen Workshop mit teilnehmenden UniversitätsvertreterInnen aus der ganzen Welt zu gestalten. In den folgenden Absätzen soll unserer Erfahrung insbesondere mit dem Workshop beim GRLI-Gathering geteilt werden.

Am GRLI-Gathering waren ausschließlich ProfessorInnen, Dozierende und ForscherInnen anwesend. Wir Studierende von COMMIT waren die einzigen anwesenden Studierenden während des GRLI-Treffens. Von Anfang an wurden wir sehr herzlich aufgenommen und wir haben gespürt, dass sich alle Teilnehmenden sehr über unsere Anwesenheit und die Perspektiven von Studierenden freuen. Zu Beginn unserer Workshops war daher die Erwartungshaltung da, dass die Studierenden nun auf den Tisch legen werden, wie sie denn die Lehre gern haben würden. Bei uns funktioniert das jedoch anders. Wir Studierende haben die Teilnehmenden durch einen Prozess geführt, der sie selbst zurück in eine Position des Lernens versetzt, denn auch wie bereits in vorherigen Abschnitten ausgeführt, sehen wir die Universität als einen Lernort aller Beteiligten. Ausgehend von einem emotionsauslösenden Film haben die Teilnehmenden in Gruppen über die Fähigkeiten gesprochen, die wir an den Universitäten lernen sollten, damit wir als BürgerInnen, Erwerbsarbeitende und fürsorgliche Menschen eine sozial-ökologische Transformation vorantreiben und eine nachhaltige Welt möglich machen können. In einem zweiten Schritt wurden die Teilnehmenden aufgefordert, ihre Traumuniversität zu entwerfen und in diesem Zusammenhang darüber nachzudenken, was sie gern lernen würden bzw. wie diese Fähigkeiten für eine nachhaltige Welt an der Universität gelernt werden können. Im Rahmen dieser Übung stellte sich heraus, dass sich die Vorstellungen von Studierenden gar nicht so stark von denen der Lehrenden unterscheiden und unsere Träume, Wünsche und Erwartungen eigentlich sehr ähnlich sind. Dieser von Studierenden angestoßene Prozess hat dieses Bewusstsein der Ähnlichkeit ermöglicht und auch zum Umdenken vieler Teilnehmenden geführt.

Viele Teilnehmende sind nach dem Workshop auf uns zugekommen und haben uns mitgeteilt, dass sie erst jetzt verstanden haben, wie viel Studierende eigentlich anstoßen können und wie viel sie auch in ihrem Universitätsalltag von Studierenden lernen können. Was im Zuge dessen von den Teilnehmenden auch angemerkt wurde, ist die Notwendigkeit, Studierende einerseits beim Aufbau ihres Selbstvertrauens zu unterstützen, da diese sich oft nicht klar darüber sind, wozu sie eigentlich in der Lage sind und diesen andererseits ein grundlegendes Training in didaktischen Methoden und in der Moderationstätigkeit zu bieten. COMMIT hat sich zu diesem Zeitpunkt zum Ziel gemacht, genau diese Lücke in Angriff zu nehmen.

4.3 oikos Summer School in Tbilisi

Bei dieser von uns mit Unterstützung des GRLI durchgeführten Summer School haben wir uns speziell mit dieser Basis allen Wissens auseinandergesetzt.

Im Rahmen eines fünftägigen Workshops haben wir uns in unterschiedlichen Formaten mit verschiedenen Leadership-Arten[5] und individuellen Lerntypen auseinandergesetzt.

Hierbei ergab sich nicht nur, dass bei einer Gruppe von rund 20 Studierenden viele verschiedene Lerntypen vorhanden waren, sondern wir stellten auch fest, dass solche oberflächlich divergierenden Lerntypen im aktiven Austausch miteinander die jeweiligen Vorzüge des Lernens nachvollziehbar näher bringen konnten bzw. die Diversität an Lernzugängen bei Gruppenaktivitäten zu einer breiteren und gleichzeitig detaillierteren Auseinandersetzung mit einem Thema führten. In Zusammenhang mit der inhaltlichen Konzeption des sehr breit definierten Überthemas Leadership ergaben sich in den als Kleingruppen arbeitenden Teilnehmenden verschiedenste Ansätze und die kritischen Analyse des eigenen Hochschulbetriebs.

Statt den Studierenden Definitionen, Technik und ähnliches in Form von Theorie näher zu bringen, wurden diese in mehreren Sessions durch eigenes Ausprobieren mit unterschiedlichen Methoden bekannt gemacht, die als Einblick in die Vielzahl von Instrumenten zum gemeinsamen und gegenseitigen Lernen fungieren sollten.

---

[5] Unter Leadership verstehen wir hier die unterschiedlichen Rollenverständnisse von Personen innerhalb einer Gruppe und weniger die dominante Positionierung einer einzelnen Person über allen anderen, die wir an sich problematisch finden im Hinblick auf Kooperation statt Konkurrenz.

Bei von Studierenden für die übrigen Studierenden sowie für das Moderationsteam in weiterer Folge vorbereiteten und durchgeführten Lerneinheiten waren die zuvor kennengelernten Methodenmuster zwar vereinzelt klar erkennbar, oftmals haben die Studierende solche jedoch auf ihre Unterrichtseinheit angepasst, thematisch adaptiert und weiterentwickelt.

Im Rahmen unserer Reflexion bisheriger Erfahrungen und der Recherche zu diesem Text haben wir herausgefunden, dass dies keine neuen Erkenntnisse sind. So weisen etwa auch Sporer und Jenert (2008) darauf hin, dass sich die Mitgestaltung von Studierenden an der Universität nicht auf formale Funktionen, z. B. als Studierendenvertretung in Hochschulgremien, beschränken sollte. Vielmehr ist es wichtig, das Innovationspotenzial von Studierenden an der eigenen Hochschule nicht nur anzuerkennen, sondern ein solches auch aktiv zu fördern (Sporer und Jenert 2008, S. 47).

Hierbei ist nicht nur eine grundsätzliche Unterstützung bei studentischen Freizeitprojekten, wie ehrenamtliches Engagement in Hochschulvereinen und Veranstaltungen an der Universität gemeint. Wobei auch diese, im Verhältnis, Kleinigkeit noch nicht oder auch nicht mehr an allen Hochschulen gegeben ist, wenn etwa studentische Initiativen keine Möglichkeit bekommen, sich StudienanfängerInnen in ernstzunehmendem Format zu präsentieren, oder für die Nutzung von Universitätsräumlichkeiten Miete bezahlen müssen.

Vielmehr wird hier auf die ganzheitliche Einbringung studentischer Perspektiven auf alle Ebenen des Hochschulalltags abgezielt. Hiermit ist neben der Mitgestaltung der Lerninhalte und -methoden aber auch eine klare Aufgabenverantwortung gemeint: Studierende sind aufgefordert, ihren Lernalltag aktiv mitzugestalten, statt ihr Studium im Millionenshow-Format mitzuverfolgen und bestehende Antwortoptionen anzukreuzen (Sporer und Jenert 2008, S. 47 f.).

5 Fazit und Ausblick

Bereits 1952 machte etwa auch Max Horkheimer (1985) während der Immatrikulationsrede des Sommersemesters seine Auffassung über die Aufgabe der Universitäten klar. Es geht nach Horkheimer um die Zukunft der Menschen, die durch Leidenschaftlichkeit und Möglichkeit zur freien Illusion mitentwickelt werden soll und zwar von allen Mitgliedern der Universität gemeinsam: von ProfessorInnen, AssistentInnen, Dozierenden und auch Studierenden.

Die Universität besteht also nicht nur aus den ProfessorInnen, AssistentInnen, Dozierenden und anderen Angestellten. Auch die Studierenden sind ein aktiver Teil einer Universität. Studierende sind somit nicht lediglich Leistungsbeziehende, die an der Universität etwas abholen, für das sie bezahlt haben. Die Universität soll ein Ort sein, wo gemeinsam gedacht und erlebt wird, und Menschen zu selbstständigem Denken und Handeln motiviert werden, um sich zu verantwortungsvollen Persönlichkeiten zu entwickeln. Die Universität soll aber auch ein sicherer Ort sein für neue Ideen, Gedanken und Projekte. Dieses wird insbesondere durch den hohen Leistungsdruck in einer unternehmerischen Universität nicht ermöglicht.

Zeuner (2007) etwa zeichnet mit seiner Aussage, wonach „ein Professor, der von vornherein zugeben würde, dass er sein wissenschaftliches Gutachten inhaltlich an den Interessen des Meistbietenden orientiert", sein Gutachten entwerten würde (Zeuner 2007, S. 5), ein sehr treffendes Bild in Bezug auf die Marktausrichtung von Universitäten in der Forschung. Eine ähnliche Problematik sehen wir dabei in der Lehre, da in einer sich stark wandelnden Welt, in der morgen Arbeitsplätze gefragt sind, die man sich heute noch gar nicht vorstellen kann, eine zunehmende Ausrichtung der Universitäten und Studierenden auf das, was (derzeit) am Markt gefragt ist, eigentlich als fahrlässig bezeichnet werden muss.

Daher sollte die Universität als Bildungs- und Forschungseinrichtung weniger marktkonforme Produkte bereitstellen, sondern vielmehr als Vorreiterin größer und weiter denken als man es derzeit in der oft auf kurzfristige Rendite fokussierten und risikoscheuen Privatwirtschaft noch tut, um langfristig eine nachhaltige Ausrichtung unserer Gesellschaft zu forcieren.

In diesem Sinn sind Studierende, als BürgerInnen und Wirtschaftstreibende von morgen wesentlich für die Vorantreibung einer sozial-ökologischen Transformation. Auch unter Betrachtung einer leider noch immer stark verankerten klassischen ökonomischen Sichtweise der Studierenden als zukünftiges Humankapital ist es ineffizient und können wir es uns nicht leisten, weite Teile des Kapazitätsspektrums zu verschwenden. Dies kann bei einer Beibehaltung der derzeitigen Programmatik an Hochschulen jedoch nicht gelingen. Nicht nur sind die angebotenen Lernformate vielfach darauf ausgerichtet, Studierenden im Fernsehformat die Welt zu erklären, sondern ist diese einseitige auf Zuhören und Wiedergabe ausgerichtete Form auch nicht geeignet, um eine konstante Weiterentwicklung des Lerngebiets zu gewährleisten.

Wir brauchen kreative und wandlungsfähige Menschen, die in einer komplexen Welt dazu befähigt werden, fächerübergreifend zu denken, sich auf neue Situationen einzustellen und zusammenzuarbeiten. In der Realität gibt es keine voneinander unabhängigen Kursgebiete. Hierfür ist es notwendig, Studierenden Raum zu geben, in dem diese in Ruhe kombinieren und weiterdenken können, ohne durch Konkurrenz durch ihr Studium gehetzt zu werden. Eine nachhaltige Zukunft braucht reflektierte Personen, die langfristig denken können, und wird sich nicht durch ein System gemessen an Output pro Minute erreichen lassen.

An Methoden zur Erreichung eines solchen Ziels arbeiten wir in COMMIT, um Menschen mit unterschiedlichen Denkmustern die Möglichkeit zu geben sich einzubringen und durch Zusammenarbeit ganzheitlicher und weiter zu denken. Unsere Welt und ihre Herausforderungen sind zu komplex, als dass sinnvolle und zukunftsfähige Konzepte von Einzelnen durch Einfügen in vorgefertigte, standardisierte Formeln entstehen könnten.

Gleichzeitig sind auch die Universitäten gefragt, sich für einen Wandel der bisher sehr eng definierten Rollenaufteilung zwischen Lehrenden als bloße Wissensvermittler und Lernenden einzusetzen. Eine veränderte Einstellung hin zu einem kollaborativen Lernprozess im Kern der Hochschule würde nicht nur eine kulturelle Veränderung vorantreiben und etwaige Widerstände im Lehrkörper abbauen, sondern auch Studierende ermutigen, den eigenen Lernprozess aktiv mitzugestalten, und dazu verpflichten, Verantwortung an ihrer Hochschule zu übernehmen.

Literatur

Bittlingmayer U (2001) Spätkapitalismus" oder „Wissensgesellschaft. In: Aus Politik und Zeitgeschichte (36). VS, Wiesbaden, S 15–23

Brand U (2016) Sozial-ökologische Transformation. In: Bauriedl S (Hrsg) Wörterbuch Klimadebatte. transcript (Edition Kulturwissenschaft), Bielefeld, S 277–288

Bultmann T (2004) Wettbewerb von der Wiege an. Hochschulumbau und Transformation der gesellschaftlichen Wissensproduktion. http://archiv.labournet.de/diskussion/arbeitsalltag/bildung/bultmann.html. Zugegriffen: 26. Apr. 2017

COMMIT (2014) Open letter. Education as the essence of a future worth living. https://www.commitnow.org/open-letter. Zugegriffen: 28. Mai 2017

Gubitzer L (2005) Wir zahlen, wir fordern: Kundschaft StudentInnen. Zur Ökonomisierung von Bildung. In: Faschingeder G (Hrsg) Ökonomisierung der Bildung. Tendenzen, Strategien, Alternativen, 1. Aufl. Gesellschaft – Entwicklung – Politik, 5. Mandelbaum, Wien, S 17–52

Horkheimer M (1985) Der Begriff der Bildung. Immatrikulations-Rede Sommersemester 1952. In: Horkheimer M (Hrsg) Vorträge und Aufzeichnungen 1949 – 1973. 4. Soziologisches; 5. Universität und Studium. Fischer, Frankfurt am Main, S 381–390

Knobloch C (2010) Wir sind doch nicht blöd! Die unternehmerische Hochschule, 1. Aufl. Westfälisches Dampfboot, Münster

Mazzucato M, Schäfer U (2014) Das Kapital des Staates. Eine andere Geschichte von Innovation und Wachstum. Kunstmann, München

Pelizzari A (2005) Marktgerecht studieren. New Public Management an den Universitäten. In: Faschingeder G (Hrsg) Ökonomisierung der Bildung. Tendenzen, Strategien, Alternativen, 1. Aufl. Gesellschaft – Entwicklung – Politik, 5. Mandelbaum, Wien, S 83–101

Schedler K, Proeller I (2011) New public management, 5. Aufl. UTB, Stuttgart

Schmidpeter R (2014) Vorwort des Reihenherausgebers. CSR-Reporting – Sein oder Schein? In: Fifka MS (Hrsg) CSR und Reporting. Nachhaltigkeits- und CSR-Berichterstattung verstehen und erfolgreich umsetzen. Management-Reihe Corporate Social Responsibility. Springer, Berlin, Heidelberg, S V–VI

Sporer T, Jenert T (2008) Open Education. Partizipatives Lernkultur als Herausforderung und Chance für offene Bildungsinitativen an Hochschulen. In: Zauchner S (Hrsg) Offener Bildungsraum Hochschule. Freiheiten und Notwendigkeiten 13. Europäische Jahrestagung der Gesellschaft für Medien in der Wissenschaft (GMW08). Medien in der Wissenschaft, 48. Waxmann, Münster, S 39–49

Zeuner B (2007) Die Freie Universität Berlin vor dem Börsengang? Bemerkungen zur Ökonomisierung der Wissenschaft. Abschiedsvorlesung. http://www.osi-club.de/veranstaltungen/abschiedsvorlesungen/abschiedsvorlesung_zeuner_juli_2007.pdf. Zugegriffen: 31. Mai 2017

Štech S (2011) The bologna process as a new public management tool in higher education. J Pedagog. https://doi.org/10.2478/v10159-011-0013-1

Anna Katharina Beyer studiert derzeit im Master Urban Studies in Brüssel, Wien, Kopenhagen und Madrid. Daneben macht sie im Bachelor Wirtschaftsrecht an der Wirtschaftsuniversität Wien, wo sie auch ihr Bachelorstudium in Betriebswirtschaft abgeschlossen hat und ab 2012 die studentische Initiative oikos Vienna mitaufgebaut hat. Seit 2014 engagiert sie sich bei der aus einem oikos Projekt heraus entstandenen Initiative COMMIT.

Julia Weber studiert derzeit im Master Sozial- und Humanökologie sowie Gender Studies in Wien. Ihre Masterarbeit schreibt sie im Bereich der ökofeministischen politischen Ökonomie. In St. Gallen hatte sie im Bachelor Betriebswirtschaft studiert, wo sie auch zu oikos gestoßen ist. 2014 wurde sie Präsidentin von oikos St. Gallen und hat in diesem Jahr die Bildungsinitiative COMMIT mitgegründet.

Smart Learning Environments: Integrating User Consent for a Responsible Data Management when Offering Personalized Learner Services

Julia Maintz

1 Introduction: Smart Learning Environments

The growing density and capacity of mobile broadband networks, the improvement of sensing technologies, and the increasing adoption of mobile communication devices in principle allow for the implementation of "context-aware ubiquitous learning" (Hwang et al. 2008; Hwang 2014, pp. 1–2). Ubiquitous learning environments can support the delivery of context-sensitive information to the learner at an appropriate moment, both in online and physical environments or a combination of these. Consequently, "the focus of technology-enhanced learning has shifted from web-based learning to mobile learning and from mobile learning to context-aware ubiquitous learning" (Liu and Hwang 2010; Hwang 2014, p. 2). However, Hwang (2014, p. 2) argues that "smart learning" affords more: content, support tools, and learning guidance that meet the individual learner's needs and interests. The development of personalized content and support services – in the form of a provision of tools and (digital) tutoring needed by particular learners – affords the collection of data on the online behavior of learners.

This paper consequently discusses the development of digital learner services in the form of a personalized content provision and learner-specific offers of support tools and learning guidance. This can be realized by the logging of the online behavior of students when using the university website, the e-learning platform, associated social interaction and communication tools, and moreover location-based information connected to mobile access to university sites (i. e., by registering all movement steps of learners on university sites and their interaction with the offered services and media).

J. Maintz (✉)
Cologne Business School GmbH (CBS), European University of Applied Sciences
Köln, Germany
e-mail: j.maintz@cbs.de

Sect. 2 introduces the concept of big data and associated big data analytics approaches. Big data in the form of behavioral data of learners in online environments and location-based access to online learning content can serve as sophisticated information for the development of personalized learning content and the offer of learner support tools and guidance. Sect. 3 focuses on the approach of Web analytics and provides an overview of which data types can be collected, in order to understand online learning behavior and user preferences.

The offer of personalized services, however, should rely on user consent with respect to the integration of data on which the service development is based. Therefore, Sects. 4 and 5 focus on framing the conditions that should inform a responsible data processing of user data. Responsible data management is here understood as a data management approach that implements data protection laws. Moreover, it relates to an ethical and consumer-oriented approach that informs the learner about the use of her/his personal data beyond the legal requirements. Finally, it provides the learner with decision-making power, if/how her/his data should be used in exchange for a personalized content and service delivery. Sect. 5 concludes the paper.

2 Big Data

The analysis of big data on learner behavior can inform content and service development for learners. Big data are defined by the "Three V's: Volume, Variety, and Velocity" (Laney 2001; Chen et al. 2012; George et al. 2014; Kwon et al. 2014; Gandomi and Haider 2015, p. 138). The dimension "volume" refers to the size (in terabytes and petabytes) of big data sets. Usually datasets larger than one terabyte are described as "big data" (Schroeck et al. 2012; Gandomi and Haider 2015, p. 138). The dimension "variety" refers to structural differences of data. Data can be grouped into structured, unstructured, and semi-structured datasets. This differentiation describes, if datasets are machine-readable (structured), not machine-readable (unstructured), or partly machine-readable (semi-structured). The dimension "velocity" finally relates to the data production speed and the associated necessity to analyze big data fast, at best in real time. Real-time intelligence allows for the optimization of developed products, services, and associated processes (Gandomi and Haider 2015, p. 138). Moreover, the additional dimensions of "veracity," "variability," "complexity," and "value" have been highlighted in the description of big datasets. Veracity refers to the potential "unreliability, imprecision, and uncertainty" (Gandomi and Haider 2015, p. 139) of big datasets: Data sources may not be reliable. Collected data may be imprecise due to deficiently implemented data collection techniques. In addition, collected data may be uncertain, e. g., results of sentiment analysis biased by irony or double meaning of terms. Variability expresses the "variation in the data flow rates [...] – periodic peaks and troughs" (Gandomi and Haider 2015, p. 139). Complexity results from the combination of a high number of data sources. Data can subsequently be cleansed and associated, if combinable. Finally, value describes the potential application value of big data. This application value can also be reached by the combination of datasets originating from different sources. Application value can be reached by activating "ambient data," data collected "as byproducts" in data collections focusing on other data types (George et al. 2014).

Even though a challenging field, significant advances have already been made in the development of big data analytics techniques and tools. Big data analytics include text analytics, audio analytics, and video analytics techniques (cf. Gandomi and Haider 2015, pp. 140–142). These techniques can support the compilation of learning content.

3 Personalized Learner Services Based on Web Analytics

"Web analytics refers to a combination of (1) measuring, (2) acquiring, (3) analyzing, and (d) reporting of data collected from the Internet with the aim of understanding and optimizing web experience" (Digital Analytics Association 2008; Bekavac and Garbin Praničević 2015, p. 374). Web analytics tools enable the tracking of clickstream data, social network data, and additional user feedback (Bekavac and Garbin Praničević 2015, p. 377; Maintz and Zaumseil 2017, pp. 517–518). This allows a tracking of (1) "metrics for describing visits," (2) "metrics for describing visitors"/learners, and (3) "metrics for describing visitor engagement"/learner engagement (comp. Bekavac and Garbin Praničević, 2015, pp. 379–380; Bendle et al. 2016, p. 32; Maintz and Zaumseil 2017, p. 517). The measurement concept "metric" refers to "numbers, ratios, and key performance indicators" (Bekavac and Garbin Praničević 2015, p. 374). Additional insights gained by Web analytics will in the following be referred to as "additional informative dimensions" (comp. Maintz and Zaumseil 2017, p. 516).

The following metrics and additional informative dimensions can be tracked by Web analytics tools, in order to characterize website visits of visitors/learners:

> chosen entry page, landing page, exit page, duration of the visit, page views/page impressions, click-through rates, rich media display time, source of traffic (referrer), and communication channels used (Maintz and Zaumseil 2017, p. 517).

The subsequent information can be logged, in order to get a better understanding of site visitors, i. e., learners:

> number of new visitors, returning visitors, repeat visitors, ratio of new to returning visitors, number of visits per visitor, recency of action on the site, communication channels used (Maintz and Zaumseil 2017, p. 517).

Visitor/learner engagement can be traced by looking at the following metrics and additional informative dimensions:

> page exit ratio, bounce rate, page views per visitor, average time on site, clickthrough rates, e-mail clickthroughs, downloads, rich media interaction rate, rich media display time, referring domains, numbers of friends/followers, likes, and shares (Maintz and Zaumseil 2017, p. 517).

Logging the online behavior of learners can deliver valuable information, in order to optimize the offered contents and support services. Optimized offers have the potential to positively influence both learner experience and learner engagement with the offered contents and support services. However, the suggested development of optimized offers is based on the tracking of learner behavior – data privacy has to be stressed as a key challenge in this context. In the subsequent sections, the topic of data privacy and a suggested approach for its implementation in the form of consumer-friendly learner services will be discussed in more detail.

4 Data Privacy as a Basic Right – The European General Data Protection Regulation

As shown in Sect. 3, Web analytics tools allow for a tracking of learner behavior online, e. g., movement and interaction patterns on university websites, e-learning platforms, and moreover learners' location-based access to these sites. Gaining insights from high volume datasets relating to learner behavior on university sites would be an application scenario for big data analytics (comp. Sect. 2). The processing of data of an individual's (online) behavior constitutes a data privacy challenge.

The collection, storage, and processing of personal data is a key focus of the European General Data Protection Regulation, which is going to be introduced in the EU member states in May 2018. It will replace the European Data Protection Directive and the current national data privacy laws. The General Data Protection Regulation (GDPR) includes the following rules (comp. Articles 4, 5, 6, 7, 17, 21, 89 GDPR; Meier 2017; Schmitt 2016, p. 27):

- Data privacy receives the status of a basic right.
- Personal data will be a focus of better protection (see the following points below). Personal data are defined as follows:
  "Personal data" means any information relating to an identified or identifiable natural person ("data subject"); an identifiable natural person is one who can be identified, directly or indirectly, in particular by reference to an identifier such as a name, an identification number, location data, an online identifier or to one or more factors specific to the physical, physiological, genetic, mental, economic, cultural or social identity of that natural person (Art. 4 GDPR; Meier 2017).
- Data subjects need to explicitly assent to the processing of their personal data. They can withdraw this consent at any time. This includes the right to object to the processing of personal data for profiling purposes (e. g., in marketing contexts).
- Transparent and clearly expressed information about the intended processing of data needs to be provided to the data subject.
- The principle of "data minimalization" applies: All that is allowed is the processing of a minimum of data that is necessary for the intended purpose.

- Personal data may only be held as such, i.e., allowing for the personal identification of the respective individual, as long as it is necessary to realize the original processing purpose.
- The General Data Protection Regulation includes a "right to erasure": If the affected person doesn't agree to the further processing of her/his data, the data have to be deleted – if no legitimate reasons justify their further processing.
- Personal data need to be processed in a secure way and protected against unauthorized processing and theft.
- Hacker attacks and data breaches need to be directly reported by affected organizations, so that affected persons will be informed about the incidences and potentially have the opportunity to react.
- When processing data "for archiving purposes in the public interest, scientific or historical research purposes or statistical purposes" (Art. 89 GDPR; Meier 2017), including high volume data/"big data," data privacy friendly techniques such as "pseudonymization" should be used:
  "Pseudonymization" means the processing of personal data in such a manner that the personal data can no longer be attributed to a specific data subject without the use of additional information, provided that such additional information is kept separately and is subject to technical and organizational measures to ensure that the personal data are not attributed to an identified or identifiable natural person (Art. 4 GDPR; Meier 2017).
- All organizations that offer (Internet) services in the European Union need to comply with the above-described regulations (Articles 4, 5, 6, 7, 17, 21, 89 GDPR; Meier 2017; Schmitt 2016, p. 27).

As described above, the General Data Protection Regulation clearly regulates the protection rights of "data subjects" with respect to their personal data which also include online behavioral data. Consequently, universities are obliged to ask for learner consent, before the development or provision of personalized content and learner support services informed by Web analytics results can take place.

In addition to the legal requirements of the European General Data Protection Regulation, research findings stress that organizations' data management approaches which are based on a transparent processing of personal data promote the consumers' trust and interest in the offered products and services (Bart et al. 2005; Schlosser et al. 2006). Martin et al. (2017) confirm the high intensity of consumers' perceived vulnerability to harm in their exposure to data management practices of organizations, if data management practices are not explicitly described.

5 Conclusion

Smart learning environments can from a technological perspective be built on the approaches of context-aware ubiquitous learning and big data analytics. Smart learning environments – including their important components of personalized content and learner support services and guidance – can be realized based on the collection of personal information, including learner behavior online and location-based learner behavior. In order to comply with the General Data Protection Regulation (comp. GDPR; Meier 2017; Schmitt 2016, p. 27) and moreover consumer preferences with respect to organizations' data management practices (Bart et al. 2005; Schlosser et al. 2006; Martin et al. 2017), it is suggested to adopt a transparent and consumer-friendly approach when offering individual learners the choice of personalized content, support service and guidance packages. This affords an easily accessible overview of the types of data and data processing techniques that will be needed for the provision of such personalized offers. The necessity of consent to the data processing associated with chosen offers needs to be highlighted and moreover the potential withdrawal of consent at any time. Pseudonymization options have to be stressed. Learners need to be made aware of a potential resulting reduced service level based on realized pseudonymizations. Finally, it is suggested to provide learners – in addition to the information for which purposes their data would be used – with the information which organizational actors would receive access to their personal data for the realization of a chosen offer and when this would take place. The previous point constitutes a high level of data usage transparency reaching beyond the legal requirements.

References

Bart Y, Shankar V, Sultan F, Urban GL (2005) Are the drivers and role of online trust the same for all Web sites and consumers? A large-scale exploratory empirical study. J Mark 69(4):133–152

Bekavac I, Garbin Praničević D (2015) Web analytics tools and web metrics tools: an overview and comparative analysis. Lat Oper Res Rev 6(2):373–386

Bendle NT, Farris PW, Pfeifer PE, Reibstein DJ (2016) Marketing metrics: the manager's guide to measuring marketing performance, 3rd Vol. Pearson, Upper Saddle River

Chen H, Chiang RHL, Storey VC (2012) Business intelligence and analytics: from big data to big impact. MIS Q 36(4):1165–1188

Digital Analytics Association (2008) Web analytics definitions – draft for public comment. http://www.digitalanalyticsassociation.org/Files/PDF_standards_WebAnalyticsDefinitions.pdf. Accessed: 10. Sept. 2014

Gandomi A, Haider M (2015) Beyond the hype: big data concepts, methods, and analytics. Int J Inf Manage 35(2):137–144

George G, Haas MR, Pentland A (2014) Big data and management. Acad Manag J 57(2):321–326

Hwang G-J (2014) Definition, framework and research issues of smart learning environments – a context-aware ubiquitous learning perspective. Smart Learn Environ 1(4):1–14

Hwang GJ, Tsai CC, Yang SJH (2008) Criteria, strategies and research issues of context-aware ubiquitous learning. Educ Technol Soc 11(2):81–91

Kwon O, Lee N, Shin B (2014) Data quality management, data usage experience and acquisition intention of big data analytics. Int J Inf Manage 34(3):387–394

Laney D (2001) 3-D data management: controlling data volume, velocity and variety. Application delivery strategies by MEDA group inc. http://blogs.gartner.com/doug-laney/files/2012/01/

ad949-3D-Data-Management-Controlling-Data-Volume-Velocity-and-Variety.pdf. Accessed: 6. Febr. 2001

Liu GZ, Hwang GJ (2010) A key step to understanding paradigm shifts in e-learning: towards context-aware ubiquitous learning. Br J Educ Technol 41(2):E1–E9

Maintz J, Zaumseil F (2017) Using Web analytics for content marketing performance measurement. Proceedings of the 5th International Conference on Contemporary Marketing Issues / ICCMI, Thessaloniki, 515–520

Martin KD, Borah A, Palmatier RW (2017) Data privacy: effects on customer and firm performance. J Mark 81(1):36–58

Meier S (2017) General data protection regulation: GDPR. https://gdpr-info.eu/. Accessed: 28. Sept. 2017

Schlosser AE, White TB, Lloyd SM (2006) Converting web site visitors into buyers: how web site investment increases consumer trusting beliefs and online purchase intentions. J Mark 70(2):133–148

Schmitt S (2016) EU macht Schluss mit dem Flickenteppich der Datenschutzregeln. DFZ 02:26–27

Schroeck M, Shockley R, Smart J, Romero-Morales D, Tufano P (2012) Analytics: the real-world use of big data. How innovative enterprises extract value from uncertain data. http://www-03.ibm.com/systems/hu/resources/the.real.word.use.of.big.data.pdf. Accessed: 12. Dec. 2012

Prof. Dr. Julia Maintz ist Professorin für Internationales Management und Internetökonomie sowie Dekanin der Medienmanagement-Fakultät der Cologne Business School. Zuvor arbeitete sie in wissenschaftlichen und Managementpositionen zu den Themenfeldern e-Learning/e-Kooperation und virtuelle Netzwerke für Microsoft Deutschland, die Universität Bonn, das UNESCO-UNEVOC International Center und die Internationale Weiterbildung und Entwicklung gGmbH/InWEnt. Aktuell beschäftigt sich Julia Maintz insbesondere mit den Themen Big Data und Digital Marketing, inkl. Marketing Analytics-Werkzeugen und -Techniken.

Die UN Sustainable Development Goals: Disruptiv für Unternehmen und Hochschulen?

Rudi Kurz

> *Until more (economic) scholars join the public debate, the quacks will continue to dominate the pond (A. S. Blinder 1987).*

1 Einführung

Die UN Sustainable Development Goals (SDG) sind „game changers". Sie sind die prosaische Formulierung einer globalen Vision über „the future we want". Die Formulierung war ein inklusiver Multi-Stakeholder-Prozess, der 2012 in Rio begonnen hat, dessen Wurzeln aber mehr als drei Jahrzehnte zurückreichen (mit dem Brundtland-Report als Meilenstein; WCED 1987). Die SDG erzeugen und verstärken eine Welle von signifikanten Veränderungen. Die Beendigung von extremer Armut, Klimawandel und Artenschwund etc. wird die Rahmenbedingungen des Wirtschaftens grundlegend verändern und für viele Branchen und Unternehmen disruptiv sein, sie zu radikalen Veränderungen ihres Geschäftsmodells zwingen. Die Implementierung der SDG kann nur mit einem Konzept der „shared responsibility" gelingen, da auf globaler Ebene eine funktionsfähige Regierungsinstitution fehlt. Alle Stakeholder in allen Ländern sind aufgefordert, ihre jeweils spezifische Rolle zu übernehmen. Alle Stakeholdergruppen werden ihr Geschäftsmodell auf den Prüfstand der Zukunftstauglichkeit stellen und entscheiden müssen, ob die Fortsetzung des Business as usual eine erfolgversprechende Option ist.

Die grundlegende Veränderung der ökologischen und sozialen Rahmenbedingungen wird charakterisiert durch Schlagworte wie Dekarbonisierung, Dematerialisierung, Renaturierung, Umverteilung und Inklusion. Gleichzeitig mit den SDG-induzierten Veränderungen werden Wirtschaft und Gesellschaft durch weitere Megatrends herausgefordert:

R. Kurz (✉)
Hochschule Pforzheim
Pforzheim, Deutschland
E-Mail: rudi.kurz@hs-pforzheim.de

Digitalisierung, Urbanisierung, Alterung, Migration. Insgesamt könnte das zu einer Überbelastung der Anpassungsfähigkeit der Gesellschaft führen. Dies könnte Gegenreaktionen von Individuen, Staaten und Kulturen hervorrufen, die sich von dieser Welle überwältigt und benachteiligt fühlen. Damit wird die Resilienz unseres Wirtschaftssystems und der Demokratie selbst auf die Probe gestellt. Protektionismus, Nationalismus und Populismus sind schon im Aufstieg begriffen.

Damit vor diesem Hintergrund die SDG-Implementierung gelingen kann, ist es wichtig, dass die Akteure im Transformationsprozess ihre Rolle und Verantwortlichkeit verstehen. Die inhärenten Restriktionen jeder Stakeholdergruppe müssen sorgfältig untersucht werden, um deren tatsächliches Reformpotenzial realistisch einschätzen zu können. Auf der Grundlage einer solchen Diagnose können dann Optionen für eine aktivere Rolle diskutiert werden.

Die SDG haben keine Gesetzeskraft, sondern eher den Charakter eines öffentlichen Guts. Daher ist Freifahrerverhalten eine attraktive Option: Wenn sie erreicht werden, wird jeder davon profitieren und niemand kann vom Nutzen ausgeschlossen werden. Warum sollte sich also irgendeine Organisation darauf festlegen und engagieren? Die Antwort ist für diejenigen, die schon engagiert sind: Die SDG sind nur eine Spezifizierung ihrer CSR- und Nachhaltigkeitsstrategie, eine verbindlichere Formulierung mit der die (globalen) Ziele genauer definiert werden. Für alle anderen handelt es sich um eine einzigartige Gelegenheit, die Chancen und Risiken zu verstehen, die sich aus dem globalen Megatrend Nachhaltigkeit ergeben.

Aber wäre nicht auch „fast second" eine adäquate Strategie? Möglicherweise ist der Nachhaltigkeitstrend nur eine Modeerscheinung? Das wäre allerdings ein hochriskantes Vorgehen, das auch Investoren und Stakeholdern schwer zu vermitteln ist. Wenn sich herausstellt, dass Nachhaltigkeit nicht wieder verschwindet, ist es zu spät, um das Produktportfolio umzustellen, das Image und die interne Organisation zu transformieren – denn solche Prozesse sind langsame Prozesse. Besonders wenn die wichtigsten Wettbewerber eine proaktive Strategie wählen, ist es angezeigt, als eine Art Versicherung zumindest am gesellschaftlichen Diskurs und Lernprozess teilzunehmen (besser eine führende Rolle zu übernehmen). Im Wettbewerbsprozess wird es immer passive, statische Teilnehmer geben, die erst reagieren, wenn sie dazu durch (veränderte) Nachfrage oder Regulierungen gezwungen sind. Aber es wird auch stets (einige) Pioniere geben, die in der Hoffnung auf „first mover advantages" eine proaktive Rolle übernehmen. Die politische Herausforderung ist es, die Pionierrolle attraktiver zu machen und gleichzeitig die „fast follower" anzuregen.

Die folgenden Ausführungen konzentrieren sich auf zwei Stakeholdergruppen: Unternehmen und Hochschulen:

- Für Unternehmen sind die SDG ein Impuls, ihre Ziele, Strategien und Aktivitäten zu überprüfen und proaktiv ihr Geschäftsmodell neu zu definieren. Alle Branchen und alle Unternehmensfunktionen sind betroffen – von der Ressourcengewinnung über das produzierende Gewerbe (z. B. Automobil- und Chemieindustrie) bis hin zum Dienstleistungssektor (z. B. Tourismus, Handel). Das wird hier am Beispiel des Energiesektors und der Automobilindustrie illustriert. Was bisher vielfach unter Corporate (Social) Responsibility (CSR) diskutiert wird, ist nun klarer und präziser definiert: Unternehmen tragen eine (Mit-)Verantwortung dafür, dass die Agenda 2030 im Verlauf des nächsten Jahrzehnts ein Erfolg wird – und auch dafür, die Agenda für die nächste 15-Jahres-Periode mit zu formulieren. Einige Unternehmen sind mit dieser Aufgabe bereits vertraut, andere werden sich mit einer Erfahrung konfrontiert sehen, die sie als disruptiv empfinden.

- Für Hochschulen sind die SDG – ähnlich wie für Unternehmen – eine ganzheitliche Herausforderung, die alle Fachdisziplinen und alle Funktionen betrifft: Lehre, Forschung und die Verbindungen zu Wirtschaft und Gesellschaft („third mission"). Prioritäten werden sich verändern, neue Inhalte, Lehr- und Lernformen müssen entwickelt und implementiert werden. Damit wird das Wissenschaftssystem in seinem Kern herausgefordert. Es geht um die Freiheit, isoliert im Elfenbeinturm zu arbeiten, weitgehend losgelöst von Fragen der gesellschaftlichen Relevanz. Damit werden auch die Erfolgskriterien des Wissenschaftssystems auf den Prüfstand gestellt. Der eindimensionale Indikator A-Journal-Publikationen wird seine Dominanz verlieren.

Das Verhältnis zwischen Unternehmen und Hochschulen wird auch betroffen sein. Unternehmen brauchen Unterstützung aus dem akademischen Sektor, weil sie einen neuen Typ von Absolventen benötigen. Hochschulen brauchen externe Unterstützung, um ihr Ausbildungsmodell anzupassen und schließlich für den Arbeitsmarkterfolg der Absolventen mit den neuen Profilen. Daher können Unternehmen und Hochschulen von einer Zusammenarbeit für die Umsetzung der SDG profitieren. Besonders für die Managementausbildung gibt es bereits enge Verbindungen zwischen Unternehmen und Business Schools und hier müssen die Hochschulen eher auf ihre wichtige Funktion als unabhängiger Spieler achten, der Unternehmenspraxis reflektiert und kritisches Feedback gibt.

2 Unternehmen und UN Global Compact

Durch die SDG hat die Verantwortung der Unternehmen in der Gesellschaft einen neuen Rahmen. Dieser gibt Orientierung, definiert aber keine unternehmensspezifischen Ziele. Das ist Teil der kreativen strategischen Aufgaben jedes einzelnen Unternehmens. Einige Unternehmen werden kreativ als falsch interpretieren und „greenwashing" betreiben – damit werden sie allerdings Glaubwürdigkeit verlieren und Chancen verpassen. Wer sich der Neuformulierung des Geschäftsmodells unter den neuen globalen Rahmenbedingungen stellt, stößt auf eine herausfordernde Aufgabe. Einige der SDG und der Unterziele sind einfach zu interpretieren und in Unternehmensziele problemlos zu übersetzen:

- SDG 13 zum Klimaschutz in Verbindung mit dem Paris Agreement (2015) und dem Maximal-zwei-Grad-Ziel verlangen die Dekarbonisierung weltweit bis zum Jahr 2050.

Für hochentwickelte Industriestaaten wie Deutschland bedeutet das im internationalen Burden-Sharing („carbon budget"), dass hier das Ende des fossilen Zeitalters früher kommen muss, d. h. bereits 2040. Für einige Sektoren und Unternehmen ist dieser Zeithorizont von nur zwei Jahrzehnten eine enorme Herausforderung (z. B. für die Energiewirtschaft und die Automobilindustrie).

- SDG 9 und 12 befassen sich mit (ressourcen-)effizientem und verantwortungsbewusstem Wirtschaften in der Produktion, bei den Infrastrukturinvestitionen und im Konsum. In der deutschen Nationalen Nachhaltigkeitsstrategie (Neuauflage 2016) ist das Ressourceneffizienzziel quantifiziert worden als Verdoppelung der Ressourcenproduktivität von 1994 bis 2020. Das entspricht einer jährlichen Steigerungsrate von 2,8 %. Dieser Wert kann als Benchmark für Unternehmen dienen: Um verantwortungsbewusst (und wettbewerbsfähig) zu sein, sollten sie zumindest mit dem gesamtwirtschaftlichen Durchschnitt (Branchendurchschnitt) mithalten können.
- SDG 15 befasst sich mit Biodiversität und der Erhaltung von Ökosystemen. Dafür müssen sich das Landnutzungsmuster drastisch ändern sowie die weiter ansteigende Nutzung für Industrie- und Siedlungszwecke und Infrastrukturbauten beendet werden. Ziel für Deutschland ist es, den Flächenverbrauch auf 30 ha pro Tag zu begrenzen (bis 2020). Bislang ist kein Ziel festgelegt worden, ab welchem Zeitpunkt der (Netto-)Flächenverbrauch auf null gesenkt werden soll. Für Unternehmen sollte damit jedoch klar sein, dass es ihnen langfristig gelingen muss, Expansionspläne vom Flächenverbrauch zu entkoppeln.

Bei anderen SDG sind die Konsequenzen für unternehmerische Ziele und Strategien nicht so offensichtlich (vgl. z. B. Putt del Pino 2016). SDG 1 und SDG 10, bei denen es um Armutsbekämpfung und Verringerung von Ungleichheit geht, liefern wenig Orientierung für unternehmensinterne Entscheidungen. Allerdings ist klar, dass diese Ziele große Bedeutung für den Unternehmenssektor haben. Werden sie nicht erreicht, wäre z. B. mit anschwellenden Flüchtlingsströmen zu rechnen und das würde die Offenheit der Gesellschaften herausfordern – zunächst für Menschen, aber letztlich auch für Güter und Dienstleistungen. Das aber ist eine Bedrohung für alle exportorientierten Unternehmen und Volkswirtschaften.

Die Transformation des Zielsystems der Unternehmen ist der erste Schritt. Dann müssen adäquate Maßnahmen zur Erreichung der Ziele definiert werden. Dazu zwei Beispiele:

- Bislang funktionieren die Märkte für Treibhausgasemissionen nicht (z. B. das European Trading System, ETS). Der Preis von Verschmutzungsrechten ist so niedrig (weniger als 5 € pro Tonne CO_2-Emission), dass sie kein wirksamer Reduktionsanreiz sind. Unternehmen können allerdings einen internen CO_2-Preis definieren. Dazu hat es verschiedene Versuche und Koalitionen gegeben, die sich für einen internen Preis von z. B. 100 $ pro Tonne eingesetzt haben. Damit wird die Aufmerksamkeit gesteigert und die Weichenstellung zu einem kohlenstoffneutralen Unternehmen vorgenommen.

- Veränderungsprozesse hängen von Menschen ab. Veränderungen sind sehr viel einfacher, wenn die Mitarbeiter ein Grundverständnis zu Sustainable Development (SD) mitbringen und positiv dazu eingestellt sind. Um eine solche neue Führungsgeneration zu schaffen, müssen Unternehmen mit Hochschulen kooperieren und sie sollten in ihren Einstellungsverfahren die Bedeutung von SD-Kompetenz deutlich machen.

Insgesamt können die SDG Orientierung in turbulenten Zeiten bieten. Für fortgeschrittene Unternehmen sind sie nur der nächste logische Schritt. Für andere – vermutlich die Mehrheit – liegen sie deutlich jenseits ihrer Komfortzone, wirken bedrohlich und erzeugen Widerstand. Daraus ergibt sich dann die Neigung, Widerstandskoalitionen zu bilden, um den Status quo zu verteidigen und die Transformation zu verzögern. In der Überwindung solch organisierter Sonderinteressen für SD liegt eine der größten Hindernisse.

In einigen Branchen ist es ziemlich offenkundig, dass die Nachhaltigkeitskommunikation im Widerspruch zu den harten Fakten steht. Verzögerung und Auf-Zeit-Spielen dominieren in solchen Branchen und Unternehmen. Zwei Beispiele sind:

- Die Energiewende in Deutschland konfrontiert die bestehenden Oligopolisten (wie RWE und E.on), die über viele Jahre hinweg auf fossile und nukleare Brennstoffe gesetzt und erneuerbare Energieträger vernachlässigt hatten, mit raschem Strukturwandel. Mit dem Erfolg von Wind- und Solarenergie wurden die Kraftwerke zu „stranded investments" und es ist schwierig geworden, noch Investoren für die überfällige Modernisierung zu finden. Nun wird das Managementversagen zu einer Belastung für Investoren und für öffentliche Haushalte.
- Die Automobilindustrie ist gefordert durch den Klimaschutz (Dekarbonisierung) aber auch durch andere SD-Ziele wie Ressourceneffizienz, Luftqualität und Flächenschutz. Wenn sich viele relevante Länder (Absatzmärkte) die Dekarbonisierung des Verkehrssektors bis 2040 zum Ziel machen, wird es bereits ab 2030 kaum noch möglich sein, Käufer für Fahrzeuge mit Verbrennungsmotor zu finden. Das ist aber nur noch ein Jahrzehnt entfernt. Unter Berücksichtigung der Entwicklungszeiten für (grundlegend) neue Modelle ist das extrem wenig Zeit und könnte einige zögerliche Unternehmen in den Ruin treiben – mit ihnen Zulieferer und Regionen, die einst als Automobilcluster erfolgreich waren.

Innerhalb des UN-Systems gibt es zwei Institutionen, die Unternehmen bei der Implementierung der SDG unterstützen können:

- Der UN Global Compact (UN GC): Mit mehr als 12.000 teilnehmenden Unternehmen und Organisationen hat sich der UN GC seit dem Jahr 2000 zur weltweit größten unternehmerischen Nachhaltigkeitsinitiative entwickelt (vgl. https://www.unglobalcompact.org/). Das Engagement dieser Unternehmen ist eine wichtige Unterstützung für die SDG im politischen Diskurs. Der UN GC bietet auch praktische Werkzeuge, um die Unternehmen bei der Implementierung der SDG zu unterstützen (z. B. SDG Compass,

http://sdgc.unglobalcompact.org/) und sie durch Vernetzung zu ermutigen, sodass sie besser vorbereitet und entschlossener vorgehen.
- Die Principles for Responsible Investment (PRI): Die 2006 gegründete Schwesterorganisation des UN GC hat heute 1700 Unterzeichner und managt Vermögenswerte in einer Größenordnung von 62 Bio. $. Wenn diese riesige Summe nicht länger für die Finanzierung von nicht nachhaltigen Projekten (z. B. von Palmölplantagen, die den tropischen Regenwald zerstören) zur Verfügung stehen und stattdessen z. B. in erneuerbare Energien fließen, hat das signifikante direkte und indirekte Wirkungen auf SD. Das Votum der Kapitalmärkte ist eine starke Triebkraft für Veränderungsprozesse v. a. in börsennotierten Unternehmen.

2.1 Fazit

Die SDG formulieren die großen globalen Herausforderungen und bieten damit eine nützliche Orientierung für die strategischen Entscheidungen von Unternehmen – wenn sie bereit sind, zuzuhören, zu reagieren und anpassungsfähig sind. Allen anderen Unternehmen droht der Niedergang. Sie werden Platz machen müssen für eine neue Generation von Innovatoren, die eine postfossile, dematerialisierte und renaturierte Wirtschaft gestalten. Die Transformation des Energiesektors (mit dem Niedergang von einstmals marktbeherrschenden Unternehmen wie RWE und E.on) ist nur ein Beispiel. Große Unternehmen der Automobilindustrie könnten folgen und auch große Teile der Chemieindustrie stehen im Widerspruch zu den SDG. Dagegen kann das Engagement in SDG-bezogenen Organisationen wie UN GC und PRI nur wenig ausrichten, allerdings kann es die notwendigen Veränderungsprozesse unterstützen und beschleunigen.

3 Hochschulen und UN Principles for Responsible Management Education

Das Wissenschaftssystem – Hochschulen und (Groß-)Forschungseinrichtungen – hat wichtige Beiträge zu SD geleistet. Ohne die Wissenschaft wäre es nicht möglich, die komplexen Ökosysteme zu verstehen, „planetary boundaries" zu identifizieren, den Klimawandel zu verstehen, das Karbonbudget zu berechnen und zukunftsverträglichere Lösungen zu entwickeln. Daher hat die Wissenschaft eine sehr praktische Bedeutung. Aber die akademische Freiheit in Forschung und Lehre hat nicht nur instrumentellen Charakter, sondern ist auch ein eigenständiger Wert als Grundlage einer freien Gesellschaft und der Demokratie. Allerdings hat es immer auch ernsthafte Zweifel an diesen Idealvorstellungen gegeben. Das Wissenschaftssystem folgt einer eigenen inhärenten Logik, die nicht automatisch zur Erfüllung gesellschaftlicher Anforderungen führt. Die Mechanismen und Anreize im Elfenbeinturm sind oft und ausführlich beschrieben worden (z. B. Luhmann 1990; Schneidewind und Singer-Brodowski 2013; Kühling et al.

2015): Karrieren, die (allein) von Publikationen in A-Journals abhängen; Abhängigkeit von Drittmitteleinwerbung; Fachdisziplinen, die isoliert voneinander arbeiten; fehlende Bereitschaft, am gesellschaftlichen Diskurs und an Projekten außerhalb der akademischen Zirkel mitzuwirken.

In jüngster Zeit sind Akademiker und Experten von populistischen Bewegungen attackiert worden, die den wichtigsten Wert der Wissenschaft angreifen: rationales Argumentieren auf der Grundlage von Fakten. Alternative Fakten oder sogar das offene Leugnen von Fakten (Klimawandel als „hoax") ist populär geworden. Die Angriffe auf den Elfenbeinturm erstrecken sich auch auf Institutionen und Personen (wie in der Türkei und in Ungarn). Als Folge davon verliert das Wissenschaftssystem als einer der wichtigen Treiber von SD an Einfluss. Unter diesen Bedingungen wird es für die Wissenschaft deutlich schwieriger, eine adäquate Rolle in einem System der „shared responsibility" zu spielen.

In dieser kritischen Situation sind die SDG als Orientierung und die Unterstützung durch Plattformen wie UN Principles for Responsible Management Education (PRME) von wachsender Bedeutung. Gerade die Managementausbildung spielt eine entscheidende Rolle

- in einem sehr praktischen Sinn, da hier die nächste Generation des Führungsnachwuchses ausgebildet wird, die in der Lage sein soll, aktiv die Transformation der Unternehmen voranzutreiben.
- in einem grundsätzlichen Sinn, da Business Schools nicht nur Wissen und Fertigkeiten vermitteln, sondern (zumindest implizit) auch Einstellungen und Werte ihrer Absolventen beeinflussen.

Um die Implementierung der SDG in den Unternehmen (und in den eigenen Institutionen) zu unterstützen, muss sich das Managementstudium grundsätzlich verändern. Die Business School brauchen auch eine Agenda 2030 für das Managementstudium – mit klaren Zielen und Prozessen. Mit SDG 4 wird ganz generell „quality education" angestrebt – auch im Hochschulbereich. Das erfordert nationale Umsetzungsstrategien. Allerdings muss keine Hochschule auf das staatliche Handeln warten, da es im Rahmen der Hochschulautonomie unmittelbar umsetzbare Handlungsmöglichkeiten gibt:

- Mission bzw. Leitbild: Als Grundlage einer Neuausrichtung, die einen Beitrag zu den SDG als Priorität sieht, ist eine Anpassung des Mission Statements erforderlich. Damit wird intern und extern Klarheit geschaffen, die strategische Entscheidungen erleichtert (z. B. Rotterdam School of Management, https://www.rsm.nl/about-rsm/).
- Programme und Curricula: Welche neuen Profile, Qualifikationen und Werthaltungen sind erforderlich? Business Schools sollten in alle Programme das Lernziel Grundverständnis der Herausforderungen durch SD integrieren. Das sollte dann auch Teil des regulären Outcome-Assessments werden (z. B. durch Einsatz des „sustainability literacy test", http://sulitest.org/en/index.html).

- Weiterbildung: Mit der Beschleunigung des Strukturwandels wird das kontinuierliche lebenslange Lernen an Bedeutung gewinnen. Daher sollten Hochschulen mehr Kurse für Berufstätige anbieten und sie v. a. für SD-Aufgaben weiterbilden.
- Lehrmethoden: Mit den Lernzielen müssen auch die Lehr- und Lernmethoden (Didaktik) weiterentwickelt werden – mit neuen Kombinationen von „blended learning", „experiential learning", inter- und transdisziplinären Projekten etc.
- Weiterbildung der Lehrenden: Die neuen Inhalte und Methoden machen umfassende Weiterbildungsangebote für Lehrende erforderlich („faculty development").
- Forschung: Umsteuerung der Forschungsaktivitäten zur Unterstützung von SD-Fragestellungen. Dabei muss die akademische Freiheit respektiert werden. Jede Hochschule kann aber („mission driven") Prioritäten definieren und mit einem entsprechenden Anreizsystem fördern.
- Third mission (Transfer): Hochschulen können der Lösung praktischer (Nachhaltigkeits-)Probleme höhere Priorität geben – in Kooperation mit Unternehmen, Nichtregierungsorganisationen und anderen Stakeholdergruppen. Gerade in Zeiten auflebender Demagogie und postfaktischen Argumentierens besteht die Verantwortung der Hochschulen darin, sich im gesellschaftlichen Diskurs für Wahrheit zu engagieren.
- Hochschulsteuerung: Transparente Entscheidungen und Finanzen sind wichtig für Glaubwürdigkeit und Akzeptanz. Das gilt v. a. im Hinblick auf den Einfluss von Wirtschaftsinteressen (z. B. über den Hochschulrat).
- Betrieb: Auch Hochschulen sollten wie Unternehmen ihre Umwelt- und Sozialwirkungen untersuchen, um Widersprüche zwischen Lehre und (eigener) Praxis zu vermeiden.

Unterstützung für solche Veränderungsprozesse kommt auch von den führenden internationalen Akkreditierungseinrichtungen (Association to Advance Collegiate Schools of Business, AACSB; Central and East European Management Development Association, CEEMAN, European Foundation for Management Development, EFMD, etc.). Zukünftig sollte es nicht mehr möglich sein, dass ein Managementprogramm oder eine Hochschule in Akkreditierungsverfahren und Rankings Anerkennung findet, wenn keine wesentlichen Beiträge zur Lösung gesellschaftlich relevanter Fragestellungen nachgewiesen werden können (vgl. dazu insbesondere die EQUIS Standards and Criteria, https://www.efmd.org). Die Regierungen könnten das unterstützen, indem sie die Prioritäten in der Finanzierung von Forschung und Lehre stärker auf SD-Fragestellungen verlagern – anstatt z. B. Programme zu fördern, die Studierenden die neuesten Verkaufstricks beibringen, um den Konsum anzukurbeln (das könnte den Unternehmen überlassen werden).

3.1 Fazit

Diese Fragestellungen und Optionen haben das Potenzial, das Managementstudium grundlegend, d. h. jenseits des traditionellen kontinuierlichen Verbesserungsprozesses, zu verändern. Zumindest einige Hochschulen werden auf die großen Herausforderungen, wie sie in den SDG formuliert sind, mit Basisinnovationen („disruptive innovation") antworten. Angesichts der Verschärfung der globalen Nachhaltigkeitsprobleme kommt die Erneuerung der Managementausbildung bereits sehr (zu) spät. Eigentlich sollten die neuen Lösungen bereits implementiert sein und nicht auf kommende Semester verschoben werden.

Unterstützung für gemeinsame Anstrengungen von Hochschulen zur Integration von Nachhaltigkeitsaspekten in das Managementstudium kommt seit 2007 auch von PRME, einer gemeinsamen Initiative von UN GC und den internationalen Akkreditierungsinstitutionen (www.unprme.org). Basierend auf den Six Principles haben sich in PRME weltweit mehr als 650 Hochschulen und Wirtschaftsfakultäten (Business Schools) organisiert, um gemeinsam ihre Nachhaltigkeitsaktivitäten voranzubringen. Ergänzend zu diesen Prinzipien wurde 2016 in einem umfassenden Strategieprozess die Neuausrichtung auf die SDG beschlossen: „The mission of PRME is to transform management education, research and thought leadership globally by providing the Principles for Responsible Management Education framework, developing learning communities and promoting awareness about the United Nations' Sustainable Development Goals" (http://www.unprme.org/about-prme/index.php). Als wesentliche Beiträge und Wirkungen von PRME sind hervorzuheben:

- Kommunikationsplattform: Die Organisationsstruktur wird geprägt von dezentralen Regional Chapters und Working Groups, unterstützt von einem schlanken Sekretariat in New York. Strategische Entscheidungen trifft das Steering Committee (http://www.unprme.org/about-prme/index.php).
- Berichterstattung (Sharing Information on Progress, SIP-Report): Alle zwei Jahre berichtet jede Hochschule über ihre Fortschritte. Dadurch ist eine umfangreiche Datenbasis entstanden, die als Inspirationsquelle dem gemeinsamen Lernprozess dient.
- Materialien und Werkzeuge: Broschüren, Forschungsprojekte und Publikationen unterstützen das individuelle und das institutionelle Lernen (z. B. Transformational Model, Inspirational Guides).
- Durch regelmäßige Meetings, Webinars und Konferenzen werden verbindliche Arbeitsprozesse etabliert und ein breites Spektrum abgedeckt – von der Forschungskonferenz über die regionale Vernetzung bis zu individueller Weiterbildung.
- Unternehmenskooperation: Der UN GC war eine der Gründerorganisationen von PRME und leistet nach wie vor einen wichtigen finanziellen Beitrag, fördert v. a. aber den Dialog mit engagierten Unternehmen, denen die SDG wichtig sind.
- Jugend: In PRME wirken Studierendenorganisationen (oikos, netimpact, sneep etc.) mit und bei Konferenzen wird stets auch einigen Studierenden aus den beteiligten Hochschulen die Teilnahme ermöglicht.
- Akkredierungsinstitutionen (AACSB, EFMD etc.): Diese Institutionen waren Mitgründer von PRME und stellen die Mehrheit der Mitglieder des Steering Committee. Die Unterstützung und die direkte Verbindung zu diesen Institutionen ist – neben dem Bezug zur UN – entscheidend für die Überzeugungskraft und Wirksamkeit von PRME.

Vor allem für Hochschulen, die eine internationale Akkreditierung anstreben, kann die Arbeit mit PRME nützlich sein und einen wichtigen Akkreditierungsaspekt abdecken.
- Interessenvertretung: Mit öffentlichen Statements (z. B. Outcome Declarations, Statement in Defense of Academic Freedom 2017) nimmt PRME die Interessen aller (beteiligten) Hochschulen wahr.

PRME ist eine interessante Option für alle Hochschulen, die eine systematische Integration der SDG in ihre Aktivitäten anstreben. PRME kann dazu beitragen, individuelle, institutionelle und politische Lern- und Veränderungsprozesse zu verstärken. Allerdings sind weniger als 5 % der Business Schools weltweit in PRME engagiert und daher geht es auch um eine weitere Stärkung dieser Organisation selbst.

4 Shared Responsibility, Partnerschaften und Perspektiven

Warum brauchen wir überhaupt eine Agenda 2030 zur nachhaltigen Entwicklung, warum ist es notwendig, 17 Ziele zur „future we want" festzulegen? Offensichtlich, weil das gegenwärtige Entwicklungsmuster sich als nicht nachhaltig erwiesen hat. Das ist seit Langem bekannt, zumindest bereits seit einigen Jahrzehnten (z. B. Meadows et al. 1972; WCSD 1987). Zugenommen hat inzwischen aber die Wahrnehmung der Dringlichkeit – es wird Ernst, vielleicht ist es auch schon zu spät: „The gap between what we know about the interconnectedness and fragility of our planetary system and what we are actually doing about it is alarming. And it is deepening." (ISSC 2013, S. 3).

Wir sind bereits heute mit den Folgen des Klimawandels konfrontiert, der zunächst als ein Problem zukünftiger Generationen gesehen worden war. Der Verlust der Biodiversität (Ökosysteme) scheint unaufhaltsam. Mit dem weiteren Anstieg der Weltbevölkerung auf mehr als neun Milliarden Menschen (d. h. um über 30 %) und mit dem „catching-up" im Lebensstil und im ökologischen Fußabdruck (z. B. in China und Indien) werden die Belastungen dramatisch ansteigen. Zusätzlich soll zur Beseitigung der extremen Armut von einer Milliarde Menschen die Wachstumsrate in deren Heimatländern auf 7 % pro Jahr gesteigert werden (SDG 8).

Vor diesem Hintergrund wird die Bedeutung der SDG deutlich. Die Vision und der globale Konsens, den sie verkörpern, ist möglicherweise eine der letzten Chancen der Menschheit, rationale Antworten auf diese komplexen Fragen zu finden und friedliche Lösungen umzusetzen. In den Worten des früheren UN-Generalsekretärs Ban Ki-moon: „We are the first generation to set an end to poverty, and the last generation to set an end to climate change."

Die SDG sind ein Aufruf zum Handeln und dieses Handeln muss entschlossen sein, d. h. eine Fortsetzung des Business as usual ist nicht möglich. Das Handeln muss im globalen Maßstab disruptiv sein, also neue Wege einschlagen. Aber radikaler Wandel erzeugt immer auch Verlierergruppen und ist daher mit Widerstand verbunden. Solche Prozesse erfordern – gesellschaftlich und unternehmensintern – Führung und eine (faire) Kompensation der Verlierer. Zweifelsfrei und unvermeidlich ist jedoch, dass in einer nachhaltigen Welt nicht alle Arbeitsplätze im Bergbau und in der Automobilindustrie erhalten werden können.

Die hier vorgelegte kursorische Analyse der Handlungsoptionen von zwei wichtigen Stakeholdergruppen der SD – Unternehmen und Hochschulen – hat gezeigt, dass es mehr Grund zum Pessimismus als zur Zuversicht gibt. Sowohl der Unternehmenssektor als auch das Wissenschaftssystem werden von ihrer jeweiligen inhärenten Logik beherrscht und sind daher nicht zu den notwendigen disruptiven Veränderungen fähig. Zweifellos gibt es in beiden Stakeholdergruppen auch einige innovative Spieler. Aber insgesamt bleibt die Veränderungsgeschwindigkeit sehr gering (Systemträgheit). Daher ist weitere Forschung erforderlich, die sich mit der Freisetzung von Innovationspotenzialen befasst, um den Transformationsprozess zu beschleunigen.

Im Hinblick auf die Hochschulen und die unterstützende Rolle von PRME wären z. B. folgende Perspektiven der Weiterentwicklung zu diskutieren:

Partnerschaft (Prinzip 5): Unternehmen und Hochschulen (Institution, Lehrende und Studierende) könnten entscheidende Stakeholder für SD sein, leiden aber beide unter ihren jeweiligen internen Restriktionen. Wenn sie ihre Kräfte bündeln – gemeinsam unter der Flagge der UN SDG – könnten sie wesentlich wirksamer sein. Um innovative Lösungen hervorzubringen, ist die kritische Auseinandersetzung unverzichtbar. So wie innovative Unternehmen schon immer das kritische Feedback ihrer Kunden als Quelle der Inspiration genutzt haben, sollten auch Unternehmen und Hochschulen sich gegenseitig als Quelle der Innovation verstehen und befruchten. In der Vergangenheit war die Partnerschaft allzu oft kaum mehr als ein freundliches Palaver ohne spezifische Ergebnisse. Das ist wenig sinnvoll, eine Form von Ressourcenverschwendung und müsste sich grundlegend ändern. Auch der Austausch über einzelne Best-practice-Beispiele ist nicht hinreichend. Im Fokus sollten vielmehr die gemeinsame Entwicklung neuer Ausbildungsmodelle für den Managementnachwuchs, die Neuausrichtung der Forschungsagenda und gemeinsame Weiterbildungskonzepte stehen. Zu einem gemeinsamen Engagement für die SDG würde auch der Dialog über grundsätzliche Fragen gehören, z. B. „blood oil" (Wenar 2016), giftige chemische Substanzen (Glyphosat), die systematische Verletzung von gesetzlichen Vorschriften und die Einflussnahme auf Regulierungsbehörden (z. B. durch die Automobilindustrie). Dazu gehören müsste auch das gemeinsame politische Engagement für eine konsequente Umsetzung der SDG in nationale Politik. PRME und UN GC mit ihren Regional Chapters bzw. Local Networks könnten dabei eine Katalysatorrolle übernehmen.

Dialog (Prinzip 6): Noch stärker als in der Vergangenheit müssen die Hochschulen als Ort des gesellschaftlichen Diskurses verstanden werden – kein Elfenbeinturm, sondern Dialogforum. Die Partnerschaft darf sich daher nicht nur auf Unternehmen beziehen, sondern muss systematisch auch andere zivilgesellschaftliche Gruppen einbeziehen. Im Hinblick auf die Beschäftigungseffekte der SD sind Gewerkschaften unverzichtbar. Neue Lebensstile und Konsummuster sind eng verflochten mit Fragen des Verbraucherschutzes und der Verbraucherpolitik. Klimaschutz und Biodiversität erfordern die Einbeziehung von Umweltschutzverbänden. Stets wird es dabei einerseits um wissenschaftliche Erkenntnisse über Wirkungszusammenhänge gehen. Andererseits geht es aber immer auch um die rationale Auseinandersetzung über unterschiedliche Wertungen und Prioritätensetzungen. Für beides können Hochschulen eine Plattform sein. Wichtig wäre auch, dass der Dialog stärker handlungsorientiert verläuft, nicht im „l'art pour l'art" verharrt. „Knowledge is vital for effective action – but for this, we must more tightly link science, policy and society and integrate scientific understanding with action" (Irina Bokova in ISSC 2013).

Im Umfeld der Hochschulen gibt es eine Vielzahl von Gruppierungen und Initiativen, die sich mit ethischen Fragen, Responsible Management, Umweltwirkungen etc. befassen. Es mangelt aber an Abstimmung, einem gemeinsamen Willen zur Durchsetzung der SDG. Diversität mag eine Tugend sein, aber „divide et impera" ist die andere Seite der Medaille, d. h. solange diese Gruppierungen und Initiativen nicht besser organisiert sind, bleiben sie politisch weitgehend wirkungslos – und die etablierten Kräfte dominieren weiterhin. Nachdem mit den SDG ein wohl fundierter Zielkonsens besteht, sind nun besser koordinierte Unterstützer wichtig. Bei Vernetzung und Koordination haben die beiden eindeutig auf die SDG ausgerichteten Organisationen UN GC und PRME eine wichtige Aufgabe zu erfüllen.

Diese Überlegungen sind keine wirklich neuen Erkenntnisse – aber ganz offensichtlich schwer umzusetzen. Die „große Transformation" (WBGU 2011) braucht einen Transformationsplan, wie er im Klimaschutz mit dem Paris Agreement zumindest ansatzweise geschaffen worden ist:

- Durch die SDG ist Einvernehmen über die Ziele erzielt (vergleichbar dem Zwei-Grad-Ziel).
- Im nächsten Schritt wäre es erforderlich, dass alle Nationen Versprechen („pledges") abgeben, z. B. in Form von verbindlichen nationalen Nachhaltigkeitsstrategien.
- Damit müsste ein wohldefinierter Berichterstattungsprozess verknüpft sein (vergleichbar dem High Level Political Forum, HLPF).

Damit könnte das Paris Agreement ein Muster für die allgemeinere Aufgabenstellung der nachhaltigen Entwicklung – jenseits des Klimaschutzes (SDG 13) sein. Regierungen, die sich zu den SDG bekennen, sollten auch diese Umsetzungsschritte als notwendige Konsequenz erkennen und Ressourcen dafür bereitstellen. Dazu gehört auch Unterstützung für die Mitwirkung von Stakeholdergruppen – aus dem Hochschulbereich z. B. PRME Regional Chapter und studentische Organisationen. Wenn die Umsetzung der SDG nicht gelingt, wird unser Planet nach 2030 ein sehr viel ungemütlicherer und feindseliger Ort sein.

Literatur

ISSC (International Social Science Council) (2013) World social science report 2013: changing global environments. UNESCO Publishing, Stockholm

Kühling W, Kurz R, Weiger H (2015) Forschung, bitte wenden! Wissenschaftspolitik für nachhaltige Entwicklung. In: oekom e. V. (Hrsg) Forschungswende. Wissen schaffen für die Große Transformation. Politische Ökologie Nr. 140, S 30–36

Luhmann N (1990) Ökologische Kommunikation. Kann die moderne Gesellschaft sich auf ökologische Gefährdungen einstellen? 3. Aufl. Westdeutscher Verlag, Opladen

Meadows D et al (1972) The limits to growth. Universe Books, New York

Putt del Pino S et al (2016) From Doing Better to Doing Enough: Anchoring Corporate Sustainability Targets in Science, World Resources Institute Working Paper, Washington, DC

Schneidewind U, Singer-Brodowski M (2013) Transformative Wissenschaft. Klimawandel im deutschen Wissenschafts- und Hochschulsystem. Metropolis, Marburg

WBGU (German Advisory Council on Global Change) (2011) World in transition – a social contract for sustainability. Flagship Report. WBGU, Berlin

WCED (World Commission on Environment and Development) (1987) Our common future. Oxford University Press, New York

Wenar L (2016) Blood oil. Tyrants, violence, and the rules that run the world. Oxford University Press, Oxford

Weiterführende Literatur

Bonaccorsi A (Hrsg) (2014) Knowledge, diversity and performance in European higher education. A changing landscape. Edward Elgar, Cheltenham

Buono AF, Haertle J, Kurz R (2015) UN principles for responsible management education (PRME): global context, regional implementation and the role of signatories. In: Leonard L, Gonzalez-Perez M (Hrsg) The UN global compact: fair competition and environmental and labour justice in international markets, advances in sustainability and environmental justice, Bd. 16. Emerald, Bingley, S 1–15

Kanning H, Kurz R, Pape J, Twarok J (2016) Zivilgesellschaftliche Impulse für das Hochschulsystem: Zur Rolle der Hochschulräte. Die Neue Hochsch 5:182–185

Kurz R (2014) Green growth and sustainable development. In: Moczadlo R, Šimić ML, Oberman-Peterka S (Hrsg) Regional and international competition – A challenge for companies and countries. Hochschule Pforzheim, Pforzheim, S 11–20

Kurz R (2015) Quality, obsolescence and unsustainable innovation. Ekon Vjesnik Econviews Rev Contemp Bus Entrepreneursh Econ Issues 28(2):511–522

Kurz R, Rau K-H (2009) Be a source for new theories, ideas, and attitudes. Decis Sci J Innov Educ 7(2):344–346

Nowotny H, Scott P, Gibbons M (2001) Re-thinking science. Knowledge and the public in the age of uncertainty. Blackwell, Cambridge

Sunley R, Leigh J (Hrsg) (2016) Educating for responsible management. Putting theory into practice. Greenleaf, Oxford

Thomas H et al (2014) Securing the future of management education. Competitive destruction or constructive innovation? Emerald, Bingley

UNESCO (2015) Science report: towards 2030. UNESCO, Paris

Weiger H, Kühling W, Kurz R (2015) Citizen Science und Umweltverbände – das Bürgerrecht auf Einmischung. In: Finke P (Hrsg) Freie Bürger, freie Forschung. Die Wissenschaft verlässt den Elfenbeinturm. oekom, München, S 45–49

Rudi Kurz: Studium der Volkswirtschaftslehre und Promotion an der Universität Tübingen. Zehn Jahre in der angewandten Wirtschaftsforschung (IAW Tübingen). 1988–2017 an der Hochschule Pforzheim Professor für Volkswirtschaftslehre und in verschiedenen Hochschulfunktionen (u.a. Prorektor, Dekan). Forschungsschwerpunkte (mit ca. 100 Publikationen): Ordnungspolitik, Innovationsforschung, Wirtschaftswachstum, Nachhaltige Entwicklung. Berater der UN Initiative PRME (Principles for Responsible Management Education) als Chair of Advisory Committee. Ehrenamtlich engagiert beim Bund für Umwelt und Naturschutz Deutschland (BUND).

Der hochschulspezifische Nachhaltigkeitskodex

Riccarda Retsch

1 Einleitung

In der Neuauflage der Deutschen Nachhaltigkeitsstrategie 2016 bekennt sich die Bundesregierung zur Agenda 2030 für nachhaltige Entwicklung mit ihren 17 globalen Nachhaltigkeitszielen, den Sustainable Development Goals (SDGs). Den Hochschulen ist bei der Umsetzung der Ziele eine besondere Bedeutung beizumessen. Hier werden Wissen, Innovationen und Lösungen bereitgestellt und entwickelt. Es werden zukünftige Entscheidungsträger ausgebildet und zum Handeln befähigt. Hochschulen vermitteln Personen und Kompetenzen in die Gesellschaft und nehmen damit Einfluss auf gesellschaftliche Diskurse und Debatten (Rat für Nachhaltige Entwicklung 2016).

Hochschulen können den Weg für Veränderungsprozesse bereiten und einen Beitrag dazu leisten, die SDGs umzusetzen. Sowohl nach innen, z. B. durch ausdrücklich nachhaltigkeitsbezogene Ansätze in Lehre und Forschung oder die Koordination und das Management von Nachhaltigkeit im Betrieb, als auch nach außen, z. B. durch den Transfer von Erkenntnissen der Nachhaltigkeitsforschung in andere Gesellschaftsbereiche (Rat für Nachhaltige Entwicklung 2016).

Immer mehr Hochschulen werden sich ihrer gesellschaftlichen Verantwortung, ihrer Vorbildfunktion und der damit verbundenen Chancen bewusst. Sie verankern Nachhaltigkeit in ihrem Leitbild, es werden Nachhaltigkeitsbeiräte konstituiert, bundesweite Hochschulnetzwerke für Nachhaltigkeit entstehen. Darüber hinaus beschäftigen sich zunehmend mehr Hochschulen nicht mehr nur in Lehre und Forschung mit dem Thema Nachhaltigkeitsberichterstattung, sondern nutzen die Berichterstattung zur Darlegung des Nach-

---

R. Retsch (✉)
Rat für Nachhaltige Entwicklung
Berlin, Deutschland
E-Mail: Riccarda.retsch@nachhaltigkeitsrat.de

haltigkeitsbeitrags ihres eigenen Betriebs. Dies zeigt die steigende Anzahl an veröffentlichten Nachhaltigkeitsberichten in den letzten Jahren.

Nichtsdestotrotz steht die Nachhaltigkeitsberichterstattung in Hochschulen noch am Anfang. So wurden bis August 2016 lediglich 40 Nachhaltigkeitsberichte von 21 Hochschulen publiziert (Azizi et al. 2018). Der Rat für Nachhaltige Entwicklung (RNE) hat die zunehmende Offenheit der Hochschulen dem Thema Berichterstattung gegenüber, das Fehlen eines deutschen Nachhaltigkeitsberichtstandards für Hochschulen sowie die (noch) geringe Anzahl an Berichten 2015 zum Anlass genommen, den Deutschen Nachhaltigkeitskodex in Zusammenarbeit mit Hochschulexperten aus Deutschland für Hochschulen anzupassen.

2 Der hochschulspezifische Nachhaltigkeitskodex

2.1 Ausgangslage: Der Deutsche Nachhaltigkeitskodex

Der Deutsche Nachhaltigkeitskodex (DNK) ist ein Transparenzstandard zur Offenlegung von Nachhaltigkeitsleistungen, den der Nachhaltigkeitsrat 2011 im Rahmen eines intensiven Beteiligungsprozesses mit Vertretern von Unternehmen, Zivilgesellschaft und Kapitalmarkt entwickelt hat. Der Nachhaltigkeitskodex kann von Unternehmen und Institutionen jeder Größe und Rechtsform genutzt werden. Der Standard besteht aus 20 Kriterien und ergänzenden Leistungsindikatoren, die eine auf das Wesentliche abstellende Erklärung über die Maßnahmen der Institution zur ökologischen, sozialen und ökonomischen Dimension der Nachhaltigkeit erfordert. In einer Entsprechenserklärung berichtet die Institution, wie sie den Kodexkriterien und den Indikatoren entspricht („comply") oder erklärt plausibel, warum sie ein Kriterium gegebenenfalls nicht berichtet („explain"). Der DNK erfüllt die Anforderungen der Europäischen Richtlinie zur Unternehmensberichterstattung und die des CSR-Richtlinie-Umsetzungsgesetzes (CSR-RUG). Die Anwendung des Standards ist freiwillig. Der RNE hat inzwischen mit mehreren Branchen und Verbänden branchenspezifische Ergänzungen und Leitfäden entwickelt (www.deutscher-nachhaltigkeitskodex.de).

2.2 Prozess: Von der Anpassung zur Anwendung des hochschulspezifischen Nachhaltigkeitskodex

Der Prozess zur Anpassung des DNK für Hochschulen startete im Frühjahr 2015. Zusammen mit rund 50 Hochschulleitungen, Mitarbeitenden, Studierenden und weiteren Hochschulexperten erarbeitete der RNE in einem dreivierteljährigen Austausch- und Diskussionsprozess mit mehreren Workshops bis zum Frühjahr 2016 eine Betaversion des Hochschulnachhaltigkeitskodex (HS-DNK). Im Rahmen der Überarbeitung wurden sowohl redaktionelle als auch inhaltliche Veränderungen vorgenommen, mit dem Ziel, die einzelnen Kriterien stärker auf die Gegebenheiten und Strukturen deutscher Hochschulen anzupassen. Die Betaversion des HS-DNK wird seit Ende 2016 von insgesamt zwölf Pilothochschulen im Rahmen des vom Bundesministerium für Bildung und Forschung (BMBF) finanzierten Hochschulprojekts HOCH-N (www.hoch-n.org) zur systematischen Implementierung von Nachhaltigkeit an deutschen Hochschulen getestet. Die Federführung des Förderprojekts hat Herr Prof. Dr. Alexander Bassen, Professor für Betriebswirtschaftslehre, insbesondere Kapitalmärkte und Unternehmensführung, an der Universität Hamburg und Mitglied des Nachhaltigkeitsrats, inne. Bei den Erstanwendern der Betaversion des HS-DNK handelt es sich im Einzelnen um die folgenden Hochschulen:

- Freie Universität Berlin
- Hochschule für nachhaltige Entwicklung Eberswalde (FH)
- Hochschule Kaiserslautern
- Hochschule Trier
- Hochschule Zittau/Görlitz
- Katholische Universität Eichstätt-Ingolstadt
- Leuphana Universität Lüneburg
- Technische Universität Darmstadt
- Technische Universität Dresden
- Universität Duisburg-Essen
- Universität Hamburg
- Universität Tübingen

Inzwischen haben sechs Hochschulen eine Entsprechenserklärung zur Betaversion abgegeben. Eine Reihe weiterer Hochschulen arbeiten aktuell an der Erstellung einer Entsprechenserklärung. Der Bericht zu den einzelnen Kriterien und die Abgabe der Entsprechenserklärung erfolgt online über die DNK-Datenbank des Nachhaltigkeitsrats. Die freigegebenen Entsprechenserklärungen sind online einsehbar (https://www.deutscher-nachhaltigkeitskodex.de/de/datenbank/dnk-datenbank.html)

In 2017 haben die für das HOCH-N-Handlungsfeld Nachhaltigkeitsberichterstattung zuständigen Mitarbeiter zusammen mit den Pilothochschulen und weiteren Hochschulen mehrere Workshops zur partizipativen Weiterentwicklung der Betaversion durchgeführt. Die finale Version des HS-DNK wurde Mitte April 2018 vom RNE beschlossen. Bis Ende 2018 erarbeitet HOCH-N einen Leitfaden zur Anwendung des HS-DNK.

2.3 Inhalt: Die 20 Kriterien

Der HS-DNK (29.03.2018) besteht aus den folgenden 20 Kriterien:

Kriterium 1–4 (Strategie)

1. Strategische Analyse
   Die Hochschule legt dar, wie sie die Wirkungen ihrer wesentlichen Aktivitäten im Hinblick auf eine nachhaltige Entwicklung analysiert und auf welchem Nachhaltigkeitsverständnis diese basieren. Die Hochschule erläutert, wie sie im Einklang mit den wesentlichen und anerkannten hochschulspezifischen, nationalen und internationalen Standards operiert.
2. Handlungsfelder
   Die Hochschule legt dar, welche Aspekte der Nachhaltigkeit für folgende Handlungsfelder wesentlich sind und wie sie diese in ihrer Strategie berücksichtigt und systematisch adressiert:
   a) Forschung
   b) Lehre
   c) Betrieb
   d) Transfer
   e) Governance
   Die Hochschule legt dar, wie sie nachhaltigkeitsbezogene Aktivitäten in den Handlungsfeldern fördert und wie künftig Themen der nachhaltigen Entwicklung in diese implementiert werden. Zudem soll aufgezeigt werden, wie Nachhaltigkeit in den fünf Bereichen miteinander vernetzt ist.
3. Ziele
   Die Hochschule legt dar, welche qualitativen und/oder quantitativen sowie zeitlich definierten Nachhaltigkeitsziele sie sich gesetzt hat, wie diese operationalisiert werden und wie deren Erreichungsgrad kontrolliert wird.
4. Organisationale Verankerung
   Die Hochschule legt dar, wie Aspekte der Nachhaltigkeit in die Tätigkeiten der gesamten Hochschule inklusive ihrer nachgelagerten Organisationseinheiten integriert werden und welche Maßnahmen sie ergreift, um Nachhaltigkeit in der gesamten Hochschule zu verankern sowie die Integration von Nachhaltigkeit kontinuierlich zu stärken und zu verbessern.

Kriterium 5–10 (Prozessmanagement: Governance)

5. Verantwortung
   Die Verantwortlichkeiten und Zuständigkeiten für Nachhaltigkeit in der Hochschule werden dargelegt.

6. Regeln und Prozesse
   Die Hochschule legt dar, wie sie die Nachhaltigkeitsstrategie durch Regeln und Prozesse implementiert.
7. Sicherstellung der Ergebnisqualität
   Die Hochschule legt dar, welche Nachhaltigkeitsindikatoren genutzt, wie Zuverlässigkeit, Vergleichbarkeit und Konsistenz der Daten gesichert und sowohl zur internen Sicherstellung der Ergebnisqualität als auch zur internen sowie externen Kommunikation verwendet werden.
8. Anreizsysteme
   Die Hochschule legt dar, inwiefern ihre leitenden Organisationseinheiten Nachhaltigkeitsprozesse materiell und immateriell durch Zuweisung von projektgebundenen oder etatisierten Ressourcen sowie Legitimation und Unterstützung auf allen (Entscheidungs-)Ebenen fördern und anregen. Es wird dargelegt, inwiefern die Hochschulleitung derartige Anreizsysteme auf ihre Wirkung hin überprüft.
9. Beteiligung von Anspruchsgruppen
   Die Hochschule, legt dar, ob und wie sie interne und externe Anspruchsgruppen identifiziert und wie diese in den Nachhaltigkeitsprozess integriert werden. Sie legt dar, ob und wie ein kontinuierlicher Dialog mit ihnen gepflegt und dessen Ergebnisse in den Nachhaltigkeitsprozess der Hochschule integriert werden.
10. Transformation
    Die Hochschule legt dar, wie sie durch geeignete Prozesse eine Transformation Richtung nachhaltiger Entwicklung in ihren wesentlichen Handlungsfeldern erreichen möchte. Ebenso wird dargelegt, inwiefern Maßnahmen innerhalb der Handlungsfelder einen Lernprozess für die gesamte Organisation und bei Akteuren darüber hinaus in Gang setzen und Verstetigungsprozesse für die angestrebte Transformation vorangetrieben werden. Dies beinhaltet ebenfalls den kontinuierlichen Austausch mit Kommunen, Wirtschaft, politischem Umfeld und Zivilgesellschaft.

Kriterium 11–13 (Umwelt: Betrieb)

11. Inanspruchnahme und Management natürlicher Ressourcen
    Die Hochschule legt für die folgenden Bereiche dar, in welchem Umfang durch ihren Betrieb und die Mobilität ihrer Angehörigen natürliche Ressourcen in Anspruch genommen werden. Ferner beschreibt sie Reduktions- sowie Effizienzziele in Bezug auf die Ressourcennutzung und stellt dar, wie diese mit derzeit laufenden und zukünftigen Maßnahmen erreicht werden sollen.
    a) Lebenszyklus von Verbrauchs- und Investitionsgütern sowie Dienstleistungen
    b) Kreislaufwirtschaft und Entsorgung
    c) Mobilität
    d) Ernährung
    e) Energie
    f) Wasser

12. Liegenschaften, Bau, Freiflächen (Campusgestaltung)
    Die Hochschule legt dar, wie Neubau, Ausbau, Sanierung, Renovierung, Betrieb etc. von Gebäuden der Hochschule ressourceneffizient und klimaschonend unter Einbezug der Nutzung erneuerbarer Energien geplant und ausgeführt wird. Dies bezieht sich sowohl auf die Bauwerksausführung als auch auf die Inanspruchnahme von Fläche und den Boden, auch hinsichtlich der Auswirkungen auf die Biodiversität. Zudem soll dargelegt werden, inwiefern die Gebäude eigenverantwortlich oder durch externe Dienstleister verwaltet werden.
    Die Hochschule legt dar, wie sie Freiflächen gestaltet und verwaltet (inkl. Lichtsmog, Lärm und Versiegelung), die Aufenthaltsqualität sicherstellt und verbessert (Campusgestaltung).
13. Treibhausgasemissionen
    Die Hochschule legt Höhe, Art und Auswirkungen von Treibhausgasemissionen dar und gibt ihre Ziele zur Reduktion der Emissionen und bisherige Ergebnisse an.

Kriterium 14–20 (Gesellschaft)

14. Partizipation der Hochschulangehörigen
    Die Hochschule legt dar, wie sie die Partizipation der Hochschulangehörigen an der nachhaltigen Gestaltung der Hochschule fördert.
15. Chancengerechtigkeit
    Die Hochschule legt dar, welche Ziele sie hat, um die Chancengerechtigkeit in Bezug auf Gesundheit, Geschlechtergerechtigkeit, Vielfalt (Diversity), Integration von Menschen mit Migrationshintergrund, Inklusion von Menschen mit Behinderung, Vereinbarkeit von Familie und Beruf oder Studium und die angemessene Bezahlung der Hochschulangehörigen (insbesondere bei Outsourcing) zu fördern.
16. Qualifizierung
    Die Hochschule legt dar, welche Ziele sie gesetzt und welche Maßnahmen sie ergriffen hat, um die Qualifizierung und Kompetenzen für nachhaltiges Handeln aller Hochschulangehörigen zu fördern und im Hinblick auf die demografische Entwicklung und zukünftigen Herausforderungen anzupassen.
17. Menschenrechte
    Die Hochschule legt dar, an welchen Menschenrechtskonventionen sie sich orientiert und welche Maßnahmen sie ergreift, um diese bei ihren lokalen, nationalen wie internationalen Aktivitäten, in Partnerschaften und der Beschaffung einzuhalten sowie eine Sensibilisierung der Hochschulangehörigen zu erreichen.
18. Gemeinwohl
    Die Hochschule legt dar, welchen Beitrag sie zum Gemeinwohl im Sinne der UN SDG in den Regionen (regional, national, international) leistet, in denen sie wesentliche Tätigkeiten ausübt.

19. Gesellschaftliche Einflussnahme
    Die Hochschule legt ihre Einflussnahme an wesentlichen Entscheidungen in Politik und Gesellschaft dar.
    Sie legt die wesentlichen Aspekte von Einflussnahme externer gesellschaftlicher Anspruchsgruppen auf Entscheidungen der Hochschule dar. Weiter legt die Hochschule zur Herkunft und Verwendung von Drittmitteln Rechenschaft ab.
20. Gesetzes- und richtlinienkonformes Verhalten
    Die Hochschule legt dar, welche Standards und Prozesse existieren, sowie welche Maßnahmen zur Vermeidung von rechtswidrigem Verhalten und Korruption ergriffen werden.
    Sie legt insbesondere dar, wie Verstöße gegen die Regeln des wissenschaftlichen Arbeitens verhindert, aufgedeckt und sanktioniert werden.

2.4 Nutzen: Was bringt der Hochschulnachhaltigkeitskodex den Hochschulen?

Der HS-DNK möchte die Hochschulen in ihrer Rolle als Gestalter von Veränderungen stärken. Er unterstützt Hochschulen, ihre Nachhaltigkeitsaktivitäten darzulegen und zielt darauf ab noch mehr Hochschulen zu ermöglichen, ihre Qualitäts- und Strategieentwicklung und ihr internes Management stärker an den Grundsätzen der nachhaltigen Entwicklung auszurichten. Durch seine komprimierte, anwenderfreundliche Form schafft er einen leichten Einstieg in die Nachhaltigkeitsberichterstattung. Er ist mit vielen Monitoring- und Berichtssystemen kompatibel und stellt eine gute Basis für weitere Nachhaltigkeitsbemühungen dar. Aufbauend auf einer transparenten Darstellung der Nachhaltigkeitsleistungen können Entwicklungsprozesse in und von den Hochschulen maßgeblich mitbestimmt werden (Rat für Nachhaltige Entwicklung 2016).

Die Anwenderhochschulen sehen den Nachhaltigkeitskodex als einen wichtigen Schritt, um das anhaltende Engagement der Hochschulen für nachhaltige Entwicklung zu stützen und auf eine breitere institutionelle Basis zu stellen, die es künftig noch mehr Hochschulen ermöglichen wird, diesen Weg zu beschreiten. Die Anwender sehen im Nachhaltigkeitskodex ein Instrument, das flexibel und offen genug ist, ein eigenes Nachhaltigkeitsverständnis zu entwickeln, eigene Prioritäten und Akzente entsprechend der Profilbildung und Qualitätsentwicklung der jeweiligen Hochschule zu setzen und die Rechte der Wissenschaftsfreiheit zu berücksichtigen (Rat für Nachhaltige Entwicklung 2016).

Eine Reihe an Inhalten des HS-DNK müssen nicht neu erfasst werden, da sie von vielen Hochschulen ohnehin bereits für Rechenschaftsberichte o. ä. erhoben wurden (HOCH-N 2017). Der HS-DNK ist ein geeignetes Instrument, diese Daten in einer Zusammenschau darzulegen.

3 Potenziale und Grenzen von Nachhaltigkeitsberichterstattung an Hochschulen

Durch Nachhaltigkeitsberichterstattung können Hochschulen ihren Beitrag zu einer nachhaltigen Entwicklung transparent und sichtbar machen, sowohl in die Institution hinein als auch nach außen. So kann die Erstellung eines Nachhaltigkeitsberichts, je nach Art und Umfang der Beteiligung der unterschiedlichen Hochschulangehörigen, innerhalb der Hochschule für das Thema Nachhaltigkeit sensibilisieren, einen Dialogprozess zum Thema Nachhaltigkeit anstoßen und weitere Nachhaltigkeitsaktivitäten befördern. Bei wiederholter Erstellung eines Nachhaltigkeitsberichts mit einem einheitlichen Kriterienset kann dieser darüber hinaus als ein internes Managementinstrument genutzt werden, mit dem die Hochschule das Erreichen ihrer selbstgesetzten Ziele bezüglich einer nachhaltigen Entwicklung überprüfen kann.

Nach außen kann ein Nachhaltigkeitsbericht ein politisch deutlich sichtbares Zeichen und ein Bekenntnis zu einer nachhaltigen Entwicklung darstellen und damit die Bereitschaft signalisieren, gesamtgesellschaftliche Verantwortung zu übernehmen.

Durch Nachhaltigkeitsberichterstattung wird zudem eine Vergleichbarkeit unter Hochschulen ermöglicht, die einen Bezug zu anderen Nachhaltigkeitsbeiträgen und eine Reflexionsgrundlage schafft.

Neben den geschilderten Potenzialen und Chancen weist die Nachhaltigkeitsberichterstattung für Hochschulen an einigen Stellen (noch) Grenzen auf. So gibt es in Deutschland bisher noch keinen etablierten hochschulspezifischen Berichtsstandard, der allen Besonderheiten von Hochschulen gleichermaßen gerecht wird.

Darüber hinaus erfordert Berichterstattung ein Mindestmaß an Standardisierung und die Bereitschaft dafür. Dies kann zu Einschränkungen der Individualität führen, denen einige Hochschulen skeptisch gegenüberstehen.

Hinzukommt der zeitliche und finanzielle Aufwand, den Hochschulen für die Erstellung eines Nachhaltigkeitsberichts aufbringen müssen. Ob der anfallende Mehraufwand zu leisten ist und im Verhältnis zu dem Nutzen steht, hängt von mehreren Faktoren ab. So minimiert beispielsweise die Wiederverwendung von Daten, die bereits für andere Rechenschaftsberichte erhobenen wurden, den zeitlichen Aufwand. Ebenso kann die Finanzierung einer allein für die Nachhaltigkeitsbelange der Hochschule zuständigen Person Erleichterung beim Erstellen des Berichts schaffen.

Das bundesweite Verbundprojekt HOCH-N arbeitet erfolgreich daran die Nachhaltigkeitsberichterstattung an Hochschulen weiter zu etablieren die Potenziale herauszuarbeiten und noch existierende Grenzen zu minieren.

Literatur

Azizi L, Bien C, Sassen R (2018) Recent trends in sustainability reporting by German universities. Hamburg. Working Paper. S 1–29

HOCH-N (2017) HS-DNK-Beta-Version. S. 2 ff. https://www.hochn.uni-hamburg.de/-downloads/wissen/nhb/2017-05-09-hs-dnk-beta-version.pdf. Zugegriffen: 16. Febr. 2018

Rat für Nachhaltige Entwicklung (2016) Der hochschulspezifische Nachhaltigkeitskodex, 2. überarb. Entwurf. S. 1. http://www.deutscher-nachhaltigkeitskodex.de/fileadmin/user_upload/dnk/dok/160530_HS-DNK_Beta-Version_dt.pdf. Zugegriffen: 16. Febr. 2018

Riccarda Retsch ist wissenschaftliche Referentin in der Geschäftsstelle des Rates für Nachhaltige Entwicklung (RNE) in Berlin und betreut dort die Themen Bildung und Forschung. 2015/2016 hat sie in Zusammenarbeit mit deutschen Hochschulakteuren eine Beta-Version des hochschulspezifischen Nachhaltigkeitskodex erarbeitet. Vor ihrer Zeit beim Nachhaltigkeitsrat war Frau Retsch für die Deutsche Gesellschaft für Internationale Zusammenarbeit (GIZ) GmbH im Bereich der internationalen Klima- und Umweltpolitik tätig. Frau Retsch hat Geografie, BWL und Südasienpolitik an der Ruprechts-Karls-Universität in Heidelberg studiert.

Nachhaltige Entwicklung als Ausgangspunkt strategischer Überlegungen im Hochschulmanagement

Alexander Herzner

1 Einleitung

Seit dem sog. Brundtland-Bericht 1987 und der Rio-Konferenz 1992 besteht globale Einigkeit in Politik, Wirtschaft und Gesellschaft über das Leitbild einer nachhaltigen Entwicklung. Inzwischen versucht die Weltgemeinschaft eine Entwicklung voranzutreiben, die es zukünftigen wie derzeitigen Generationen erlaubt, ihre Bedürfnisse im Rahmen der Belastungsgrenzen des Planeten zu decken (World Commission on Environment an Development 1987). Die Vereinten Nationen haben zur Umsetzung dieses Leitbilds 17 Ziele (die sog. Sustainable Development Goals, SDG) mit jeweils bis zu 10 Unterzielen definiert, die sich in den verschiedensten Themen mit einer nachhaltigen Entwicklung beschäftigen (SDG 2015). Damit wurden die acht Millennium Development Goals abgelöst und erstmals der Fokus auf alle Länder dieses Planeten gelegt. Zu diesen 17 Zielen gehört u. a. das Ziel 4 Education, das im Unterziel 7 fordert, dass alle Lernenden bis 2030 die notwendigen Kenntnisse und Kompetenzen erworben haben, um die nachhaltige Entwicklung zu fördern (Martens und Obenland 2015; SDG 2015). Den Bildungseinrichtungen – und damit auch den Hochschulen – kommt damit die hohe Verantwortung zu, zukünftige Entscheider mit den nötigen Inhalten, Methoden und Instrumenten auszustatten.

Bereits vor den SDG war das Thema nachhaltige Entwicklung im Bildungssektor angekommen: Der im Jahr 2010 gestartete Aufruf der Hochschulrektorenkonferenz und der Deutschen UNESCO-Kommission, das Weltaktionsprogramm Bildung für nachhaltige Entwicklung (2015–2019) umzusetzen, eröffnete für Hochschulen das Themenfeld Nachhaltige Hochschule (Hochschulrektorenkonferenz 2010; UNESCO 2015).

A. Herzner (✉)
OTH Amberg-Weiden
Weiden, Deutschland
E-Mail: a.herzner@oth-aw.de

Im Jahr 2011 veröffentlichte der Rat für nachhaltige Entwicklung die erste Version des Deutschen Nachhaltigkeitskodex und stellte damit den unterschiedlichsten Organisationen einen Rahmen zur Berichterstattung nichtfinanzieller Leistungen zur Verfügung und bot damit ein einfacheres Tool zur Umsetzung als z. B. der komplexe Standard der Global Reporting Initiative. Der Dialog des Rats für nachhaltige Entwicklung mit Hochschulen führte dazu, dass derzeit ein hochschulspezifischer Nachhaltigkeitskodex (Hochschul-DNK) entworfen wurde und sich nun an neun Hochschulen in der Testphase befindet (Rat für nachhaltige Entwicklung 2016). Gleichzeitig beschäftigen sich auch einzelne Bundesländer mit einer Bestandsaufnahme von Nachhaltigkeit an Hochschulen (Nachhaltige Hochschule 2017). Trotz all dieser Bemühungen steckt eine nachhaltige Entwicklung an Hochschulen noch in der Anfangsphase, was sich auch in einer überschaubaren Kommunikation dieser Themen an Hochschulen widerspiegelt (Lopatta und Jaeschke 2014; Sassen et al. 2014).

Die Schwierigkeiten im Umgang mit der Komplexität bei der Implementierung von normativen Prinzipien (wie z. B. den PRME 2017) erfordert für Hochschulen einen strukturierten Prozess, der es ihnen erlaubt, das Profil der Hochschule zu schärfen, die Aktivitäten für nachhaltige Entwicklung zu bündeln und damit einen aktiven Beitrag für das Erreichen der globalen Ziele zu leisten. Bisherige Prozesse vernachlässigen aber dabei das Profil der Organisation. Dieser Beitrag versucht diese Lücke mit einem angepassten Vorgehen zu schließen, verlinkt dieses mit dem Thema nachhaltige Entwicklung und gibt den Hochschulen ein entsprechendes Framework zur Unterstützung bei der Umsetzung nachhaltiger Entwicklung in die Strategie an die Hand.

2 Warum nachhaltige Entwicklung statt CSR als Ausgangspunkt strategischer Überlegungen

Bei Corporate Social Responsibility (CSR), also die soziale Verantwortung von Unternehmen „[...] für die Auswirkungen ihrer Entscheidungen und Aktivitäten auf die Gesellschaft und Umwelt durch transparentes und ethisches Verhalten" (ISO 26000 2011, S. 17), fühlen sich derzeit noch wenig Hochschulen angesprochen, auch wenn vermehrt eine Managementalisierung der Hochschulen stattfindet (Thom und Ritz 2008). Zum zweiten ist CSR nicht das globale Leitbild, sondern „[...] ein Konzept, das den Unternehmen als Grundlage dient, auf freiwilliger Basis soziale Belange und Umweltbelange in ihre Unternehmenstätigkeit und in die Wechselbeziehungen mit den Stakeholdern zu integrieren" (Europäische Kommission 2001, S. 8), das den Herausforderungen des 21. Jahrhunderts nicht in angemessener Art und Weise begegnen kann. Dabei wird CSR inzwischen als strategisch relevant angesehen. So wirbt z. B. der ISO 26000 bereits in der Einleitung mit den Vorteilen gesellschaftlich verantwortungsbewussten Verhaltens. CSR wirkt sich demnach positiv auf die Wettbewerbsfähigkeit, das Ansehen, die Erhaltung von Arbeitsmoral verbunden mit der Gewinnung und Bindung von Mitarbeitern, Kunden oder Mitglieder o. ä. sowie die Beziehung zu verschiedensten Anspruchsgruppen aus (ISO 26000 2011, S. 8).

Ähnlich listen Kotler und Lee (2005) eine Reihe von positiven Effekten auf, angefangen von höheren Verkaufszahlen bis zur besseren Einschätzung durch Investoren. Eine normative Forderung, wie sie in einem Leitbild ausgedrückt werden, lassen die CSR-Richtlinien daher schon einmal außen vor.

Gerade die CSR-Diskussion hebt immer hervor, dass es sich dabei um ein freiwilliges Konzept handelt, d. h. es obliegt den Organisationen selbst, ob sie überhaupt etwas unternehmen, ebenso was und wie sie bestimmte Themen der Nachhaltigkeit bearbeiten.

Vor diesem Hintergrund finden sich zwar viele positive Bekenntnisse von Organisationen zu CSR, doch sind diese eher leere Worthülsen: „Words, words, words. Looking over the history of corporate social responsibility, I can see it has consisted of 95 percent rhetoric and 5 percent action. Companies are adept at drawing up high-sounding mission statements. Changing the way they do business? That's something else" (Moskowitz 2002, S. 4).

Aus diesem Grund ist der CSR-Begriff derzeit weder inhaltlich noch normativ als Ausgangsbasis strategischer Überlegungen geeignet und wird für dieses Kapitel lediglich als eine Sammlung von Tätigkeiten für eine nachhaltige Entwicklung gesehen, die zweifelsohne die genannten Vorteile bietet und daher strategisch relevant ist. Denn bei einer starken Orientierung an die Erwartungen der Stakeholder wird inzwischen von einer Corporate Stakeholder Responsiblity gesprochen und Freeman et al. (2010, S. 60) sieht bei einer integrierten und strategischen Ausrichtung der Organisation an die Erwartungen und Bedürfnisse ihrer Stakeholder keine Notwendigkeit von CSR mehr. Wohl aber bedarf es einer werteorientierten Führung der Organisation mit einem sinnstiftenden Bild einer erstrebenswerten Zukunft (Freeman et al. 1988), wozu ein Leitbild dient.

Der Vollständigkeit halber sei erwähnt, dass aufgrund der oben skizzierten Definition von nachhaltiger Entwicklung Nachhaltigkeit nicht mit Langfristigkeit gleichzusetzen ist.

Gerade für Hochschulen bieten das Leitbild der nachhaltigen Entwicklung und die SDG vielfältige Bereiche, strategisch aktiv zu werden. Im Brundtland-Bericht wird hervorgehoben, dass „Humanity has the ability to make development sustainable to ensure that it meets the needs of the present without compromising the ability of future generations to meet their own needs" (World Commission on Environment and Development 1987, S. 8). Den Menschen wird die Fähigkeit zugesprochen, eine nachhaltige Entwicklung sicherzustellen. Das ist implizit die Forderung an die Bildungseinrichtungen, gerade diese Fähigkeiten bei den Menschen herzustellen, damit diese die SDG umsetzen können. Da eine Entwicklung immer einen Prozess zugrunde legt, der gegenüber dem ursprünglichen Zustand einen positiveren Zustand in der Zukunft anzielt, ist die nachhaltige Entwicklung ideal als Leitbild (der gewünschte Zustand) und das CSR-Konzept das Instrumentarium, dorthin zu gelangen.

3 Bisherige Vorgehensweisen zur operativen Umsetzung

Dieser Entwicklungsprozess ist in den gängigen Managementsystemen integriert, beispielsweise den verschiedenen ISO-Normen (z. B. zum Risiko- oder Qualitätsmanagement). Es wird in der strategischen Managementliteratur dann von einem kontinuierlichen Managementprozess, dem sog. Deming-Kreis, gesprochen, der diesen im Rahmen für Qualitätsmanagement von Shewhart aufgegriffen hat. Nach Deming untergliedert sich dieser Kreis, auch PDCA genannt, in die vier Schritte „Plan" (Was können wir tun?), „Do" (Lasst es uns tun), „Check" (Ergebnisse prüfen), „Act" (Standardisierung oder neue Ziele) und stellt idealerweise keinen Kreislauf, sondern eine Schleife dar, da am Ende des Prozesses nicht der gleiche Anfang steht, sondern inzwischen Veränderungen stattgefunden haben (Abb. 1; Deming 2000). Viele strategischen und operativen Maßnahmen bzw. Aktionen werden nach diesem Prozess durchgeführt und in vielen Managementsystemen ist diese Vorgehensweise enthalten.

Die europäische Antwort auf den Deming-Kreislauf kam von der European Foundation of Quality Management (EFQM). EFQM entwickelte darüber hinaus allerdings einen kompletten Managementansatz bestehend aus den Fundamental Concept, dem EFQM-Modell und der RADAR-Logik zur Umsetzung und Bewertung (www.EFQM.org). RADAR (Abb. 2) ist der Regelkreis für Organisationen in der EFQM Sprache und steht für „Results and Approach" („plan"), „Deployment" („do"), „Assessment and Refinement" („act and check"). Im Gegensatz zum PDCA greift die RADAR-Logik gezielt auch die Ergebnisse auf und verbindet die Anstrengungen der Organisation (Planung des Vorgehens, Umsetzung, Messung) mit den erzielten Ergebnissen. Somit ist eine erste Ursachen-Wirkung-Darlegung möglich, denn RADAR ist das Bewertungsschema für die Evaluierung der im EFMQ-Modell festgelegten Befähiger und Ergebnisse.

Beide Vorgehensweisen sind generischer Natur, daher beziehen sie sich explizit nicht auf eine normative Ausrichtung, um z. B. das Leitbild einer nachhaltigen Entwicklung mit aufzunehmen. Zwar werden in der Phase „Plan" bzw. „Approach" Ziele und Vorgehens-

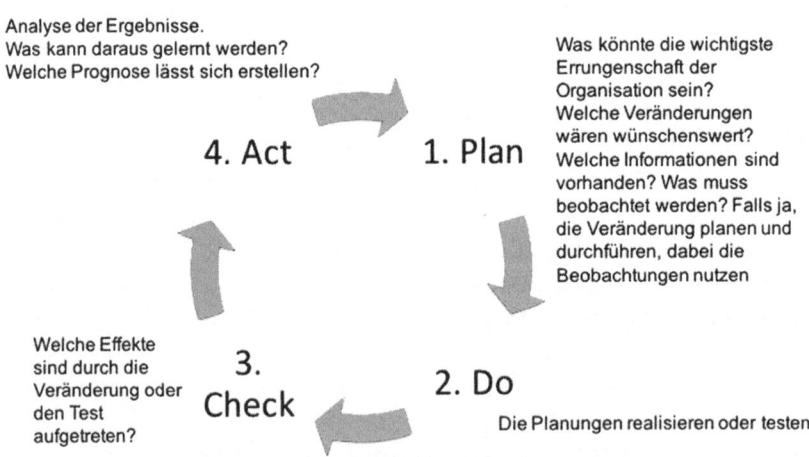

Abb. 1 Der Deming-Kreis, auch bekannt als PDCA-Zyklus. (In Anlehnung an Deming 2000, S. 88)

Abb. 2 Die RADAR-Logik. (EFQM 2012)

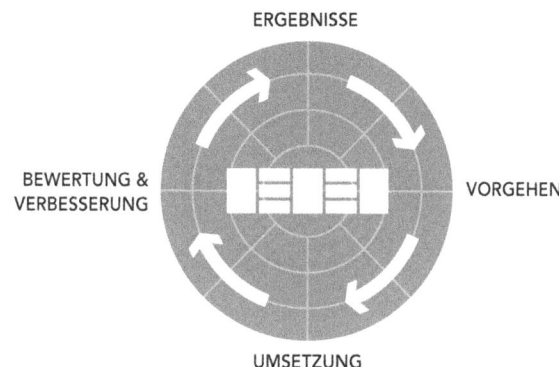

weisen angesetzt, aber dies erfolgt ohne einen normativen Rahmen (diese sind bei EFQM in den fundamentalen Konzepten, die mit RADAR lediglich gemessen werden). Die Rahmenbedingungen für die Ziele und Vorgehensweisen (man könnte auch Strategien sagen) stellen die Werte im festgelegten Leitbild dar. Daher wird im nächsten Abschnitt basierend auf PDCA und RADAR ein eigener Managementprozess entwickelt, der die Symbiose zwischen Leitbild und strategischer Umsetzung herstellt und die bestehenden Prozesse um eine normative Ausrichtung ergänzt.

Für diesen Beitrag wird er speziell für Hochschulen beschrieben.

4 Der strategische Prozess der Hochschule zur nachhaltigen Entwicklung

Für die strategische Ausrichtung der Hochschulen vor dem Kontext einer nachhaltigen Entwicklung greifen diese Prozesse daher etwas zu kurz, denn sowohl der PDCA als auch das EFQM-Modell sind stark an das Qualitätsmanagement (bzw. Managementsysteme im Allgemeinen) angelegt und legen den Fokus daher auf die stetige operative Verbesserung. Für eine effektive Strategie ist es notwendig, dass die operativen Prozesse konsistent mit der organisationalen Verantwortung sind (Freeman et al. 1988, S. 821 ff.) – hier das Leitbild der nachhaltigen Entwicklung. Für diesen Beitrag wird der Prozess daher erweitert und den Hochschulen damit eine Vorgehensweise für einen strategischen Umgang vor dem Leitbild der nachhaltigen Entwicklung gegeben. Der Prozess ist in Abb. 3 dargestellt und wird im Folgenden näher erläutert. Die einzelnen Prozessschritte sind bewusst als Verb gewählt, um den aktiven Charakter des Tuns in den Vordergrund zu stellen (Allio 2005, S. 16). Beibehalten wird die Grundidee von RADAR und PDCA, dass der aktuelle Status quo stetig weiterentwickelt wird (somit ein rollierender Status quo entsteht), denn in den einzelnen Prozessschritten findet sich der PDCA in den Details wieder (z. B. im Rahmen des Qualitätsmanagements oder Prozessmanagements). Die bestehenden Prozesse werden um die Schritte „Define" und „Configure" ergänzt, die nötig sind, das Leitbild

Abb. 3 Managementprozess für nachhaltige Entwicklung. (Eigene Darstellung)

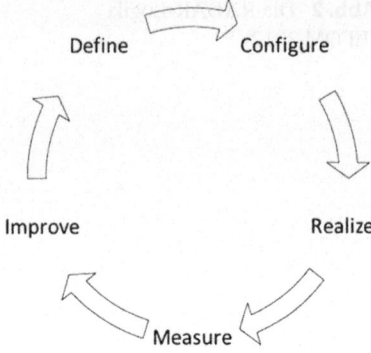

einer nachhaltigen Entwicklung zu definieren und strategisch zu verankern. Daraufhin müssen die Strategien über Prozesse umgesetzt werden („Realize"). Im Anschluss werden die Leistung und die Wirkung gemessen („Measure"). Weichen diese von den normativen Ansprüchen und den strategischen Zielen ab, muss an entsprechenden Stellen nachgebessert werden („Improve").

4.1 „Define"

Den Ausgangspunkt strategischer Überlegungen stellt die normative Definition dar. Wie Unternehmen auch, sollten sich Hochschulen gezielt normativ positionieren. Denn sowohl einzelne als auch kollektive Handlungen basieren immer auf bestimmten Wertehaltungen. Dabei wird der Ansicht gefolgt, dass Werte und Handlungen sich gegenseitig beeinflussen (Davidson 2002, S. 3–20).

Folgende Fragen führen in die Definitionsphase ein:

Was sind Vision und Mission der Hochschule? Welche Rolle spielt die nachhaltige Entwicklung dabei? Was bedeutet Nachhaltigkeit für die jeweilige Hochschule? Was ist der Auftrag bzw. der Beitrag der Hochschule bezüglich nachhaltige Entwicklung?[1]

Die Hochschule sollte dies kurz und prägnant in ihrem Mission-Statement festhalten und in ihrem Leitbild konkretisieren.

Der normative Prozess findet idealerweise mit der Einbindung relevanter Stakeholder statt (GRI-G4 2013). So können in verschiedenen Workshops mit Studierenden, Mitarbeitern und weiteren Partnern der Hochschule die gemeinsamen Werte und Ziele für das Leitbild reflektiert und festgelegt werden. Erst wenn ein normatives Bewusstsein entstanden ist, kann das Thema auch gelebt werden. Das Leitbild gibt daher die Leitplanken für die Strategien vor (Heitzer 2001, S. 308). Dafür ist es notwendig, dass alle das Leitbild

---

[1] Inzwischen gibt es in Deutschland verschiedene Initiativen, die sich mit dem Verständnis von Nachhaltigkeit an Hochschulen beschäftigten, sodass ein intensiver Austausch zwischen mehreren Hochschulen besteht (vgl. exemplarisch Nachhaltige Hochschule 2017).

kennen und akzeptieren. Anhand dieser Aussage wird bereits ein Reifegrad ersichtlich (Herzner 2016).

Inzwischen existieren auch für Hochschulen verschiedene Initiativen, die sowohl Orientierung bei der Auswahl der Themenschwerpunkte (z. B. Lehre, Campusmanagement, Forschung) als auch Unterstützung bei der normativen Fragestellung anbieten. Einen internationalen, an die SDG angelehnten und von den UN unterstützten Fahrplan bieten die United Nations Principles for Responsible Management Education (http://www.unprme.org).

Die Freie Universität Berlin z. B. formulierte in ihrem Nachhaltigkeitsleitbild genau, welche Themen (z. B. Wissenschaft, Lehre, Campusmanagement) bearbeitet werden und definierte deren Bedeutung. Das Leitbild startet mit der Definition von nachhaltiger Entwicklung, an die ein explizites Bekenntnis folgt: „[...] Die Freie Universität Berlin orientiert ihre Forschung, Lehre und Verwaltung an den Prinzipien einer nachhaltigen Entwicklung" (FU Berlin 2016).

4.2 „Configure"

Nach der normativen Ausrichtung steht die Konfiguration der Strategien an. Zur Entwicklung leistungsfähiger Strategien ist das passende Set, bestehend aus Prozessen und Organisationsstruktur, ausschlaggebend (Yaprak et al. 2011). Folgende Fragen bieten dazu Orientierung:

Welche Themen (Orientierung an den SDG) passen zur Hochschule? Welche Themen will die Hochschule darüber hinaus besetzen? Welche Kompetenzen sind bereits vorhanden? Welche Kompetenzen müssen ausgebaut werden? In welchen Handlungsfeldern der Hochschule kann bzw. will sie aktiv werden (z. B. Schwerpunkt Forschung, Lehre, Campus etc.)? Wie kann sich die Hochschule dazu organisieren?

Dafür kann die Hochschule z. B. einen Nachhaltigkeitsbeauftragten benennen oder eine eigene Abteilung die Verantwortung dafür übertragen (www.oth-aw.de/nachhaltigkeit).

Mit der Konfiguration wird jener strategische Prozess verstanden, Nachhaltigkeit in bestehende Strategien aufzunehmen oder bestehende Strategien um eine nachhaltige Entwicklung zu erweitern. Da etwa 90 % der Strategien bei der Umsetzung scheitern (Speculand 2014), erscheint es ratsam, Nachhaltigkeit in alle Strategien zu integrieren und eine von anderen Strategien isolierte Strategie Nachhaltigkeit zu vermeiden (nachhaltige Entwicklung als Querschnittsthema bestehender Strategien). Um die Realisierung der Strategie zu ermöglichen, sind verschiedene Aspekte zu beachten, die entsprechend zu konfigurieren, sprich zu gestalten sind. Daher kann dies als To-do-Liste ohne Anspruch auf Vollständigkeit verstanden werden (Tarlatt 2001, S. 167 ff.):

- Erstellung der Strategie mit Zielen, Messgrößen und Zielwerten im Rahmen eines konsensorientierten Prozesses unter Berücksichtigung relevanter Stakeholder
- Richtung der Strategieimplementierung (Top-down, Bottom-up, From-the-Middle)

- Intensität der Implementierung (z. B. stufenweise, progressiv, inkremental, radikal)
- Organisation der Implementierung (Verantwortlichkeiten und Integration in die Hochschulorganisation – z. B. als Stabseinheit, mit Ansprechpartner in der Hochschulleitung etc.)
- Unterstützende Maßnahmen zur Implementierung: Dialog und Kommunikation der Strategie (Kennen alle Mitarbeiter die Strategien der Hochschulen? Haben sie diese verstanden und fühlen sich der Strategie verbunden?)
- Entsprechende Unterstützungsmaßnahmen: Es könnten bestimmte Reaktanzen auftreten, denen durch motivationsunterstützende Maßnahmen entgegengewirkt werden kann (z. B. Partizipation, Anreize). Sind Instrumente und Maßnahmen geplant und mit entsprechenden Ressourcen ausgestattet?

4.3 „Realize"

Die Realisierung nach der Anpassung der Strategien ist die Umsetzung der in den Strategien festgelegten Maßnahmen zur Erreichung der Ziele. Die Realisierung der Vision und die Erfüllung der Mission geschieht durch eine in Prozesse heruntergebrochene Strategie. Es werden Maßnahmen für die jeweiligen Ziele formuliert und entsprechend der Fortschritt dieser Maßnahmen regelmäßig überprüft. Entsprechend müssen alle Prozesse (sog. Geschäfts- und Managementprozesse) entsprechend ausgestaltet werden, dass sie zur Umsetzung der Strategien beitragen und dabei relevante Stakeholder mit einbeziehen (Lommer 2010).

Die folgenden Fragen führen in das Thema Umsetzung von Strategien ein (Allio 2005; Lommer 2010; Kaplan und Norton 1992):

Wie kann die Mission erreicht werden? Wird die Strategie verständlich kommuniziert? Sind die Ziele und Aufgaben klar? Kommunizieren sie darüber hinaus über alle der hier genannten Prozessschritte hinweg? Sind für die Maßnahmen Verantwortungen und Ressourcen bestimmt?

Beispiele für eine Anpassung der Prozesse könnte sein, dass die Hochschule die Curricula der Studiengänge an die nachhaltige Entwicklung anpasst, ein internes Umweltmanagementsystem implementiert oder Beschaffungsrichtlinien ändert.

4.4 „Measure"

Gemäß dem Motto „What you measure is what you get" (Kaplan und Norton 1992, S. 71) muss die Wirksamkeit der Maßnahmen qualitativ oder quantitativ gemessen werden. Die Indikatoren leiten sich aus der Mission (s. Schritt 1 „Define") ab und müssen geeignet sein, die Strategie in wenigen Messgrößen wiederzugeben. Wichtig ist dabei, nicht nur die Leistung, sondern v. a. die Wirkung zu messen, um festzustellen, ob diese mit der in „Define" festgelegten gewünschten Wirkung übereinstimmt.

Fragen Sie sich daher (Allio 2005; Kaplan und Norton 1992, 2001; EFQM 2013): Welche Indikatoren oder Kennzahlen spiegeln das Ziel und die erwünschte Wirkung wider? Sind die Daten dafür verfügbar? Ist ein positiver Trend ersichtlich? Sind die Indikatoren kongruent zur festgelegten Mission? Sind die Kennzahlen ausgewogen?

Die stetige Überprüfung von relevanten Wirkungskennzahlen hilft, den Beitrag zur nachhaltigen Entwicklung offen zu legen. Dafür werden den im Schritt „Realize" gesetzten Zielen passende Messgrößen zugewiesen. Werden Leistung und Wirkung gemessen, erhält die Hochschule Aufschluss darüber, ob die in „Define" festgelegte erwünschte Wirkung auch tatsächlich eingetreten ist (oder nur eine illusorische Blase ist). Daraus ergibt sich dann das Handlungsfeld für den letzten Schritt „Improve".

Für die nachhaltige Entwicklung können Hochschulen – zumindest für den Bereich des Campusmanagements – auf die Global Reporting Initiative (GRI) zurückgreifen. Auch für die spezifischen Aufgabenfelder Forschung und Lehre gibt es inzwischen Indikatoren bzw. wird es demnächst Rahmenwerke geben (GRI-G4; Hochschul-DNK).

Hat die Hochschule das Thema Energiemanagement auf der Agenda und aus ihrem Leitbild abgeleitet, so müssen die Indikatoren dieses Ziel wiedergeben. Der GRI-EN 3 zeigt den Energieverbrauch innerhalb der Organisation und kann mit einem Zielwert hinterlegt werden. Eine Abweichung zwischen Soll und Ist kann nachvollzogen werden und entsprechend nach Abschn. 4.5 Verbesserungen können eingeleitet werden.

4.5 „Improve"

Unabhängig der Ergebnisse aus Abschn. 4.4 ist eine stetige Verbesserung anzustreben. Weichen die Ergebnisse von den erwarteten Zielwerten ab, so beginnt der Prozess bei der Reflektion der Vision und Mission. Darauffolgend wird der gesamte Prozess erneut durchlaufen. Dies gilt auch, falls alle Ziele erreicht wurden. In diesem Fall können neue Ziele gesetzt werden, um die Hochschule permanent weiter zu entwickeln. Auch rückblickend kann das Erreichte reflektiert werden, um neue Impulse für die Zukunft zu erhalten.

Folgende Fragen können unterstützen:

Passte die Strategie zu unserer Vision bzw. Mission? Wurde die Strategie verständlich kommuniziert? Wurde die Strategie umgesetzt – welche Hindernisse traten auf? Sind die Prozesse abgestimmt worden? Wurden die richtigen Kennzahlen erhoben? Was sind die Gründe für die Abweichungen? Was muss verbessert und sichergestellt werden, damit diese Abweichungen verringert oder eliminiert werden?

Analysiert die Organisation den Prozess Schritt für Schritt, so kann der jeweilige Prozessschritt individuell angepasst werden. So mag das Ergebnis der Analyse sein, dass sich die Mission nicht ändert, aber die Strategie nicht zur Mission passte. Ebenfalls kann möglich sein, dass die Strategie zwar gut gewählt war, doch nicht durch entsprechende Prozesse umgesetzt wurde. Unter Umständen waren auch keine geeigneten Zielgrößen (z. B. unrealistisch) oder Messgrößen gewählt oder nicht relevante Zielgrößen angesteu-

1. Mission Was ist der Auftrag/Beitrag der Hochschule zur nachhaltigen Entwicklung?
Beispiel: Die Hochschule orientiert sich an dem Leitbild der nachhaltigen Entwicklung und setzt daher die sechs Prinzipien für verantwortungsvolle Managementausbildung um.

2. Thema	3. Ziel	4. Ergebnisse	
Konkrete Beschreibung der Themen, die strategisch bearbeitet werden sollen	Welche konkrete Ziele sollen erreicht werden?	Messung der aktuellen Ergebnisse mit relevanten Kenngrößen, passend zum Thema und Ziel	Welche Ergebnisse werden für diese Kennzahl angestrebt?
Beispiel: Forschung zu SDG 7, Lehre zu SDG 14, 15	Beispiel: Vorlesungen mit direktem Bezug zu SDG 7, indirekt zu SDG 14, 15	Beispiel: keine Vorlesung zu SDG 7, 1 Vorlesung zu SDG 14	Beispiel: 2 Vorlesungen zu SDG 7, je 1 Vorlesung zu SDG 14,15

5. Umsetzung			
Maßnahmen	benötigte Resourcen	Zeitplan	Status
Was muss getan werden, damit die in 2. und 3. definierten Ziele erreicht und die in 4. erwünschten Ergebnisse erzielt werden können?	Welche Resourcen werden benötigt, damit die Maßnahmen durchgeführt werden können?	Wie lange wird es dauern/Bis wann sollen die Maßnahmen realisiert	Wie ist der Status?
Beispiel: Ausbau der Vorlesungen und z.T. Änderung der Modulhandbücher	Beispiel: 1 Lehrbeauftragten für die Vorlesung, ggf. Exkursion oder Vortrag von Experten	Beispiel: Vorbereitung 1 Semester	Beispiel: Lehrbeauftragter angefragt, Finanzierung offen

© Alexander Herzner

Abb. 4 Template zur Implementierung nachhaltiger Entwicklung in Strategien

ert. Auch kann ein Grund in der Messung von nicht relevanten Indikatoren sein, die daher keine gute Aussagekraft geben.

Das Beispiel Energiebedarf aus Abschn. 4.4. kann noch einmal aufzeigen, wie eine Verbesserung praktisch aussehen kann. Wird eine Abweichung des Energiebedarfs festgestellt, so ist zunächst der Hintergrund in Erfahrung zu bringen. So können z. B. neue Labore oder Anlagen in Betrieb genommen worden sein, da diese für einen neuen Studiengang notwendig sind. In diesem Fall ist eine Abweichung von den bisherigen Zielen logisch. Die Mission, eine energiesparende Hochschule sein zu wollen, ist davon nicht betroffen. Allerdings kann die Strategie angepasst werden. Um einen Ausgleich des Energiemehrbedarfs zu den Zielen der nachhaltigen Entwicklung zu leisten, kann z. B. auf Strom aus erneuerbaren Energien gewechselt werden.

5 Umsetzung der Vorgehensweise mithilfe eines Management-Dashboards

Um den oben beschriebenen theoretischen Prozess auch praktisch zu unterstützen, kann das in Abb. 4 gezeigte Template die Hochschulen begleiten, den Prozess konsistent zu durchlaufen und dabei das Thema nachhaltige Entwicklung in die Strategien mit aufzunehmen. Das Template versucht, die Komplexität zu minimieren, dies gelingt ihm aber nicht vollends.

Zum Beispiel[2] kann die Hochschule als Mission (1.) ausrufen, dass sie ihre Lehre an dem Leitbild der nachhaltigen Entwicklung ausrichtet und sich dabei auf die SDG beruft. Als Thema (2.) wählt somit die Hochschule für technische Studiengänge das SDG 7 „Clean Energy" und für die naturwissenschaftlichen Studiengänge z. B. SDG 14 „Life below water" und SDG 15 „Life on Land" aus. Entsprechend werden möglichst konkrete Ziele (3.) mit Zielwerten ausgegeben, beispielsweise das Angebot einzelner Lehrveranstaltungen, Exkursionen oder Veranstaltungen, die auf vier Module und drei Exkursionen (4.) für die relevanten Studiengänge angestrebt werden. Gemessen wird derzeit lediglich ein Modul (4.). Entsprechend müssen an der Umsetzung (5.) bestimmte Maßnahmen (z. B. Zukauf von Lehrveranstaltungen durch Lehrbeauftragte) ergriffen werden, die mit den nötigen Ressourcen (entsprechendes Budget) ausgestattet werden. Als Zeitplan zur Zielerreichung wird ein Semester angesetzt. Der Status entspricht daher derzeit aktiv, da bereits Modulhandbücher stehen und Lehrbeauftragte angefragt wurden.

6 Ausblick

Der Beitrag zeigte drei Aspekte auf. Zum einen, dass eine abschließende Definition grundlegender Begriffe immer noch nicht vorliegt, für strategische Überlegungen der Autor allerdings nachhaltige Entwicklung favorisiert, da der prozessuale Charakter hier am deutlichsten wird. Die SDG bieten einen guten Überblick, was nachhaltige Entwicklung bedeuten kann, internationale Prinzipien wie die UN PRME geben den Rahmen dafür vor. Damit ist der Grundstock gelegt, dass weniger Zeit für die Definition und mehr Zeit für das Handeln aufgewendet werden kann (95 % Handlung und nur 5 % Rhetorik).

Zweitens bietet nachhaltige Entwicklung mit den SDG vielseitige Themengebiete, die für Hochschulen großes Potenzial für eine Positionierung bieten. In Kombination mit standardisierten Verhaltensvorgaben sind die Handlungsmöglichkeiten (vom Selbstverständnis bis zum Dialog – angelehnt an die sechs Prinzpen der UN PRME) eine gute Ausgangsbasis, nachhaltige Entwicklung nun auch strategisch anzugehen.

Drittens ist eine prozessorientierte und strukturierte Herangehensweise an das Thema nachhaltige Entwicklung für Hochschulen hilfreich. Der Beitrag zeigt einen solchen Prozess, der die normative Sichtweise der Hochschule auf das Thema strategisch verankert und operativ umsetzen lässt. Dazu wurde neben einem Vorgehensprozess auch ein passendes Management-Dashboard (Template) vorgestellt, dass Verantwortliche unterstützen soll, nachhaltige Entwicklung in Strategien mit aufzunehmen.

Gerade die letzten und die nächsten Monate zeigen, dass das Thema Nachhaltigkeit an Hochschulen große Fahrt aufgenommen hat und diese Entwicklung nicht mehr zu stoppen ist. Sowohl international, national und auf Bundesländerebene sind Projekte angestoßen worden, die sich mit der Umsetzung von Nachhaltigkeit an Hochschulen beschäftigen.

---

[2] Es wurde ein fiktives Beispiel gewählt, Ähnlichkeiten zu möglichen Hochschulen sind rein zufällig.

Derzeit liegen diese Ergebnisse noch nicht öffentlich vor. Allein diese Tatsache zeigt aber die derzeit hohe Dynamik an den Hochschulen und die hohe Relevanz des Themas. Den vielen Bemühungen bleibt ein Erfolg zu wünschen.

Literatur

Allio MK (2005) A short, practical guide to implementing strategy. J Bus Strategy 26(4):12–21
Berlin FU (2016) Nachhaltigkeitsleitbild. http://www.fu-berlin.de/sites/nachhaltigkeit/10_dokumente/Nachhaltigkeitsleitbild/Nachhaltigkeitsleitbild_FUB_finale_Fassung-mit-Unterschriften.pdf. Zugegriffen: 24. März 2017
Davidson D (2002) Essays on actions and events. Oxford University Press, Oxford
Deming EW (2000) Out of the crisis. MIT Press, Cambridge, London
EFQM (2012) EFQM excellence modell 2013. EFQM Publications, Bruessels
Europäische Kommission (2001) Grünbuch – Europäische Rahmenbedingungen für die soziale Verantwortung der Unternehmen. Europäische Kommission, Brüssel
Freeman RE et al (2010) Stakeholder theory, the state of the Art. Cambridge University Press, Cambridge
Freeman R, Gilbert D, Hartman E (1988) Values and the foundations of strategic management. J Bus Ethics 7:821–834
GRI-G4 (2013): *G4 Leitlinien zur Nachhaltigkeitsberichterstattung,* Global Reporting Initiative, Amsterdam
Heitzer B (2001) Strategische Steuerung nachgeordneter Behörden durch Ministerien. In: Horvath P (Hrsg) Strategien erfolgreich umsetzen. Schäffer-Poeschel, Stuttgart, S 301–326
Herzner A (2016) Implementierung und Bewertung der Anwendung internationaler Leitfäden für soziale, ökologische und ökonomische Verantwortung in Organisationen. Forschungsbericht Oth Amberg-Weiden 2016:15–18
Hochschulrektorenkonferenz (2010) Erklärung der Hochschulrektorenkonferenz (HRK) und der Deutschen UNESCO-Kommission (DUK) zur Hochschulbildung für nachhaltige Entwicklung. http://www.hrk.de/positionen/gesamtliste-beschluesse/position/convention/hochschulen-fuer-nachhaltige-entwicklung/. Zugegriffen: 18. Nov. 2015
ISO 26000 (2011): Leitfaden gesellschaftlicher Verantwortung 2011-01, o.O.
Kaplan R, Norton D (2001) Die Strategiefokussierte Organisation. Schäffer-Poeschel, Stuttgart
Kaplan RS, Norton D (1992) The balanced scorecard – meassures that drive performance. Harvard Bus Rev 70(1):71–79
Kotler P, Lee N (2005) Corporate social responsibility. Wiley & Sons, New Jersey
Lommer J (2010) Durch Werte- und Prozessmanagement zur Selbstorganisation. In: Keuper F, Neumann F (Hrsg) Corporate governance, risk management und compliance. Gabler, Wiesbaden, S 237–266
Lopatta K, Jaeschke R (2014) Sustainability reporting at German and Austrian universities. Int J Educ Dev 5(1):66–90
Martens J, Obenland W (2015) Die 2030-Agenda, Globale Zukunftsziele für nachhaltige Entwicklung. Global Policy Forum/terre des hommes, Bonn, Osnabrück
Moskowitz M (2002) What has CSR really accomplished. Bus Ethics 16(3/4):4
Nachhaltige Hochschule (2017) Hochschule und Nachhaltigkeit Bayern – Startseite. http://www.nachhaltigehochschule.de/. Zugegriffen: 20. März 2017
Rat für nachhaltige Entwicklung (2016) Der Nachhaltigkeitskodex geht jetzt an die Hochschulen – Rat für nachhaltige Entwicklung. https://www.nachhaltigkeitsrat.de/aktuelles/projekte-

des-rates/detailansicht/artikel/der-nachhaltigkeitskodex-geht-jetzt-an-die-hochschulen/. Zugegriffen: 21. März 2017

Sassen R, Dienes D, Beth C (2014) Nachhaltigkeitsberichterstattung deutscher Hochschulen. Zeitschrift Für Umweltpolit Umweltr 37:258–277

SDG (2015) UN Sustainable Development Goals, http://www.un.org/sustainabledevelopment/sustainable-development-goals/. Zugegriffen 24. Januar 2016

Speculand R (2014) Bridging the strategy implementation skills gap. Strateg Dir 30(1):29–30

Tarlatt A (2001) Implementierung von Strategien im Unternehmen. DUV, Gabler, Wiesbaden

Thom N, Ritz A (2008) Public management, 4. Aufl. Gabler, Wiesbaden

UN PRME (2017) UN principles for responsible management education. http://unprme.org. Zugegriffen: 21. März 2017

UNESCO (2015) Auftakt des Weltaktionsprogramms BNE in Deutschland. http://www.bne-portal.de/un-dekade/meldungen/auftakt-des-weltaktionsprogramms-bne-in-deutschland/. Zugegriffen: 18. Nov. 2015

World Commission on Environment and Development (1987) Our common future Bd. 2. Oxford University Press, Oxford

Yaprak A, Xu S, Cavusgil E (2011) Effective global strategy implementation: structural and process choices facilitating global integration and coordination. Manag Int Rev 51(2):179–192

Alexander Herzner has a Master of Science in Business Administration from the university Bamberg. He worked in several practical and scienctific projects, especially in the fields of strategic management, sustainability and business ethics. As a freelancer he is supporting organisations on the path to excellence since 2006. Since 2011 he is adjunct professor for controlling and sustainability at german universities and since 2014 sustainability advisor at the Ostbayerische Technische Hochschule (University of applied sciences) Amberg-Weiden.

Publications can be seen at https://www.researchgate.net/profile/Alexander_Herzner or http://www.visionpluschange.com or http://www.oth-aw.de/nachhaltigkeit

Corporate Social Responsibility an der Business School: Mythen und Erzählungen

Volker Rundshagen

1 Einleitung

Im tertiären Bildungssektor gibt es einen tiefgreifenden Wandel. Universitäten und Hochschulen sehen sich seit ungefähr zwei Jahrzehnten großen Veränderungen gegenüber (z. B. Bronstein und Reihlen 2014). Öffentliche Hochschulen sind einer Politik ausgesetzt, die sie – wie andere öffentliche Institutionen auch – zur Anwendung von Managementprinzipien aus der Unternehmenswelt anhält und sie zu Marktteilnehmern und Wettbewerbern macht (Jongbloed 2015); private Hochschulen sind vermehrt in den Markt eingestiegen. In Deutschland hat darüber hinaus die Debatte über die Bologna-Reform und letztlich über die grundlegende Idee, was (universitäre) Bildung ausmachen soll, breiten Raum eingenommen (z. B. Lenzen 2014).

Diese Veränderungen stehen in einem größeren Kontext, der wesentlich durch die beinahe weltweite, wenn auch in verschiedenen Varianten und Ausprägungen erfolgte Verbreitung des Neoliberalismus charakterisiert ist (Harvey 2005). In dessen Folge sind auch Veränderungen der grundlegenden Normen, anhand derer wir beurteilen, was akzeptabel ist, zu beobachten: das Phänomen der „shifting baselines" (Büllesbach 2017). Vor allem seit der Finanzkrise von 2008 mehren sich jedoch auch öffentlich die kritischen Stimmen, die Unbehagen mit den neuen, neoliberal induzierten Normen zum Ausdruck bringen. Es gibt die Diagnose, dass die lange dominante Erzählung über das Unternehmen als einzig dem Shareholder Value verpflichtete Gewinnmaximierungsmaschine fehlgeleitet ist (z. B. Pirson 2017). Ferner wird die Auffassung von (höherer) Bildung als utilitaristisches Arbeitsmarktinstrument als zu kurzsichtig und letztlich demokratie- und gesellschaftsgefährdend eingestuft (z. B. Nussbaum 2010).

V. Rundshagen (✉)
Hochschule Stralsund
Stralsund, Deutschland
E-Mail: volker.rundshagen@hochschule-stralsund.de

Ein Ansatz zur Analyse derartiger Normveränderungen sowie ihrer gesellschaftlichen Wechselwirkungen mitsamt den kritischen Gegenbewegungen ist ihre Betrachtung auf Basis des Konzepts Mythos (z. B. Dant 2003). Dieses Kapitel bietet eine kritische Einschätzung der aktuellen Erfolgsgeschichten Business School und Corporate Social Responsibility (CSR) auf Grundlage dieses Konzepts, verknüpft mit dem Prinzip der Erzählung als sinnstiftende Instanz (z. B. Czarniawska 2004). Auf diesem theoretischen Fundament wird auch betrachtet, welche Dilemmata für das Hochschulmanagement von Business Schools im gegenwärtigen Diskurs entstehen.

Business Schools sind in diesem Kontext ein besonders interessanter Untersuchungsgegenstand, da sie oben beschriebene Entwicklungen katalysieren: Innerhalb des tertiären Bildungssektors sind sie einerseits spektakuläre und profitable Erfolgsgeschichten mit globaler Expansion, wenngleich sie auch universitäre Governance-Herausforderungen verursachen (z. B. Spender 2016; Starkey und Tiratsoo 2007). Andererseits sind sie Adressat öffentlicher Kritik, die die Rolle der Business Schools als Ausbilder von Topmanagern und deren Verwicklung in Unternehmensskandale oder Wirtschaftskrisen hinterfragt und die Berechtigung der vermittelten Inhalte anzweifelt (z. B. Donaldson 2012). Das Themenfeld CSR ist eine ideale Ergänzung für diese Betrachtung, denn es beinhaltet explizit *Verantwortung*, die Business Schools als Institution ebenso wie als Vermittler von Wirtschaftsbildung übernehmen müssen.

Die folgenden Abschn. 2 und 3 stellen die theoretischen Konzepte Mythos und Erzählung vor. Abschn. 4 und 5 konzeptualisieren CSR und die Business School als Gegenstand und Projektionsfläche für Mythen und Erzählungen. Abschn. 6 stellt Optionen und Dilemmata für Business School Manager zur Diskussion, gefolgt von einem Fazit in Abschn. 7.

2 Mythen

Mythos ist ein weites Feld, dessen Exploration den hiesigen Rahmen natürlich sprengen würde. Für den Kontext dieses Kapitels ist zunächst die Unterscheidung zweier Arten von Mythen relevant: Zum einen gibt es den traditionellen Mythos, zum anderen den modernen Mythos (Dant 2003). Ersterer beruht auf historischen, fiktiven Erzählungen über phantastische Abenteuer, deren Hauptdarsteller auf übernatürliche Kräfte zurückgreifen können oder solchen ausgesetzt sind. Es bestehen ganze Systeme verbundener Mythen, die als *Mythologie* bezeichnet werden (z. B. Carpenter 2012). Ein besonders berühmtes Beispiel hierfür ist die Mythologie der griechischen Antike; ein Füllhorn illustrer Personalien von Achilles bis Odysseus und phantastischer Abenteuer oder Leidensgeschichten wie der Odyssee.

In diesem Kapitel bezieht sich Mythos hingegen auf den modernen Mythos. Dieser ist zeitlos und stellt kausale Zusammenhänge zwischen menschlicher Handlungsweise und deren Konsequenzen her – ungeachtet des Realitätsgehalts dieser Relation. In den Geschichten moderner Mythen gibt es keine Hauptakteure oder Helden, stattdessen üblicherweise einen moralisch konnotierten oder erzieherischen Zweck (Dant 2003). Moderne

Mythen können das Reale mit dem Fiktiven oder Idealen mischen (Ferguson 1992), und sie werden lanciert, um Entscheidungen zu leiten und Geschehnisse zu legitimieren. Somit haben sie im politischen Diskurs eine manipulative Funktion (Barthes 2012), was sogar ihre Einschätzung als Massenbetrug (Cohen 2010, S. 592) nahelegt, insofern sie eine politisch herbeigeführte Situation als naturgesetzlich, mithin unumkehrbar oder alternativlos darstellen.

Die Aufklärung entstand einst als Gegenprojekt zum (kirchlichen) Dogma und mit dem Anspruch, Mythen durch rationales Denken und wissenschaftliche Methodik zu ersetzen – auch, um ungerechte soziale Verhältnisse, die eben nicht naturgesetzlich begründet waren, zu überwinden (z. B. Venn 2006). Bis heute gilt: „Wer ohne Rücksicht auf den Stand der Kunst philosophiert, betreibt letztlich immer das Geschäft eines Mythos" (Sloterdijk 2005, S. 18). Paradoxerweise können wir jedoch konstatieren, dass (oft genug) auch das Geschäft eines Mythos betreibt, wer gerade dem State of the Art folgt. Das reflektiert den Kern der *Dialektik der Aufklärung* (Horkheimer und Adorno 2010): Rationalität birgt Mythos in sich, die Aufklärung schlägt durch Verabsolutierung der wissenschaftlichen Vernunft selbst in Mythos um.

Ein prominentes Beispiel für derartige Dialektik und manipulative Wirkungsweise des modernen Mythos ist die scheinbar rationale neoliberale Gleichung *freier Markt gleich Demokratie gleich Freiheit* (Gehmann 2003). Ein verlockendes Motto, denn wer möchte nicht gern frei sein und in einer Demokratie leben? Dieser Mythos verleitet zu politischen Handlungen im Sinn seiner Urheber (d. h. Deregulierung, Privatisierung und Steuerentlastung zugunsten der größten Vermögen), die den Markt als Naturzustand der optimalen Ressourcenverteilung propagieren. Doch bereits die Grundidee eines freien Markts ist eine Fiktion. Schon Karl Polanyi hat ausführlich dargelegt, dass der Markt ein Konstrukt ist, das *immer* von institutionellen, staatlichen Akteuren und den von ihnen gesteckten Rahmenbedingungen abhängt und darüber hinaus sogar bedrohlich für die Freiheit der individuellen Menschen wie auch für das Allgemeingut sein kann (Block und Somers 2014). Überdies wird der – ohnehin mythisch vielfach aufgeladene – Begriff der Freiheit in dieser Gleichung weder hinterfragt noch differenziert, obgleich eine Debatte darüber, welche und wessen Freiheit in welcher Form angestrebt werden kann, um sie als Leitwert zu erhalten und als Katalysator für übergeordnete Ziele wie Gerechtigkeit, Nachhaltigkeit oder ein gelingendes Leben für alle – freilich ebenfalls mythisch relevante Begriffe – zu verstehen, dringend geboten ist (z. B. Dierksmeier 2016; Herzog 2014). Moderne, neoliberale Mythen lassen sich den vom Machtwillen geleiteten Mythen zuordnen. Als solche entfalten sie erhebliche „Exklusionskraft" und eine „erstaunliche Konvergenz mit dem Dogma" (Blumenberg 2017, S. 248 f.).

3 Erzählungen

In den vergangenen Jahren wurde ein „narrative turn" in den Sozial- und Kulturwissenschaften festgestellt, mithin die Rückkehr der Narration als legitimer Gegenstand der wissenschaftlichen Analyse und als Medium der Wissensgenerierung sowie des Wissenstransfers (z. B. Fahrenwald 2011; Goodson und Scherto 2011). Narrationen, also Erzählungen spielen eine bedeutende Rolle von der Konstruktion bis hin zur Transformation individueller wie auch kollektiver Identitäten (z. B. Neumann 2000). Erzählungen sind somit auch in Organisationen wirkmächtig. Sie verleihen ihnen grundlegenden Sinn oder gar ihre Existenzberechtigung und weisen den Menschen in ihnen, z. B. der Belegschaft eines Unternehmens, zumindest ideell oder tendenziell, die Richtung des zu beschreitenden Wegs. Erzählungen aus der Gründungszeit werden häufig durch weitere Erzählungen späterer Populationen unter dem Eindruck neuer Ereignisse ergänzt, jedoch in starken Organisationskulturen nicht ersetzt (Czarniawska 2004). Dem „narrative turn" folgende akademische Ansätze tragen auch dem Verständnis des Menschen als *homo narrans* (z. B. Niles 2010); als geschichtenerzählendes Wesen Rechnung. Zu beachten ist dabei, dass die Organisationstheorie *Geschichten* grundlegend von *Erzählungen* unterscheidet – erstere sind fragmentiert, polyphon und dispers, während letztere ganzheitlich sind und typischerweise Kohärenz sowie eine klare Sequenz aufweisen (Boje 2008). Das Zusammenspiel von Geschichten und Erzählung(en) bildet ein Gefüge, mit dessen Hilfe die Menschen dem Kontext, dem sie jeweils ausgesetzt sind, Sinn zuschreiben.

Erzählungen können auf Mythen basieren, sie einbinden oder anderweitig mit ihnen in Wechselbeziehungen eintreten. Das berüchtigte Diktum der deutschen Bundeskanzlerin Merkel von der *marktkonformen* parlamentarischen Gesetzgebung steht beispielhaft kulminiert für eine mythisch basierte Erzählung. Basis ist hierbei die o. g. neoliberale mythische Gleichung *freier Markt gleich Demokratie gleich Freiheit*. Die Erzählung lautet in etwa, dass sich die freiheitstiftende Demokratie mit ihren Institutionen, zu denen insbesondere das Parlament als Volksvertretung gehört, sich den (laut Mythos naturgegebenen) Regeln des Markts zu fügen hat, da der Markt die (naturgegebene) übergeordnete Instanz und Ausgangslage für das Wohl der Menschen und ihr Zusammenleben ist, wenn wir nur nicht seine natürliche Wirkungsweise beschneiden. Sämtliche Gesetze, die aus dem parlamentarischen Prozess hervorgehen, müssen folglich im Einklang mit den Markterfordernissen stehen. Problematisch an dieser Erzählung ist, dass die Einstufung dessen, was diese Erfordernisse sind, und somit auch, was marktkonform ist, den im Diskurs dominierenden Kräften überlassen wird, da es ja eben keine Naturgesetze gibt, die den Markt steuern würden. Die Erzählung führt geradezu zwangsläufig zur Etikettierung diverser, zumeist besonders kontroverser politischer Entscheidungen wie z. B. die sog. Bankenrettungen als alternativlos. Damit wird Politik in ihrer facettenreichen und gerade auf die Gestaltung von Alternativen ausgerichteten Natur ad absurdem geführt (z. B. McCarthy 2012). Dennoch entfalten derartige, mythisch unterfütterte Erzählungen enorme Gestaltungskraft (je nach Perspektive wahlweise Zerstörungskraft). Kritische Analysen sehen den neoliberalen Überbau unserer Zeit bereits als Rückkehr der *Großen Erzählung*, die im postmodernen Zeitalter eigentlich verloren geglaubt war (z. B. Verhaeghe 2013).

Auf der Ebene von Organisationen stellt sich die Situation zumeist komplexer dar. Der übergeordneten Erzählung des gesellschaftlichen Diskurses muss die Organisation natürlich Rechnung tragen. Darüber hinaus gilt es, widersprüchliche Erwartungen diverser Anspruchsgruppen zu erfüllen, um Legitimität zu wahren und (nicht nur) wirtschaftlichen Erfolg zu erzielen (z. B. Ashforth und Gibbs 1990). In solch diffuser Gemengelage bedarf es der Justierung der eigenen Erzählung, wenn nicht gar eines neuen Entwurfs, um Orientierung über Daseinszweck, künftige Entwicklung und für das Verhalten im Tagesgeschäft bereitzustellen. Dabei können Mythen als Fundament ein Fluch oder Segen sein.

4 Corporate Social Responsibility

Das Konzept *Corporate Social Responsibility* ist facettenreich, wird kontrovers diskutiert und vielseitig erforscht. Kurzum: Es „bewegt die Gemüter" (Stoll 2009, S. 12). Eine umfassende Untersuchung von Veröffentlichungen in akademischen Zeitschriften zwischen 1990 und 2014 zeigte, dass umfassende Ansätze zu externen wie auch internen Treibern der CSR theoretisiert und analysiert werden, wobei erstere in der Mainstreamliteratur deutlich überwiegen (Frynas und Yamahaki 2016). Grundlage ist die weitgehend unumstrittene Erkenntnis, dass Unternehmen und ihre Aktivitäten gesellschaftlich sanktioniert sind, insofern sie zur Gesellschaft beitragen und sich innerhalb deren Normen bewegen. Diese sind jedoch keineswegs manifest, sondern Gegenstand von Diskursen, dynamischen Entwicklungen sowie des kulturellen Kontexts – hier sei kurz auf die „shifting baselines" verwiesen (s. Abschn. 1). Tatsächlich sind aufgrund der diskursiven und mehrdeutigen Natur gesellschaftlich-normativ relevanter Konzepte zwei der drei Begriffe, die das Akronym CSR umfassen, ebenfalls umstritten oder zumindest vielseitig definierbar, nämlich *social* – sozial – und *responsibility* –Verantwortung (Devinney 2009). Mit so viel Mehrdeutigkeit und dem daraus resultierendem Bedarf nach Interpretation und Orientierung ist das Feld der CSR also prädestiniert für eine Betrachtung unter mythischen und erzählerischen Gesichtspunkten.

4.1 Corporate Social Responsibility als Mythos

Neben der klassischen Sichtweise auf CSR gibt es auch kritische und alternative Stimmen sowie Forschungsperspektiven, die sich mit den mythischen Eigenschaften des Konstrukts beschäftigen und dabei zwangsläufig viele Mainstreamansätze nicht nur hinterfragen, sondern als eigentlich unhaltbar zurücklassen. So wurde das bedeutende und für den Mainstream weitgehend sinnstiftende CSR-Mantra „doing well by doing good", in anderen Worten ein gutes (wirtschaftliches/finanzielles) Resultat zu erlangen, indem man (sozial/umweltmäßig) Gutes tut, als Illusion demaskiert (Devinney 2009). Man kann es auch als Mythos betrachten, das von Konzernen erschaffen wurde, die sich bereits um die Jahrtausendwende durch Globalisierungsgegner – ironischerweise auch eine mythisch angehauchte Bezeichnung – angegriffen sahen, die wiederum eine weitgehende (Selbst-)Ermächtigung der Konzerne auf Kosten der Umwelt und sozialer Standards in vielen Teilen der Welt kritisierten. Das hat die Zeichnung eines freundlichen Gesichts des Kapitalismus aus großunternehmerischer Perspektive geradezu herausgefordert (Doane 2005).

Je hässlicher die kapitalistischen Auswüchse, sei es als Finanzkrise oder Betrugsskandal, desto nützlicher erweist sich der vereinfachende Mythos. Er impliziert, die Instanz Markt könnte sowohl kurzfristige Gewinne/Renditen als auch langfristige positive soziale Effekte in harmonischem Einklang schaffen und sanktioniert somit gängige Wirtschaftspraktiken. Hierin spiegelt sich der in Abschn. 2 beschriebene Mythos vom naturgesetzlich balancierten Markt. Reale Betrachtung offenbart stattdessen diverse Formen des Marktversagens, insbesondere durch unvollkommene Information, Externalitäten und Trittbrettfahrer (Doane 2005). Sogar der langjährig debattierte Konflikt zwischen (finanzmarktgetriebener) Globalisierung und den Menschenrechten, der sich mythischen CSR-Konzeptionen zufolge schon hätte weitgehend auflösen müssen, wurde als letztlich unüberbrückbar eingestuft (Rabet 2009).

Dennoch bleibt der Mythos wirksam und erfolgreich; er scheint mit jedem aufgedeckten Widerspruch nur stärker zu werden. CSR als Mythos verleiht Orientierung in der Bequemlichkeit: Auch manche Insider der CSR-Bewegung erkennen mittlerweile Eigennutz und Selbstabsorption statt angestrebter Veränderung hinter dem Konzept (McIntosh 2015). Ein eigendynamisches Konstrukt zur Vermeidung des gebotenen, jedoch unbequemen und mit ungewissem Ausgang drohenden Systemwechsels verleiht zurzeit die Deutungshoheit.

4.2 Corporate-Social-Responsibility-Erzählungen

Es gibt die drei grundlegenden Erzählungsformen der *guten*, *schlechten* und *hässlichen* CSR (Devinney 2009): Die erste geht davon aus, dass CSR gut ist, weil Unternehmen als Akteure (und letztlich der Markt) auf effiziente Weise entscheiden, was soziale Bedürfnisse sind und die entsprechenden Lösungen liefern. Firmen folgen demnach Konsumentenentscheidungen, die wiederum die besten CSR-Praktiken honorieren, indem sie beim jeweiligen Unternehmen kaufen. Die Unternehmen sind überdies in Besitz des umfassendsten Wissens, der neuesten Technologie und der besten Forschungsressourcen, um all dies im Markt einzusetzen, auf dem sie sich auch mit Experimentierfreude und Innovationskraft durchsetzen wollen.

Die zweite Erzählung von der schlechten CSR geht davon aus, dass Unternehmen zur Erzielung wirtschaftlicher Gewinne bestehen und nicht zur Lösung sozialer Probleme. Sie verzerren soziale Standards zu ihren Gunsten, z. B. indem sie durch Lobbyismus politischen Einfluss nehmen. Unternehmen sind keine adäquaten Repräsentanten der Gesellschaft und können somit auch keine allgemein akzeptablen sozialen oder Umweltstandards setzen. Sie nutzen ihren Status und arbeiten an dessen Verfestigung, anstatt mit möglichen Verbesserungen zu experimentieren, weil letzteres meist hohe Kosten und Risiken nach sich zieht. Mit CSR als Vehikel für gesellschaftliche Verbesserungen können sich überdies Regierungen ihrer sozialen Verantwortung entziehen, die ja von Unternehmen erbracht werden soll, was aber nur unzureichend geschieht, v. a. in Bereichen, die Unternehmen nicht nützen (Devinney 2009).

Die dritte Erzählung von der hässlichen CSR betont die Problematik der schwierigen Messbarkeit vieler CSR-Resultate. Es gibt diffuse Forschungserkenntnisse über kausale Zusammenhänge zwischen CSR-Engagement und finanziellem Erfolg der Unternehmen. Es ist ebenso möglich, dass finanzieller Erfolg CSR-Aktivität nach sich zieht wie die gerne verbreitete umgekehrte Deutung (Devinney 2009). Studien deuten sogar darauf hin, dass erhöhte CSR-Aktivitäten (v. a. philanthropische Zuwendungen) bei Konzernen zu verzeichnen sind, die z. B. durch manipulierte Finanzdaten oder Umweltschutz- bzw. Produktsicherheitsmängel negativ auffielen (Chen et al. 2008). CSR könnte also auch eine „ex post facto dem eigenen Ermessen anheimgestellte Reaktion auf interne und externe organisationsbezogene und strategische Konflikte" sein (übersetzt aus Devinney 2009, S. 52).

Trotz polyphoner Amplituden in den Debatten dominiert mittlerweile eine utilitaristische CSR-Auffassung. Ihr zufolge ist CSR nicht normativ, sondern lediglich als Vehikel für wirtschaftlichen Erfolg akzeptabel und diesem somit untergeordnet (z. B. Reich 2008). Das führt in ein Dilemma: Einerseits wird gemeinhin davon ausgegangen, dass CSR-Maßnahmen Kosten verursachen und somit den Gewinn des Unternehmens schmälern, also kontraproduktiv sind. Andererseits gilt es als ausgemacht, dass CSR von Verbrauchern, Mitarbeitern und anderen Stakeholdern irgendwie erwartet sowie durch komplexe Governance- und Compliance-Regularien zumindest formal verlangt wird (z. B. Stoll 2009). Die beliebte Erzählung von CSR als Instrument zur Erlangung eines Wettbewerbsvorteils löst dieses Dilemma auf: Mit ihr lassen sich die CSR-(Mehr-)Kosten als Investition in eine dauerhaft gewinnsteigernde Marktposition uminterpretieren. Dieses Konstrukt ist nicht nur ein Mythos, sondern obendrein zynisch angesichts des fast global ausgetragenen „race to the bottom", das höchste Wettbewerbsfähigkeit mit niedrigsten Löhnen, Umweltstandards, Verbraucherschutzregeln etc. gleichsetzt und in vielen Teilen der Welt zur Erosion der Lebensumstände führt (z. B. Lessenich 2016). Wettbewerb und CSR sind per se kaum kompatibel (Quairel-Lanoizelee 2016). Eine der paradoxen Folgen ist, dass CSR letztlich Monopole und Oligopole fördert (Devinney 2009), da nur finanzkräftige Konzerne im großen Stil mit flankierenden Image- oder Lobbykampagnen aktiv werden und die immer komplexeren Regularien wie z. B. Berichterstattungspflichten (Fifka 2014) erfüllen können.

5 Business School

In westlichen Gesellschaften sind Universitäten auch historisch betrachtet eine bedeutende Institution und integraler Teil der Kultur (Natale et al. 2012), und ebenso lange wie sie selbst bestehen Debatten, wozu Universitäten eigentlich dienen. Diese Debatten gehen auch auf Plato zurück, der im antiken Griechenland über die entscheidende Bedeutung der Bildung für die Erziehung gerechter Bürger für eine gerechte Gesellschaft philosophierte (Williams 2010). Infolge der Finanzkrise von 2008 sowie angesichts vieler

Wirtschaftsskandale, die groß angelegten Betrug, Menschenrechtsverletzungen und/oder massive Umweltverschmutzung involvieren, werden vermehrt Diskussionen speziell über die Rolle der Business Schools in der Gesellschaft geführt (z. B. Muff et al. 2013). Viele Vorstandsmitglieder skandalträchtiger Unternehmen haben Abschlüsse von (oft überaus renommierten) Business Schools, und nun fragt eine breitere Öffentlichkeit danach, welche Mission man dort verfolgt, was wirklich gelehrt wird und welche Folgen das haben kann.

Die Institution Business School ist eine Entwicklung des späten 19. und frühen 20. Jahrhunderts. In Europa waren Frankreich und Deutschland mit den Pionierinstituten der Ecole des Hautes Etudes Commerciales in Paris und mehreren Handelshochschulen Vorreiter im Aufbau eines tertiären Wirtschaftsbildungssektors außerhalb bestehender Universitäten (Amdam 2007), während in den USA zeitgleich die Wharton School of Finance and Commerce an der Universität von Pennsylvania eröffnet wurde (Engwall und Danell 2011). Mit ihrem Aufstieg geriet die Business School als Institution jedoch in das Dilemma, einerseits relevant für die Unternehmenswelt sein zu müssen, andererseits dadurch wissenschaftliche Glaubwürdigkeit v. a. im Vergleich mit naturwissenschaftlichen Fakultäten zu verlieren, was sich in einem als „physics envy" bezeichneten Minderwertigkeitskomplex manifestierte (z. B. Bennis und O'Toole 2005). Dieses Dilemma hat sich als Rigour-versus-relevance-Mantra (Birnik und Billsberry 2008) in der Business-School-Szene festgesetzt. Der vermeintliche Lösungsansatz, auf die in den Stand der Quasinaturwissenschaft erhobene neoklassische Ökonomie zu setzen, basiert – s. vorherige Abschnitte – in erheblichem Maß auf Mythen.

5.1 Business School als Mythos

Die Institution Business School lässt sich also auch als mittlerweile vom Abstieg bedrohte Erfolgsgeschichte des 20. Jahrhunderts darstellen (Friga et al. 2003; Pfeffer und Fong 2002). Andererseits kann man trotz zunehmend kritischer und komplexer Debatten voller Sinnfragen auch neuen Schub für die Erfolgsgeschichte im neoliberalen Zeitalter unseres frühen 21. Jahrhunderts erkennen, da der tertiäre Bildungssektor insgesamt zu einem archetypischen Beispiel für „grandiosity" geworden ist: gesellschaftlich konstruiert, semirealistisch und Objekt einer Aufladung mit stark positiv-übertriebener Bedeutung (Alvesson 2013).

Zwei zentrale Mythen der neoliberalen Ideologie machen die Business School als Organisation anfällig für eigene Mythenbildung: Erstens ist der Markt mythisch aufgeladen (s. vorherige Abschnitte), und dort sind v. a. große Unternehmen dominante Akteure, die mithilfe von Marketing und PR, die nicht zuletzt in den Jahresberichten börsennotierter Konzerne kulminiert, eine glamouröse Aura erzeugen. Zweitens gilt der Mythos Eigenverantwortung für rationale Marktteilnehmer, der die Menschen zur Fokussierung auf den Arbeitsmarkt anhält (z. B. Verhaeghe 2013). Für diesen gilt es sich zu qualifizieren und permanent weiterzuentwickeln. Ein ideales Vehikel dazu ist Bildung, die mit formal anerkannten (akademischen) Abschlüssen als Eintrittskarte in die Karrierewelt nachzuweisen ist. Lebenslanges Lernen zur stetigen Steigerung der individuellen Wettbewerbsfähigkeit (zeitgenössisch mit dem Etikett „employability" versehen) ist das Gebot der Stunde (z. B. Brine 2006).

Die Business School als Institution, die direkt für Eintritt/Fortkommen in der (glamourösen, karriereträchtigen, multioptionalen) Businesswelt vorbereitet und in der sich das Individuum mit der eigenen Investition in Bildung verantwortungsbewusst als Kapitän auf dem Weg in die persönliche glorreiche Zukunft zeigt, verstärkt die Wirkung des Mythos und profitiert von ihm, denn er zieht Studierende (möglichst in allen Lebens- oder Karrierephasen) geradezu magnetisch in die Erst-, Aufbau-, berufsbegleitenden oder weiterführenden Studiengänge. Die mythische Überhöhung erweist sich besonders in Deutschland als gravierend, wo die misslungene Umsetzung der Bologna-Reform und ein regelrechter Akademisierungswahn (Nida-Rümelin 2014) sowohl zulasten des einst vorbildlich eingestuften Berufsbildungssystems geht, da immer mehr berufsorientierte Abschlüsse als Bachelor-Degrees an Hochschulen angeboten werden, als auch zulasten der universitären Bildung, die sich ursprünglich Idealen wie Bildung durch Wissenschaft, forschendem Lernen und akademischer Freiheit verschrieben hat und nun stattdessen banale Inhalte, inflationäre Prüfungsschritte und thematisch kleinstteilige Studienfächer verabreicht und sich so auch anglosaxonisiert (Lenzen 2014).

Nicht ohne Ironie kann man freilich feststellen, dass das zurzeit häufig betrauerte, weil wohl verlorene Humboldtsche Bildungsideal ebenfalls nicht nur Vorbild, sondern auch ein Mythos ist (Ash 2006). Jedoch ist die Preisgabe akademischer Ansprüche und humanistischer Bildungsprinzipen bei gleichzeitig grandioser Überhöhung (Alvesson 2013) auch banaler Ausbildungsinhalte zu akademischen Weihen ein unerfreulicher Trend. Dieser ist allerdings real und stellt das Management heutiger Business Schools vor erhebliche Herausforderungen.

5.2 Erzählungen der Business School

Eine solche Herausforderung ist die Arbeit am Selbstverständnis einer jeden Business School – in anderen Worten die Entwicklung oder Anpassung der eigenen institutionellen Erzählung. Je nach Institutionstyp und Ausgangslage gibt es natürlich verschiedene Basisvarianten, die in unterschiedlichem Maß mit dem übergeordneten mythischen Kontext harmonieren. Die zwei folgenden, bewusst komplexitätsreduzierten Beispiele dienen als Illustration.

Für die Wirtschaftsfakultät der altehrwürdigen Universität kann die Erzählung lauten: Wir sind die Hüter der (akademischen) Tradition und genießen immer noch erstklassige Reputation v. a. in konservativen Kreisen, denn wir bewahren Bewährtes. Wir stehen den modischen Auswüchsen der Bildungslandschaft skeptisch gegenüber, zeigen uns jedoch z. B. durch die Aufnahme internationaler Abschlüsse wie den zur internationalen Leitwährung für Karriereschritte avancierten Master of Business Administration (MBA) ins Portfolio auch entwicklungsfähig, wobei wir uns immer auf höchstem Niveau bewegen. Bei uns besteht die Professorenschaft noch aus Haudegen alter Schule, dazu kommen erstklassige Nachwuchswissenschaftler an Bord, die auch neue Impulse für dezente Veränderungen setzen.

Eigenständige Business Schools, insbesondere private Institutionen, die in Deutschland stark expandieren, um an einem boomenden Markt teilzuhaben (Frank et al. 2011), pflegen naturgemäß eine andere Optik. Deren Erzählung könnte lauten: Wir sind die zeitgemäßen Ausbilder für den Businessmarkt. Mit innovativen Studiengängen und konsequenter Praxisnähe bereiten wir unsere Studierenden optimal auf den Arbeitsmarkt vor. Wir betonen heute gefragte Kompetenzen statt alten Ballast. Als Dienstleister hofieren wir unsere studentische Kundschaft, die offene Türen und Ohren statt Anonymität im Hörsaal vorfindet.

Übrigens ist auch eine eigene Erzählung der Akademiker in Business Schools denkbar, die angesichts ihrer Rolle in der wohl am wenigsten wissenschaftlichen akademischen Institution womöglich von Minderwertigkeitskomplexen bedroht sind: Wir sind nicht nur praxisnah, sondern v. a. wissenschaftlich. Denn wir wurden in richtigen akademischen Disziplinen sozialisiert. Wir sind aktiv in der Forschung und sind immer noch Teil der Bildungselite.

6 Diskussion

Im Folgenden wird durchgespielt, mit welchen Optionen das Hochschulmanagement von Business Schools der herausfordernden Gemengelage aus Mythen und Erzählungen rund um das Konzept CSR sowie um die Institution Business School begegnen kann. Dabei werden wesentliche Vor- und Nachteile sowie weitere Implikationen aufgezeigt, die überwiegend in Dilemmata münden.

Die Business School als Organisation kann der Erzählung von der *guten* CSR folgen. Damit betont sie ihre eigene Stellung als korporatistische Einheit oder gar direkt als (Quasi-)Unternehmen im Markt, das sich marktkonform verhält, sich also für Umwelt und Soziales engagiert, weil es der Markt verlangt und es sich auszahlt. Diese Variante ist sicherlich die bequemste, denn sie ermöglicht das Mitschwimmen im Mainstream, was wiederum mehrere Vorteile bietet. Man exponiert sich nicht und vermeidet somit potenzielle Erklärungsnöte. Hinzu kommt, dass die künftigen Studierenden aufgrund einer Informationsasymmetrie zu ihren Ungunsten im tertiären Bildungssektor allgemein (Duczmal 2006) eher dem Mainstream folgen werden und sich alternativ/anderweitig positionierten Institutionen womöglich nicht anschließen möchten, da sie mit so einer Wahl ein höheres Risiko für ihren Karriereweg fürchten. Strikt utilitaristisch orientierte Interessenten, die ein Hardcore-Studium an einer solchen Business School erwarten, könnten sogar direkt abgeschreckt werden. Allerdings ist die Gleichsetzung von Studierenden mit Konsumenten oder sogar zahlenden Kunden, deren Erwartung man erfüllt, per se umstritten und problematisch, v. a., da sie die Beziehung zwischen Lehrenden und Lernenden untergräbt (Naidoo und Jamieson 2005). Jedoch liegt der guten CSR-Erzählung ja auch die Logik der Reaktion auf Nachfrageverhalten zugrunde, sodass implizit die Rolle Studierender als Kunden doch verstärkt wird.

Diesen Gedanken vertiefend birgt das Mitschwimmen ein weiteres Dilemma: Der akademische Bildungsauftrag, dem sich die Business School ja als zugelassene (akkreditierte) Hochschule offiziell verschreibt, beinhaltet das Hinterfragen, besser noch das Entzaubern von Mythen – und nicht deren Verbreitung oder Verstärkung. Als Vertreterin der guten CSR verstärkt sie den Mythos der grandiosen (Alvesson 2013) Hochschulbildung und beteiligt sich aktiv am weiteren Aufgehen der Schere zwischen dem glamourös aufgeladenen Bild auf der einen und der Wirklichkeit der minimal wissenschaftlichen, kleinteiligen und nüchtern berufsorientiert ausgelegten Bildung auf der anderen Seite. Darüber hinaus verstärkt sie natürlich damit auch den Mythos des Markts als naturgesetzlicher Ressourcenverteiler.

Der Erzählung von der *schlechten* CSR zu folgen, wäre als kritisch-wissenschaftliche Haltung nachvollziehbar und könnte sogar als mutiges Signal verstanden werden, sich Mythen entgegenzustellen. Essenziell hieße es, keine CSR im landläufigen Sinn zu praktizieren, weil man diese als unaufrichtig einstuft und sich nicht anmaßt, als Institution Business School adäquater Repräsentant der Gesellschaft zu sein, sondern auf die demokratischen Instanzen setzt, die Definition des Sozialen und des Förderungswürdigen auszuhandeln. Da der Mainstream der Öffentlichkeit jedoch durch den vorherrschenden Diskurs geprägt wird, hieße eine derartige Haltung, sich in eine Isolation zu begeben und für Kritik zu exponieren. Darüber hinaus sind auch Konflikte auf Governance-Ebene, mit Regulierungsbehörden oder Akkreditierungsagenturen denkbar, da der Mainstream der *guten* Erzählung folgt und demnach gewisse Aktivitäten und deren Nachweis verlangt. Das kann eben auch CSR beinhalten, wenngleich nicht unbedingt in Form von philanthropischen Zuwendungen.

Die dritte Erzählungsoption, also die *hässliche* CSR, die v. a. als Reaktion auf interne oder externe Konflikte der Organisation beschrieben und als weitgehend zynisch ausgelegt wird, ist von vornherein äußerst problematisch. Sie könnte zwar nutzenmaximierend wirken und angesichts vieler interner und externer Spannungsfelder, der sich Business Schools ausgesetzt sehen, verlockend sein. Da jedoch Bildungsinstitutionen einen Bildungsauftrag und somit zumindest ideell auch eine Vorbildfunktion haben, können die Skandale, die mit erhöhter CSR-Aktivität übertüncht oder kompensiert werden sollen, bereits existenzbedrohend sein, zumal Hochschulen, anders als große Konzerne, weder über die finanziellen Mittel für beliebiges Skalieren von CSR-Aktivitäten, noch über die Lobbystrukturen verfügen, mit denen sie auch schwere Governance-Verfehlungen durch Einflussnahme auf die Regierung oder die Mainstreammedienlandschaft überstehen könnten.

Vor allem mangels Substanz ist die Praktikabilität dieses Ansatzes also quasi ausgeschlossen. Und hier schließt sich der Kreis: Auch das Einschwenken auf die *gute* CSR-Erzählung wirft die Frage auf, ob überhaupt die nötigen finanziellen Mittel für ernsthaftes Engagement zur Verfügung stehen. Im Fall öffentlicher Hochschulen mit ihren Wirtschaftsfakultäten gilt – trotz neoliberaler Rezepte für Management nach Unternehmensprinzipien (z. B. Parker und Jary 1995) – ein kameralistisches Finanzsystem, und natürlich können öffentliche Mittel, die einer Bildungsinstitution mehr oder weniger zweckgebunden zur Verfügung gestellt werden, nicht leichtfertig für CSR-Aktivitäten umgewidmet werden. Selbst private Business Schools können nur ernsthaft finanziell im CSR-Konzert mitspielen, wenn es sich ihrerseits um Konzerne handelt. Und die Studiengebühren zahlende Studentenschaft würde auch dort Rechenschaft für den Einsatz ihrer Gelder verlangen, sodass zumindest erheblicher Rechtfertigungsdruck aufgebaut wird. Dieser kann folglich paradoxerweise in beide Richtungen wirken: sowohl CSR-Engagement (das Kosten verursacht) als auch Verzicht darauf (ethisch/moralisch angreifbar) werden argwöhnisch betrachtet.

Neben Optionen bezüglich der institutionellen CSR-Praxis stellt sich die Frage nach der Berücksichtigung des Themas CSR in der Lehre. Welche Erzählung soll dort vorkommen bzw. vorherrschen? Wird die wissenschaftliche Freiheit des akademischen Lehrpersonals ernst genommen, ist dies gar kein Hochschulmanagementthema, denn der Professorenschaft sollte selbstverständlich überlassen sein, welche Lehrinhalte wie (oder ob überhaupt) behandelt werden und welche Forschungserkenntnisse auf welche Weise in die Vorlesungen einfließen. Aus Managementsicht wäre es jedoch kontraproduktiv, wenn der CSR-Ansatz der Organisation Business School dem Ansatz der Bildungsanstalt Business School widerspricht. Nirgendwo wird Diskrepanz zwischen Theorie und Praxis für Studierende so schnell und direkt transparent wie an der Hochschule selbst. Verantwortungsbewusste Lehrende beleuchten das Thema CSR sicherlich von allen Seiten und lassen auch die Studierenden die verschiedenen Perspektiven erarbeiten, hinterfragen und mitsamt ihren Implikationen differenziert beurteilen.

Etwas weiter gefasst hält das Themenfeld CSR einen weiteren möglichen Fallstrick für die Business School bereit: Um Praxisnähe zu pflegen und Studierenden einen Mehrwert zu bieten, aber auch um Finanzquellen zu erschließen, gehen Business Schools vielfältige Kooperationen mit Unternehmen ein. Diese treten möglicherweise auch als Sponsoren auf, die sog. Deutschlandstipendien stellen oder Lehrstühle (teil-)finanzieren und nach denen z. B. Hörsäle benannt werden. Derartige Arrangements sind attraktiv und möglicherweise lukrativ, jedoch problematisch, weil sie die wissenschaftliche Neutralität zumindest hinsichtlich vorbehaltsfreier, kritischer Analyse (des Partnerunternehmens, seiner Branche etc.) kompromittiert. Vollends belastend wird die Option, wenn das Partnerunternehmen durch Verstöße gegen Gesetz und/oder gesellschaftliche Norm in Skandale verwickelt wird. Somit wird das Fehlverhalten auch auf die Business School projiziert und die Partnerschaft zur Bürde.

Entscheidend ist letztlich eine grundlegende Integrität, zu der auch die Stimmigkeit des CSR-Verständnisses in Praxis, Hörsaal und darüber hinaus beiträgt. Die CSR-Erzählung an der Business School muss zur übergeordneten Erzählung der Institution passen. Die Frage nach Mission und gelebten Werten an der Bildungseinrichtung bezieht insofern auch CSR mit ein.

7 Fazit

Business Schools bewegen sich in einem komplexen Geflecht aus politischen Vorgaben, wirtschaftlichen Erfordernissen und teilweise konfliktären Erwartungen diverser Anspruchsgruppen. Sie sind auch Gegenstand und möglicherweise sogar Mitgestalter des öffentlichen Diskurses, der seit geraumer Zeit stark neoliberal geprägt wird. Er beruht auch auf Mythen, insbesondere auf dem Mythos des freien Markts (als naturgegebenes Objekt zur bestmöglichen und selbst ausbalancierenden Ressourcenverteilung). Alles, was Gegenstand eines Diskurses wird, kann auch zum Mythos werden (Barthes 2012). Auf die Business School trifft dies längst zu, wie dieses Kapitel herausgearbeitet hat.

Eine große Herausforderung für Hochschulmanagement an der Business School, das einerseits einer zunehmend korporatistischen Institution (sofern nicht direkt einer privaten Unternehmung) vorsteht und somit wirtschaftlichen Prinzipen folgt, andererseits akademische Legitimität benötigt und somit auf wissenschaftliche Glaubwürdigkeit angewiesen ist, besteht darin, die Ausrichtung der Institution zu bestimmen. Dies kann durch eine Erzählung erfolgen, die der Belegschaft und auch weiteren Anspruchsgruppen Orientierung verleiht. Dieses Kapitel hat dargelegt, inwiefern die Business School Gegenstand mythischer Prozesse ist, die Erzählungen prägen oder unterfüttern können. Es wurde ferner aufgezeigt, dass die Business School sogar selbst zur mythischen Institution aufgeladen wird. Anhand des Konstrukts der CSR, seinerseits Gegenstand mythisch basierter Erzählungen und neoliberaler Diskursvereinnahmung, wurde verdeutlicht, dass ein teils mythischer, teils realer Kontext in der tertiären Bildungslandschaft Managementoptionen bereitstellt, die in kaum auflösbare Dilemmata münden.

Eine bedeutende Fragestellung ist, wer letztendlich den Diskurs beherrscht und die Normen festlegt, anhand derer akzeptables/erwünschtes Organisationsverhalten (wie z. B. im Rahmen von CSR) beurteilt und gemessen wird. Wenn wir Unternehmen die Macht verleihen, soziale Entscheidungen zu treffen – und das ist im neoliberalen Zeitalter Realität geworden – müssen wir akzeptieren, dass sie diese Macht in ihrem Sinn nutzen, und wir können sie im Gegensatz zu demokratisch gewählten Politikern nicht abwählen, wenn wir mit der unternehmerischen Auslegung der Materie nicht einverstanden sind (Devinney 2009). Derartige Entwicklungen nicht nur als gegeben anzusehen, sondern kritisch zu beleuchten und z. B. anhand des Themenfelds CSR zu hinterfragen, ist eine Kernaufgabe akademischer Institutionen, die gleichwohl mit den Folgen dieser Entwicklungen selbst umgehen müssen. Es bleibt ein essenzieller Auftrag wissenschaftlicher Bildung, Mythen zu erkennen und sich ihrer Wirkungsmacht gewahr zu werden. Diese Aufgabe kann die Business School nicht negieren, ohne sich aus der akademischen Sphäre zu verabschieden.

Heutiges Hochschulmanagement muss im Mythos mitspielen und dabei sogar neoliberal induzierte Legitimierungsprozeduren durchlaufen (z. B. Julian und Ofori-Dankwa 2006), um nicht formal aus dem Rennen gedrängt zu werden. Dadurch betätigt sie sich bereits als Mythenverstärker. Andererseits muss es das institutionelle Profil schärfen und einen zukunftsträchtigen Pfad einschlagen. Statt der Konzentration auf CSR könnte ein vielversprechender Ansatz sein, einfach Verantwortung zu übernehmen: für pluralistische

Bildung, für Fakultät und alle anderen Mitarbeiter, für die Studierenden und somit letztlich auch für die Gesellschaft. Das kann mit einer Erzählung gelingen, die nicht nur auf Mythen beruht und die den Sinn der Institution vergegenwärtigt. Nicht die Neuerfindung des Rads ist gefragt, sondern das Besinnen auf einen Weg durch die teils irreführenden Diskurse „du jour". Wofür Business Schools heute stehen, ist jedenfalls eine nicht nur institutionell, sondern auch gesamtgesellschaftlich bedeutende Fragestellung (Reedy und Learmonth 2009), und jede Business-School-Leitung muss sich für den eigenen Einflussbereich mit ihr auseinandersetzen.

Literatur

Alvesson M (2013) The triumph of emptiness: consumption, higher education, and work organization. Oxford University Press, Oxford
Amdam RP (2007) Business education. In: Jones G, Zeitlin J (Hrsg) The oxford handbook of business history. Oxford University Press, Oxford, S 581–602
Ash MG (2006) Bachelor of what, master of whom? The Humboldt myth and historical transformations of higher education in German-speaking Europe and the US. Eur J Educ 41(2):245–267
Ashforth BE, Gibbs BW (1990) The double-edge of organizational legitimation. Organ Sci 1(2):177–194
Barthes R (2012) Mythen des Alltags. Suhrkamp, Berlin
Bennis WG, O'Toole J (2005) How business schools lost their way. Harvard Bus Rev 83(5):96–104
Birnik A, Billsberry J (2008) Reorienting the business school agenda: the case for relevance, rigor, and righteousness. J Bus Ethics 82(4):985–999
Block F, Somers MR (2014) The Power of Market Fundamentalism: Karl Polanyi's Critique. Harvard University Press, Cambridge, MA
Blumenberg H (2017) Arbeit am Mythos. Suhrkamp, Frankfurt a. M.
Boje D (2008) Storytelling organizations. SAGE, London
Brine J (2006) Lifelong learning and the knowledge economy: those that know and those that do not – the discourse of the European Union. Br Educ Res J 32(5):649–665
Bronstein J, Reihlen M (2014) Entrepreneurial university archetypes: a meta-synthesis of case study literature. Ind High Educ 28(4):245–262
Büllesbach D (2017) Shifting the baselines. In: Büllesbach D, Cillero M, Stolz L (Hrsg) Shifting baselines of europe: new perspectives beyond neoliberalism and nationalism. transcript, Bielefeld, S 15–17
Carpenter S (2012) Mystification et esthétique moderne. Romantisme 156(2):13–24
Chen JC, Patten DM, Roberts RW (2008) Corporate charitable contributions: a corporate social performance or legitimacy strategy? J Bus Ethics 82:131–144
Cohen A (2010) Myth and myth criticism following the dialectic of enlightenment. Eur Leg 15(5):583–598
Czarniawska B (2004) Narratives in social science research. SAGE, London
Dant T (2003) Critical social theory. SAGE, London
Devinney TM (2009) Is the socially responsible corporation a myth? The good, the bad, and the ugly of corporate social responsibility. Acad Manag Perspect 23(2):44–56
Dierksmeier C (2016) Qualitative Freiheit: Selbstbestimmung in weltbürgerlicher Verantwortung. transcript, Bielefeld

Doane D (2005) The Myth of CSR: the problem with assuming that companies can do well while also doing good is that markets don't really work that way. Stanf Soc Innov Rev 2005:22–29

Donaldson T (2012) Three ethical roots of the economic crisis. J Bus Ethics 106(1):5–8

Duczmal W (2006) The rise of private higher education in Poland: policies, markets and strategies. Universiteit Twente, Twente

Engwall L, Danell R (2011) Britannia and her business schools. Br J Manag 22:432–442

Fahrenwald C (2011) Erzählen im Kontext neuer Lernkulturen. VS, Wiesbaden

Ferguson M (1992) The mythology about globalization. Eur J Commun 7(1):69–93

Fifka MS (2014) Einführung – Nachhaltigkeitsberichterstattung: Eingrenzung eines heterogenen Phänomens. In: Fifka MS (Hrsg) Nachhaltigkeits- und CSR-Berichterstattung verstehen und erfolgreich umsetzen. Springer Gabler, Berlin, S 1–18

Frank A, Hieronimus S, Killius N, Meyer-Guckel V (2011) Rolle und Zukunft privater Hochschulen in Deutschland. Stifterverband für die Deutsche Wissenschaft, Essen

Friga PN, Bettis RA, Sullivan RS (2003) Changes in graduate management education and new business school strategies for the 21st century. Acad Manag Learn Educ 2(3):233–249

Frynas JG, Yamahaki C (2016) Corporate social responsibility: review and roadmap of theoretical perspectives. Bus Ethics: A Eur Rev 25(3):258–285

Gehmann U (2003) Modern myths. Cult Organ 9(2):105–119

Goodson IF, Scherto RG (2011) The narrative turn in social research. Narrat Pedagog Life Hist Learn 386:17–33

Harvey D (2005) A brief history of neoliberalism. Oxford University Press, Oxford

Herzog L (2014) Freiheit gehört nicht nur den Reichen: Plädoyer für einen zeitgemäßen Liberalismus. C H Beck, München

Horkheimer M, Adorno TW (2010) Dialektik der Aufklärung. Fischer, Frankfurt a. M.

Jongbloed B (2015) Universities as hybrid organizations. Int Stud Manag Organ 45(3):207–225

Julian SD, Ofori-Dankwa JC (2006) Is accreditation good for the strategic decision making of traditional business schools? Acad Manag Learn Educ 5(2):225–233

Lenzen D (2014) Bildung statt Bologna. Ullstein, Berlin

Lessenich S (2016) Neben uns die Sintflut: Die Externalisierungsgesellschaft und ihr Preis. Hanser, Berlin

McCarthy MH (2012) The political humanism of Hannah Arendt. Lexington, Plymouth

McIntosh M (2015) Thinking the twenty-first century: ideas for the new political economy. Sheffield, Greenleaf

Muff K, Dyllick T, Drewell M, North J, Shrivastava P, Haertle J (2013) Management education for the world. Edward Elgar, Cheltenham

Naidoo R, Jamieson I (2005) Empowering participants or corroding learning? Towards a research agenda on the impact of student consumerism in higher education. J Educ Policy 20(3):267–281

Natale SM, Sora SA, Drumheller M (2012) The importance of the university in the 21st century: Ethical conflicts and moral choice. J Acad Ethics 10:1–8

Neumann M (2000) Erzählte Identitäten: ein interdisziplinäres Symposion Eichstätt 1998. Fink, München

Nida-Rümelin J (2014) Der Akademisierungswahn: Zur Krise beruflicher und akademischer Bildung. Edition Körber, Hamburg

Niles JD (2010) Homo narrans. University of Pennsylvania Press, Philadelphia

Nussbaum M (2010) Not for profit: why democracy needs the humanities. Princeton University Press, Princeton

Parker M, Jary D (1995) The mcuniversity: organization, management and academic subjectivity. Organization 2(2):319–338

Pfeffer J, Fong CT (2002) The end of business schools? Less success than meets the eye. Acad Manag Learn Educ 1(1):78–95

Pirson M (2017) Humanistic management: protecting dignity and promoting well-being. Cambridge University Press, Cambridge

Quairel-Lanoizelee F (2016) Are competition and corporate social responsibility compatible? The myth of sustainable competitive advantage. Soc Bus Rev 11(2):130–154

Rabet D (2009) Human rights and globalization: the myth of corporate social responsibility? J Altern Perspect Soc Sci 1(2):463–475

Reedy P, Learmonth M (2009) Other possibilities? The contribution to management education of alternative organizations. Manag Learn 40(3):241–258

Reich R (2008) Superkapitalismus: Wie die Wirtschaft unsere Demokratie untergräbt. Campus, Frankfurt a. M.

Sloterdijk P (2005) Im Weltinnenraum des Kapitals: für eine philosophische Theorie der Globalisierung. Suhrkamp, Frankfurt a.M.

Spender JC (2016) Universities, governance, and business schools. In: Frost J, Hattke F, Reihlen M (Hrsg) Multi-level governance in universities: strategy, structure, control. Springer, Cham, S 141–169

Starkey K, Tiratsoo N (2007) The business school and the bottom line. Cambridge University Press, Cambridge

Stoll B (2009) Sozial und ökonomisch handeln: Corporate Social Responsibility kleiner und mittlerer Unternehmen. Campus, Frankfurt a. M.

Venn C (2006) The enlightenment. Theory, Culture & Society 23(2–3):457–465

Verhaeghe P (2013) Und Ich? Identität in einer durchökonomisierten Gesellschaft. Antje Kunstmann, München

Williams I (2010) Plato and education. In: Bailey R, Barrow R, Carr D, McCarthy C (Hrsg) Sage handbook of philosophy of education. SAGE, London, S 69–83

Volker Rundshagen ist Professor für General Management, insbesonders Leisure and Tourism Management an der Hochschule Stralsund. Er hält die Abschlüsse MA Tourism Management der University of Brighton und MBA der University of Louisville. Im Juni 2016 schloss er sein Promotionsstudium als Doctor of Business Administration (Higher Education Management) an der University of Bath ab. Seine Forschungsinteressen sind insbesondere die Rolle der Business School in der Gesellschaft sowie pluralistische Hochschulbildung für Wirtschaft und Tourismus in Europa. Volker Rundshagen ist aktives Mitglied der Management Education and Development (MED) Division der Academy of Management, auf deren Jahreskonferenz er regelmäßig Forschungspapiere präsentiert.

Voneinander lernen – Praxisbeispiele

Nachhaltige Nachhaltigkeit II – Auf dem Weg zur Integration von Wirtschaftsethik und Nachhaltigkeit in die wirtschaftswissenschaftliche Managementqualifizierung

Stefan Heinemann und Martha Hermeier

1 Überlegungen zum theoretischen und praktischen Rahmen

1.1 Einleitung

Man braucht nicht auf das Dieselgate der Volkswagen AG abstellen, um gute Argumente für eine deutliche Beschäftigung mit Themen wie Ethik, Compliance, Nachhaltigkeit oder Corporate Social Responsibility (CSR) in der Hand zu halten – könnte man meinen. Leider ist die Realität noch allzu oft eine andere: Vorgenannte Themen sind Feigenblatt, bringen Profit oder sind gesetzliche Normen, die sich entspannt arbitrieren lassen. Wenn man Nachhaltigkeitsstrategien, CSR oder Regelsysteme und deren Durchsetzungsmechaniken letztlich als Managementgestalt moralischer, materialer Normengehalte – sprich Werte – versteht, wird man schwerlich umhinkönnen, eine gewisse Wertekrise zu konstatieren. Freilich ohne auch ihr Gegenteil wahrzunehmen: Unternehmen, Manager und ordnungspolitische Rahmensetzungen national und global nehmen bei allen Rückschlägen die Relevanz des Themas wahr. Ob Traditionsindustrie oder Zukunftsinstitution: Von Uber bis Alphabet, von Facebook bis Siemens – digitalen Spielern vom Innovationskonzern bis zum mittelständischen Unternehmen konkret vor Ort – für sie alle werden Nachhaltigkeitsthemen wichtiger und mit ihnen, und das ist nur ein Beispiel, die eo ipso entsprechenden ethischen Reflexionen (was freilich ein gewisses zu explizierendes Verhältnis von Nachhaltigkeit und Ethik voraussetzt, vgl. Abschn. 1.2). Ein Beispiel: Autonomes Fahren ist eben nicht nur ein technologisches und betriebswirtschaftliches Thema, es ist eine moralische, mithin gesellschaftliche Frage, wie wir uns Fortbewegen wollen und welche Verantwortung wer in diesem Feld übernehmen kann und sollte.

S. Heinemann (✉) · M. Hermeier
FOM Hochschule für Oekonomie & Management
Essen, Deutschland
E-Mail: stefan.heinemann@fom.de

© Springer-Verlag GmbH Deutschland, ein Teil von Springer Nature 2018
M. Raueiser und M. Kolb (Hrsg.), *CSR und Hochschulmanagement*,
Management-Reihe Corporate Social Responsibility,
https://doi.org/10.1007/978-3-662-56314-4_13

Auch in der ökonomischen Academia ist das – möglicherweise gar wiederentdeckte – Thema präsent, wenn auch oft eher am Rande. Das Netzwerk Plurale Ökonomik (o.J.) formuliert: „Junge Nachwuchsökonomen bekommen in ihrer Ausbildung meist nur dieses eine Denkmuster – die neoklassische Modellökonomik – vermittelt, und auch danach sind Doktoranden, Postdocs und Professoren der VWL einem hohen Konformitätsdruck ausgesetzt. Die Lösung realer gesellschaftlicher Probleme rückt dabei im Schein mathematischer Objektivität und eines überhöhten Dogmatismus in den Hintergrund." Das mag etwas stark ins Wort gebracht sein und doch trifft es durchaus eine Realität, die weder der Gesellschaft noch der Wirtschaft und erst recht nicht den Hochschulen guttun kann.

Nun hat auch eine Hochschule als Instanz zur Wissensgenerierung und -vermittlung ohne expliziten erzieherischen Auftrag gewiss eine Verantwortung, die aus einer – wenn auch begrenzten – Wirkmacht erwächst, erst recht, wenn es sich wie im weiteren thematischen Fall der FOM Hochschule (vgl. Abschn. 2.1) um eine der großen Hochschulen für Wirtschaft und Management in Deutschland handelt. Eine Hochschule, in der noch dazu neben dem Beruf und der Ausbildung in Präsenz studiert wird, d. h. in unterschiedlichen Formen auch praktische Verantwortung bereits für diese besondere Zielgruppe der Studierenden eine konkrete Rolle spielt. Die FOM steht als Hochschule besonderen Formats[1] mit dieser spezifischen Zielgruppe einerseits vor einer besonderen Herausforderung hinsichtlich der Integration von Wirtschaftsethik und Nachhaltigkeit in die Managementstudienangebote und bietet andererseits besondere Chancen bei diesem Vorhaben (Heinemann und Krol 2011).

Aufbauend auf grundlegende Überlegungen aus eigenen Forschungsarbeiten der Autoren im Umfeld der „ethics education" sowie eigenen institutionellen Überlegungen aus der Hochschulmanagementpraxis[2] hat sich die FOM bereits 2010 auf den langen Weg gemacht, Wirtschaftsethik und Nachhaltigkeit nachhaltig in Lehre, Forschung, Hochschulmanagement und im Dialog mit der Praxis zu implementieren. Entsprechend den in Heinemann und Krol (2011) angelegten strategischen Stoßrichtungen wurden in vielen Bereichen Maßnahmen durchgeführt und dabei viele Lernkurven realisiert und weitere Optimierungspotenziale erschlossen.

Zu weiteren kritischen Betrachtung dieser Prozesse sind u. a. empirische Erhebungen wie die hier vorgestellte hilfreich (vgl. Abschn. 2.2). Dabei wurden mit Blick auf das Handlungsfeld Lehre an der FOM Hochschule Studierende zu den Themen Wirtschaftsethik und Nachhaltigkeit befragt. Die Resultate werden mit den Ergebnissen aus Heinemann und Krol (2011) auszugsweise verglichen. In einer abschließenden Reflexi-

---

[1] Das Hochschulgesetz Nordrhein-Westfalen kennt nur drei Hochschultypen: Universität, Fachhochschule und Fernuniversität. Die FOM ist nach dieser Klassifizierung hochschulrechtlich eine Fachhochschule mit Präsenzstudium. Faktisch hat die FOM aber angesichts ihrer spezifischen Zielgruppen und des bundesweiten Hochschulnetzes auch Merkmale der anderen Hochschultypen institutionalisiert und zu einem speziellen Hochschulformat weiterentwickelt. Dies wird auch in institutionellen Akkreditierungen regelmäßig bestätigt.
[2] Erster Verfasser vorliegender Untersuchung ist seit 2011 Nachhaltigkeitsbeauftragter der FOM Hochschule.

on werden zusammenfassend und ausblickend Aspekte der Integration von Wirtschaftsethik und Nachhaltigkeit in die Managementstudienangebote der FOM Hochschule sowie grundsätzlicher Natur aufgezeigt (vgl. Abschn. 3).

Um es noch einmal zu Beginn klar zu sagen: „The Resistance to Sound Business Ethics Education" (Swanson et al. 2011, S. 3) ist kein institutionelles Verschwörungsmärchen, sondern eine Realität, die in weiten Teilen nicht nur aus guten Argumenten besteht. Daher sind kleine Schritte, also ein eher inkrementelles Vorgehen, in partizipatorisch organisierten Wissensorganisationen wie Hochschulen wohl unabdingbar. Große Würfe inspirieren, helfen in der Hochschulwirklichkeit oft nicht weiter. In diesem Sinn will und kann auch vorliegender Beitrag nicht mehr sein als zum einen ein Einblick in einen konkreten Entwicklungs- und Umsetzungsstand einer Hochschule, die das Thema für sich angenommen hat, und zum anderen ein skizzenhaftes Reflexionsangebot zu unseres Erachtens zugrundeliegenden weiteren Fragen, die sich u. U. nicht mehr ohne Weiteres oder auch gar nicht empirisch einholen lassen.

1.2 Theoretischer und praktischer Rahmen

Bereits auf der theoretischen Ebene ist – leicht belegbar durch einen kaum überblickbaren Forschungskorpus – über wesentliche Fragen und Antwortangebote nur schwer eine systematische Klarheit zu gewinnen. Zu den für den hier zu diskutierenden Bereich der Lehre durchaus einschlägigen Herausforderungen zählen u. a. und nicht abschließend

- begründungslogische und wissenschaftstheoretische Diskurse über beispielsweise wirtschaftswissenschaftliche Schulen und ihre Kompatibilität mit normativen Fragen in Wirtschaftsethik und Nachhaltigkeit (aber auch mit welchem Recht genau diese beiden Begriffe gewählt wurden und in welcher Relation sie stehen) – und die noch grundsätzlichere Frage nach der (moral-)philosophischen Fundierung (relativistisch vs. universalistisch etc.): Was soll gelehrt werden?
- didaktische Diskurse über eine Pädagogik der Ethik oder der Wirtschaftsethik: Wie soll gelehrt werden?
- hochschulmanagementseitige Diskurse über die konkrete Ausgestaltung, beispielsweise verpflichtende Ethikmodule oder nicht, Nachhaltigkeitsaspekte in allen Modulen oder nicht, Weiterbildung für die Lehrenden etc.: Wie soll die Lehre von Wirtschaftsethik und Nachhaltigkeit organisiert werden?
- Studierendenperspektive(n) über den Sinn, Nutzen und die Chancen von Wirtschaftsethik und Nachhaltigkeit als Studieninhalte: Warum sollen Studierende diese Themen studieren?

Die Inter- und sogar Transdisziplinarität dieser Fragekomplexe ist evident, ebenso, dass eine Trennung in eher normative und eher deskriptive Aspekte ohne eine zugrundeliegende entsprechende theoretische Fundierung nicht leichtfällt.

In einer mittlerweile doch beeindruckend ausdifferenzierten Forschungslandschaft zur „business ethics education" haben die Autoren vorliegenden Beitrags ebenso gewirkt (Heinemann und Krol 2011; Heinemann 2011, 2013, 2014; Heinemann und Schulte 2014; Gerholz und Heinemann 2014; Hermeier 2014), wie es mit diversen weiteren Forschungsbeiträgen (z. B. Cortese 2003; May et al. 2014; Mumford et al. 2015; Littledyke et al. 2013; Tilbury 2011) eine gute Substanz gibt. Eine quantitative Metasicht bieten Waples et al. (2009). Es sind auch zur Nachfrageseite einige Arbeiten vorhanden, „[...] dass heißt die Studierendenperspektive [...] [wurde betrachtet] (sneep 2009 für Studierende der Wirtschaftswissenschaften, aus MBA-Perspektive Bertelsmann 2010, Heinemann und Krol 2011 aus der Perspektive der (berufsbegleitend) Studierenden und Lehrenden, Papenfuß und Schimmelpfennig 2013 aus Modulperspektive, Schulte et al. 2014 [sowie] Gerholz und Sloane 2010 für die entsprechenden Kompetenzerwartungen der Studierenden), ebenso [...] die entsprechenden Stakeholdererwartungen bei im Wesentlichen Studierenden und Lehrenden" (Heinemann 2013, S. 582). Für die Angebotsseite kommen ebenfalls Arbeiten in den Blick (Christensen et al. 2007; Schwalbach und Schwerk 2008; Gerholz und Heinemann 2014).

Ein kurzer Blick auf den theoretischen Rahmen ersetzt freilich keine Antworten. Denn was kann herausfordernder sein, als Ethik zu lehren und zu lernen? Jedenfalls ist das Problem einer spezifischen Didaktik der Ethik im andragogischen Bereich hier nicht zu lösen – ebenso wenig der Ökonomie im Sinn des gleichsam wechselseitigen Bildungskerns (Klafki 2007).[3] Ebenso die drei anderen oben beispielhaft skizzierten Herausforderungen. Aber zumindest definitorisch legen sich die Autoren fest: Etwas weniger grundsätzlich ist es nämlich unseres Erachtens mit der Nachhaltigkeit, hier verstanden im Sinn der Brundland-Definition von 1984[4]. Mit dieser Definition gehen rational ableitbare Modelle und Mechanismen auf Mikro-, Meso- und Markoebene einher. Entsprechende Managementmodelle lassen sich entwickeln, empirisch fassen und recht unstrittig lehren. Allerdings – und dies darf als der Kern der Argumente der Grundsätzlichkeit ethischer Begründungen für die Nachhaltigkeitsdebatte gelten – ergibt der Begriff der Nachhaltigkeit in der obigen Definition insbesondere dann einen rekonstruierbaren Sinn, wenn es offenbar moralisch relevant ist, die Möglichkeiten der nachfolgenden Generationen nicht auf dem Altar eigener präsentischer Bedürfnisse zu opfern. Diese Forderung an die Generationengerechtigkeit ist, ebenso wie die Forderung an eine angemessene Weltgerechtigkeit im Hier und Jetzt beispielsweise zwischen Erster und Dritter Welt, ohne einen materialen Gehalt, sprich einer Norm, schwerlich zu verstehen. Dieser materiale Gehalt, dieser Wert aber ist ohne eine Reflexion – mithin ohne Ethik – auf die hier offenbar zu beklagende Differenz

---

[3] Wenn man an Berufsschulen denkt und deren spezifischen Bildungsauftrag, kommt nach Tafner (2015) bereits nicht jede Ethik für den Ökonomieunterricht infrage, mithin keine dezidiert spieltheoretische wie diejenige Homanns. Vgl. dazu auch Thole et al. (o.J.), denen auch vorstehende Hinweise zu verdanken sind.

[4] „Humanity has the ability to make development sustainable – to ensure that it meets the needs of the present without compromising the ability of future generations to meet their own needs" (Hardtke und Prehn 2001, S. 58; vgl. Hauff 1987).

von Sein und Sollen kaum zu erarbeiten. Damit ist einer rein aus Managementprinzipien oder auch volkswirtschaftlichen Überlegungen heraus abgeleiteten Nachhaltigkeitskonzeption eine Absage zu erteilen – ganz abgesehen davon, dass die meisten klassischen Ökonomien ohnehin nicht kompatibel mit der Idee der Nachhaltigkeit, mithin der Ethik sind (man denke an die Arbeitswertlehre von Marx, den Marginalismus oder die neoklassische Theorie[5] – auch wenn damit die positiven Wirkungen ökonomisch inspirierter Gesellschaftsformen empirisch nicht überall und eben nicht zwingend, aber doch vorhanden sind).

Nun lässt sich bereits an der schieren Anzahl von Einzel- oder Schulmeinungen zu den Themen Wirtschaftsethik und Nachhaltigkeit leicht ablesen, dass es kein einfach konsensfähiges Thema ist. Die eine Definition, geschweige denn das eine klare Zueinander von Ethik und Nachhaltigkeit, oder, im Binnenverhältnis, von Ethik und Ökonomie, ist kaum zu erwarten. Strittige Diskurse sind eher die Regel als die Ausnahme, und dass, obwohl kaum jemand die Relevanz im Hochschulbereich wirklich bestreitet. Aber: Was Tichy (1998, S. 184) mit Blick auf den schulischen Ethikunterricht resümierend zum Verhältnis von philosophischem Ethiktypus und faktischem Unterricht ausführt, ist analog für das hochschulische Unterfangen formulierbar: „Das Dilemma, einerseits in einem einsinnigen Abhängigkeitsverhältnis von der Bezugsdisziplin zu stehen, andererseits jedoch an keine partikulare Auffassung innerhalb der Bezugsdisziplin anschließen zu dürfen, ergibt sich jedoch nur unter der Voraussetzung, daß die philosophische Ethik die Lösung des Begründungsproblems als ihre zentrale Aufgabe in dem Sinn ansieht, daß alles andere, was die Philosophie leisten kann, von der Lösung dieser Aufgabe abhängt." Tichy ist im weiteren Recht zu geben, dass sich diese Situation als eher relativiert darstellt. Letztlich ist das begründungstheoretische Problem de facto in den meisten BWL-Lehrbüchern unterpräsent (auch in vielen VWL-Lehrbüchern) und wird so auch in der neuesten, 26. Auflage des Wöhe et al. (2016) erneut nicht nur nicht adressiert, sondern weiterhin auf die langfristige Gewinnmaximierung als Smithsches Generalverfahren gesetzt.[6] Obschon sich durchaus empirische Belege angeben lassen, dass die klassischen Studierenden der BWL eben auch neoklassisch entscheiden und handeln (Friedrich 2015, S. 93 ff.; Was hatte man denn erwartet? – vgl. dazu Sorensen et. al. 2015).

Hier kann freilich keine vollständige Aufarbeitung dieser Situation geleistet werden und doch ist jene – und sei es so schlaglichtartig wie oben skizziert – wesentlich, um den ideensystematischen Hintergrund der Herausforderungen zu begreifen, vor die eine nachhaltige Implementation von Wirtschaftsethik und Nachhaltigkeit in die wirtschafts-

---

[5] Vgl. Hösle (1995, S. 199 ff.), insbesondere seine Ausführungen zu den Größen und Grenzen des Kapitalismus unter ethischer Perspektive mit Blick auf positive Aspekte.
[6] Koautor Brösel verteidigt die Kritik an diesem Festhalten: https://www.haufe.de/controlling/rechnungslegung/woehe-bleibt-grundsatz-der-langfristigen-gewinnmaximierung-treu_110_375860.html (Zugegriffen: 06. August 2017): Die von ihm angenommene Stärkung des moralischen Bewusstseins der Studierenden durch das Studium des Wöhe scheint wohl ein Mythos der Nationalökonomik zu sein. Der Verweis auf die grundsätzliche Relativität von Ethiken greift nur unter selbstrelativen Prämissen.

wissenschaftlichen Curricula die Hochschulen doch immer wieder stellt. Immerhin zeigt eine aktuelle Metaanalyse von Medeiros et al. (2017, S. 34) mit Blick auf „business ethics instructions", dass „[...] no improvements have been made over the past ten years."

Es mag zum anderen im Sinn eines praktischen Rahmens auch ein Problem darstellen, dass eine Integration auch praktisch schwierig ist. Fallstudien sind rar und aufgrund vieler institutioneller Inkommensurabilitäten oft schwierig adaptierbar. Auch normierte Berichtssysteme wie beispielsweise eine aktuell diskutierte Nachhaltigkeitsberichterstattung für Hochschulen steht vor der Herausforderung, der Sache dienlich sein zu sollen und dies bei eben sehr verschiedenen Hochschultypen. Fallbeispiele (Beschorner und Vorbohle 2010; Gerholz und Heinemann 2014; Heinemann und Krol 2011) sowie Arbeiten zu eher speziellen Fragestellungen sind vereinzelt vorhanden (z. B. Amann et al. 2011; Ihne und Krickhahn 2012; Scherer und Patzer 2008). „Allerdings hat sich beispielsweise noch keine hochschultypenscharfe Empfehlung durchgesetzt (ebenso gibt es soweit zu sehen keine wirklichen hochschultypenscharfen Nachhaltigkeitsberichte für Hochschulen)" (Heinemann 2013, S. 583). Zudem gilt „[...] eine gewisse Grundskepsis weiterhin gerade bei den Akteuren im wissenschaftlichen Bereich [...], dass mit dieser Integration in einem aussichtslosen Bereich gearbeitet wird (Studierende zu business-minded, Didaktik unklar, Business Schools letztlich (unter konstruktivistisch-lerntheoretischer Prämisse) keine förderlichen Lehr- und Lernumgebungen für ethische Themen ([...] [Skerlak 2014][7]), Unternehmen (zu) oft glamour-orientiert (Basu und Palazzo 2008), Wirkungslosigkeitsverdacht und Karriereabstellgleissorgen (wo sind die Lehrstuhlausschreibungen für Wirtschaftsethik, CSR etc.? Heinemann und Krol 2011)) und dass letztlich die ältere Debatte um das wissenschaftstheoretische pro und contra nicht nur von wissenschaftshistorischem Interesse ist, sondern bis in die Curricula hinein konkret diese Integration mindestens (!) erschwert oder auch die besondere Rolle eines Lehrenden in diesem Bereich als mit Recht spannungsvoll wahrgenommen wird" (Heinemann 2013, S. 582). Auch der interdisziplinäre Diskurs scheint nicht so aufzudrängen, dass es ihn vielfältig (gar institutionell gefördert) gäbe. Erst jüngst ist von Burrell (2017) der bisher seltene Angang unternommen worden, „business ethics" und Soziologie in den Dialog zu bringen.

Nüchtern betrachtet, ist die im vorliegenden Beitrag angesprochene Integration ein seit Langem und aktuell schwerlich einheitlich betrachtetes Vorhaben. „Auch wenn Untersuchungen bei beispielhaften wirtschaftswissenschaftlichen Qualifizierungsangeboten wie dem MBA nach Treibern einer Integration fahndeten (Rasche et al. 2013; für Treiber der CSR-Ausbildung in Europa Orlitzky und Moon 2011, S. 153 ff.) können doch die wesentlichen Herausforderungen erstens noch nicht als systematisch beschrieben, zweitens empirisch hinreichend überprüft und drittens konkret in der Hochschulmanagementpraxis angegangen gelten" (Heinemann 2013, S. 582). Heinemann und Krol (2011, S. 71 ff./85 ff.) zeigen in der Dozenten- und Studierendenumfrage folgende Kernherausforderungen: Kompetenzaufbau im Sinn von Kenntnisse und Fähigkeiten von Dozenten,

---

[7] Diese neuere Quelle ersetzt die im zitierten Original angegebene Quelle.

Abbau von Hemmschwellen, insbesondere Didaktik. „Eine ‚schwache Integration' ist dabei im Extremfall gar keine Integration, also eine ‚Negierung'; eine ‚starke Integration' wäre eine echte ‚Kombination' von eigenständigen Grundlagenangeboten sowie fächerspezifischen Zusätzen" (Kaiser 2010, S. 107; wobei eine Differenz in der Effektivität der Integrationsstandards sich empirisch nicht klar nachweisen lässt, Waples et al. 2009).[8] Es ist also im letzten, unseres Erachtens wünschenswerten Fall vom Grundsatz daran gedacht, Ethik im weiteren Sinn ernsthaft in den curricularen aber auch managementseitigen Strukturen einer Hochschule – und zwar hochschultypübergreifend aber entsprechend sensitiv – hineinzubringen, also von Inselesoterik („ghettoise"; Balch 2007, S. 22) konsequent abzusehen (Heinemann 2013, S. 582).

So nimmt es nicht wunder, wenn das netzwerk n e. V. jüngst resümiert (2016, S. 9): „In Bezug auf Nachhaltigkeit lassen sich Hochschulen in grob drei Gruppen gliedern. So gibt es [...] in Deutschland aktuell lediglich zwei Hochschulen, die sich ganzheitlich dem Leitbild der nachhaltigen Entwicklung in Betrieb, Lehre, Forschung und Governance verschrieben haben. Die zweite Gruppe umfasst eine Vielzahl an Hochschulen [...], die einzelne und teils auch substantielle Aktivitäten im Nachhaltigkeitsbereich aufweisen, wo es allerdings an einer hochschulübergreifenden Verankerung und Diffusion des Themas in alle Handlungsbereiche mangelt. Die dritte Gruppe wird schließlich von all jenen Hochschulen gebildet, für die Nachhaltigkeit gar keine Rolle spielt, in keinem der Handlungsbereiche." Dies scheint aber mit Blick auf das hier diskutierte Modell der FOM Hochschule noch nicht ausdifferenziert genug zu sein. Denn die mögliche vierte Gruppe wäre kurz mit denjenigen Hochschulen zu füllen, denen Substanz und eine hochschulübergreifende Strategie und Verankerung zu attestieren ist. Bei aller berechtigter Reflexion über die Grenzen des FOM-Modells ist hier zumindest aus systematischen Gründen ein mögliches Desideratum konstatierbar. Letztlich ist es kein einfaches Unterfangen, alle diese wissenschaftlichen und praktischen Erkenntnisse zu einem Sinnganzen zusammenzuführen, das sich zudem im Sinn des Hochschulmanagements operationalisieren lässt.

2 Das Handlungsfeld Lehre im FOM-Modell

2.1 Das FOM-Modell auf einen kurzen Blick

Das ausführliche Aufzeigen der Prämissen und die Herleitung des FOM-Grundansatzes finden sich in Heinemann und Krol (2011) und werden daher hier nur kurz dargestellt. Das Ziel des Rektoratprojekts Wirtschaftsethik und Nachhaltigkeit an der FOM wurde dort formuliert und hat bis heute unverändert Bestand:

> Die systematische Konzeption, Umsetzung und Evaluation der Themen „Wirtschaftsethik und Nachhaltigkeit" an der FOM zur Unterstützung eines an sozialen, ökologischen und ökonomischen Dimensionen verantwortlich orientierten Managementdenkens und -handelns als

---

[8] Für weitere kombinatorisch denkbare Integrationsformen vgl. Kaiser (2010).

eine wesentliche Bedingung der Möglichkeit einer gerechten und erfolgreichen globalen Zukunft von Managern, Unternehmen und gesellschaftlichen Systemen (Heinemann und Krol 2011, S. 43).

Dabei werden vier Handlungsfelder unterschieden:

- Lehre
- Forschung
- Hochschulmanagement
- Dialog mit der Praxis (Heinemann und Krol, S. 44).

Dass Engagement der FOM Hochschule wird dabei im fachlichen Bereich (Göbel 2017, S. 305 f.) und auch in weiteren Stakeholdergruppen (beispielhaft mit dem FOM-CSR-Atlas auf den entsprechenden Netzwerkseiten des Ministeriums für Wirtschaft, Innovation, Digitalisierung und Energie des Landes Nordrhein-Westfalen[9]) durchaus positiv wahrgenommen. Das Handlungsfeld Lehre ist dabei sicher das umfassendste bei einer großen Hochschule für die besondere Zielgruppe der neben Beruf oder Ausbildung Studierenden. Bereits 2013 wurde die FOM im Jahresbericht 2012 der Hochschulen für Nachhaltige Entwicklung der Dekade der United Nations als Best-practice-Vorbild im Lehrbereich aufgeführt (S. 38; die Dekade endete 2014). Auch weitere wichtige Akteure der Hochschule rund um das Thema „Diversity"[10] stehen im engen Austausch mit den entsprechenden Akteuren rund um Wirtschaftsethik und Nachhaltigkeit. Zudem ist die FOM Hochschule auch ein Nachhaltigkeitsort im Sinn der sozialen Vielfalt (Seng und Landherr 2015).

Freilich haben mittlerweile viele andere Institutionen die Integration ernsthaft in Angriff genommen, ein gutes Beispiel ist die Mannheim Business School, die ihre Maßnahmen und Ansätze transparent darstellt.[11]

Um die Themen Wirtschaftsethik und Nachhaltigkeit systematisch in die gesamte Lehre der FOM einzubringen, wurden dabei spezielle, verzahnte Module für die Bachelor- und Masterstudiengänge entwickelt. Verzahnt bedeutet hier, dass die Module in den Studiengängen unterschiedlicher Hochschulbereiche verankert sind. Bis heute haben sich diese Module entsprechend der Bedeutungszunahme der Thematik weiterentwickelt. Im Bachelorstudium wurden ebenso wie im Masterstudium entsprechende Maßnahmen getroffen. Bei Einführung des Bachelormoduls Einführung in die Wirtschaftsethik mit der Prüfungsordnung für Studierende ab Wintersemester 2011 war das Modul noch Teil eines semesterübergreifenden Gesamtmoduls mit dem Titel Schlüsselqualifikationen. So haben Studierende, sofern sie entsprechend des empfohlenen Studienverlaufsplans studierten, in ihrem zweiten Semester die Vorlesung Einführung

---

[9] Vgl. https://csr.nrw.de/netzwerke/csr-hochschulkreis/. Zugegriffen: 09. August 2017.
[10] Vgl. https://www.fom.de/die-fom/diversity-management.html. Zugegriffen: 09. August 2017.
[11] Vgl. https://www.mannheim-business-school.com/de/die-institution/mission-visionen-werte-und-verantwortung/soziale-verantwortung/. Zugegriffen: 09. August 2017.

in die Wirtschaftsethik gehört und konnten anschließend im dritten Semester zwischen drei Vorlesungen (Kommunikation, Präsentation, Moderation oder Konfliktmanagement oder Selbstorganisation und Zeitmanagement) wählen. Der Umfang der Vorlesung Einführung in Wirtschaftsethik betrug 16 Unterrichtseinheiten und es wurde keine abschließende Prüfung gefordert. Mit der Prüfungsordnung zum Sommersemester 2016 wurde das Modul Schlüsselqualifikationen in zwei gesonderte Module aufgeteilt. Während die Studierenden nun entsprechend des Studienverlaufsplans im ersten Semester das Modul Kompetenz- und Selbstmanagement belegen, hören sie im vierten Semester das Modul Wirtschafts-/Unternehmensethik. Als alleinstehendes Modul mit 24 Unterrichtseinheiten wird nun auch eine Prüfungsleistung zum Ende des Semesters in Form einer schriftlichen Klausur von den Studierenden verlangt. Im Hochschulbereich Gesundheit und Soziales werden Studiengänge angeboten, die Wissen aus verschiedenen Fachgebieten der Medizin und der Betriebswirtschaft vermitteln. Auch hier hat die Thematisierung von Ethikaspekten – ganz besonders durch die medizinische Komponente – eine hohe Relevanz. Im Curriculum des Bachelorstudiengangs Gesundheits- und Sozialmanagement gibt es somit das Modul Ethik im Gesundheits- und Sozialwesen und im Bachelorstudiengang Gesundheitspsychologie und Pflege das Modul Ethik in der Pflege.

Im Masterstudium sieht es vergleichbar aus. Ab Sommersemester 2013 hörten Studierende der Masterstudiengänge an der FOM im zweiten Semester ebenfalls ein zweigeteiltes Modul mit dem Titel Schlüsselkompetenzen. Neben einer Vorlesung zum Verhandlungs- und Moderationstraining beinhaltete das Modul die Vorlesung Corporate Governance und Corporate Social Responsibility mit 24 Unterrichtseinheiten und einer Klausur sowie einer sonstigen Beteiligung als Prüfungsleistung. Mit den Neuerungen in den Prüfungsordnungen zum Wintersemester 2016 bzw. 2017 wurde auch dieses Modul in mehrere alleinstehende Module geteilt. So hören die Studierenden der Masterstudiengänge an der FOM heute laut Studienverlaufsplan im zweiten Semester das Modul Führung und Nachhaltigkeit. Dieses umfasst 48 Unterrichtseinheiten, erfordert eine sonstige Beteiligung der Studierenden und wird mit einer Klausur angeschlossen. Für das Masterstudium im Wirtschaftsingenieurwesen wurde aufgrund der Spezifikation ein entsprechendes Pendant von 20 Unterrichtseinheiten mit dem Titel Technik und Nachhaltigkeit entwickelt.

Doch neben den Studierenden sind natürlich auch die Lehrenden wesentlich[12]. Für Lehrende bietet die seit September 2014 im Online-Campus verankerte Ethikplattform vielschichtige Informationsmaterialien und didaktische Hinweise in Form von Einführungen, Praxisbeispielen, Fallstudien, Zusatzmaterialien und Literatur für die Einbettung von Ethik-, Nachhaltigkeits-, CSR-Themen in das Lehrmaterial der Fachbereiche BWL, VWL, Wirtschaftsinformatik, Wirtschaftsrecht, Wirtschaftspsychologie, Gesundheit und

---

[12] Zum hochschultypspezifischen Ineinandergreifen von Lernenden, Lehrenden und Lehrkoordination vgl. die FOM Charta Partnerschaft für Lehre und Lernen unter https://www.fom.de/die-fom/fom-charta.html. Zugegriffen: 09. August 2017.

Soziales und Ingenieurwissenschaften an. An der konzeptionellen Erarbeitung und den Materialien selbst sind Kollegen aus dem ganzen Bundesgebiet in verschiedener Weise aktiv. Die Plattform stellt eine Anlauf- und Austauschstelle für die Lehrenden dar und wird regelmäßig auf Aktualität und qualitative Ausgewiesenheit überprüft. Entscheidender Vorteil der Plattform besteht darin, dass die Lehrenden selbst eigenes Material zur Verfügung stellen können und dieses dann von Kollegen genutzt werden kann. Durch die einfachen Zugangs- und Integrationsmöglichkeiten wird bei den Lehrenden der Vorbereitungsaufwand reduziert und Berührungsängste werden abgebaut, sodass eine omnipräsente Auseinandersetzung mit Themen der Wirtschaftsethik und Nachhaltigkeit verstärkt befördert wird.

Auch das Interesse an Ethik-, Nachhaltigkeits-, CSR-Themen seitens der Studierenden wird zunehmend größer. Dies spiegelt auch die steigende Zahl an vielfältig thematisch verorteten Abschlussarbeiten wider, die CSR-Themen beinhalten: seit 2011 knapp 400 Abschlussarbeiten (278 Bachelorarbeiten, 106 Masterarbeiten, 12 Diplomarbeiten). Auch die Implementierung in die Lehrberichte der FOM Hochschule ist gelungen (ebenso in die Forschungsberichte[13]).

Bereits in Heinemann und Krol (2011) wurde empirisch belegt, dass Studierende Ethik und Nachhaltigkeitsthemen relevant finden und konkrete Impulse dazu geben können und wollen. Dies beruht u. a. darauf, dass die das spezifische Hochschulformat der FOM prägende Zielgruppe der berufs- oder ausbildungsbegleitend (dualen) Studierenden viele Herausforderungen zunehmend in ihrer Berufspraxis wiederfindet. Ein Transfer dieser Erkenntnisse aus der Praxis in die (theoretische) Hochschullehre seitens der Studierenden ist also nicht überraschend.

Im vorliegenden Beitrag wird eine entsprechende Folgestudie vorgestellt, deren Daten bereits 2014 erhoben wurden, die weitere Handlungserfordernisse seitens der FOM Hochschule aufzeigt und gleichzeitig das Votum der Studierenden validieren soll. Es handelt sich methodisch um einen Teil des in der Studie Heinemann und Krol (2011) inaugurierten Ethikmonitors.

Neben den internen Impulsen sind auch externe Impulse von Studierenden zu benennen. Die FOM Hochschule ist Kooperationspartner von sneep e. V. (student network for ethics in economics and practice), einer der bundesweit relevantesten studentischen Netzwerkinitiativen für Wirtschafts- und Unternehmensethik. Der Nachhaltigkeitsbeauftragte der FOM Hochschule ist ehrenamtliches Mitglied des Kuratoriums.[14]

Diese vorstehend auszugsweise dargestellten lehrbezogenen Maßnahmen zeigen beispielhaft die Bandbreite der Aktivitäten, die eine entsprechende Integration von Wirtschaftsethik und Nachhaltigkeit bedingen können.

---

[13] Vgl. https://www.fom.de/forschung/publikationen.html. Zugegriffen: 09. August 2017.
[14] Vgl. http://www.sneep.info/sneep/kuratorium/. Zugegriffen: 09. August 2017.

2.2 FOM EthikControl

Nachfolgend wird eine deskriptive Untersuchung aus dem Jahr 2014 vorgestellt, die anschließend und ergänzend an die bereits 2011 den Studierenden der FOM gestellten Fragen erneut prüfend nachfragt (vgl. Abschn. 3).[15] Dies dient zum einen der Generierung von neuen Erkenntnissen zu unvermindert relevanten Fragestellung ebenso wie eigenen institutionellen Impulsen zur weiteren qualitätsorientierten Entwicklung des Rektoratprojekts Wirtschaftsethik und Nachhaltigkeit an der FOM. Der FOM EthikControl (vgl. Heinemann und Krol 2011, S. 48) ist dabei ein flexibles Evaluationsinstrument, das im Rahmen des strategischen Gesamtinstrumentariums des Qualitätsmanagements der FOM Hochschule zu sehen ist.

Ein wesentliches Ziel der 2014 durchgeführten Umfrage stellte der erneute Abgleich zwischen den Meinungen der Studierenden 2011 und den Meinungen der Studierenden im Jahr 2014 dar. Es sollte ermittelt werden, ob und inwiefern es Veränderungen in den Ansichten der Studierenden gibt. Darüber hinaus sollten durch eine Erweiterung des Fragebogens um Fragen, die stärker auf verschiedene Implementierungsmethoden abzielen, sinnvolle Implementierungsstrategien erforscht werden.

Die Umfrage unter den Studierenden wurde im Juli 2014 mithilfe eines Online-Fragebogens durchgeführt. Der Fragebogen wurde den Studierenden aller betriebswissenschaftlichen FOM-Studiengänge im Online-Campus zur Verfügung gestellt. Der Fragebogen erhielt überwiegend geschlossene Fragen mit Likert-skalierten Antwortkategorien. Ergänzend wurden, wie auch 2011, offene Fragen hinzugenommen, um bestimmte Informationen explorativ bzw. induktiv generieren zu können[16] (Bortz und Döring 2016, S. 300 f.). Die geschlossenen Fragen wurden auf Korrelationen und Häufigkeiten geprüft. Zur Analyse der offenen Fragen wurden Kategorien gebildet und die Antworten entsprechend zugeordnet. Die Befragung ist methodisch als explorativ einzustufen. Als Auswertungsverfahren kamen deskriptive, inferenzstatistische und explorative Analysen zum Einsatz.

Um eine vergleichende Analyse mit den Ergebnissen der Umfrage von 2011 durchführen zu können, wurden die Kernfragestellungen größtenteils übernommen und Fragen, die auf sinnvolle Implementierungsweisen von Nachhaltigkeitsinhalten oder auch auf die Herkunft von Nachhaltigkeitswissen abzielten, hinzugenommen. Darüber hinaus sollten die Studierenden zum einen eine Einschätzung über die wahrgenommene Intensität der Konfrontation mit Nachhaltigkeitsinhalten in ihrer bisherigen FOM-Ausbildung geben und spezifizieren, in welchem Rahmen (Schule/Hochschule/Unternehmen/sonstige) sie bereits welche Art (Grundlagen/Vertiefung) von Nachhaltigkeitsbildung erhalten haben.

- Wie wird die Relevanz von Nachhaltigkeit im Rahmen der Managerausbildung grundsätzlich von Studierenden aktuell und für die Zukunft eingeschätzt?

---

[15] Diese Ergebnisse sind ebenfalls Bestandteil der Bachelorarbeit der Autorin an der Edinburgh Napier University.
[16] Im vorliegenden Beitrag wird auf die Analyse der offenen Fragen aus Gründen des Formats verzichtet.

- Wem ist die Verantwortung für eine Ethikausbildung der Manager in welchem Maß aus Sicht der Studierenden zuzuschreiben? Kann eine Hochschule hier überhaupt wirken und wenn ja, in welchem Maß?
- Ist eine verbindliche Qualifizierung im Themenfeld Nachhaltigkeit aus Sicht der Studierenden wünschenswert?
- Wie wird die Intensität der Auseinandersetzung mit Nachhaltigkeitsfragestellungen in der bisherigen Hochschulausbildung eingeschätzt? Worin liegt der wesentliche Nutzen der Implementation? Und welche Implementationswege werden für sinnvoll eingestuft?
- Wo wurde welche Art von Nachhaltigkeitskenntnissen erlangt?

Über die qualitativen Aussagen hinaus wurden quantitative Merkmalsverbindungen überprüft, die sich bei den Studenten aus den erhobenen individuellen Faktoren ergeben (Einfluss von Alter, Geschlecht, Studienbereich, Studiensemester).

Unter dem Namen FOM-Studierendenumfrage wurde als Feldzugang ein Blackboard-Eintrag im Online-Campus der FOM gewählt. Adressiert wurden alle Studierende der betriebswirtschaftlichen Studiengänge der FOM. Die Dauer der Feldphase erstreckte sich vom 25. Juli bis 10. August 2014. Die Anzahl der auszuwertenden Fragebögen betrug insgesamt n = 282.

Nachfolgend werden die entsprechenden Einzelauswertungen inklusive der Synopse zur ersten Studie geboten.

2.2.1 Frage Nr. 1

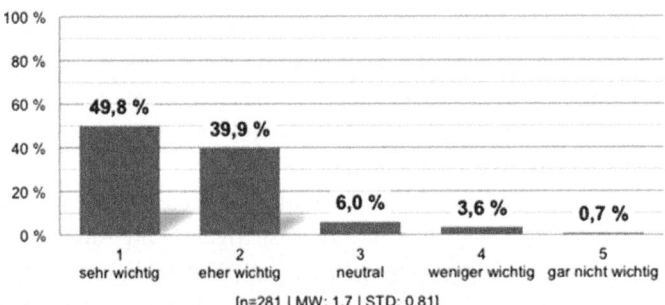

Auswertung der Ergebnisse zur Frage 1 der FOM-Studierendenumfrage

Schlüsselergebnisse

- Etwa 90 % der Befragten erachten eine Qualifizierung in Nachhaltigkeit für sehr wichtig und wichtig, wobei die Studierenden, die eine Nachhaltigkeitsqualifizierung für sehr wichtig empfinden, mit 49,9 % die am stärksten vertretene Gruppe darstellen.

- Lediglich 4,3 % der Befragten empfinden eine Nachhaltigkeitsqualifizierung weniger wichtig und gar nicht wichtig
- Die neutrale Position fällt mit lediglich 6 % kaum ins Gewicht.

Mit der Frage: „Für wie wichtig erachten Sie Ethik im Rahmen der Managerausbildung grundsätzlich?" wurde in der 2010 durchgeführten Erhebung eine sehr ähnliche Frage gestellt. Vergleicht man die Antworten der Befragung im Jahr 2014 mit der von 2011 lässt sich feststellen, dass der Prozentanteil derer, die eine Nachhaltigkeitsqualifikation für wichtig und sehr wichtig erachten, um 5 % gestiegen ist. Die Abwanderung kann insbesondere von der neutralen Position beobachtet werden, die 2011 noch 10 % betrug. Der Anteil der weiblichen Studierenden, die eine Qualifizierung in Nachhaltigkeit für wichtig und sehr wichtig einschätzen, liegt mit 92 % leicht über dem Anteil der männlichen Studierenden (89,6 %), wobei hier anzumerken ist, dass der Anteil der männlichen Befragten, die eine Qualifizierung in Nachhaltigkeit für sehr wichtig erachten, mit 57,5 % signifikant über dem Anteil der weiblichen Befragten von 48,3 % liegt. Die Geschlechteraufteilung, die mit insgesamt 4,4 % eine Qualifizierung in Nachhaltigkeit für weniger wichtig und gar nicht wichtig einschätzen, wobei die Angabe gar nicht wichtig nur von 0,7 % gewählt wurde, konzentriert sich eher auf den Anteil der männlichen Studierenden.

2.2.2 Frage Nr. 2

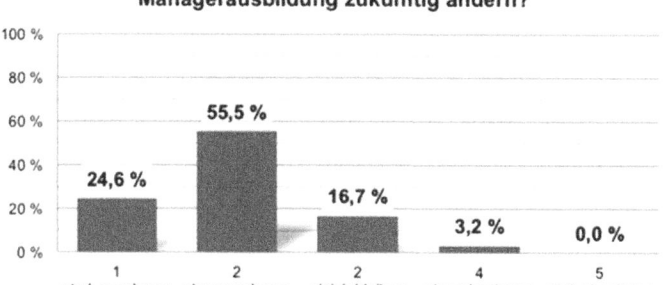

Auswertung der Ergebnisse zur Frage 2 der FOM-Studierendenumfrage

Schlüsselergebnisse

- Rund 80 % der Befragten glauben, dass die Bedeutung von Nachhaltigkeit im Rahmen der Managerausbildung zukünftig stark zunehmen und eher zunehmen wird.
- Nur 3,2 % glauben, dass die Bedeutung von Ethik im Rahmen der Managerausbildung zukünftig eher abnehmen wird; 0,0 % glauben, dass die Bedeutung stark abnehmen wird.
- Eine neutrale Position beziehen 17 % der Befragten.

Auch 2011 wurde diese Frage gestellt. Wieder lässt sich ein Trend in Richtung einer verstärkten Nachhaltigkeitsorientierung feststellen. So meinten 2011 rund 73 % der Befragten, dass die Bedeutung von Ethik im Rahmen der Managerausbildung zukünftig stark und eher stark zunehmen würde, während 2014 sogar 80 % dieser Ansicht waren.

Der Anteil der Befragten, die glauben, dass die Bedeutung von Nachhaltigkeit bzw. Ethik in den kommenden Jahren abnehmen wird, halbierte sich. Und 2011 gaben noch immerhin 1,1 % der Befragten an, dass die Bedeutung von Nachhaltigkeit in Zukunft stark abnehmen wird.

Bei der Einschätzung, inwiefern sich die Bedeutung von Nachhaltigkeit in Zukunft verändern wird, gibt es zwischen den Geschlechtern keine signifikanten Unterschiede; bei der Angabe eines starken Bedeutungszuwachses liegt der Anteil der weiblichen Befragten mit 0,7 % über dem der männlichen Befragten. Bei der Angabe einer eher abnehmenden Bedeutung liegt der Anteil der männlichen Befragten mit 0,7 % über dem der weiblichen Befragten.

2.2.3 Frage Nr. 3

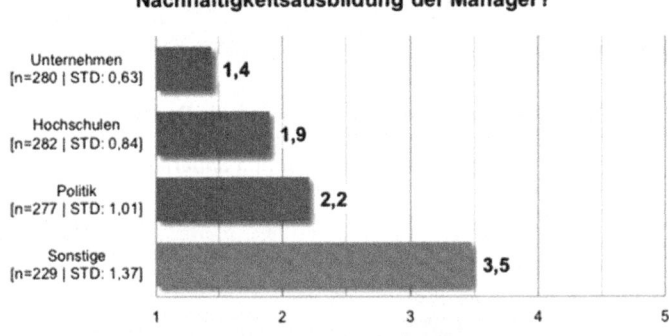

Auswertung der Ergebnisse zur Frage 3 der FOM-Studierendenumfrage. STD Standardabweichung

Die Bewertung erfolgte auf einer fünfstufigen Likert-Skala. Zum Vergleich der genannten Kategorien wurden die Mittelwerte herangezogen. Die Rangfolge lässt sich der Abbildung entnehmen. So denkt der Großteil der Befragten, dass Unternehmen eine sehr hohe Verantwortung in der Nachhaltigkeitsausbildung der Manager zukommt.

Bei der Kategorie Sonstige gab es die Möglichkeit, die Antwort zu spezifizieren; hiervon wurde in 26 Fällen Gebrauch gemacht. Die Antworten lassen sich zum Großteil den der Kategorien Selbst (55 %), Familie/soziales Umfeld (36 %) und Ausbildung/Weiterbildung (9 %) zuordnen. Beim Vergleich der Antworten des diesjährig durchgeführten Fragebogens mit den Antworten aus dem Jahr 2011 fällt auf, dass 2011 die Verantwortung mit 56 % bei Eltern und Familie gesehen wurde und die Verantwortung der Person selbst von lediglich 9 % der Befragten genannt wurde.

2.2.4 Frage Nr. 4

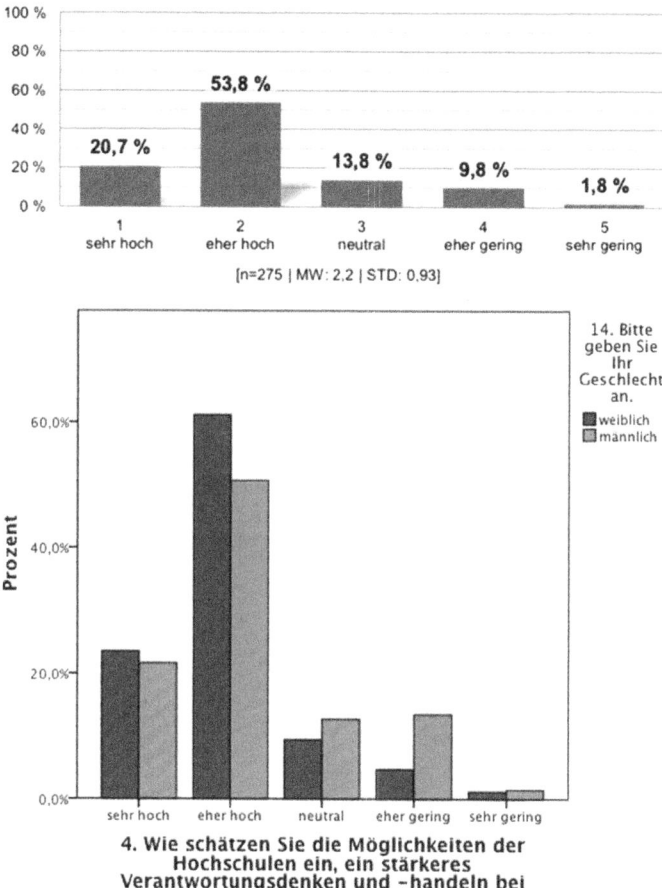

Auswertung der Ergebnisse zur Frage 4 der FOM-Studierendenumfrage. **a** Gesamt; **b** Geschlechterverteilung

Schlüsselergebnisse

- 74,5 % der Befragten schätzen die Chancen der Hochschulen zur Verankerung eines stärkeren Verantwortungsdenkens und -handelns im Management als sehr hoch und hoch ein.

- Rund 12 % schätzen die Möglichkeiten als eher gering und sehr gering ein, wobei hier der Großteil eher gering antwortete.
- Rund 14 % zur Frage neutral eingestellt.

Vergleicht man die Angaben des 2014 durchgeführten Fragebogens mit denen der Befragung des Jahres 2011, lässt sich auch bei dieser Frage erkennen, dass die Einstellungen der Studierenden weitestgehend gleichgeblieben sind. Die Ansicht, dass Hochschulen sehr gute Möglichkeiten haben, ein stärkeres Verantwortungsdenken bei zukünftigen Entscheidern und Managern zu verankern, ist mit 3,2 % leicht gestiegen, etwa um den gleichen Anteil stieg auch die Ansicht, dass die Möglichkeiten der Hochschulen in diesem Bereich eher hoch sind. Der Vergleich der Aussagen der männlichen und weiblichen Befragungsteilnehmer zeigt durchaus Unterschiede in der Einschätzung der Möglichkeit von Hochschulen, ein stärkeres Verantwortungsdenken bei zukünftigen Managern zu verankern. So schätzen rund 85 % der weiblichen Befragungsteilnehmer die Chancen der Hochschulen mit sehr hoch (23,5 %) und hoch (61,2 %) ein, während der Anteil der männlichen Befragungsteilnehmer mit diesen Einschätzungen bei 72 % liegt.

2.2.5 Frage Nr. 5

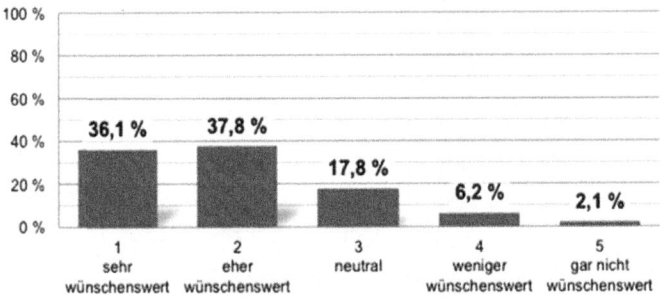

Auswertung der Ergebnisse zur Frage 5 der FOM-Studierendenumfrage

Schlüsselergebnisse

- Etwa 74 % der Befragten halten es für sehr wünschenswert und wünschenswert, über eine verbindliche Qualifizierung im Themenfeld Nachhaltigkeit zu verfügen.
- Lediglich 7 % der Befragten erachten eine verbindliche Nachhaltigkeitsqualifizierung für weniger wünschenswert und gar nicht wünschenswert.
- Die neutrale Position nimmt mit 18 % eine nicht unwichtige Stellung ein.

In einem nächsten Schritt wurden die Studenten gebeten, ihre Aussagen mit bis zu drei Stichworten zu begründen. Von den 282 Befragten, die die Frage beantworteten, nahmen sich 156 die Zeit, ihre Antwort schriftlich zu begründen, das entspricht einem Anteil von über 55 %.

Die Begründungen der Befragten, die eine verbindliche Nachhaltigkeitsqualifizierung von zukünftigen Managern für sehr wünschenswert und wünschenswert halten, wurden zunächst nach besonders oft genannten Überbegriffen (Verantwortung, Zukunft, Ressourcen/Umweltschutz, Personal) geclustert. In einem nächsten Schritt wurden die am häufigsten vorkommenden Überbegriffe (Verantwortung und Zukunft) in spezifischere Unterbegriffe unterteilt.

Die Studierenden empfinden eine verbindliche Qualifizierung als (sehr) wünschenswert, weil sie sich dadurch eine ausgeprägte Verantwortungsübernahme versprechen, sowohl sozial/gesellschaftlich als auch in Bezug auf die Umwelt und Ressourcen. Ebenso der Aspekt der Verantwortungsübernahme im Sinn intergenerationeller Gerechtigkeit wird genannt. Weitere Argumente beinhalten eine zukunftsorientierte Perspektive, die insbesondere auf Zukunftssicherung/-fähigkeit und intergenerationelle Gerechtigkeit anspielt.

Die Tatsache, dass 74 % der Befragten eine verbindliche Nachhaltigkeitsqualifizierung für (sehr) wünschenswert halten, zeigt in Kombination mit den Begründungen, dass Nachhaltigkeit nicht als Add-on, sondern als essenzieller („Grundvoraussetzung", „unumgänglich"), relevanter Teil einer Mangerausbildung gesehen wird. Wie essenziell, wird insbesondere durch die Begründungen der Befragten vor Augen geführt: Neben Zukunftssicherung und Zukunftsfähigkeit sowohl von Unternehmen als auch der Gesellschaft (auch zukünftige Generationen) und Umwelt (Ressourcenschutz, Klimawandel) im Allgemeinen, verspricht sich ein Großteil der Befragten auch ein stärkeres Verantwortungsbewusstsein und -übernahme (gegenüber Umwelt und Gesellschaft) der Manager durch eine entsprechende Qualifizierung. Vermeidung von Wirtschafts- und Finanzkrisen und Unternehmensskandalen einhergehend mit einer besseren Personalführung und langfristigen Unternehmenserfolg sind weitere häufig genannte Argumente.

Die Befragten, die diese Frage mit neutral und weniger wünschenswert beantworteten, argumentierten zum Großteil, dass nicht die Nachhaltigkeitsthematik unwichtig sei, sondern, dass der Weg der Verbindlichkeit nicht unbedingt der richtige sei. Gefordert wurde von einigen der Befragten statt einer Regelung ein Umdenken und eine Bewusstseinsstärkung, da Regeln zum einen umgehbar seien und zum anderen dem Konzept der Nachhaltigkeit nicht gerecht werden können.

2.2.6 Frage Nr. 6

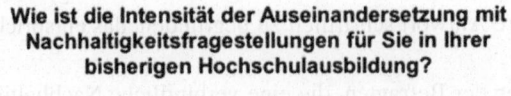

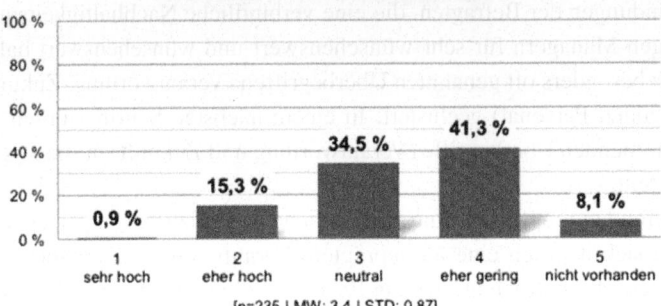

Auswertung der Ergebnisse zur Frage 6 der FOM-Studierendenumfrage

Schlüsselergebnisse

- Knapp 1 % der Befragten empfindet die Intensität der Auseinandersetzung mit Nachhaltigkeitsinhalten in ihrer bisherigen Hochschulausbildung als sehr hoch.
- Als eher hoch empfinden 15 % der Befragten die Intensität der Auseinandersetzung mit Nachhaltigkeitsinhalten in ihrer bisherigen Hochschulausbildung.
- Die Intensität empfinden 34,5 % der Befragten neutral und der Hauptanteil mit 41,3 % findet sie eher gering.
- Den Eindruck, dass eine Auseinandersetzung mit Nachhaltigkeitsinhalten bis jetzt nicht stattgefunden hat, haben 8,1 % der Befragten.

Bereits 2011 wurde den Studierenden diese Frage gestellt. Vergleicht man die Antworten so wird deutlich, dass die Studierenden 2014 eine etwas intensivere Beschäftigung mit Nachhaltigkeitsthemen wahrnehmen. So erhöhte sich der Anteil der Antwortenden, die eine eher hohe Intensität verspüren, um 5,4 % von 2011 (9,9 %) zu 2014 (15,3 %).

Der Anteil der Befragten, die keinerlei Intensität in der Behandlung von Nachhaltigkeitsfragestellungen verspürten, sank deutlich von 17,2 % im Jahr 2011 auf 8,1 % im Jahr 2014. Nur kleine Schwankungen gab es bei der Wahrnehmung einer eher geringen Beschäftigung mit Nachhaltigkeitsthematiken, dort sank der Anteil um 2,8 % von 44,1 % (2011) auf 41,3 % (2014).

2.2.7 Frage Nr. 7

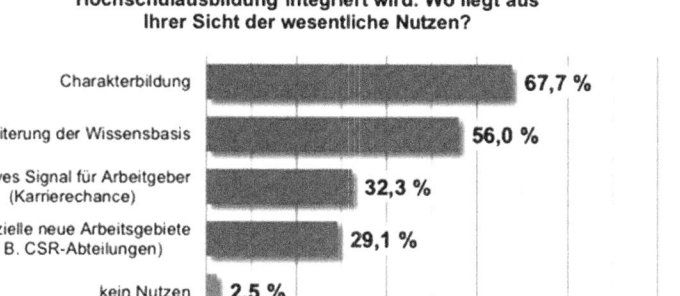

Auswertung der Ergebnisse zur Frage 7 der FOM-Studierendenumfrage

Schlüsselergebnisse

- Den wesentlichen Nutzen einer verstärkten Nachhaltigkeitsthematik in der Ausbildung sehen 68 % der Befragten in der Charakterbildung.
- Als wesentlichen Nutzen benennen 56 % der Befragten die Verbreiterung der Wissensbasis.
- Von den Befragten sehen 32 % einen Karrierenutzen, 29 % sehen den Nutzen in der Erschließung neuer Arbeitsgebiete.
- Lediglich 2,5 % der Befragten sehen keinen Nutzen in der verstärkten Integration von Nachhaltigkeitsinhalten.

In der Kategorie Sonstige konnten die Studenten ihre Antworten spezifizieren. Hier gab es 20 Nennungen, die wie in der 2011 durchgeführten Befragung in die drei Kategorien Bewusstseinserweiterung (42 %), Verantwortungsgefühl (42 %) und Außenwirkung (16 %) zugeordnet werden konnten.

2.2.8 Frage Nr. 8

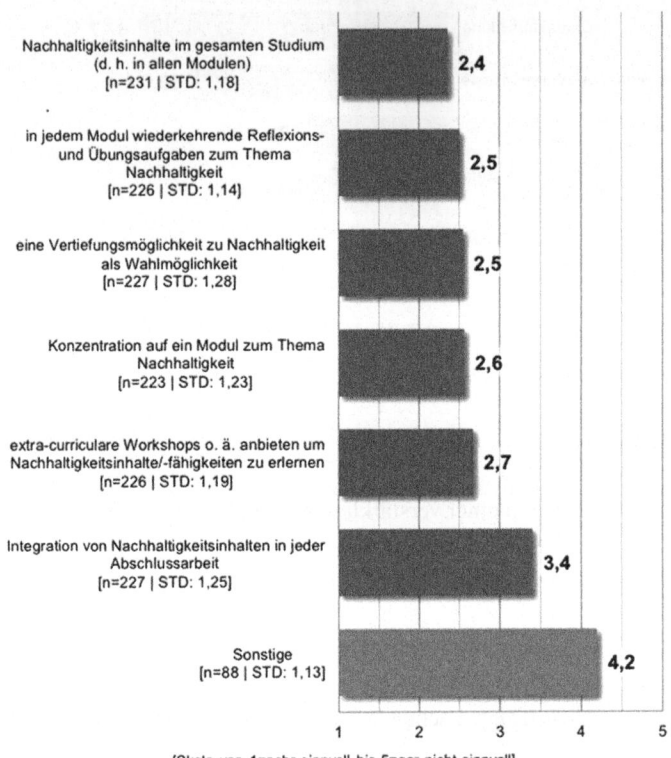

Auswertung der Ergebnisse zur Frage 8 der FOM-Studierendenumfrage

Die Frage Nr. 8 des Fragebogens zielte darauf ab herauszufinden, welche Wege der Integration von Nachhaltigkeitsinhalten ins Studium die Studierenden für sinnvoll erachten. Die Antwortmöglichkeiten konnten auf einer fünfstufigen Likert-Skala (1 sehr sinnvoll bis 5 gar nicht sinnvoll) ausgewählt werden.

Daraus ergibt sich die in der Abbildung dargestellte Rangliste.

2.2.9 Frage Nr. 9

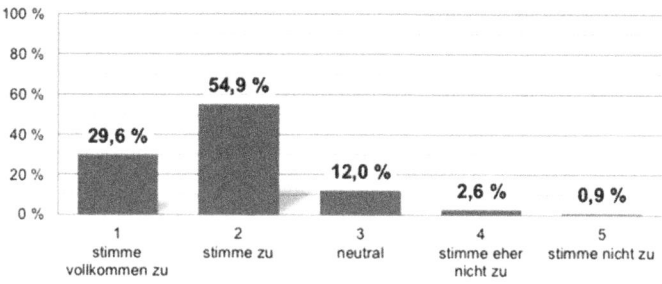

Auswertung der Ergebnisse zur Frage 9 der FOM-Studierendenumfrage

Schlüsselergebnisse

- Von den Befragten denken 85 %, dass eine Universität durch Integration von Nachhaltigkeitsinhalten an Reputation gewinnen kann.
- Der Aussage stehen 12 % neutral gegenüber.
- Lediglich knapp 4 % stimmen der Aussage (eher) nicht zu.

2.2.10 Frage Nr. 10

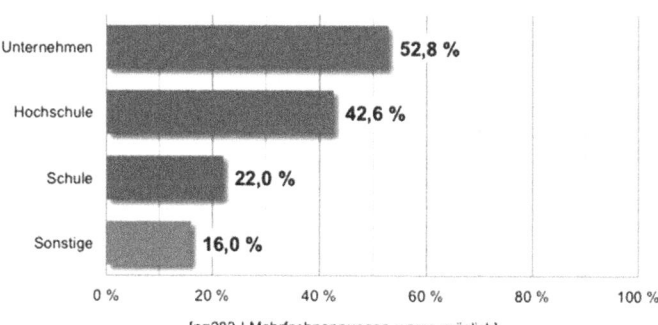

Auswertung der Ergebnisse zur Frage 10 der FOM-Studierendenumfrage

Der Großteil der Studierende hat Nachhaltigkeitskenntnisse im Unternehmen (52,8 %) erworben, gefolgt von Hochschule (43 %) und mit deutlichem Abstand Schule (22 %). Der hohe Anteil der Studierenden, die bereits Nachhaltigkeitskenntnisse in Unternehmen gesammelt haben, zeigt auf, dass die Wirtschaft offenkundig eine Relevanz in der Nachhaltigkeitsthematik sieht.

Auch bei dieser Frage gab es für die Befragten die Möglichkeit, die Aussage Sonstige zu spezifizieren. Insgesamt gab es in diesem Bereich 43 Nennungen. Diese ließen sich v. a. den drei Kategorien Selbststudium (65 %), Privates Umfeld (22 %) und Hochschule (13 %) einteilen.

2.2.11 Frage Nr. 11

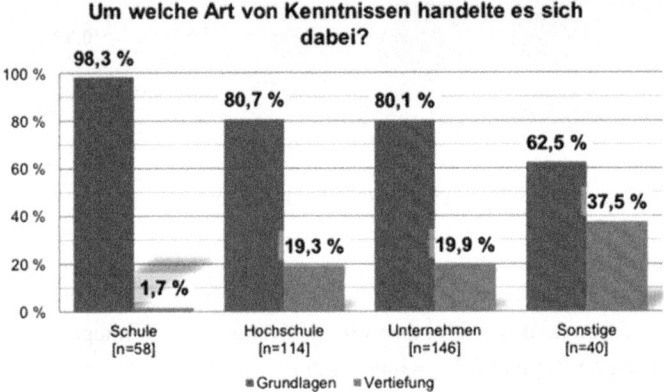

Auswertung der Ergebnisse zur Frage 11 der FOM-Studierendenumfrage

Es wird hier unmittelbar deutlich, dass die Hochschule wesentlich Grundlagen vermittelt und in deutlich geringerem Maß vertieft. Interessant ist der Befund, dass Unternehmen vergleichbar eingestuft werden – was im Fall der FOM Hochschule an einer deutlichen Praxisnähe liegen könnte.

2.2.12 Frage Nr. 12

Auswertung der Ergebnisse zur Frage 12 der FOM-Studierendenumfrage

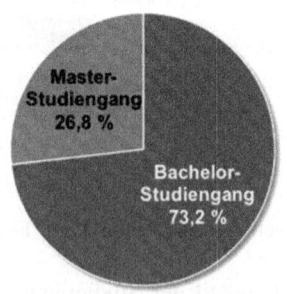

2.2.13 Alter

Auswertung der FOM-Studierendenumfrage. Angabe des Alters

Bitte geben Sie Ihr Alter an
[n=221]

Median:	28 Jahre
MW:	29,6 Jahre
STD:	6,61 Jahre
MIN:	18 Jahre
MAX:	54 Jahre

2.2.14 Geschlecht

Auswertung der FOM-Studierendenumfrage. Angabe des Geschlechts

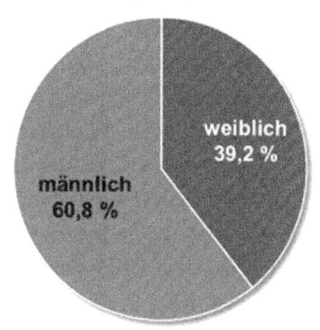

Bitte geben Sie Ihr Geschlecht an
[n=222]

weiblich 39,2 %
männlich 60,8 %

3 Schritt für Schritt zur Normalität

Die für die Integration von Wirtschaftsethik und Nachhaltigkeit an der FOM Hochschule grundlegende Publikation *Nachhaltige Nachhaltigkeit: Zur Herausforderung der ernsthaften Integration einer angemessenen Ethik in die Managementausbildung* wurde vor etwas mehr als fünf Jahren verfasst und nach einem halben Jahrzehnt erscheint sowohl das Vorhaben weiterhin als gelungen und richtig für die Studierenden, Lehrenden und Forschenden, die Partner aus der Praxis und die FOM Hochschule als Ganzes. Diese Einschätzung wird von den Akteuren der Hochschule sowohl breit geteilt, als auch weiterhin und wohl auch bleibend mit damals bereits spürbaren Fragen und Bedenken konfrontiert. Die Strategie, einen angemessenen und doch entschlossenen Beginn im Rektoratsprojekt Wirtschaftsethik und Nachhaltigkeit zu wählen, hat sich bewährt, denn viele dieser Fragen und Bedenken konnten beantwortet und entkräftet werden, Hindernisse überwunden und insgesamt die beiden Themen zu einem Teil hochschulischer Realität werden. Im Detail haben die vielen intensiven und nicht immer unkontroversen Diskussionen über das konkrete Vorgehen bei einer entsprechenden Intergration von Wirtschaftsethik und Nachhaltigkeit in die Managementausbildung der FOM einen Schub nach vorne gebracht – inhaltlich, organisational und kulturell. Vom Leitbild[17] über die FOM-Charta[18] bis in viele Studienmodule hinein sind Wirtschaftsethik und Nachhaltigkeit präsent, in Fortbildungen und der Ethikplattform für die Lehrenden und in vielen Veranstaltungen für und mit der Unternehmenspraxis sowie in der Forschung breit angekommen und im Hochschulmanagement eine wahrnehmbarer institutioneller Faktor geworden. Diese vielen Facetten von Wirtschaftsethik und Nachhaltigkeit spielen mittlerweile eine akzeptierte Rolle und sind dem Boutiquendasein entwachsen.

Die Herausforderungen der sich stetig erneuernden realen und globalen Wirtschaftspraxis – Stichwort Digitalisierung – bringen immer auch neue Herausforderungen für eine ethisch informierte Managementausbildung mit sich, denen eine zukunftsfest forschende und qualifizierende Hochschule (gerade der Wirtschaft) entsprechen sollte. Entlang dieser Entwicklungslinien greifen die 2011 entwickelten Evaluierungsinstrumente und es ergeben sich immer wieder Optimierungspotenziale. Das Projekt lebt – in zweifacher Hinsicht: es ist vital im besten Sinn und dynamisch. Es gibt neue Herausforderungen wie beispielsweise neue Strukturen in Studiengangsystematiken, die entsprechend berücksichtigt werden sollten. Neue Forschungsprogramme, neue Kollegen in der Lehre mit entsprechenden Schwerpunkten bringen immer neue, frische Impulse. Die Unternehmen müssen darüber hinaus mit regulatorisch breiteren Anforderungen produktiv umgehen, man denke nur an das Gesetz zur Stärkung der nichtfinanziellen Berichterstattung der Unternehmen in ihren Lage- und Konzernlageberichten (CSR-Richtlinie-Umsetzungsgesetz).

All dies führt am Ende zu einem Kompetenzzuwachs bei den Studierenden – vom grundlegenden Wirtschaftsethikmodul in allen Bachelorstudiengängen mit Klausurpflicht bis hin zum CSR-Management-orientierten Mastermodul, flankiert von vielen attraktiven Zusatzangeboten. Die hier im Auszug (s. Abschn. 2.2) dargestellte, im Jahr 2014 durchgeführte Neuauflage der FOM-Studie Nachhaltige Nachhaltigkeit (aus 2011) in leicht abgewandelter Form zeigt, dass 90 % der befragten Studierenden ($N=281$) eine Qualifizierung in Nachhaltigkeit im Rahmen der Managerausbildung als sehr wichtig und wichtig erachten (ein Vergleich der Daten von 2011 und 2014 zeigt einen statistisch signifikanten Unterschied; 2011: Median (M) = 1,79; Standardabweichung (SD) = 0,88; 2014: $M=1,65$; $SD=0,81$; $t(737)=2,03$; $p=0,04$, $d=0,16$). Dies stellt zwar nur einen kleinen Anstieg von 5 % dar, jedoch macht dies bereits deutlich, dass das Themenfeld konstant relevant ist. Weiterhin glauben rund 80 % der Befragten im Jahr 2014, dass die Bedeutung von Nachhaltigkeit im Rahmen der Managerausbildung zukünftig stark zunehmen oder eher zunehmen wird – im Jahr 2010 waren es nur 73 %. Insgesamt kann vorsichtig prognostiziert werden, dass das Themenfeld generell an Relevanz zunehmen wird.

Die Verankerung bei Studierenden, Lehrenden und im Praxisdialog wird dabei eine bleibende Aufgabe sein, der sich nicht nur die FOM weiter als gesamte Hochschule wird stellen müssen. Die vorliegende systematische und empirische Fallstudie soll einen Bei-

---

[17] Vgl. https://www.fom.de/fileadmin/fom/downloads/diefom/FOM1200_Leitbild_2015_15_03_26.pdf (Zugegriffen: 05. August 2017).

[18] S. Fußnote 10.

trag leisten zu einem – theoretisch – Dialog und praktisch anschlussfähigen Diskurs über eine ernsthafte Integration von Ethik im weiteren Sinn – was am Ende Nachhaltigkeit und weitere normativ orientierte Denkmodelle einschließt – in wirtschaftswissenschaftlich ausgerichtete Hochschulen oder Teile von Hochschulen. Schritt für Schritt zur Normalität.

Literatur

Amann W, Pirson M, v. Kimakowitz E, Spitzeck H, Dierksmeier C (2011) Business schools under fire – humanistic management education as the way forward. Palgrave Macmillan, London/New York

Balch O (2007) Ethics centres – Keeping ethics mainstream, not cut adrift. http://www.coursehero.com/file/2386239/ss7Hoffman1120/. Zugegriffen: 10. Aug. 2017

Basu K, Palazzo G (2008) Corporate social responsibility: a process model of sensemaking. Acad Manag Rev 33(1):122–136

Beschorner T, Vorbohle K (2010) Interuniversitär – interdisziplinär – international: CSR-Bildung am Beispiel zweier Projekte. In: Theis F, Klein S (Hrsg) CSR-Bildung. Corporate Social Responsibility als Bildungsaufgabe in Schule, Universität und Weiterbildung. Springer VS, Wiesbaden, S 129–138

Bortz J, Döring N (2016) Forschungsmethoden und Evaluation für Human- und Sozialwissenschaftler. Springer, Wiesbaden

Burrell G (Hrsg) (2017) Virtual special issue on 'sociology and business ethics'. Journal of Business Ethics, Volume 144

Christensen LJ, Peirce E, Hartman LP, Hoffman MW, Carrier J (2007) Ethics, CSR, and sustainability education in the financial times top 50 global business schools: baseline data and future research dimensions. J Bus Ethics 73:347–368

Cortese AD (2003) The critical role of higher education in creating a sustainable future. Planning for Higher Education, March–May, S 15–22. http://utemsustentable.blogutem.cl/files/2011/08/The-Critical-Role-of-Higher-Education.pdf. Zugegriffen: 14. Aug. 2017

Friedrich M (2015) Moralische Erziehung oder Indoktrination durch ökonomische Bildung? Eine empirische Studie über Einflüsse ökonomischer Bildung auf die moralische Entwicklung von Lernenden. Univ.-Diss. Bayreuth, Bayreuth

Gerholz K-H, Heinemann S (2014) CSR – A new challenge for universities? A theoretical and empirical analysis of German universities. In: O'Riordan L, Zmuda P, Heinemann S (Hrsg) New perspectives on corporate social responsibility: locating the missing link. Springer Gabler, Wiesbaden, S 507–526

Gerholz KH, Sloane PFE (2010) Aktuelles Stichwort: Ethische Kompetenz. Eine Betrachtung vor dem Hintergrund der wirtschaftswissenschaftlichen Hochschulbildung. Kölner Zeitschrift Für Wirtschaft und Pädagogik 54:99–121

Gilbert DU, Rasche A, Waddock S (2011) Accountability in a global economy: the emergence of international accountability standards. Bus Ethics Q 21(1):23–44

Göbel E (2017) Unternehmensethik. utb, Stuttgart

Hardtke A, Prehn M (Hrsg) (2001) Perspektiven der Nachhaltigkeit – Vom Leitbild zur Erfolgsstrategie. Springer Gabler, Wiesbaden

Hauff V (Hrsg) (1987) Unsere gemeinsame Zukunft. Eggenkamp, Greven

Heinemann S (2011) Vergütung des Vorstands. In: Grundei J, Zaumseil P (Hrsg) Der Aufsichtsrat im System der Corporate Governance – Betriebswirtschaftliche und juristische Perspektiven. Springer Gabler, Wiesbaden, S 113–162

Heinemann S (2013) Godmode? Überlegungen zu Grundfragen und Perspektiven einer Videogamesethik. In: Compagna D, Derpmann S (Hrsg) Soziologische Perspektiven auf Digitale Spiele. UVK, Wiesbaden, S 67–94

Heinemann S (2014) Quo Vadis (Business) Ethics Education? Quo Vadis (Business) Ethics Education? Stand, Kernherausforderungen, Perspektiven. In: Willing H, Seeger N (Hrsg) Responsible business. Nomos, Baden Baden, S 579–620

Heinemann S, Krol B (2011) Nachhaltige Nachhaltigkeit: Zur Herausforderung der ernsthaften Integration einer angemessenen Ethik in die Managementausbildung. MA Akademie Verlags- und Druck-Gesellschaft, Essen

Heinemann S, Schulte F (2014) Anders kennen, anders können – Die Erwartung von Studierenden an eine Vermittlung von Diversity-Kompetenz im Kontext anderer Kompetenzfacetten. In: Spelsberg K (Hrsg) Einsichten und Aussichten – Ein interdisziplinärer Auftakt. LIT, Berlin, S 248–262

Hermeier M (2014) A critical investigation into the perceived relevance and role of German universities in providing sustainability education, Edinburgh, Bachelor-Thesis Edinburgh Napier University

Hösle V (1995) Versuch einer ethischen Bewertung des Kapitalismus. In: Hösle V (Hrsg) Praktische Philosophie in der modernen Welt. C.H. Beck, München, S 109–130

Ihne H, Krickhahn T (Hrsg) (2012) Werthaltungen angehender Führungskräfte. Nomos, Baden-Baden

Kaiser S (2010) Integration von sozialer Verantwortung. In: Theis F, Klein S (Hrsg) CSR-Bildung – Corporate Social Responsibility als Bildungsaufgabe in Schule, Universität und Weiterbildung. Springer VS, Wiesbaden

Klafki W (2007) Neue Studien zur Bildungstheorie und Didaktik: Zeitgemäße Allgemeinbildung und kritisch-konstruktive Didaktik. Beltz, Weinheim

Littledyke M, Manolas E, Litteldyke RA (2013) A systems approach to education for sustainability in higher education. Int J Sustain High Educ 14(4):367–383

May DR, Luth MT, Schwoerer CE (2014) The influence of business ethics education on moral efficacy, moral meaningfulness, and moral courage: a quasi-experimental study. J Bus Ethics 124:67–80

Medeiros KE, Watts LL, Mulhearn TJ, Steele LM, Mumford MD, Connelly S (2017) What is working, what is not, and what we need to know: a meta.analytic review of business ethics instruction. J Acad Ethics. https://doi.org/10.1007/s10805-017-9281-2

Moon J, Orlitzky M (2011) Educating for sustainability and CSR: what is the role of business schools? Special Issues J Manag Educ 17(3):641–655

Mumford MD, Steele L, Watts LL (2015) Evaluating ethics education programs: a multilevel approach. Ethics Behav 25:37–60

netzwerk n e. V. (2016) https://netzwerk-n.org. Zugegriffen: 25. Sept. 2017

Netzwerk Plurale Ökonomik (o. J.) Das Netzwerk. https://www.plurale-oekonomik.de/das-netzwerk/ziele-und-aktivitaeten/. Zugegriffen: 08. Aug. 2017

Papenfuß U, Schimmelpfenning A (2013) Ethik, CSR und Public Management in der universitären Ausbildung? – Eine deutschlandweite Analyse betriebswirtschaftlicher Studiengänge. In: Kegelmann J, Böhmer R, Willmann H (Hrsg) Rechnungswesen und Controlling in der öffentlichen Verwaltung, Heft 5, S 753–776

Rasche A, Gilbert DU, Schedel I (2013) Cross-disciplinary ethics education in MBA programs: rhetoric or reality? Acad Manag Learn Educ 12(1):71–85

Scherer AG, Patzer M (2008) Betriebswirtschaftslehre und Unternehmensethik. Springer Gabler, Wiesbaden

Schulte FP, Gerholz K-H, Heinemann S (2014) Linking "doing", "doing right" and "doing right with others" – empirical indications of the relationship between ethical competency, diversity competency and other parts of the competency construct. In: O'Riordan L, Zmuda P, Heinemann S (Hrsg) New perspectives on corporate social responsibility: locating the missing link. Springer Gabler, Wiesbaden, S 527–545

Schwalbach J, Schwerk A (2008) Corporate Responsibility in der akademischen Lehre – Systematische Bestandsaufnahme und Handlungsempfehlungen für ein Curriculum. Bericht des CCCD. Centrum für Corporate Citizenship Deutschland, Berlin

Seng A, Landherr G (2015) Vielfalt leben und Vielfalt gestalten – Diversity Management in der Lehre. In: Krol B (Hrsg) ifes Schriftenreihe, Bd. 11

Skerlak T (2014) Räume für Bildung – Nachhaltigkeit auf dem Campus von morgen. In: Skerlak T, Kaufmann H, Bachmann G (Hrsg) Lernumgebungen an der Hochschule. Waxmann, Münster, S 79–91

Sneep (2009) Online-Studierendenumfrage (Online nicht mehr verfügbar, kann aber angefordert werden bei Sneep)

Sorensen DP, Miller SE, Cabe KL (2015) Developing and measuring the impact of an accounting ethics course that is based on moral philosophy of Adam Smith. J Bus Ethics 140:175–191

Studie BMBA (2010) Trendbarometer Executive Education. Bertelsmann, Gütersloh (www.mbastudie.de. Zugegriffen: 10. Aug. 2017)

Swanson DL, Fisher DG, Niehoff BP (2011) The case for assessing ethics in a standalone course and results from a pilot study. In: Swanson DL, Fisher DG (Hrsg) Toward assessing business ethics education. Information Age, Charlotte, S 277–305

Tafner G (2015) Reflexive Wirtschaftspädagogik. Wirtschaftliche Erziehung im ökonomisierten Europa; eine neo-institutionelle Dekonstruktion des individuellen und kollektiven Selbstinteresses. Humboldt-Univ., Habil.-Schr.-Berlin 2014, Detmold

Theis F, Klein S (Hrsg) (2010) CSR-Bildung – Corporate Social Responsibility als Bildungsaufgabe in Schule, Universität und Weiterbildung. Springer VS, Wiesbaden

Thole C, Tramm T, Allgoewer E (o. J.) Wirtschaftswissenschaften als Gegenstand ökonomischer Bildung – Reflexionen zum Verhältnis einer Fachdidaktik zu ihrem Fach. https://www.zlh-hamburg.de/dokumente/lllb-bericht-wirtschaftswissenschaften.pdf. Zugegriffen: 15. Aug. 2017

Tichy M (1998) Die Vielfalt des ethischen Urteils – Grundlinien einer Didaktik des Faches Ethik/Praktische Philosophie. Klinkhardt, Bad Heilbrunn

Tilbury D (2011) Higher education for Sustainability: a global overview of commitment and progress. In: GUNI (Hrsg) Higher education in the world 4. Higher education's commitment to sustainability: from understanding to action Barcelona, S 18–28

Waples EP, Antes AL, Murphy ST, Connelly S, Mumford MD (2009) A meta-analytic investigation of business ethics instruction. J Bus Ethics 87(1):133–151

Watts LL, Medeiros KE, Mulhearn TJ, Steele LM, Connelly S, Mumford ND (2017) Are ethics training programs improving? A meta-analytic review of past and present ethics instruction in the sciences. Ethics Behav 27(5):351–384

Wöhe G, Döring U, Brösel G (2016) Einführung in die Betriebswirtschaftslehre, 26. Aufl. Vahlen, München

Internetquellen

http://www.sneep.info/sneep/kuratorium/. Zugegriffen: 09. Aug. 2017
https://csr.nrw.de/netzwerke/csr-hochschulkreis/. Zugegriffen: 09. Aug. 2017
https://www.fom.de/die-fom/diversity-management.html. Zugegriffen: 08. Aug. 2017
https://www.fom.de/die-fom/fom-charta.html. Zugegriffen: 09. Aug. 2017

https://www.fom.de/fileadmin/fom/downloads/diefom/FOM1200_Leitbild_2015_15_03_26.pdf. Zugegriffen: 05. Aug. 2017
https://www.fom.de/forschung/publikationen.html. Zugegriffen: 09. Aug. 2017
https://www.haufe.de/controlling/rechnungslegung/woehe-bleibt-grundsatz-der-langfristigen-gewinnmaximierung-treu_110_375860.html. Zugegriffen: 06. Aug. 2017
https://www.mannheim-business-school.com/de/die-institution/mission-visionen-werte-und-verantwortung/soziale-verantwortung/. Zugegriffen: 09. Aug. 2017

Prof. Dr. Stefan Heinemann ist Direktor des idiMM Instituts für digitale Innovationen in Medizin und Medizinmarkt der Universitätsmedizin Essen. Er ist studierter Philosoph und Theologe, Professor für Wirtschaftsethik an der FOM Hochschule, langjähriges Mitglied der Hochschulleitung der FOM Hochschule (2011–2018) und wissenschaftlicher Co-Direktor im ifpm Institut für Public Management sowie Leiter der Forschungsgruppe „Ethik der Gesundheitswirtschaft & Medizinethik" im ifgs Institut für Gesundheit & Soziales und als Fachbeirat in diversen Forschungs- und Bildungsinstitutionen engagiert. Prof. Dr. Heinemann ist u.a. Mitglied im Strategiebeirat der BDA/BDI-Bundesinitiative „MINT Zukunft schaffen", Mitglied im Vorstand der Kölner Wissenschaftsrunde und Vorstandsvorsitzender der „Wissenschaftsstadt Essen", Sprecher der Ethik-Ellipse Smart Hospital der Universitätsmedizin Essen und Mitglied im Kuratorium von sneep/studentisches Netzwerk für Wirtschafts- und Unternehmensethik. Zudem Vorsitzender des wissenschaftlichen Beirates des Zukunftsinstitutes Gesundheitswirtschaft.

Martha Hermeier ist im Bereich Marketing und Kommunikation eines internationalen Konzerns in Chile tätig. Nebenberuflich ist sie seit 2016 als Dozentin im MBA der Universidad de Santiago de Chile in Santiago de Chile tätig und vertritt die Universität in internationalen Projekten. Sie erwarb einen Doppelabschluss in International Business Administration an der Hochschule München und der Edinburgh Napier University/UK. Ihr besonderer Schwerpunkt im wissenschaftlichen Bereich ist Nachhaltigkeit und CSR. Sie hat sich sowohl an Projekten zur Nachhaltigkeitsberichterstattung von Hochschulen beteiligt, als auch empirisch das Thema Nachhaltigkeit in der Managementausbildung an Hochschulen untersucht.

Nachhaltiges Management lehren und lernen: Ein praktischer Ansatz zur Transformation

Monika Kolb und Patrick Bungard

1 Einleitung

Neben der wachsenden Bedeutung von Nachhaltigkeit in den Bereichen Gesellschaft und Wirtschaft steigt auch die Forderung einer nachhaltigen Entwicklung in Wissenschaft und Bildungssektor (UNESCO 2004). Hochschulen als (primärer) Ort der Bildung besitzen eine gesellschaftliche Vorbildfunktion. Business Schools tragen als Bildungsstätte für zukünftige Entscheidungsträger in Unternehmen eine besondere Verantwortung gegenüber den Studierenden, der Gesellschaft und den Arbeitgebern. Der Nachhaltigkeitsgedanke sowie nachhaltige und somit zukunftsfähige Managementkonzepte entstehen nicht von allein. Es bedarf einer Aus- und Fortbildung von allen Akteuren innerhalb einer Unternehmung. In tertiären Lehrinstitutionen wird meist das Was (Lehrinhalt) in den Fokus gestellt, während das Wie (Unterrichtsmethode) deutlich seltener beachtet wird. Dies erachten wir als einen fatalen Irrtum, denn die Art des Lernens (Methodik) beeinflusst den Lehrerfolg.

Das altbekannte Format der Lehre mit linearen Denkmustern, klarer hierarchischer Rollenverteilung und passiven Studierenden war nützlich in einer Zeit der wirtschaftlichen Stabilität, der klaren Machtverteilung und vorgegebenen Aufgaben und Tätigkeitsstrukturen. Heute benötigt die Gesellschaft andere Kompetenzen und agile Denkstrukturen, die große Herausforderungen wie Branchen im Umbruch (Banken, Automobile, Energiewirtschaft), gesellschaftliche Spannungen durch Ungleichheit und globale Unsicherheiten lösungsorientiert und systemisch meistern.

M. Kolb (✉) · P. Bungard
Cologne Business School
Köln, Deutschland
E-Mail: m.kolb@cbs.de

P. Bungard
E-Mail: p.bungard@cbs.de

© Springer-Verlag GmbH Deutschland, ein Teil von Springer Nature 2018
M. Raueiser und M. Kolb (Hrsg.), *CSR und Hochschulmanagement*,
Management-Reihe Corporate Social Responsibility,
https://doi.org/10.1007/978-3-662-56314-4_14

Die oben genannten Probleme werden immer komplexer und es ist schier unmöglich, sie allein aus einer Fachdisziplin heraus effektiv in Angriff zu nehmen. Wir schlagen daher nachhaltiges Management als eine fachübergreifende Plattform für einen lösungsorientierten Ansatz komplexer wirtschaftlicher Herausforderungen vor. In diesem Rahmen können die Fach- und Führungskräfte von morgen lernen, die dringend notwendigen gesellschaftlichen und wirtschaftlichen Transformationsprozesse in Unternehmen anzustoßen und voranzutreiben. Leider hinken wir dieser Entwicklung hinterher, insbesondere da die Lehre in vielen Fällen auf vorgefertigten Lösungen und dem Status quo verharrt und somit selten eine ergebnisoffene Arbeit und Diskussion zulässt. Genau diese offene Lernumgebung wird aber benötigt, denn meist haben weder Professoren noch Führungskräfte das Patentrezept für die Zukunft.

Dieser Beitrag ist der erste Versuch einer Befähigungsdidaktik einer privaten Business School, die offene, anstatt vorgegebene Ergebnisse ins Zentrum der Lehre stellt. Hierfür folgen wir den Drei-mal-drei-Prinzipien des nachhaltigen Managements. Damit schaffen wir den notwendigen Freiraum für Studierende, Wirtschaft und Gesellschaft neu zu denken und zu gestalten, anstatt in etablierten Denkmustern der alten Generation zu verharren. Der Beitrag dient dazu, die Erfahrungen innerhalb des Lehrprozesses zu teilen und mögliche Ansatzpunkte oder Inspirationen für andere Lehrende zu liefern, mit der großen Zielrichtung, Lehre und Lernen gemeinsam nachhaltiger zu gestalten.

2 Nachhaltige Managementlehre

In diesem Abschnitt wird zunächst eine kurze Einführung in die Thematik nachhaltiges Management gegeben, danach folgen das Konzept von Kompetenzen, die Reformierung der formalen und informalen Lernsettings und die Neuausrichtung von Unterrichts- und Lehrmethoden.

Ein zukunftsfähiges Managementmodell beruht auf den Prinzipien der nachhaltigen Entwicklung, der Unternehmerischen Verantwortung (CSR) und verbindet diese mit den verschiedenen Managementkonzepten. Nachhaltiges Management lässt sich somit als unternehmerische Praxis bezeichnen, die Nachhaltigkeitskonzepte anwendet und dadurch einen Mehrwert für Unternehmen, die Gesellschaft und die Umwelt schafft. Im Anbetracht der fortlaufenden Transformation des traditionellen Wirtschaftens hin zu einem nachhaltigen Wirtschaften ist eine zukunftsorientierte Ausrichtung der Managementlehre essenziell, denn die heutigen Studierenden sind die Entscheidungsträger von morgen.

Hierfür können Business Schools Studierende mit dem notwendigen Wissen über nachhaltiges Management ausstatten sowie die Kompetenzen und die persönliche Motivation und Erfahrungen fördern, nach diesen Grundsätzen zu entscheiden und zu handeln (Erpenbeck und Heyse 2007; Shepard 2007). Dabei gilt es vorherrschende Denkmuster in der Lehre zu erkennen, diese zu überprüfen und an die neue Realität anzupassen. Für diese Aufgaben werden folgende Veränderungen benötigt:

- Neuorientierung des Curriculums
- Reformierung der formalen und informalen Lernsettings
- Neuausrichtung von Unterrichts- und Lehrmethoden

In diesem Beitrag werden die erforderlichen Kompetenzen für eine nachhaltige Entwicklung, die Reformierung von formalen und informalen Lernsetting sowie die Neuausrichtung von Lehrmethoden betrachtet. Ansätze und Beispiele zur Neuausrichtung des Curriculums finden Sie im Buchbeitrag Nachhaltige Managementausbildung in Business Schools: Beispiel der Implementierung einer zukunftsfähigen Managementlehre an der Cologne Business School, Artikel von Monika Kolb im Buch *CSR und Geschäftsmodelle – Auf dem Weg zum zeitgemäßen Wirtschaften* von Patrick Bungard (Verlag Springer).

2.1 Kompetenzen

Das Konzept der Kompetenzen wird als grundlegend für die nachhaltige Ausrichtung unserer Gesellschaft betrachtet (Wiek et al. 2011; UNECE 2011). Das Modell von Kompetenzen ist im Bildungskontext, in der Führungskräfteentwicklung und Organisationsliteratur weit verbreitet. Aus diesem Grund existieren verschiedene, manchmal diffuse Verständnisse über den Begriff Kompetenz. Um Klarheit innerhalb des Texts zu schaffen, werden zunächst unterschiedliche Kompetenzkonzepte vorgestellt.

Die Europäische Kommission definiert eine Kompetenz als Fähigkeit, Lernergebnisse adäquat in ihrem bestimmten Kontext anzuwenden (Cedefop 2008). Im engeren Sinn definiert Weinert (2001) Kompetenzen als kognitive Fähigkeiten und Skills, die angeboren sind oder erlernt werden können und die dazu dienen, mit sich ändernden Situationen zurechtzukommen. Ein wesentliches Element der Definition von Kompetenzen ist die Beziehung zwischen Kompetenz und Umsetzung. Diese Aktionsorientierung wird von Leisen (2009) als aktives Handling von Wissen und Werten erklärt. Diese zwei Aspekte von Kompetenzen werden von Barth et al. (2007) als Interaktion von kognitiver (höherer Stufe von Bewusstsein) und unbewussten Komponenten (Werteverinnerlichung) beschrieben. Sie konstatieren, dass das „lernende Individuum befähigt sein muss sein/ihr eigenes Wertesystem zu erkunden und zu analysieren und es angemessen im Bezug auf die Realität zu überprüfen" (Barth et al. 2007, S. 418 f.).

Die Organisation für wirtschaftliche Zusammenarbeit und Entwicklung (OECD 2005) verwendet ein weiteres Kompetenzkonzept; dieses beinhaltet Skills, Einstellungen, Wissen, zwischenmenschliche Eigenschaften und ethische Werte, die Personen benötigen, um effektive Arbeitskräfte und Bürger im 21. Jahrhundert zu sein (Ananiadou und Claro 2009).

Kompetenzen werden als die selbstorganisierte Handlungsfähigkeit von Individuen beschrieben (Erpenbeck und Rosenstiel 2003). Dabei zielen Kompetenzen stets auf die Fähigkeit ab, sich in offenen Situationen selbstorganisiert zurechtzufinden. Die Fähigkeiten, die komplexen Zusammenhänge einer globalisierten Lebens- und Arbeitswelt zu verstehen und neue Handlungsoptionen zu entwickeln, werden für ein zukunftsfähiges Management immer wichtiger. Erpenbeck und Heyse (2007) definieren die Beziehung von Kompetenzen zu anderen Aspekten. Sie erläutern, dass Kompetenzen auf Wissen basieren, auf Werten aufbauen, als Fähigkeiten prädisponiert, durch Erfahrungen gefestigt und auf Basis der Willenskraft umgesetzt werden. Basierend auf den zugehörigen Elementen von Kompetenzen, die von Erpenbeck und Heyse (2007) erläutert werden, erschließt sich der folgende Potenzialraum zur Vorbereitung späterer Entscheidungsträger. Studenten müssen:

- über Nachhaltiges Management lernen (Wissen);
- die persönlichen und emotionalen Eigenschaften besitzen, um sich nachhaltig zu verhalten (Werte/Einstellung);
- die Fähigkeiten erlangen, um nachhaltig zu handeln (Fähigkeiten);
- praktische Aktivitäten in nachhaltigem Handeln haben (Erfahrungen);
- die eigene Motivation haben, ihre Handlungen und Entscheidungen an nachhaltigen Überlegungen auszurichten (Motivation; Shepard 2007).

Kompetenzen sind übergreifend in vielen Bereichen des Lebens relevant und gehen über die einfache Wiedergabe von gesammeltem Wissen hinaus. Dies unterscheidet sie von der Domäne spezifische Kompetenzen. (Kern-)Kompetenzen ermöglichen jedoch den kompetenten Umgang mit spezifischem Wissen. Allerdings ersetzt fachspezifisches Wissen keine Kompetenzen (Weinert 2001, S. 53). In diesem Zusammenhang betont Rost (2005), dass neue Herausforderungen in der Bildung entstehen, da Kompetenzen nicht kommuniziert werden können, sondern entwickelt werden müssen. Folglich müssen Kompetenzen als lernbar, nicht aber als lehrbar verstanden werden. Des Weiteren können Kompetenzen, im Gegensatz zum Wissen, nicht gemessen oder direkt getestet werden; nur ihre Anwendung in echten Situationen ist prüfbar.

Zusammenfassend sind die gängigsten Eigenschaften von Kompetenzen ihre klare Fokussierung auf das Handeln, ihre Beziehung zu sozialen Dispositionen und Fähigkeiten, und die benötigte Selbstorganisation und Motivation. Sie sind außerdem durch den Charakter eines Individuums und gesellschaftliche Ziele bestimmt und sollten zu erwünschten Ergebnissen für Gesellschaft und Individuum führen.

Jedoch unterscheidet sich die klassische Wissensvermittlung an Hochschulen mit dem gängiges Selbstverständnis vom primären Ort des Wissens vom Kompetenzkonzept. Wir verstehen dabei die beiden Felder keineswegs als Gegensätze, sondern als komplementär. Universitäten und Professoren sind längst nicht mehr die wichtigste Informationsquelle für Studierende. Ein Großteil des weltweiten Wissens ist online 24 Stunden an sieben Tagen die Woche abrufbar. Die bloße Vermittlung des Wissens wird daher bereits häufig von Online-Kursen wie auf coursera (https://www.coursera.org/) oder in Lehrvideos auf youtube übernommen. Somit verschiebt sich die Hauptaufgabe von der bloßen Wissensvermittlung zu softeren Themen wie der Überprüfung von Informationen aus dem Internet, dem

Ermöglichen von Kompetenzerwerb, dem Anwenden von Wissen, der Vermittlung von Werten, der Inspiration und der Kontextualisierung von Wissen.

Im Rahmen der Weltdekade Bildung für eine nachhaltige Entwicklung verlangte die UNESCO die kritische Überprüfung der Bildungspolitik, besonders in Lehr-, Lern-, und Prüfungsvorgehensweisen, „um die Entwicklung des Wissens, der Fähigkeiten, Perspektiven und Werte, die in Verbindung mit Nachhaltigkeit stehen, in den Fokus zu rücken" (UNESCO 2004, S. 20). Unter diesem Gesichtspunkt werden folgende Skills genannt: kreatives und kritisches Denken, verbale und schriftliche Kommunikation, Zusammenarbeit und Kooperation, Konfliktmanagement, Entscheidungsfindung, Problemlösung und Planung, die adäquate Nutzung von Informations- und Kommunikationstechnologien und „practical citizenship" (Bürgerengagement; UNESCO 2004, S. 20).

Innerhalb der deutschsprachigen Diskussion entwickelte von Gerhard de Haan ein umfassender Ansatz zur Bündelung von Fähigkeiten und Kompetenzen, die in Beziehung zu Nachhaltigkeit stehen. Seine Gestaltungskompetenz beinhaltet zwölf Kompetenzen als zentrales Bildungsobjekt der Bildung für nachhaltige Entwicklung (ESD; de Haan 2006). Gestaltungskompetenz bedeutet „die Fähigkeiten, Kompetenzen und das Wissen zu haben, um wirtschaftliches, ökologisches, und soziales Verhalten zu ändern, ohne dass diese Veränderungen eine pure Reaktion auf existierende Probleme sind. Gestaltungskompetenz macht eine offene Zukunft möglich, die aktiv gestaltet werden kann und in welcher verschiedene Optionen existieren" (de Haan 2010, S. 318).

Rieckmann (2012) präsentiert eine integrativere Herangehensweise, die nicht zwischen nachhaltigkeitsspezifisch und nicht nachhaltigkeitsspezifischen Kompetenzen unterscheidet. In seinem Konzept sind alle Kompetenzen in gleicher Weise relevant für zukunftsorientiertes Lernen. In der europäisch-südamerikanischen Delphi-Studie wurden zwölf Kernkompetenzen als essenziell angesehen, um zentrale Herausforderungen zu verstehen und um eine nachhaltigere Zukunft zu begünstigen (Rieckmann 2011). Dieser Ansatz basiert auf der Idee der Gestaltungskompetenz von de Haan (2006) und der des transformativen sozialen Lernens (Schwarzin et al. 2012). Die wichtigsten Kompetenzen, die in der Delphi-Studie genannt werden, sind systematisches Denken, vorausschauendes Denken und kritisches Denken (Rieckmann 2012).

Die Konzepte teilen die Gemeinsamkeiten, da sie alle dazu neigen, Individuen zu befähigen für sich und andere Verantwortung zu übernehmen. Darüber hinaus streben sie eher nach Transformation als nach Information, wie auch eher nach sozialem und strukturellem Wandel als nach technologischer oder Verhaltensänderung (Tilbury 2012, S. 21). Individuelle Kompetenzen konzentrieren sich auf die Lösung des Problems und nicht auf das Problem selbst, was einen Wandel von Problem- zu einer Ergebnisorientierung bewirkt.

Dennoch gibt es auch Herausforderungen in der Orientierung an Kompetenzkonzepten. Diese ergeben sich aus der formalen Systematik des Lernens, die mit dem Situations- und Problembezug von Kompetenzen kollidiert. Es ist schwierig Kompetenzen dekontextualisiert zu ermöglichen (Schaeper 2006, S. 16) denn in einem Hörsaal können reale Situationen nur bedingt simuliert werden. Ähnlich wie man lernt den Ball zu werfen, indem man ihn wirft und nicht indem man über den Vorgang des Werfens lernt. Für die Ermöglichung des Kompetenzerwerbs sind daher andere Lernsituationen nötig. Diese können durch neue Lernsettings und -methoden entstehen.

2.2 Reformierung der formalen und informalen Lernsettings

In der Diskussion um die Rolle von Bildung in der Entwicklung von Kompetenzen liegt der Fokus meist auf Lehrveranstaltungen und Studienprogrammen, also auf den formalen Lernatmosphären. Universitäten bieten jedoch auch informelle Lernatmosphären an, besonders in außercurricularen Aktivitäten. Außercurriculare Aktivitäten beziehen sich auf Tätigkeiten, die innerhalb oder außerhalb des Campus stattfinden, nicht Teil des regulären Lehrplans sind und üblicherweise nicht benotet werden und keine ECTS-Punkte für die Studierenden einbringen. Diese freiwilligen Aktivitäten außerhalb der Vorlesungen und Seminare sind von besonderer Bedeutung: 70 % der menschlichen Lernprozesse lassen sich dem informelles Lernen zuordnen (Overwien 2005).

Schugurensky (2000) differenzierte zwischen drei Formen des informellen Lernens, die sich in ihrer Intentions- und Bewusstseinsebene unterscheiden. Die erste Form ist das selbstgesteuerte Lernen, hierbei führen Individuen allein oder in Gruppen Lernprojekte aus oder bilden Lerngruppen. Dieser Prozess ist beabsichtigt und bewusst. Zufälliges oder experimentelles Lernen geschieht ohne vorherige Beabsichtigung des Lernens. Allerdings werden sich die Individuen nach der Erfahrung darüber bewusst, dass sie etwas gelernt haben; unbeabsichtigt, aber bewusst. Die dritte Form ist die Sozialisation, die implizites Lernen ist und z. B. in Diskussionen mit Mitstudierenden stattfindet, unbeabsichtigt und unbewusst.

Gerade experimentelles Lernen, also die Verbindung von Lernen und praktischen Erfahrungen, ermöglichen den Kompetenzerwerb und liefern damit ein wichtiges Argument für das Veranstalten von außercurricularen Aktivitäten. Darüber hinaus wirken sich freiwillige Aktivitäten als leistungsverbessernd aus, selbst wenn die Aktivitäten nicht in Verbindung mit dem akademischen Gebiet stehen (Marsh und Kleitman 2002; Guest und Schneider 2003). Ferner werden sie mit einem besseren Notendurchschnitt assoziiert und reduzieren nachweislich Abwesenheit (Broh 2002). Fozzard (1967) behauptet zudem, dass diese informellen Aspekte der Bildung ein wichtiger Teil zur Entwicklung guter Bürger ist. Er argumentiert, dass solche Aktivitäten Studierende dazu befähigen, bestimmte moralische und ethische Werte aufzubauen, Kompetenzen zu entwickeln und Interessen und Fähigkeiten zu entdecken und Charakter und Persönlichkeit zu formen.

Nach Aussage von Barth et al. (2007) kommen zwei Herausforderungen auf der formalen Ebene des Lernens auf:

1. die interdisziplinäre Ausrichtung, die neue Formen der Kooperation und Kommunikation über homogene Gruppen hinaus erfordert, um verschiedene Perspektiven einzuschließen und um eine holistische Perspektive der Welt zu erlangen;

2. die Stärkung der im Lernprozess erforderlichen Eigenständigkeit und Selbststeuerung: Studenten, die ihren Lernprozess aktiv gestalten und Einfluss auf die Wahl der passenden Methoden haben, entwickeln und stabilisieren ihre Kompetenzen. Dieser Grundsatz des selbstgesteuerten Lernens bietet Studenten Eigenständigkeit, aber es erhöht auch ihre Verantwortung während des Lernprozesses.

2.3 Neuausrichtung von Unterrichts- und Lehrmethoden

Erpenbeck und Rosenstiel schlagen die Abkehr von der vorherrschenden Lernkultur vor, die auf dem Prinzip der Indoktrination basiert, und befürworten stattdessen einen „befähigungsorientierten, auf Selbstorganisation aufbauenden und kompetenzzentrierten" Ansatz (Erpenbeck und Rosenstiel 2003, S. XIII). Unter diesem Gesichtspunkt verlangen Lawy und Biesta (2006) demokratische Bildungsmethoden, in denen Studierende aktiv teilnehmen können und in denen es keine universale, rationale Antworten auf zeitgenössische Herausforderungen gibt, sondern eine Pluralität an Stimmen. Dies wird durch Sterling (2004b, S. 43) unterstützt, der erörtert, dass sich Bildung mit „offenen anstatt vorgefertigten Ergebnissen" befassen sollte. In diesem Kontext wird eine Befähigungsdidaktik nötig (Arnold und Lermen 2005, S. 59). Diese Didaktik befördert Persönlichkeitsentwicklung und befähigt Studierende, mit komplexen, verflochtenen Herausforderungen umzugehen, Verantwortung zu übernehmen und ethische Standards zu überdenken.

Im Bereich der nachhaltigen Entwicklung können Lernprogramme die Entdeckung des Campus, das Mitwirken an Bürgerinitiativen und lokales Engagement umfassen.

Unter diesem Blickpunkt ist ein Wandel in Lern- und Lehrmethoden nötig:

- Von vermittelndem Lernen zu Lernen durch Entdeckung
- Von führendem Lernen zu interaktivem Lernen
- Von Lehrender steht im Fokus zu Lernen steht im Fokus
- Von Input-Orientierung zu Outcome-Orientierung
- Von individuellem Lernen zu gemeinschaftlichem Lernen
- Von theorieorientiertem Lernen zu praxisorientiertem Lernen (Theorie und Erfahrung)
- Von Schwerpunkt nur auf kognitiven Zielen zu kognitive affektive und skills-orientierte Ziele
- Von institutionell, mitarbeiterbasierendem Lehren zu Lernen von und mit Außenstehenden
- Von low-level-kognitivem Lernen zu high-level-kognitivem Lernen
- Von Wissensakkumulierung und inhaltlicher Orientierung zu selbstreguliertem Lernen und realer Lösungsorientierung (Sterling 2004a)

Basierend auf diesen neuen Lehrmethoden erscheinen folgende didaktischen Ansätze als passend:

- selbstständiges Lernen,
- projektbezogenes Lernen,
- Förderung der Teilnahme durch Dialoge, Gruppenarbeiten, Rollenspiele etc.

Diese Veränderungen gehen einher mit der Wandlung des Lehrenden als Wissensvermittler zum Lernbegleiter, vom Erzählen von Erlebnissen zum Ermöglichen von eigenen Erfahrungen. Wie dies umgesetzt werden kann, wird im Folgenden exemplarisch für die Lehre an der Cologne Business School (CBS) aufgezeigt.

3 Nachhaltige Managementlehre am Center for Advanced Sustainable Management

A trademark of good education is the desire that you want to learn more when you're done.

Das Center for Advanced Sustainable Management (CASM) wurde im August 2016 an der CBS gegründet und geht aus dem Dr. Jürgen Meyer Stiftungslehrstuhl für Internationale Wirtschaftsethik und CSR hervor. Die Zielsetzung des Centers ist, die Verankerung von Nachhaltigkeit in der Wirtschaft zu fördern und eine zukunftsorientierte Managementausbildung für jetzige und zukünftige Unternehmensmanager anzubieten.

Die Aktivitäten vom CASM gehen über den formellen Rahmen der Lehre hinaus und ermöglichen Lernsituationen außerhalb des Curriculums. Diese bieten informelle Lernprozesse und ermöglichen dadurch einen vereinfachten Erwerb von Kompetenzen. Die Angebote des Centers fördern das Wissen, das Verständnis, die Kompetenz und die Motivation, verbunden mit verantwortungsvollem Unternehmertum.

Neben der Neuausrichtung des Curriculums für die erfolgreiche Umsetzung einer zukunftsorientierten Managementausbildung sind auch neue Unterrichtsmethoden notwendig, um Studierende beim Kompetenzerwerb zu unterstützen. Im Rahmen der Lehre werden sowohl formale als auch informale Lernsettings genutzt, angefangen bei der klassischen Vorlesung, die insbesondere für die Vermittlung von Theorien und Konzepten genutzt wird, bis hin zu interaktiven Formaten wie beispielsweise Diskussionen, Rollenspielen, Präsentationen, Fallstudien und Projektarbeiten. Diese bieten Studierenden die Möglichkeit, sich sowohl kognitiv als auch emotional mit Themen auseinanderzusetzen, und fördern dadurch das gemeinsame Lernen. Besonders hervorzuheben ist in diesem Zusammenhang das Business-Projekt. Innerhalb dieses Studentenprojekts, für das sechs ECTS-Punkte vergeben werden, erhalten Studierende die Möglichkeit, ihr erlerntes Wissen in die Praxis umzusetzen. Sie beraten ein Unternehmen in einer bestimmten Fragestellung und arbeiten gemeinsam an der Analyse der Kundensituation, entwickeln mögliche Szenarien und Strategien. Am Ende präsentieren sie ihre Ergebnisse dem Kunden. Die Studierenden arbeiten hierbei selbstständig und tragen die volle Verantwortung für ihr reales Kundenprojekt. Dabei gestalten sie ihren eigenen Lernprozess und entwickeln ein ganzheitliches und systemübergreifendes Verständnis für Problemstellungen. Die Arbeit der Studierenden ist somit eine Verbindung aus Theorie und Praxis.

Das CASM versteht die Rolle des Dozenten im Themenfeld des nachhaltigen Managements als Moderator, der die Aufgabe hat, die Vielseitigkeit des Themas aufzuzeigen, das Gegensatzdenken von Nachhaltigkeit und unternehmerischem Erfolg aufzulösen und die Studierenden zu begeistern, sich dieser neuen Managementdisziplin anzunehmen. Dabei besteht das Lernziel darin, die Studierenden im Verlauf der Vorlesungen zu „empowern", ihren eigenen Standpunkt zum Thema zu entwickeln und die Vorlesungsinhalte mit ihren individuell unterschiedlichen Spezialisierungen und Interessen zu verbinden. Daraus ergeben sich zahlreiche Schnittstellenthemen zwischen klassischen Managementthemen auf der eine Seite und Bereichen der Nachhaltigkeit auf der anderen Seite. Studierende sollen vom Dozenten inspiriert werden, innovative Geschäftsideen zu entwickeln, die Nachhaltigkeit und Profitorientierung zusammenführen. Fokus der Vorlesungen liegt darauf, Chancen und Potenziale des nachhaltigen Managements in unterschiedlichen Branchen und Regionen zu erkennen und bewerten zu können.

Im Rahmen der Vorlesungen verbindet das CASM akademische Exzellenz mit zukunftsorientiertem Management-Know-how und kombiniert neueste Erkenntnisse der Nachhaltigkeits- und CSR-Debatte mit etablierten betriebswirtschaftlichen Instrumenten aus der Praxis. Das methodische Grundprinzip liegt in der Überzeugung, dass nachhaltiges Management nicht gelehrt oder erklärt werden kann. Vielmehr geht es darum, dynamische Diskussionen zu moderieren und einen Raum zu bieten, in dem jeder Student sein eigenes Verständnis von nachhaltigem Management entwickeln kann. Diese Verbindung garantiert den Studierenden fundierte Unterstützung beim Auf- und Ausbau eines zukunftsweisenden nachhaltigen Managementmindsets.

Als theoretischen Rahmen bieten die Vorlesungen einen Überblick klassischer etablierter CSR-Ansätze. Diese werden anhand von Praxisbeispielen und Fallstudien diskutiert und reflektiert. Basierend auf diesen Diskussionen orientiert sich der CASM-Ansatz an den Drei-mal-drei-Prinzipien des nachhaltigen Managements:

Management

- Anschlussfähig: Anstelle des Managements der Nachhaltigkeit (Sustainability Managment) fokussieren wir auf nachhaltiges Management (Sustainable Management). Dies beinhaltet, dass Nachhaltigkeit integraler Bestandteil des Managements sein sollte und Nachhaltigkeit allein nicht gemanagt werden kann.
- Ganzheitlich: Es geht um die systematische Integration von Nachhaltigkeit in alle Bereiche und Managementinstrumente im Unternehmen (vom Add-on zum ganzheitlichen Ansatz).
- Lösungsorientiert: Es geht nicht mehr darum das Sollen zu diskutieren, sondern systematisch Potenziale aufzubauen, die das Können ermöglichen (vom moralischen zum lösungsorientierten Ansatz). Das bedeutet, dass klassische Themen der Wirtschaft-

sethik und somit der Frage nach gutem und bösem bzw. richtigem und falschem moralischen Verhalten nur einen geringen Anteil der diskutierten Themen bedeuten.

Umsetzung

- Unternehmerisch: Es geht nicht darum, der nächsten Generation die gleichen Möglichkeiten zu hinterlassen, sondern darum, mehr Möglichkeiten und Potenziale für die gegenwärtige sowie die nächste Generation zu schaffen (vom begrenzten zum unternehmerischen Ansatz).
- Systemisch: Es geht um die Überwindung des Gegensatzdenkens; Nachhaltigkeit und Gewinn sind kein Gegensatz, sondern bedingen einander (vom funktionalen zum systemischen Nachhaltigkeitsverständnis).
- Von innen heraus: Es geht nicht um eine Outside-in-Sichtweise, sondern um eine konsequente Entwicklung aus der Organisation heraus (von der Außenbetrachtung zur Entwicklung von innen heraus).

Innovation

- Proaktiv: In den Vorlesungen sollte es nicht bloß darum gehen, wie Unternehmen Schaden für die Gesellschaft vermeiden können, sondern vielmehr um die systematische Generierung von positivem Impact (vom defensiven zum proaktiven Ansatz).
- Fokussiert: Es wird mit den Studenten erarbeitet, dass nachhaltiges Management zu betriebswirtschaftlichen Mehrwerten führt, wenn nicht willkürlich nachhaltiges Wirtschaften betrieben, sondern der Fokus auf die materiellen Themen gelegt wird (vom Verzetteln zum fokussierten Ansatz).
- Integrativ: Es geht nicht mehr um die Triple-bottom-Line, sondern um den Sweet-Spot der Nachhaltigkeit, in dem alle Maßnahmen sowohl sozialen, ökologischen als auch wirtschaftlichen Mehrwert befördern (vom Ausbalancieren zum integrativen Ansatz).

4 Einfluss einer nachhaltigen Managementlehre

Die vorliegende Arbeit dient dazu, Ansatzpunkte oder Inspirationen für andere Lehrende zu liefern, um somit die wichtigsten Treiber von Transformationen in den Köpfen der Studierenden, dazu zu befähigen eine nachhaltige und verantwortungsvolle Unternehmenspraxis umzusetzen. Die vorgestellten Konzepte von Kompetenzen, die Reformierung der formalen und informalen Lernsettings und die Neuausrichtung von Unterrichts- und Lehrmethoden und die neue Rolle des Lehrenden können dabei als Grundlage zum Um- und Neudenken von Hochschullehre genutzt werden. Die Drei-mal-drei-Prinzipien des nachhaltigen Managements bieten praktische Anhaltspunkte für eine nachhaltige und innovative Managementausbildung. In unserem Selbstverständnis sind Studierende die Anbieter für Lösungen der vielschichtigen wirtschaftlichen Probleme. Die Managementausbildung in Business Schools kann ein wichtiger Treiber von Nachhaltigkeit in Organisationen sein (Matthew 2011). Chief Executive Officer fordern zunehmend Manager, die die zahlreichen Herausforderungen verbunden mit Globalisierung, Governance und nachhaltiger Entwicklung meistern können. Aus unternehmerischer Perspektive betrachtet können nachhaltig wirtschaftende Mitarbeiter zur erfolgreichen Entwicklung des Unternehmens beitragen, indem sie helfen, Einsparungen zu erzielen, Risiken abzudecken und die Anforderungen von Stakeholdern befriedigen. Zusätzlich können Unternehmen durch nachhaltige Innovationen neue Märkte und Zielgruppen erschließen, ihre Lieferkette zukunftsfähig machen und Gewinne generieren. Für Studierende wird somit eine Ausbildung, die Nachhaltigkeit als ganzheitliches Managementkonzept integriert, zum Wettbewerbsvorteil.

Literatur

Ananiadou K, Claro M (2009) 21st century skills and competences for new millennium learners in OECD countries. OECD Education Working Papers, No. 41. https://doi.org/10.1787/218525261154

Arnold R, Lermen M (2005) Lernen, Bildung und Kompetenzentwicklung – neuere Entwicklungen in Erwachsenenbildung und Weiterbildung. In: Wiesner G, Wolter A (Hrsg) Die lernende Gesellschaft. Lernkulturen und Kompetenzentwicklung in der Wissensgesellschaft. Juventa, Weinheim, München, S 45–59

Barth M, Godemann J, Michelsen G (2007) Nachhaltige Entwicklung in der Hochschullehre: Herausforderungen, Chancen und Erfahrungen. In: Berendt B, Voss H-P, Wildt JJ (Hrsg) Neues Handbuch Hochschullehre. Raabe, Berlin

Broh BA (2002) Linking Extracurricular programming to academic achievement: Who benefits and why? Sociol Educ 75:69–96

Cedefop, European Centre for the Development of Vocational Training (2008) Terminology of European education and training policy. A selection of 100 key terms. Office for Official Publications of the European Communities, Luxembourg. http://www.cedefop.europa.eu/files/4064_en.pdf. Zugegriffen: 5. Febr. 2018

Erpenbeck J, Heyse V (2007) Die Kompetenzbiographie: Wege der Kompetenzentwicklung. Waxmann, Münster

Erpenbeck J, Rosenstiel L (2003) Handbuch Kompetenzmessung. Erkennen, verstehen und bewerten von Kompetenzen in der betrieblichen, pädagogischen und psychologischen Praxis. Schäffer-Poeschel, Stuttgart

Fozzard PR (1967) Out-of-class activities and civic education. Council of Europe, Strasbourg

Guest A, Schneider B (2003) Adolescents' extracurricular participation in context: the mediating effects of schools, communities, and identity. Sociol Educ 76:89–109

de Haan G (2006) The BLK 21' programme in Germany: a Gestaltungskompetenz-based model for education for sustainable development. Environ Educ Res 12(1):19–32

de Haan G (2010) The development of ESD-related competencies in supportive institutional frameworks. Int Rev Educ 56(2):315–328

Lawy R, Biesta G (2006) Citizenship-as-practice: the educational implications of an inclusive and relational understanding of citizenship. Br J Educ Stud 54(1):34–50

Leisen J (2009) Kompetenzorientiertes Lehren und Lernen. http://www.leisen.studienseminarkoblenz.de/uploads2/02%20Der%20Kompetenzfermenter%20-%20Ein

%20Lehr-Lern-Modell/3%20Kompetenzorientiertes%20Lehren%20und%20Lernen.pdf. Zugegriffen: 3. Apr. 2016

Marsh HW, Kleitman S (2002) Co-curricular school activities. The good, the bad, and the nonlinear. Harv Educ Rev 72:464–514

Matthew G (2011) CEO perspectives: management education in a changing context. Corp Governance: Int J Bus Soc 11(4):501–512

OECD, Organisation for Economic Co-operation and Development (2005) The definition and selection of key competencies: executive summary. http://www.oecd.org/pisa/35070367.pdf. Zugegriffen: 26. Apr. 2016

Overwien B (2005) Stichwort: Informelles Lernen. Zeitschrift Für Erziehungswiss 3(1):339–355

Rieckmann M (2011) Key competencies for a sustainable development of the world society. Results of a delphi study in Europe and Latin America. Gaia Ecol Perspect Sci Soc 20(1):48–56

Rieckmann M (2012) Future-oriented higher education: which key competencies should be fostered through university teaching and learning? Futures 44(2):127–135

Rost J (2005) Messung von Kompetenzen Globalen Lernens. http://www.pedocs.de/volltexte/2013/6119/pdf/ZEP_2_2005_Rost_Messung_Kompetenzen.pdf. Zugegriffen: 21. Apr. 2016

Schaeper H (2006) What are key competences? Why are they important? How to foster them? http://www.dzhw.eu/pdf/pub_vt/22/2006_12_08_Vortrag_Schaeper_Halle.pdf. Zugegriffen: 23. Apr. 2016

Schugurensky D (2000) The forms of informal learning: towards a conceptualization of the field. https://tspace.library.utoronto.ca/bitstream/1807/2733/2/19formsofinformal.pdf. Zugegriffen: 10. Febr. 2017

Schwarzin L, Wals AW, Ateljevic I (2012) Collaborative curriculum innovation as a key to sprouting transformative higher education for sustainability. In: GUNI Global University Network for Innovation (Hrsg) Higher education in the world 4 – higher education's commitment to sustainability: from understanding to action. Palgrave Macmillan, Basingstoke, S 230–234

Shepard K (2007) Higher education for sustainability: seeking affective learning outcomes. Int J Sustain High Educ 9(1):87–98

Sterling S (2004a) An analysis of the development of sustainability education internationally: evolution, interpretation and transformative potential. In: Blewitt J, Cullingford C (Hrsg) The sustainability curriculum – the challenge for higher education. Earthscan, London, S 43–62

Sterling S (2004b) Higher education, sustainability, and the role of systemic learning. In: Corcoran P, Wals A (Hrsg) Higher education and the challenge of sustainability. Kluwer, Dordrecht, S 47–70

Tilbury D (2012) Higher education for sustainability. A global review of commitment and progress. In: GUNI Global University Network for Innovation (Hrsg) Higher education in the world 4 – Higher education's commitment to sustainability: from understanding to action. Palgrave Macmillan, Basingstoke, S 18–28

UNECE, United Nations Economic Commission for Europe (2011) Learning for the future: competences in education for sustainable development. http://www.unece.org/env/esd/Sixth%20Meeting/Learning%20for%20the%20Future_%20Competences%20for%20Educators%20in%20ESD/ECE_CEP_AC13_2011_6%20COMPETENCES%20EN.pdf. Zugegriffen: 21. Apr. 2016

UNESCO, United Nations Educational, Scientific and Cultural Organization (2004) Higher education for sustainable development: education for sustainable development information brief. UNESCO, Paris

Weinert F (2001) Concept of competence: a conceptual clarification. In: Rychen D, Salganik L (Hrsg) Defining and selecting key competencies. Hogrefe & Huber, Seattle, S 45–66

Wiek A, Withycombe L, Redman C, Mills SB (2011) Moving forward on competence in sustainability research and problem solving. Environ Mag 53(2):3–12

Monika Kolb ist wissenschaftliche Mitarbeiterin und Dozentin am Center for Advanced Sustainable Management (CASM) der Cologne Business School und Director Empowerment der M3TRIX GmbH. Sie promoviert an der IEDC Bled School of Management. Ihre Arbeit und Forschung fokussiert sich auf die Bereiche innovative Management Ausbildung und verantwortungsvolle Führung.

Patrick Bungard ist Director des Center for Advanced Sustainable Management (CASM) der Cologne Business School und Geschäftsführer der M3TRIX GmbH. Er ist an unterschiedlichen Universitäten und Fachhochschulen (u.a. Cologne Business School, Donau Universität Krems) Dozent für Wirtschaftsethik, nachhaltige Geschäftsmodelle, Sustainable Management, Corporate Social Responsibility und Social Entrepreneurship. Er hat langjährige Erfahrung in der Leitung, Konzeption und Umsetzung von Beratungsprojekten im Bereich der Corporate Social Responsibilty sowie im Nonprofit-Sektor.

The impact of sustainable management education on students' employer expectations and work values using the Cologne Business School as a case study

Adeline Grafe

1 Introduction

As stated in the United Nations 2030 Agenda for Sustainable Development, the world is currently facing some major challenges, including growing inequalities, natural resource depletion, environmental degradation, political and economic instability and climate change, putting the survival of the planet at risk (UN 2015). In this respect, there is a widespread consensus that companies have played an important role in fostering the pure economic growth-driven development, which has caused these negative side-effects (Anninos and Chytiris 2012). In order to tackle these global issues, a fundamental change towards more sustainable management practices is needed (Gibson 2000). Furthermore, being the prime transmitters of management knowledge and competences, some universities and business schools have assumed responsibility for their influence on future managers and have introduced an alternative approach to management education, with the aim of developing socially responsible managers and employees that will promote sustainability in businesses (UNESCO 2002, p. 7). Moreover, organisations are confronted with another urgent issue resulting from the worldwide economic boom: a sharply rising demand for skilled workers. Falling birth rates and the upcoming retirement of older generations are intensifying the talent shortage, which will become ever more severe in the future decades. In the so-called "war for talents", companies are fighting to attract and retain young skilled workers, which is becoming increasingly difficult (Eddy and Burke 2006, pp. 479, 488; Manjari and Poulami 2016, p. 148; Cogin 2012, p. 2269). Especially for managerial and professional positions, university students are the main target of employers and since they are the leaders of tomorrow, they are crucially important for the

A. Grafe (✉)
Cologne Business School
Köln, Germany
e-mail: adeline.grafe@cbs-mail.de

survival of companies. Because of the squeeze in the labour market, the so-called "Generation Y" has the privilege of being able to select the company they want to work for from a large pool of options and to demonstrate high expectations towards organisations (Eddy and Burke 2006, pp. 478–479, 488–490; Manjari and Poulami 2016, p. 148). Taking this into consideration, educational institutions that teach sustainable management education might have an indirect impact on the behaviour and practices of firms, should they achieve their aim of effectively influencing students in their values, attitudes and expectations: If – as a consequence of the teaching – a high quantity of business students expects their future employers to show commitment to sustainability and demand meaningful work tasks, companies might be forced to adapt to these expectations and values to remain attractive to future employees. Therefore, it is very important for organisations to understand the values and expectations students have with respect to employers and work (Eddy and Burke 2006, p. 488; Manjari and Poulami 2016, p. 149). Moreover, it is of interest for educational institutions with a sustainable management education approach to verify their impact on students' values and attitudes to either find proof for the effectiveness of the education or to possibly reconsider their teaching strategies.

This article is based on the results of the very well graded bachelor thesis of the author and elaborated the question, how a sustainable management education influences students' expectations in regard to future employers and to their work values. The issue was investigated using the example of the Cologne Business School (CBS), a private German Business School and a pioneer in the field of sustainable management education (CBS 2015, p. 11). It should be kept in mind that this study is limited in many ways and that it can only count as a starting point in the great effort to benchmark the results and usefulness of a sustainable management education. Nevertheless, it may serve as a basis for further, more in-depth research.

This text is structured into various parts: As students are the main subject of this study, the Sect. 1.1 focuses primarily on Generation Y and its particularities. Sect. 1.2 shows the opportunities and limitations of education as an influencer of sustainability-related values and expectations. Furthermore, a methodology part explains briefly, how the data was collected and analysed. The following section introduces the sustainable management education of Cologne Business School. In this respect, the results of the student survey, conducted at the higher education institution in relation to employer expectations, work values, and sustainability knowledge and value transfer, are elaborated. Lastly, the limitations of the study are critically reflected upon, and it is explained why the issue is worth further research.

1.1 Generation Y's Employer Expectations and Work Values

Members of "Generation Y", also known as "Millennials", were born between 1980 and 2000 and represent the newest generation to enter the workforce. They will increasingly penetrate the labour market in the near future, probably contributing to 50 % of the workforce by 2020 (Manjari and Poulami, 2016, pp. 148–149; VanMeter et al. 2013, p. 93). As Generation Y grew up in different circumstances compared to their parents and grandparents, the generation has a different mindset and will influence organisational cultures significantly through its unique employer expectations and work values (VanMeter et al. 2013, p. 94; Eddy and Burke 2006, p. 479). What a person expects from an employer (how an employer *should* be or behave in their opinion) and whether he or she would like to work for a certain organisation is closely linked to his/her work values. These are the values an individual wants to be fulfilled through his/her job (Young et al. 2013, p. 154). A study conducted among roughly 5000 university students in Canada examined the factors attracting these young people to certain potential employers and jobs (Eddy and Burke 2006, p. 479) and established important factors, which students take into consideration: These include among others opportunities for advancement, the chance to have a personal impact, benefits such as job security, high salary, and lastly, the firm's prestige, its leadership in a market or its commitment to diversity and social responsibility (Eddy and Burke 2006, pp. 483–484). Another study with 3570 university students showed similar results, identifying intrinsic interest, high salary, prestige of the company and its contribution to society as most important (Duffy and Sedlacek 2007, p. 359). As these studies indicate, it seems that Generation Y expects companies to have incorporated Corporate Social Responsibility (CSR) measures and that they place a lot of value on having a job that will contribute to the well-being of society. There are many other findings, which are consistent with this assumption: Generation Y grew up surrounded by the growing issue of sustainability and climate change and because of the increased transparency of information fostered through social media and the internet, they were able to witness several ethical violations and corporate scandals in the business world (VanMeter et al. 2013, p. 95). Several studies suggest that there is a general trend among Millennials to perceive CSR as essential (Cogin 2012, p. 2275) and to see socially responsible companies as more attractive as potential employers (Eddy and Burke 2006, p. 481). Furthermore, some even evaluate active sustainable behaviour of a firm as a prerequisite in their employer choice and would not work for an organisation that does not include CSR in its business (Jonas 2014). Regarding the work values of Generation Y, further studies show that Millennials have a clear preference for justice, equal treatment and ethics in the workplace (Manjari and Poulami 2016, p. 158). In addition, they regard a high salary as less important than making a meaningful contributing to society (Cogin 2012, p. 2276) and that they are not willing to neglect ethical concerns even if the monetary compensation would be very high (Manjari and Poulami 2016, p. 160). These findings are supported by another study, comparing Millennials with other generations, conducted by the social change consultancy Global Tolerance with more than 2000 people in Great Britain. The research reveals that 62 % of the surveyed Millennials would like to work for a company with a positive social impact on society and two thirds demanded that companies show evidence of their social and environmental contribution. Additionally, roughly 50 % stated that they would prefer meaningful work over a high salary. Moreover, the study goes on to say that these work values and employer expectations are important drivers for CSR in business as they are motivating businesses to be more sustainable in order to become attractive for this new generation of potential employees (Kemball-Cook 2015; Jenkin 2015).

1.2 The Impact of Education on Sustainability Values and Attitudes

Values and attitudes, including expectations, are influenced through environmental factors, such as family, friends or formal education. Being sub-categories of these cultural patterns, the same obviously applies to work values and employer expectations (Young et al. 2013, p. 154; Eddy and Burke 2006, p. 488). Jonas explicitly mentions educational institutions as deliverers of sustainability knowledge and indicates a correlation between the teaching and employer expectations of potential employees (2014). In order to induce sustainable management education in an effective way, so that it may influence the expectations and values of students, it is important to first acknowledge the personal sustainability attitudes of students (Swaim et al. 2014, p. 466), since a person will eventually only demand sustainable behaviour from his or her employer and in the workplace if he or she holds a positive attitude towards sustainability (Swaim et al. 2014, p. 477). However, different from what the overall trend indicates about Millennials embracing sustainability, some studies reveal that students generally do not place a lot of importance on sustainability (Swaim et al. 2014, p. 467). Indeed, it seems to be a polarising topic among students, with some approving of it and others questioning its necessity in business. Whereas most students can agree on common goals of traditional management, such as profitability, market share or customer satisfaction, the legitimacy of integrating sustainability into business is sometimes rejected, often reinforced through other opinions from family members, media, peers, politicians or celebrities, who have a great influence on students (Swaim et al. 2014, p. 466). In this respect, VanMeter et al. argue that this is because the generation is exposed to mixed messages about socially desirable and ethical conduct: On the one hand, they say that the media and society condemned some unethical business measures severely, e. g. the Enron scandal, but on the other hand, they state that other unethical behaviour of some powerful leaders, such as President Clinton's workplace sexual harassment violation, were deliberately overlooked to foster other societal goals, such as strong economic growth (2013, p. 104). Because of this unclear ethical positioning, VanMeter et al. state that there is individual variation among the values of Generation Y, with some more critical of unethical behaviour than others (2013, 93). Because of this heterogeneity in students' mindsets, it might be more challenging for educators to influence students equally and it is more likely that there will be significant variance in the attitudes of students towards sustainable management both at the start and at the end of their studies (Swaim et al. 2014, p. 474). Nevertheless, as sustainable management is a relatively new and complex issue and given the fact that most students have only limited fact-based knowledge of the topic and often no real-world experience with sustainable management, their attitudes towards it are not deeply rooted and still susceptible. Thus, universities and schools are important agents in influencing sustainability attitudes and the expectations of students (Swaim et al. 2014, pp. 473, 477) and their value preferences (Jovkovska and Barakoska 2014).

2 Methodology

This section aims to clarify how the research was conducted and which methods and techniques were used. Before conducting the field research, the following hypothesis was established, based on an extensive literature review:

> Students who are at the end of their studies have been more exposed to sustainable management education than students who are still at the beginning and therefore the first group will have a higher preference for sustainable work values and sustainability-driven employer expectation, since education influences the values and expectations of humans.[1]

Since the aim of this study was to create a broad, general picture of students' employer expectations and their work values and to investigate the impact of sustainable management education on them, both students from higher semesters and lower semesters from CBS had to be surveyed in order to test whether certain patterns and differences in the answers could be revealed. Therefore, a sample of 35 2nd-semester Bachelor students and 35 6th-semester Bachelor students was chosen to fill in the self-completion questionnaire. Within these categories, the students who participated were randomly selected, as the questionnaire was proposed to all students of the indicated semesters. The design of the questions used in the questionnaire was based on information from the literature review, indicating which information would be needed from the students to answer the research question. As soon as the required number of questionnaires had been filled in and transcribed into the coding frames, the data was analysed. Since a general picture of the employer expectations and the work values of CBS students with respect to sustainability should be presented, the average of each questionnaire question was calculated, revealing the generalised opinions of the 2nd and 6th semester students, in order to compare differences and similarities among the two groups. Moreover, since the aim of this research was to test whether there is a relationship between two variables, specifically the dependence or interdependence of sustainable management education in relation to employer expectations and work values, any patterns of connection or association between two or more data categories were tested.

---

[1] Educational institutions contribute to the development of personality and systematically and consistently influence the interests, (normative) attitudes and values of students (University of Mumbai 2017, p. 86; Hunt and Colander 2015, p. 90; Jovkovska and Barakoska 2014).

3 Data Analysis

In this section, the business school is introduced, and the results of the analysis are elaborated in two parts: the first compares the employer expectations and work values of the two samples (2nd and 6th semester students) and in this respect, it points out the degree of importance that each group attaches to sustainable management and CSR. The second part of the analysis, in turn, focuses more on the potential impact of the educational institution on the respective expectations and values of the students.

3.1 Case Study: Sustainable Management Education at CBS

The CBS is among the highest ranking internationally oriented, private business schools in Germany. The university of applied sciences is officially recognised by the German government and the high level of quality education delivered by the institution is regularly verified through the Foundation for International Business Administration Accreditation (FIBAA) (CBS 2015, p. 12). The business school claims that CSR has been an important component in the teaching and research of the CBS for many years (CBS 2015, p. 12). In 2011, the Dr. Jürgen Meyer Endowed Chair for International Business Ethics and CSR was created (CBS 2015, p. 13) and as a consequence, all research activities were reorganised into clusters around the area of "Sustainable Management", which now has a central interdisciplinary function in connecting the clusters (CBS 2017a). Through this procedure and the recent reaccreditation of the study programs, a lot of effort was put into the implementation of a sustainable management education at CBS. Explicitly, this means that the topic of sustainable management and CSR has been deeply integrated into the different business disciplines of all study programs (CBS 2015, p. 3). Thereby CBS acknowledges the aims of the Education for Sustainable Development (ESD)[2], promoted by the UN (CBS 2015, p. 16). Moreover, the Center for Advanced Sustainable Management was created in 2016, further promoting the knowledge transfer of sustainable management to students and other actors of society (CBS 2017b). The aim of this sustainability-focused education is to form well-qualified managers, who will assume social responsibility in their future careers (CBS 2015, p. 3). The integrative and innovative approach with which the university addresses sustainability has made it a pioneer in the education field (CBS 2015, p. 11) and has been acknowledged by "The Academy of Business in Society" (ABIS). The CBS was accepted into the global network of ABIS, which includes leading educational institutions and more than 130 companies, who dedicate their know-how and other resources to the creation of a more sustainable future (CBS 2015, p. 50). Furthermore, the CBS is one of the first 500 educational institutions to have joined the UN

---

[2] Since 2005 the United Nations (UN) has set itself the goal to integrate sustainable development principles, practices and values into all areas of education through the introduction of the program Education for Sustainable Development (UNESCO 2005, p. 6).

initiative "Principles for Responsible Management Education" (PRME), which aims to establish responsible management in higher education institutions. As a member, the CBS commits itself to integrating the principals of the initiative into their teaching, research, strategy and values (CBS 2015, p. 51). In this respect, research conducted at CBS by Kolb further supports the claim that CSR and sustainable management are integrated into the curriculum and co-curricular activities of the university (Kolb 2016, p. 65) and that the design of the study programs may equip students with a solid base of sustainability knowledge (Kolb 2016, p. 57). The lecture "Business Ethics", taught in the 6th semester in all bachelor programs, has the sole purpose to address topics of sustainable management and reinforces the sustainability competences and skills already acquired throughout the studies (CBS 2015, p. 14). Furthermore, students have the opportunity to learn more about CSR in the numerous co-curricular guest lectures, workshops, events and projects dedicated to the topic: The CBS "Sustainable University" project, the "Sustainability Day", the "Executive Masterclass of Sustainable Management", or events in cooperation with the Chamber of Industry and Commerce of Cologne to promote sustainability and economic success are just some of the many options students have to get involved with sustainability in business (CBS 2017c, d, 2015, pp. 22, 28).

3.2 Sustainability in Students' Employer Expectations and Work Values

The author's study indicated big discrepancies among 2nd and 6th semester students' preferences of certain popular employer values, including a firm's commitment to sustainability (Grafe 2017, p. 22). As illustrated in Table 1, 40% of the 6th semester students (14 of 35 students) rank the commitment to sustainability of potential future employers at the top of their expectations list before the factors "leadership position in the market" (31.43%) and "prestige/famousness of the company" (28.57%). Furthermore, 20% (7 students) selected it as the second most important company characteristic, meaning that almost two thirds of the 6th semester students would prefer an employer that has sustainable practices over one which is well known and/or very successful. This supports the findings of other studies mentioned in the literature review, which indicate that Millennials regard socially responsible companies as more attractive potential employers (Eddy and Burke 2006, p. 481). However, this trend stands significantly in contrast to the results from the 2nd semester students, where only 3 (8.57%) of the surveyed 35 students ranked the commitment to sustainability of a firm first. In most cases (22 students/62.86%), this criterion is considered the least important one and ranked third (Grafe 2017, p. 22), implying that there are significant differences within the generational group (VanMeter et al. 2013, p. 93).

Concerning students' wishes for the future employer the findings show a similar pattern and trend in the answers to the previous question and further support the assumption that 2nd semester students have less sustainability-driven employer expectations than the students from the 6th semester (Grafe 2017, p. 23): As shown in Fig. 1, among the 6th

Table 1 Students' perception in relation to the importance of the commitment to sustainability of future employers in comparison to other criteria. (Source: Grafe 2017, p. 22)

	% of 2nd Semester Students	% of 6th Semester Students
1st most important	8.57	40.00
2nd most important	28.57	20.00
3rd most important	62.86	40.00

semester students 13 people (37.1 %) claim that they would not work for a company that had been accused of unsustainable or unethical practices, even if it was a famous or successful organisation. Moreover, only 7 out of 35 students (20 %) claim that they would still work for such a company. It is important to mention, that 15 students (almost 43 %) were undecided on whether they would or wouldn't work for such a company. However, this high rate of indecisiveness does not necessarily mean that these students show a lack of interest in CSR issues, since the human decision-making process is not merely dependent on the attitude a person has towards a certain action or thing but indeed involves many more considerations linked to other factors (Ajzen 1991, p. 181). Comparing these numbers with the 2nd semester students, a sharp difference can be demonstrated again: Only 4 of the surveyed 2nd semester students (11.4 %) claim that they would not work for that kind of company but a substantial number of 15 students (42.9 %) says that they would (Grafe 2017, p. 23).

Another question revealed the preferences of students' work values through a ranking of four popular work values (Grafe 2017, p. 24): In the 6th semester group, the high major-

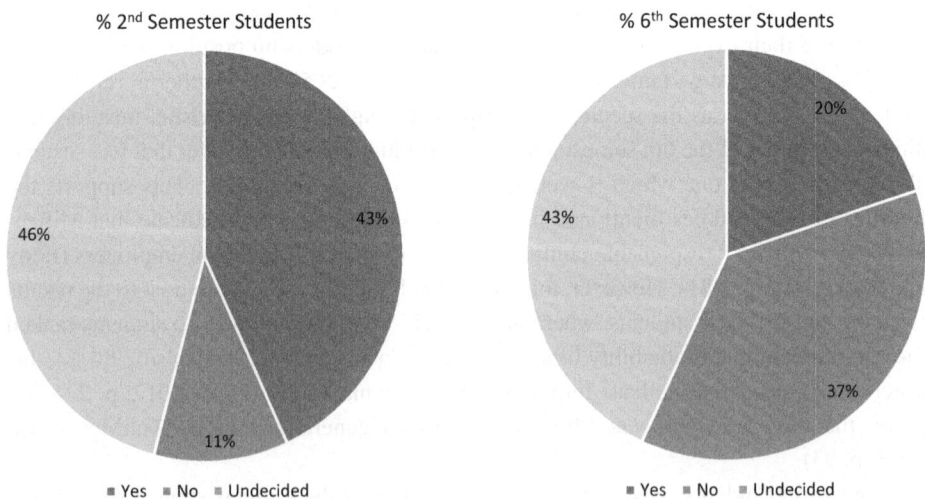

Fig. 1 Students' answers to the question if they would work for a famous, successful company if it had been accused of having unsustainable or unethical practices. (Source: Grafe 2017, p. 23)

Table 2 Students' perception about the importance of the work value "Making a positive contribution to society through work" in comparison to other work values. (Source: Grafe 2017, p. 24)

	% of 2nd Semester Students	% of 6th Semester Students
1st most important	2.86	17.14
2nd most important	8.57	31.43
3rd most important	17.14	22.86
4th most important	71.43	28.57

ity of students (almost 70 % or 24 students) picked the "opportunity to develop further in the company and to get into higher positions" as the most important job benefit. As demonstrated in Table 2, "Making a positive contribution to society through the work" was only rated by 6 students (17.14 %) as the most important work value but still, it out-rates a "high salary" and "high job security". These findings again coincide with the findings described in the literature review, which state that Millennials place more importance on making a meaningful contribution to society through their work than on receiving a high salary (Cogin 2012, p. 2276). Among the 2nd semester students, the option was only selected by one student (2.86 %) to be the most important work value. With a high majority of 25 students (71.43 %), it is considered the least important work value in the ranking list (Grafe 2017, p. 24).

Another question aimed to reveal students' general attitude to sustainability in business (Grafe 2017, p. 25) As illustrated in Fig. 2, the summarised results show that the clear majority of the 6th semester students (80 %/28 students) have an overall positive attitude to this topic. 20% have neither a predominantly positive nor negative attitude to it and none of the students has a negative attitude to sustainable management. This generally positive attitude matches the results from the literature review, which indicate that Generation Y perceives CSR as an essential topic (Cogin 2012, p. 2275). It is furthermore in line with the knowledge and values transmitted by the sustainable management education of CBS, which highlights the integration of CSR into firms as the most desirable business approach. The results of the 2nd semester students present a far more heterogeneous picture: Briefly, nearly half of the surveyed students (17 students; 48.57 %) show a positive attitude to CSR, 11 (31.4 %) neither have a predominantly positive nor negative attitude to it and 7 students (20 %) have a negative attitude to the topic. Furthermore, the answers range from one extreme to the other, always with a high percentage rate between 20 and almost 31 % of "neutral" answers (Grafe 2017, p. 25). This variety in answers proves the literature to be correct in its claim that sustainability is a polarising topic among students (Swaim et al. 2014, p. 466). Furthermore, the high degree of "neutral" answers could be a sign that the students from the 2nd semester are still very insecure about the topic with no clear opinion and a low knowledge base (Swaim et al. 2014, pp. 473, 477), further disrupted through – as the literature says – mixed messages about socially desirable and ethical conduct (VanMeter et al. 2013, p. 104).

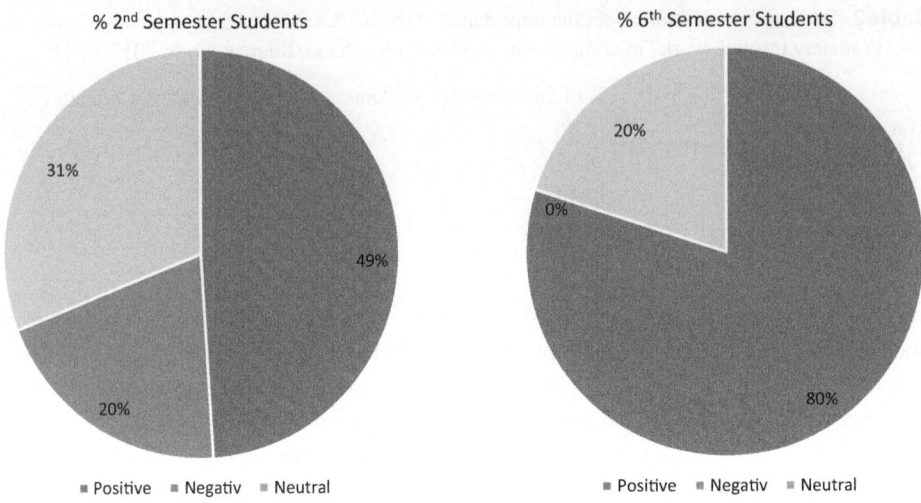

Fig. 2 Students' general attitude to sustainable management. (Source: Grafe 2017, p. 25)

Concerning the author's question whether commitment to sustainability is an important requisite for students when thinking about their future employers (Grafe 2017, p. 26), the results in Table 3 show that a high majority of 29 6th semester students (82.86%) expect their future employer to address social and/or environmental issues. However, when specifying the requirements, the answers are no longer as united. Even though 15 6th semester students (42.86%) expect the existence of a sustainability department, the same proportion of students has a neutral attitude to it and 5 students (14.29) consider it not to be an important aspect in their employer expectations. In this respect however, it might be important to acknowledge that a company that does not have a sustainability department is not automatically unsustainable, since small and medium companies might have different structures, with no clear departments. Furthermore, 20 students (57.14%) claim that they expect a proven record of the sustainable commitment (e. g. a sustainability report) from their future employer, leaving the rest to 12 neutral answers (34.29%) and a few disagreeing students (3 students; 8.57%). Nevertheless, the overall results confirm that sustainability in business is an important requisite for the 6th semester students in their employer expectations. Moreover, the literature review suggests that students will only demand sustainable behaviour from his/her employer if she/he has a generally positive attitude towards sustainability (Swaim et al. 2014, p. 477). This relationship between the positive attitude to sustainability in business and sustainability-driven employer expectations can be confirmed in the case of the 6th semester students, since 26 of the 29 students who claimed to expect some sort of social or environmental engagement of their future employer have also shown a predominantly positive attitude to CSR in the earlier questionnaire question. The same is true for the question relating to the sustainability department, where all students seeing it as an important requisite also have a positive attitude

Table 3 Percentage of students who expect their future employers to comply with sustainability factors. (Source: Grafe 2017, p. 26)

	% of 2nd Semester Students	% of 6th Semester Students
Sustainability department	31.42	42.86
Addressing social and/or environmental issues	48.57	82.86
Proven record of sustainable commitment	28.57	57.14

to CSR, and the proof of sustainable commitment, where 19 out of the 20 approving students show a positive attitude towards sustainable management in general. Regarding the 2nd semester students, no such clear correlation can be proven, as no obvious trend can be identified in this respect. Generally, a less sustainability-driven tendency can be portrayed among the 2nd semester students: Even though about half of the students (17/48.57%) claim to expect their future employer to address social and/or environmental issues, the other half has a neutral opinion (37.14%) or does not expect this from their future employers (14.29%). Moreover, as many students disagree with the statement that their future employer should have a sustainability department as the ones who agree to it and no more than 11 students (31.42%) consider a sustainability department to be a requisite (Grafe 2017, p. 26). Again, a tendency to "neutral" answers can be detected in the 2nd semester answers and a high variance among students' expectations. As mentioned earlier, this again indicates that most of the 2nd semester students still do not have deeply rooted attitudes towards the topic and therefore, no clearly developed expectations (Swaim et al. 2014, pp. 473, 477).

In the next question presented in Fig. 3, the students again had to take their imagination a step further and decide on whether they would exclude a company as a potential employer if it does not address sustainability issues (Grafe 2017, p. 27). Given the fact that employer choice decisions cannot simply be derived from a person's attitude towards the topic (Ajzen 1991, p. 181), an astonishing proportion of 11 (31.43%) 6th semester students claim that they would not want to work for such a company. This result again supports earlier findings that suggest that some Millennials would not work for a company that does not include CSR in its business (Jonas 2014). In turn, 9 students (25.7%) could not decide on what they would do, followed by 15 students (42.86%) who say that they would not exclude such a company as a potential employer, demonstrating that even though the majority of students agree to the necessity of sustainable management, the negligence of the topic from a firm's side does not outweigh all the other factors which play a significant role in employer choice. Among the 2nd semester students a crucially different result is presented: Only one student (2.9%) claims that he/she would not work for such a company whereas 28 (80%) say that they would not exclude a company that does not address sustainability issues as a potential employer (Grafe 2017, p. 27).

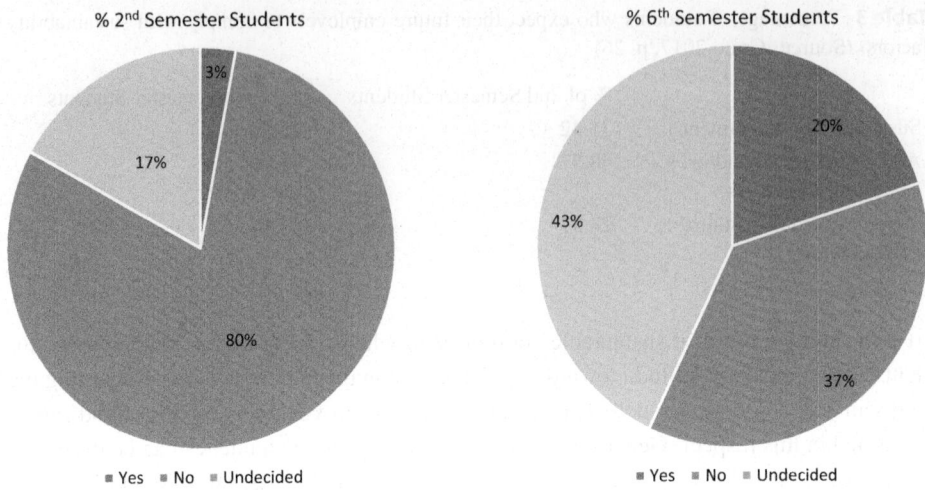

Fig. 3 Students' answer to the question whether they would exclude a company as a potential employer if it does not address sustainability issues. (Source: Grafe 2017, p. 27)

3.3 Sustainability Knowledge and Value Transfer at CBS

Since students from the 6th semester have been highly exposed to sustainable management education through the lectures taught at CBS, it had to be expected that they would consequently know about the term CSR, as this topic is integrated or somehow linked to a high number of their study courses (CBS 2015, p. 3). This assumption is found to be true, since all 35 6th semester students indicate that they know what CSR is. Surprisingly, among the 2nd semester students 24 people (68.57%) also claim to know the meaning of CSR and 11 students indicate that they would not be able to define it but that they know what the topic is about (Grafe 2017, p. 28). In this respect, it needs to be considered, however, that the 2nd semester students have already attended some lectures as they are not at the beginning of their studies. This implies that they must have been exposed to some degree to sustainable management education. Moreover, the CBS is not the only way to connect with CSR, since it is a highly discussed topic in society (VanMeter et al. 2013, p. 95).

Likewise, it was of interest for the study to find out whether students have been additionally confronted with CSR in their studies, through voluntary guest lectures or workshops, which the CBS offers to students. The author's results which are demonstrated in Fig. 4 show that almost half of the 6th semester students (16/45.7%) have participated in more than two of these co-curricular CSR activities throughout their studies. Eleven of the surveyed 6th semester students (31.4%) claim that they have participated in one or two of these activities, whereas only 8 (22.9%) picked the option that they have never participated in any of the CSR-related lectures/workshops. In this respect, it should be considered that almost 70% of those 6th semester students who claim that they would not

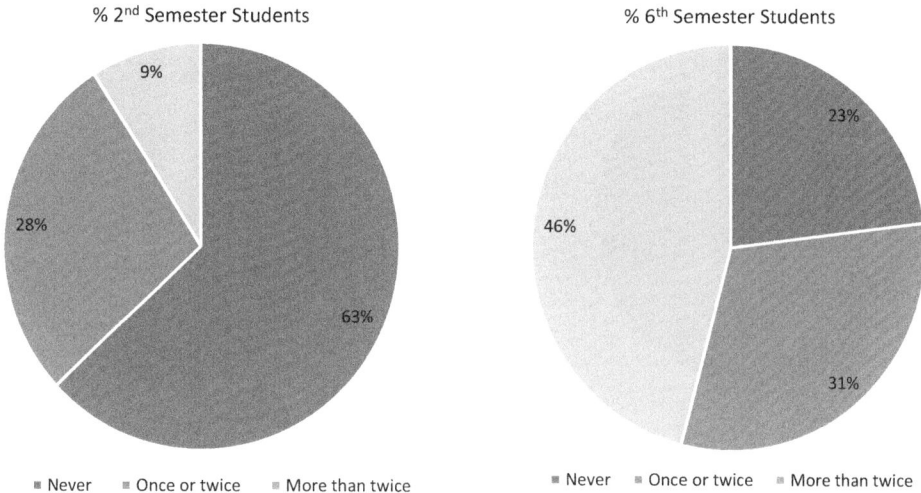

Fig. 4 Students' participation in co-curricular guest lectures or workshops linked to the field of CSR. (Source: Grafe 2017, p. 29)

work for a company with unethical or unsustainable practices regardless of its prestigious status in society have participated in more than two co-curricular activities on the topic of CSR whereas only about 15 % have never joined any of these guest lectures/workshops. Since 2nd semester students have been at the university for far less time, it is of no major surprise that 62.86 % (22 students) have never participated in any of the co-curricular activities linked to the topic of CSR. Only three students (8.6 %) have attended more than two guest lectures or workshops and 10 students (28.6 %) have been to one or two of the voluntary CSR activities organised by the CBS. In the case of the 2nd semester students, it is also important to acknowledge the relation between the additional exposure to CSR topics through co-curricular CBS activities and the preference of sustainable employers over famous/prestigious ones, since 59 % of the students who indicate that they would work for an unsustainably or unethically but well-known company, have never participated in guest lectures or workshops linked to the topic of CSR (Grafe 2017, p. 28–29). This correlation between the degree of exposure to the topic of CSR and the demand of sustainable employers further supports the assumption that the values and the knowledge that are transferred through the education impact students in terms of their employer expectations.

The last part of the questionnaire aimed to determine students' personal perception about the impact of the knowledge learned through CBS' sustainable management education on him/her valuing those employers more, who apply sustainability in their business (Grafe 2017, p. 30). The findings indicated in Fig. 5 show that the clear majority of 6th semester students (31 students; 88.57 %) indeed feel that this has been the case, with nine of these students (25.7 %) even feeling a very strong impact. None of the 6th semester students have the perception that they have not acquired any knowledge about sustainability

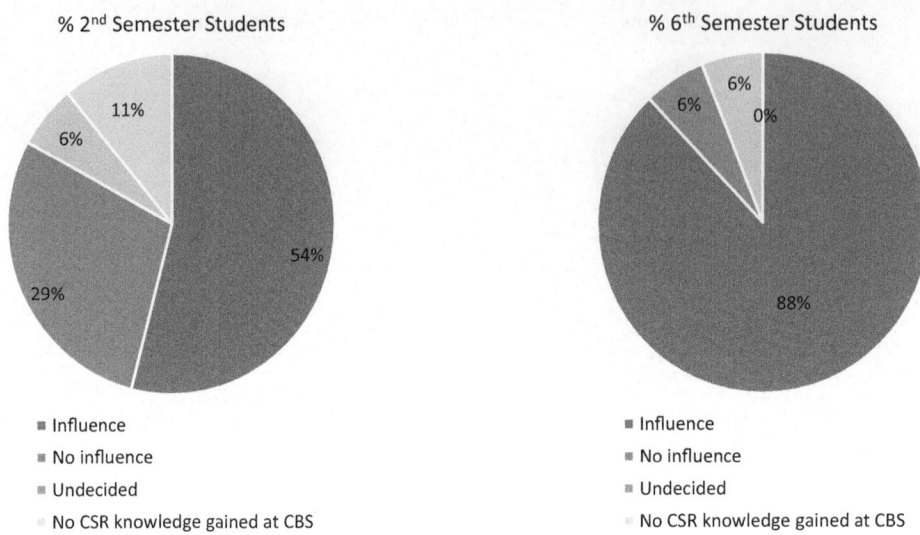

Fig. 5 Students' perception about the influence of management education at CBS on valuing companies more that integrate sustainability into their business. (Source: own illustration Grafe 2017, p. 31)

over the course of their studies. This result is not surprising because of the fact that the CBS aims to integrate sustainable management issues into all of its study programs, additionally including a mandatory lecture solely concentrating on business ethics taught in the 6th semester (CBS 2015, p. 14). From a subjective point of view this confirms that the sustainable management education of CBS at least has a perceived impact on the students in their employer expectations and work values. In this context, all students who claim that the sustainable management education has significantly made them value sustainable employers more, indicate in earlier questions that they expect their future employer to have a sustainability department, to address sustainability issues, and to show credibility for its sustainable management practices (e. g. through sustainability reports). Those students who feel some impact of the university show mixed opinions about the necessity of a sustainability department and the need of a proven record of the sustainable commitment of their potential future employers, but 86.36 % of them agree on the statement that the addressing of sustainability is an important requisite for them in their employer expectations. As mentioned in the literature, students have individual personality traits which, together with by far more factors than just university, influence them in their opinions, attitudes, values and expectations (Hunt and Colander 2015, p. 90; Jovkovska and Barakoska 2014). Therefore, the results confirm that students are not equally susceptive with respect to sustainable management education (Swaim et al. 2014, p. 474). The 2nd semester students have a different perception than the 6th semester students: Whereas 19 students (54.3 %) indicate that the CSR knowledge acquired at CBS has influenced their values to some extent, almost one third of the students (10/28.6%) are critical of that assumption and disagree with it. Additionally, there are also cases of students who claim that they have not acquired any knowledge about CSR at the university (4/11.4%) and some are not sure about whether there has been an impact (2/5.7%). This result is not very surprising, since the exposure to the sustainable management education is still relatively low at this early stage in the studies. With regard to the relation between the perception on the degree of influence of the sustainable management teaching and the actual employer expectations students have, a less obvious but still significant trend can be identified among the 2nd semester students: 70% of all those students, who have indicated that they expect their future employers to address sustainability issues have also answered that the CBS has influenced them to some extent in their sustainability-driven employer expectations. The same with even higher percentage numbers is true for the expectation of a sustainability department (72.72%) and for the expectation of a proven record of the firm's sustainability activities (100%) (Grafe 2017, p. 31).

4 Conclusion

This section summarises and discusses the results of the study, answers the research question and further explains the recommendations directed towards educational institutions, applying sustainable management education and employers. Furthermore, Sect. 4.2 reflects upon the limitations of the research and the resulting need for further research.

4.1 Discussion of Research Findings

This research aims to investigate the impact of the sustainability management education of a German business school on the employer expectations and work values of students. On the basis of a constructed theory, supporting the interrelation between the factors and an additional literature review, a quantitative (questionnaire) research was conducted, collecting data of students of higher semesters, who have been highly exposed to the sustainable management education of the business school and the lower semester students, who have only received little input from the university's side. The findings reveal significant differences in the employer expectations and work values between the 6th semester and the 2nd semester students. Compared with the 2nd semester students, the 6th semester students show a much higher preference for sustainable employers and are much less willing to work for successful and prestigious organisations, alleged of unsustainable or unethical practices, or companies that do not address sustainability issues. Moreover, in contrast to the 2nd semester students, they place more importance on positively contributing to society through their work than on receiving a high salary or high job security. The overall results indicate that much more 6th semester students expect sustainability as a requisite of their future employers than 2nd semester students. In this light, it should also be acknowledged that the two student groups show different attitudes to sustainability in business in general. Whereas most 6th semester students have a positive attitude to CSR, the 2nd semester students have widely diverging opinions on the topic with a high rate of neutral answers. Moreover, a relationship between a positive CSR attitude and sustainability-driven employer expectations can be identified among the 6th semester students but not clearly among the 2nd semester students. The responses of the 6th semester students confirm what the literature claims about Generation Y's affinity for sustainable management (in their employer expectations and work values) (Cogin 2012, p. 2275). Even though the results of the 2nd semester students do not directly contradict this assumption, they indicate that the generation has heterogenic opinions regarding this topic. Some of the possible explanations for these contrasting results could include that 2nd semester students have only been exposed to limited sustainable management education. Moreover, given the fact that sustainability is a highly discussed topic in society, students are aware of the topic but they are confronted with both positive and negative messages concerning the legitimacy of CSR from many other actors of society, which might cause mixed feelings and uncertainties about the topic (VanMeter et al. 2013, p. 104). Coupled with a lack of profound knowledge, they may not have developed clear attitudes and expectations towards the topic (Swaim et al. 2014, pp. 473, 477), leading to a high degree of neutral and inconsistent answer patterns. In contrast, the 6th semester students' positive attitude to sustainability in business is in line with the values transmitted by the sustainable management education of the business school, which highlights the integration of CSR into firms as the most desirable business approach (CBS 2015, p. 51). Furthermore, the study finds a link between the degree of additional exposure to the topic of CSR, through the co-curricular activities offered by the business school, and the students' demand for sustainability-concerned employers, meaning that the higher the additional exposure, the higher the demand for sustainable employers. This again supports the assumption that the values and the knowledge transferred by the education influence students in their employer expectations and work values. Further evidence of the impact of sustainable management education on students can be demonstrated through the students' rating on how they personally perceive the influence it had on them to value sustainable companies more than others. On average, 6th semester students perceive a much stronger impact than 2nd semester students, which can be explained by the fact that the 6th semester students have attended many more CSR integrated study courses than the 2nd semester students, who additionally have not yet participated in the 6th semester's mandatory lecture "Business Ethics", which exclusively concentrates on sustainable management. Moreover, the results indicate a correlation between the perceived degree of influence of the education on valuing sustainable employers more and the actual sustainability requirements students expect of future employers. In this case, the higher the perceived influence, the higher the sustainability requirements expected of employers. Considering the students' point of view, this confirms that sustainable management education indeed influences students in their attitudes and values towards sustainability to such a degree that this is even reflected in their employer expectations and work values.

For employers, this study reveals that business students might show a tendency towards sustainability-driven values, with considerate variance within the generation. This means that reinforced through sustainable management education, a high amount of young people demand that their employers address sustainability issues. If they do not want to be excluded as potential employers by a proportion of highly educated business students, it is recommendable for them to introduce and insure sustainable management practices, if this has not been the case already. For higher education institutions who have a sustainable management approach, such as the investigated CBS, the results indicate that their form of education seems to be successfully influencing the values and attitudes of students. Furthermore, as those students who still have not received a high penetration of sustainable management education often show less deeply rooted attitudes to the topic, it gives them further the opportunity to form them easily in a desired direction. In order to contribute to long-term sustainable development, it is therefore recommendable for business schools to place the teaching of sustainable management in the focus of their education.

4.2 Limitations and Further Research

The conducted research contributes to a large number of indicators and correlations that point in the direction that sustainable management education exerts significant influence on the values and attitudes (including the employer expectations and work values) of students, however, a direct causality between the two variables cannot be established, since a high quantity of other factors, such as unique personality traits and the individual composition of a person's social environment, play a crucial role in forming the way a person thinks or acts (Aronson et al. 2014, p. 218). Therefore, students are not equally susceptive to sustainable management education and show different results even after educational penetration (Swaim et al. 2014, p. 474). In this respect, a long-term study revealing the attitudes, expectations and values of the same students at various measure points (e. g. before and after the studies) would be an objective indication of the change process of a person. Furthermore, this study shows the attitudes, values and expectations that students have concerning potential future employers but it does not investigate the actual employment decision making of students. Since the actual behaviour of a person is not always in line with their attitudes and because other factors influence their decisions, it would be of interest to conduct further research in this field, in order to determine whether sustainability is also an important factor in their actual employment decisions and not just in a hypothetical scenario. Another drawback, inherent in case studies, is that the results cannot simply be generalised but rather explain the issue in its particular context. However, they may serve as a research base for follow-up studies (Saunders et al. 2003, p. 103). The re-testing in other research settings would also check the validity and reliability of the research (Denscombe 2010, p. 268). Moreover, it can be argued that a multi-method approach could be more useful, since questionnaires can only ask a limited amount of questions (if the goodwill of the respondents to participate wants to be given). A combination with in-depth quantitative interviews could be suggested for further research in order to obtain a more holistic picture of the career aspirations, beliefs and opinions of students (Saunders et al. 2003, pp. 92, 282–283).

References

Ajzen I (1991) The theory of planned behaviour. Organ Behav Hum Decis Process 50:179–211

Anninos LN, Chytiris LS (2012) The sustainable management vision for excellence: implications for business education. Int J Qual Serv Sci 4(1):61–75

Aronson E et al (2014) Sozialpsychologie [Social psychology, 8th edn. Pearson Deutschland GmbH, Hallbergmoos

CBS = Cologne Business School (2015) Sustainable Management Lehrstuhlreport 2014/15 Dr. Jürgen Meyer Stiftungslehrstuhl für Internationale Wirtschaftsethik und CSR [Sustainable Management chair report 2014/15 Dr. Jürgen Meyer Endowed Chair for International Business Ethics and CSR]. CBS, Cologne

CBS = Cologne Business School (2017a) Forschung [Research]. https://cbs.de/en/university/research/. Accessed: 3. Juni 2017

CBS = Cologne Business School (2017b) Center for advanced sustainable management. https://cbs.de/en/university/research/sustainable-management/. Accessed: 3. Juni 2017

CBS = Cologne Business School (2017c) CBS Sustainable University. https://cbs.de/en/university/news/cbs-wird-zur-nachhaltigen-hochschule/. Accessed: 3. Juni 2017

CBS = Cologne Business School (2017d) CBS sustainability day – get involved. https://cbs.de/en/university/news/sei-dabei-cbs-veranstaltet-1-nachhaltigkeitstag/. Accessed: 3. Juni 2017

Cogin J (2012) Are generational differences in work values fact or fiction? Multi-country evidence and implications. Int J Hum Resour Manag 23(11):2268–2294

Denscombe M (2010) The good research guide, 4th edn. Open University Press, Maidenhead

Duffy R, Sedlacek W (2007) The work values of first-year college students: exploring group differences. Career Dev Q 55(4):359–364

Eddy S, Burke R (2006) The next generation at work – business students' views, values and job search strategy: implications for universities and employers. Educ + Train 48(7):478–492. https://doi.org/10.1108/00400910610705872

Gibson R (2000) Specification of sustainability-based environmental assessment decision criteria and implications for determining "significance" in environmental assessment. https://www.researchgate.net/publication/267681254_Specification_of_sustainabilitybased_environmental_assessment_decision_criteria_and_implications_for_deermining_significance_in_environmental_assessment_Specification_of_sustainability-based_environ. Accessed: 4. Juni 2017

Grafe A (2017) Bachelor Thesis. The Impact of Sustainable Management Education on Students' Employer Expectations and Work Values. Cologne Business School, Cologne

Hunt EF, Colander DC (2015) Social science: an introduction to the study of society, 15th edn. Pearson Education Limited, Harlow

Jenkin M (2015) Millennials want to work for employers committed to values and ethics. https://www.theguardian.com/sustainable-business/2015/may/05/millennials-employment-employers-values-ethics-jobs. Accessed: 3. Juni 2017

Jonas D (2014) Sustainability is a vital issue for generation Y. Travel Trade Gazette Uk Irel 3107:21–22

Jovkovska A, Barakoska A (2014) The role of education in the formation of values and value orientations among adolescents. Int J Cogn Res Sci Eng Educ (IJCRSEE) 2(2):1–3

Kemball-Cook A (2015) The values revolution. http://www.blueprintforbusiness.org/the-values-revolution/. Accessed: 3. Juni 2017

Kolb M (2016) Educating the leaders of the future: how the paradigm of sustainable management can be implemented in organizational learning. CBS, Cologne

Manjari S, Poulami B (2016) Understanding gen Y. J Manag Res 16(3):148–164

Saunders M et al (2003) Research methods for business students, 3rd edn. Pearson Education Limited, Harlow

Swaim J et al (2014) Influences on student intention and behavior toward environmental sustainability. J Bus Ethics 124(3):465–484

UN = United Nations (2015) Transforming our world: the 2030 agenda for sustainable development. https://sustainabledevelopment.un.org/post2015/transformingourworld. Accessed: 3. Juni 2017

UNESCO = United Nations Educational, Scientific and Cultural Organization (2002) Education for sustainability: from Rio to Johannesburg: lessons learnt from a decade of commitment. http://unesdoc.unesco.org/images/0012/001271/127100e.pdf. Accessed: 4. Juni 2017

UNESCO = United Nations Educational, Scientific and Cultural Organization (2005) United Nations Decade of Education for Sustainable Development (2004–2015): Draft International Implementation Scheme. UNESCO, Paris

University of Mumbai (2017) Sociology of education. http://archive.mu.ac.in/myweb_test/ma%20edu/M.A.%20Sociology%20of%20Edu.pdf. Accessed: 2. Juni 2017

VanMeter R et al (2013) Generation Y's ethical ideology and its potential workplace implications. J Bus Ethics 117(1):93–109

Young C et al (2013) An individual's work values in career development. J Employ Couns 50(4):154–165

Adeline Grafe ist derzeitig Praktikantin im Center for Advanced Sustainable Management (CASM) in Köln, und hat vor kurzem ihren Bachelor in „International Culture and Management" an der „Cologne Business School" abgeschlossen. Sie schrieb ihre Bachelorarbeit über die nachhaltige Managementlehre an ihrer Hochschule in enger Kooperation mit dem CASM und setzt sich seit einigen Jahren aktiv dafür ein, Nachhaltigkeitsinitiativen an ihrer Universität durch das CSR-Studententeam voranzutreiben.

Die Integration von CSR in die Lehre: ein Erfahrungsbericht der Hochschule Fresenius

Lutz Becker, Thorsten Daubenfeld, Elisabeth Hackspiel-Mikosch, Svetlana Harms und Amit Ray

1 Einleitung

Mit der UN-Dekade Bildung für Nachhaltige Entwicklung (2005–2014) als Hintergrund hat CSR[1] in den letzten Jahren einen festen Platz in der globalen Hochschullandschaft eingenommen (Hudspeth 2016). Die Rolle von Hochschulen „als Gestalter von Veränderungen" (Rat für Nachhaltige Entwicklung 2016, S. 1) ist nicht nur relevant für eine moderne Vorbereitung auf den Arbeitsmarkt (Denby und Rickards 2016) oder aufgrund

---

[1] Matten und Moon (2004) identifizieren über 20 verschiedene Namen in europäischen Hochschulen für Module, die sich mit der Beziehung zwischen Unternehmen, Gesellschaft und Umwelt beschäftigen. Sie betrachten diese alle als CSR-Module. Wir übernehmen diesen Ansatz für unsere Diskussion, ohne zu implizieren, dass die Konzepte und Begriffe gleichzusetzen sind. Für eine Diskussion über den Unterschied zwischen CSR und Nachhaltigkeit s. van Marrewijk (2003).

L. Becker (✉) · S. Harms · A. Ray
Hochschule Fresenius für Wirtschaft und Medien GmbH
Köln, Deutschland
E-Mail: lutz.becker@hs-fresenius.de

S. Harms
E-Mail: harms@hs-fresenius.de

A. Ray
E-Mail: amit.ray@hs-fresenius.de

T. Daubenfeld
Hochschule Fresenius gem. GmbH
Idstein, Deutschland
E-Mail: daubenfeld@hs-fresenius.de

E. Hackspiel-Mikosch
AMD Akademie Mode & Design GmbH
Düsseldorf, Deutschland
E-Mail: elisabeth.hackspiel@amdnet.de

© Springer-Verlag GmbH Deutschland, ein Teil von Springer Nature 2018
M. Raueiser und M. Kolb (Hrsg.), *CSR und Hochschulmanagement*,
Management-Reihe Corporate Social Responsibility,
https://doi.org/10.1007/978-3-662-56314-4_16

der ökologisch freundlicheren Entscheidungen von umweltbewussten Managern (Jabbour 2010), sondern auch weil Hochschulabsolventen unverhältnismäßig zur Nichtnachhaltigkeit unseres Planeten beitragen (Lautensach 2013). Die Aufgabe besteht darin, Studierende auf eine verantwortungsvolle gesellschaftliche Teilhabe vorzubereiten – als politische und wirtschaftliche Entscheidungsträger, als Konsumenten und als Bürger.

Die Umsetzungen in verschiedenen Institutionen variieren jedoch hinsichtlich zweier Kerndimensionen: *was* vermittelt wird und *wie* es vermittelt wird (Matten und Moon 2004). Die Lernziele gehen über Fachwissen und ein Verständnis der Komplexität hinaus (Tilbury 2009) und beschäftigen sich mit den Fähigkeiten, Werten und Einstellungen, die Absolventen brauchen, um als „change agents" agieren zu können und notwendige Änderungen in unternehmerischer Praxis und in der Gesellschaft voranzutreiben (Stubbs und Schapper 2011). Um diese Gestaltungskompetenz (de Haan 2008) zu entwickeln, müssen Studierende die Möglichkeiten erhalten, sich mit Nachhaltigkeitsthemen interdisziplinär und fachübergreifend auseinanderzusetzen. Zudem müssen sie aktiv eingebunden werden (HRK und DUK 2010).

Form und Ausmaß der curricularen Verankerung – als Wahl- oder Pflichtmodul, Studienschwerpunkt oder überhaupt als eine eigenständige Lehrveranstaltung anstatt als Bestandteil anderer Module – wird auch in verschiedenen Hochschulen und Programmen anders implementiert (Filho und Pace 2016). Die explizite Lehre in Vorlesungen bildet aber nur ein Standbein des gesamten Ansatzes. Zusammen mit Projekten, offenen Veranstaltungen und dem versteckten Curriculum – den impliziten Botschaften und Werten, die durch die Lehransätze und -bücher, Hochschulmanagement und dem Verhalten von Dozierenden vermittelt werden (Winter und Cotton 2012) – bilden sie die Kernelemente der Nachhaltigkeitslehre und treiben die Gedanken eines Wandlungsprozesses hinsichtlich des unternehmerischen Umgangs mit der Umwelt und der Gesellschaft voran.

Trotz der steigenden Akzeptanz von CSR in der Lehre erntet sie weiterhin Kritik. Wenn die Studierenden hauptsächlich einen Shared-Value-Ansatz (Porter und Kramer 2011) vermittelt bekommen – innerhalb eines durch Wachstum, Konsum und Technozentrismus definierten dominanten sozialen Paradigmas (Korhonen 2002; Stubbs und Cocklin 2008) – ist sie für Befürworter einer *starken Nachhaltigkeit* zu bequem und verfehlt ihre eigentliche Botschaft (Beschorner und Hajduk 2015). Unsere Aufgabe als Hochschule sollte es demnach sein, nicht angenehme Win-Win-Situationen zu präsentieren, sondern Studierende mit der Unbequemlichkeit des intrinsischen Konflikts zwischen Gewinn und Verantwortung und den Konsequenzen eines nicht ausreichenden Handels zu konfrontieren, denn: „the contention is that, unless sustainability is ‚keeping you awake at night', you do not understand it" (Gray 2013, S. 308).

Manche gesellschaftlichen Stimmen sehen CSR an Hochschulen – im Management und der Lehre – hauptsächlich als eine Marketingaktivität, die eher aus Gründen der Marktpositionierung und Legitimität motiviert ist (Caspers und Sommer 2013). Dies ist ein Vorwurf, der immer eng mit CSR verbunden ist. Für die Authentizität – und damit die Erfolgswirksamkeit der Lehre – ist deshalb ein ganzheitlicher Ansatz, der mehrere Aspekte der Lehre und des Campusbetriebs umfasst, zwingend notwendig.

Teile der Wirtschaft begrüßen zwar die Forschungsergebnisse und Nachhaltigkeitskompetenzen der Absolventen, sehen aber bei der starken Ideologie dahinter eine Verletzung der politischen Neutralität von Bildungseinrichtungen. Eine 2017 durchgeführte Studie im Auftrag der Verbände Die Familienunternehmer und Die Jungen Unternehmer kritisiert deutsche Schulbücher für ihre negative Einstellung gegenüber Globalisierung und Marktmechanismen sowie für die Betonung auf Verteilungsgerechtigkeit zulasten von Leistungsgerechtigkeit (Schlösser und Schuhen 2017).

Einen Hinweis darauf, dass besonders private Hochschulen anderen Kritikpunkten ausgesetzt sind, liefert die seit 2015 in Deutschland zugelassene Non-Profit-Organisation B Lab, die sog. B-Corporations nach ihren positiven gesellschaftlichen Auswirkungen zertifiziert. Die Organisation veröffentlicht eine vierseitige Sondererklärung zur Frage, warum ihre Zertifizierung, die für soziale Gerechtigkeit und Chancengleichheit steht, überhaupt für private Hochschulen möglich sei (B Lab o.J.).

Ein weiterer Faktor – wenn nicht der wichtigste – sind die Studierenden selbst: ihr Vorwissen, ihre Interessen und ihre Bereitschaft, sich mit komplexen Themen ohne einfache Antworten auseinanderzusetzen. Eine Herausforderung hier ist, dass durch steigende mediale und gesellschaftliche Präsenz die Studierenden das Gefühl haben, bereits viel über das Thema zu wissen, obwohl ihr Verständnis hauptsächlich ökologisch geprägt und nicht direkt mit ihrem eigenen Verhalten verbunden ist (Eagle et al. 2015; Kagawa 2007). Um CSR und Nachhaltigkeit greifbar zu machen, müssen wir deshalb Studierende nicht nur auf die globalen Probleme aufmerksam machen, die nach einer dramatischen Darstellung überwältigend und unvermeidbar wirken können, sondern sie auch auf lokaler Ebene einbinden und zur aktiven Teilnahme und Engagement ermächtigen.

2 Corporate-Social-Responsibility-Lehre an der Hochschule Fresenius

Die Hochschule Fresenius ist eine private, staatlich anerkannte Hochschule der Angewandten Wissenschaften, die aus dem 1848 gegründeten Chemischen Laboratorium Fresenius entstanden ist und im Jahr 1971 als Fachhochschule zugelassen wurde. Mit Stammsitz in Idstein und etwa 11.000 Schülern und Studierenden verteilt auf Standorte in acht deutschen Großstädten sowie einem Studienzentrum in New York, USA, bietet sie eine Vielzahl von Bachelor- und Masterstudiengängen, Ausbildungen und Weiterbildungsangeboten an. Neben dem Anspruch, eine praxis- und zukunftsorientierte Lehre in den Fachbereichen Wirtschaft & Medien, Chemie & Biologie, Gesundheit & Soziales, Design und Online Plus anzubieten, möchte die Hochschule Fresenius zur gesellschaftlichen Teilhabe motivieren und zu eigenständigem Denken befähigen – damit Absolventen sich nicht der Wirtschaft und Gesellschaft anpassen, sondern diese auch infrage stellen und mitgestalten.

Genau wie CSR in verschiedenen Berufen und Branchen anders gestaltet wird, muss die entsprechende Lehre auch diese Bedürfnisse und Anforderungen widerspiegeln. Da keine One-size-fits-all-Lösung existiert, werden in diesem Abschnitt Kernaktivitäten und Erfahrungen aus drei Fachbereichen beispielhaft beschrieben.

2.1 Fachbereich Wirtschaft & Medien

Sowohl in den Bachelor- als auch Masterstudiengängen des Fachbereichs Wirtschaft & Medien sind ethik- und nachhaltigkeitsbezogene Vorlesungen feste Bestandteile der Curricula. Der Ansatz sieht für die an der Wirtschaft orientierten Studiengänge eine ethische Reflexion zur Komplettierung des Kompetenzprofils als wesentlich an und will vermeiden, dass ein rein optionaler Kurs zum Thema CSR nur die Studierenden erreicht, die sich ohnehin schon mit dem Thema auseinandergesetzt haben. Darüber hinaus bietet der Masterstudiengang Sustainable Marketing and Leadership den dort Studierenden an, eine besondere Expertise im Kontext von Nachhaltigkeit und CSR zu entwickeln.

2.1.1 Bachelorstudiengänge

Bereits 2009 wurde ein Pflichtfach im sechsten Semester von damals sechs Bachelorstudiengängen eingeführt, das aus den zwei Teilveranstaltungen Business Ethics and CSR und Gender and Diversity Management bestand. Um die breite englischsprachige Literaturbasis effektiv zu integrieren und die Fähigkeiten zu fördern, sich zukünftig auch auf globale Themen auf internationaler Ebene zu fokussieren, wurden diese auf Englisch unterrichtet. Die Vorlesungen wurden auch interdisziplinär angeboten, Perspektiven aus unterschiedlichen Studiengängen wie z. B. Gesundheitsökonomie, Wirtschaftspsychologie oder Medien- und Kommunikationsmanagement wurden hier zusammengebracht. Trotz dieser fachübergreifenden Zusammenstellung musste bei manchen Themen, wie z. B. Diskussionen über soziale Belange innerhalb des Heimatmarkts – wie Verteilungsgerechtigkeit oder Diversity Management – berücksichtigt werden, dass die Studentenschaft einer Hochschule, insbesondere einer privaten Hochschule, keinen Querschnitt der Gesellschaft bildet und Studierende nur bedingt auf ihre eigenen Erfahrungen zurückgreifen können.

Die Rückmeldungen von Studierenden waren jedoch gemischt: Manche haben sich mit dem Thema wie vorgesehen auseinandergesetzt, haben neue Erkenntnisse und überfachliche Qualifikationen erworben, zahlreiche Abschlussarbeiten wurden dadurch inspiriert. Bei anderen wiederum kam der Ansatz zu spät im Studium und wirkte zu losgelöst vom bisherigen Inhalt. Auch die Unterrichtssprache war problematisch: In einem Fach, das von reger Diskussion lebt, hatten manche Studierende Schwierigkeiten sich wie gewünscht einzubringen; zudem galt teilweise ein Fach in einer Fremdsprache als inhaltlich weniger wichtig.

Mit der Zeit hat diese Kritik nachgelassen. Erkennbare Gründe dafür sind gesellschaftliche Trends in Richtung Nachhaltigkeit, die zu einem wachsenden Bewusstsein bei Studierenden führten – auch wenn dieses nicht unbedingt mit starkem Vorwissen verbunden war. Hinzu kamen vermehrt Hochschulaktivitäten, wie z. B. der Social Responsibility

Award, der jedes Semester studentisches Engagement prämiert, sowie Campus Days und Green Camps zum Thema Nachhaltigkeit, sodass gesellschaftliche Verantwortung auch an der Hochschule präsenter wurde.

Bei der Reakkreditierung 2015 wurden die Rückmeldungen der Studierenden berücksichtigt: Es wurde stärker darauf geachtet, dass CSR-Aspekte in einem breiteren Rahmen behandelt und in die Curricula aufgenommen werden, damit sie sich wie ein roter Faden durch alle Semester ziehen. Zum Beispiel wird im Studiengang Tourismus-, Hotel- und Eventmanagement nun bereits im ersten Semester Wirtschaftsethik und CSR und Unternehmensverantwortung unterrichtet; auch wurde das Modul Nachhaltiger Tourismus und Nachhaltiges Event- und Festivalmanagement aufgenommen, um die Studierenden von Beginn an für diese Themen zu sensibilisieren.

Auch der Studiengang Logistik und Handel beinhaltet, neben der Einbettung von CSR in allen relevanten Modulen, zusätzlich vier explizit nachhaltigkeitsorientierte Module: Nachhaltiges Transportmanagement, Nachhaltiges Handelsmanagement, Nachhaltiges Handelsmarketing und Nachhaltiges Supply Chain Management. Anschließend und aufbauend auf diese starken Grundelemente wird die neue Version des fachübergreifenden Moduls – CSR und Nachhaltige Unternehmensführung – nun auf Deutsch angeboten.

2.1.2 Masterstudiengänge

In den Masterstudiengängen werden diese Perspektiven vertieft und es wird stärker auf die Problematiken der einzelnen Fachrichtungen wie Corporate Communication, Digital Management oder International Pharmacoeconomics eingegangen.

Der Studiengang Sustainable Marketing and Leadership (SML) wurde 2012 erstmals an der Hochschule angeboten und ist im Jahr 2015 in Hinblick auf das didaktische Drehbuch weiter optimiert und reakkreditiert worden. Bei SML handelt es sich um einen generalistischen Managementstudiengang, der aufbauend auf ein einschlägiges Vorstudium mit wirtschafts- und sozialwissenschaftlichen Inhalten, insbesondere aktuelle Management- und Führungskonzepte in den Mittelpunkt rückt. Im Rahmen des Studiums erfahren die Studierenden eine moderate Spezialisierung in den drei Säulen Märkte und Marketing, Leadership und eben Nachhaltigkeit und CSR.

Im Jahr 2015 wurde sehr viel Wert darauf gelegt, dass die Kompetenzziele, darunter u. a. kritische Reflexionskompetenz, die Fähigkeit zum Perspektivenwechsel und Ambiguitätstoleranz sowie inhaltliche Gestaltung und Didaktik Hand in Hand gehen. Nach einem Einführungsmodul Berufsfeld, Forschungsperspektiven und Grundlagen in dem u. a. Ziele und Methoden der Führungs- und Nachhaltigkeitsforschung diskutiert werden, und nachdem die Grundlagen des modernen Managements wie Finanzmanagement, Ethik oder Digitale Medien in verschiedenen Grundlagenmodulen gelegt sind, konzentriert sich das Studium auf die drei genannten Säulen. Hierbei steht bewusst die Nachhaltigkeitssäule im Mittelpunkt und die Schnittstellen zu den anderen Säulen werden immer wieder unter neuen Perspektiven kritisch hinterfragt. Dabei folgen die drei Semester in den Schwerpunktsäulen einem gleichen Drehbuch. Das erste Semester in der jeweiligen Säule stellt die Frage nach den Akteuren und Arenen (vulgo etwa: Wer macht Nachhaltigkeit und wo findet Nachhaltigkeit statt?), während das zweite Semester in der Säule der Frage der (strategischen) Planung und Konzeption und das dritte Semester der Implementierung („strategy execution") gewidmet ist. Darüber hinaus gibt es zwei große (10 ECTS) Forschungsmodule, von denen das eine, „Analytische und explorative Forschung im Feld Sustainable Marketing and Leadership", ein quantitatives Modul ist, in dem die Studierenden ein publikationsfähiges Scientific Paper zu einem selbst gewählten Thema erstellen. Das andere Modul ist ein Fallstudienmodul, bei dem die Studierenden im Feld eine publikationsfähige Fallstudie zu angewandtem Innovationsmanagement, Business Development bzw. Change Management im Kontext Sustainable Marketing and Leadership erarbeiten. Das kann z. B. im Rahmen eines Praktikums, einer ehrenamtlichen Tätigkeit oder eines Forschungsprojekts erfolgen. Beide Forschungsmodule dienen der inhaltlichen und methodischen Vorbereitung der Masterthesis.

Da Relevanz und Aktualität der CSR-bezogenen Inhalte, wie etwa nachhaltige Unternehmensführung (Becker et al. 2012), die kritische Theorie der Unternehmung in der Gesellschaft (z. B. FUGO 2017) oder Idee und Methoden einer transformativen Wissenschaft (Schneidewind und Singer-Borowski 2014) und die didaktischen Konzepte Hand in Hand laufen sollen, wird im Studiengang großer Wert auf die Vielfalt der didaktischen Methoden gelegt. Diese spiegelt sich u. a. in der Vielfalt der Prüfungsleistungen wie Posterpräsentation, Projektarbeit oder die oben genannten Forschungsmodule wider. Zum anderen wird bewusst auf innovative Lehrmethoden und -konzepte gesetzt. Hierzu gehören etwa Lernen durch Lehren (LdL) (Becker 2014), die Betreuung der Studierenden im Fallstudienmodul durch Distant-learning-Methoden („virtual classroom") oder durch im Kontext der Studiengangsinhalte erstellten Lehrmaterialien (Becker und Sohn 2016, 2017). Ferner sind konkrete Projekte zu nennen, wie die Vorbereitung und Durchführung einer Vortrags- und Diskussionsveranstaltung zum 45. UN Earth Day, ein 2016 von den Studierenden konzipierter und durchgeführter Workshop zu Arbeit 4.0 mit Betriebsräten der IG Metall im Innovationszentrum NRW oder ein 2017 mit der Regionalagentur NRW organisierter Workshop Gute und faire Arbeit im Auftrag des Ministeriums für Arbeit, Integration und Soziales NRW in der Wuppertaler Utopiastadt. Hinzu kommen Exkursionen, wie etwa 2016 nach Hamburg mit einem Workshop zum Thema Unternehmensdemokratie mit dem Gründer von Premium-Cola oder zu Fragen des naturräumlichen Wirtschaftens auf die Insel Borkum, u. a. mit Diskussionen mit einem Umweltaktivisten und einem führenden Vertreter der (fossilen) Energiebranche.

Obwohl aus dem Munde der Studierenden zu hören war, dass sie „für Nachhaltigkeit angefixt wurden", sehen sich nur wenige in einer Rolle im Nachhaltigkeitsmanagement im engsten Sinn. Die Studierenden betrachten das Thema Nachhaltigkeit eher als ihr besonderes Interesse, aber auch als Mittel zum Zweck der Profilschärfung. So ein Alumnus: „Durch das Studium in Sustainable Marketing and Leadership wurden mir Möglichkeiten, aber auch Grenzen der Nachhaltigkeit und deren Implementierung in die Wirtschaft aufgezeigt." Ähnlich äußert sich eine aktuelle Studierende im dritten Semester: „Kleine Unterrichtsgruppen, zahlreiche Diskussionen, Praxisbezug und dazu der ungewöhnliche Mix aus Unternehmensführung, Marketing und Nachhaltigkeit – das macht den Master

Sustainable Marketing and Leadership für mich zu etwas Besonderem und vermittelt mir das Wissen, um im Berufsleben auf aktuelle Problemstellungen reagieren zu können." Sie betont insbesondere die Entwicklung ihrer Fähigkeiten zu kritischem Denken: „Durch diesen Master ist es mir gelungen, insbesondere im Thema Nachhaltigkeit, meine Sinne zu schärfen, kritisch zu denken, Verbesserungspotenziale – sowohl persönlich als auch im global gesellschaftlichen Kontext – zu erkennen und kreative Ideen zur Problemlösung zu schaffen." Insgesamt kann man bei den Studierenden, ganz im Sinn der eher generalistischen Ausrichtung des Masters mit moderater Spezialisierung in den genannten drei Säulen eine überraschende Vielfalt von beruflichen Interessen und Karrierepfaden beobachten.

2.2 AMD Akademie Mode & Design, Fachbereich Design

CSR und Nachhaltigkeit sind wichtige und relevante Themen für die praxisorientierte Ausbildung an der AMD Akademie Mode & Design (AMD), Fachbereich Design der Hochschule Fresenius. In der Kreativbranche und insbesondere in der Modewirtschaft werden ethische Themen zunehmend diskutiert. Die Curricula der Studiengänge an der AMD weisen zwar noch keine Lehrfächer auf, die sich ausschließlich auf ethische Fragen der Nachhaltigkeit konzentrieren, wie im Fachbereich Wirtschaft & Medien, aber Lehrende aller Studiengänge integrieren diese Themen bereits in ihren Veranstaltungen. Denn Nachhaltigkeit nimmt eine wichtige Querschnittsfunktion über viele Bereiche des Studiums ein. So betrachten die Studierenden gleichwohl ökologische und soziale Probleme aus verschiedenen Blickwinkeln in Lehrveranstaltungen wie Textil- und Materialtechnologie, Fertigungstechnik, Mode im Kontext, Nachhaltiges und Normatives Management oder Sustainable Management in Global Markets. Bei Studienbeginn ist das Interesse der Studierenden an diesen Fragen i. d. R. schon recht hoch, aber ihre Kenntnisse erweisen sich als noch extrem gering. Im Lauf des Studiums eignen sich die Studierenden an der AMD eine umfassende fachliche Kompetenz auf diesem Gebiet an. Das belegt die Vielfalt der Themen zu Ethik, CSR und Nachhaltigkeit in den Abschlussarbeiten. Die Studierenden erwerben diese Kompetenz ferner in zahlreichen Sonderschulungen und praxisorientierten Projekten. Seit dem Wintersemester 2018/19 bietet der AMD-Standort Berlin den englischsprachigen Masterstudiengang „Sustainability in Fashion and Creative Industries" an. Als bisher einziger deutscher Masterstudiengang konzentriert er sich ganz auf die Umsetzung von Nachhaltigkeit im Modedesign als auch im Modemanagement.

Seit einigen Jahren arbeitet die AMD z. B. mit FEMNET e. V. zusammen, eine zivilgesellschaftliche Organisation, die sich für die Rechte der Frauen in der Textilindustrie einsetzt und Schulungen an Hochschulen anbietet. Für die Studierenden besonders bewegend sind die Begegnungen mit sog. Südgästen, die FEMNET zusammen mit der Kampagne für Saubere Kleidung organisiert. Die Studierenden hören Augenzeugenberichte über die schockierenden unmenschlichen Arbeitsbedingungen in Billiglohnländern und diskutierten mit betroffenen Arbeiterinnen aus Indien, Kambodscha, Marokko oder

Nicaragua. Ferner führt der Vorsitzende der hessnatur Stiftung Workshops an der AMD über ökologische Textilien durch.

Zahlreiche praxisorientierte kreative Projekte zeigen, wie intensiv und vielfältig sich die Studierenden in allen Studiengängen und an allen Standorten der AMD mit CSR und Nachhaltigkeit in der Kreativwirtschaft auseinandersetzen.

2.2.1 Modedesign und Mode- und Designmanagement

Das Einsparen von Ressourcen durch Recycling und Upcycling ist ein aktuelles Thema der Mode. So beteiligten sich z. B. Studierende von Mode Design der AMD Düsseldorf an einem von der EU geförderten Gemeinschaftsprojekt, das sie zusammen mit dem Fachbereich Textil- und Bekleidungstechnik der Hochschule Niederrhein, mit der Hochschule Saxonia aus Enschede und der Kunsthochschule ArtEZ aus Arnheim umsetzten. Das Projekt reichte von der Herstellung und Aufbereitung recycelter Fasern bis zu Entwürfen aus den daraus gewebten Textilien. Mode-Design-Studierende der AMD München erarbeiteten im Wintersemester 2016/17 zusammen mit LPJ Studios und der Holy Fashion Group innovative Methoden des Recyclings bzw. Upcyclings von Denim. Auch beim Projekt „denim revisted" mit der Firma CROSS Jeans widmeten sich Mode-Design-Studierende der AMD Berlin schon im ersten Semester (Wintersemester 2016/17) mit der Frage, wie Ausschussware von Jeans neugestaltet und aufgewertet werden kann. Die AMD München besitzt ein eigenes textiles Labor, wo Studierende ständig alte Stoffe neu und kreativ überarbeiten. In einem längerfristigen Projekt mit der Firma Hess Natur-Textilien entwickelten 2016/17 Studierende der Studiengänge Mode Design sowie Mode- und Designmanagement am Standort Düsseldorf modische Kollektionen und Vermarktungsideen, um neue Zielgruppen für diese traditionsreiche nachhaltige deutsche Modemarke zu gewinnen. Das zweite Semester Mode Design am Standort Düsseldorf entwarf im Sommersemester 2017 innovative Kleider aus alten Stoffmusterproben und ehemaligen textilen Werbebannern der Firma René Lezard. Die besten Ergebnisse wurden auf der Mode Biennale in Arnhem 2018 ausgestellt.

2.2.2 Marken- und Kommunikationsdesign

Neben der produktorientierten Beschäftigung mit Nachhaltigkeit arbeiten andere Studiengänge an Tools, um diese Ideen auf dem Markt zu verbreiten: In verschiedenen Projekten entwickelten Studierende des Studiengangs Marken- und Kommunikationsdesign Konzepte für Kommunikationskampagnen für nachhaltige Produkte oder Firmen. So entwarfen Hamburger AMD-Studierende die Markenidentität und -positionierung mit daraus abgeleitetem Corporate Design für das junge Unternehmen mela wear GmbH, das Fairtrade-Kleidung anbietet. Eine ähnliche Aufgabe erfüllten Studierende der AMD München, die für die nachhaltige Bank Eco Verde (in Gründung), eine komplette visuelle Markenidentität und einen übergreifenden Marktauftritt schufen. Im Rahmen eines Hochschulwettbewerbs und der Aktion „Hamburg Handelt Fair!" kreierten Studierende der AMD Hamburg eine umfangreiche Kommunikationskampagne für den Konzept-Store glore, der faire und nachhaltige Mode verkauft.

2.2.3 „BUY GOOD STUFF": ein Gemeinschaftsprojekt von Mode- und Designmanagement und Modejournalismus/Medienkommunikation

Größere gemeinsame Projekte unterstützen den überfachlichen Austausch zu CSR und Nachhaltigkeit und thematisieren studiengangübergreifend ethische Verantwortung in der Kreativbranche. Studierende des Studiengangs Mode- und Designmanagement engagieren sich im Rahmen eines fortdauernden Semesterprojekts mit Marktforschungen zu Konsum und Angebot nachhaltiger Mode. Im Jahr 2014 riefen sie gemeinsam mit Studierenden von Modejournalismus und Medienkommunikation das Projekt BUY GOOD STUFF Fair Fashion Guide ins Leben (Hackspiel-Mikosch und Köhler 2014; Cornelissen und Hackspiel-Mikosch 2016). Die angehenden Modemanager untersuchten dabei die Nachfrage und das Angebot von ökologisch-nachhaltiger und fair produzierter Mode in Düsseldorf (2014) und Köln (2016). Studierende des Ausbildungsgangs Modejournalismus und Medienkommunikation erstellten dazu die Publikation, die als Einkaufsratgeber über das Angebot im Einzelhandel informiert sowie über die Probleme konventionell hergestellter Kleidung aufklärt und verantwortlichen Modekonsum anregen möchte (Abb. 1 und 2).

Mit einer Auflage von jeweils 10.000 Stück wurden die Einkaufsratgeber in Düsseldorf und Köln kostenlos verteilt. Öffentliche Förderer (u. a. Engagement Global gGmbH, Bundesministerium für wirtschaftliche Zusammenarbeit und Entwicklung und NRW Stiftung Umwelt und Entwicklung) unterstützten großzügig die Produktion beider Publikationen. Zum Launch einer App von BUY GOOD STUFF organisierten die Studierenden 2015 ein großes SWAP-Event. Die Veröffentlichung der Kölner Ausgabe fand ebenfalls öffentlichkeitswirksam während der Kölner Fair Trade Night 2016 statt und wurde von einer Podiumsdiskussion und Modenschau im Rautenstrauch-Joest-Museum begleitet. Seit 2017 gibt es eine GPS-fähige Internetseite von BUY GOOD STUFF (www.buygoodstuff.de). Das Ziel dieser Internetseite ist es, über das Angebot nachhaltiger Mode von immer mehr Städten in Deutschland zu informieren. Die AMD Berlin bereitete 2017 in Kooperation mit der TU Berlin die Berliner Ausgabe vor. Weitere Städte sind in Planung. Eine Studentin des Studiengangs Marken- und Kommunikationsdesign entwarf das Logo für BUY GOOD STUFF, das inzwischen als Wortbildmarke geschützt ist.

Ebenfalls mit öffentlicher Förderung bietet die AMD Düsseldorf regelmäßig Workshops an, bei denen externe Experten angehende Journalisten aus dem Bereich Modejournalismus/Medienkommunikation über Nachhaltigkeit in der Mode schulen. Im Herbst 2017 fand unter dem Stichwort Bildkorrekturen eine Journalismuskonferenz mit unterschiedlichen Hochschulen in Leipzig zum Thema Mode/Nachhaltigkeit/Problematiken der Produktion statt, an der sich Studierende des Studiengangs Modejournalismus/Medienkommunikation Düsseldorf aktiv beteiligten.

Zusätzlich zur Lehre will die AMD auch den öffentlichen Diskurs über Nachhaltigkeit in der Mode vorantreiben. Neben Veröffentlichungen zum Verhältnis von Ästhetik und Ethik (Leutner 2014, S. 27–33) lud die AMD am Düsseldorfer Standort im Rahmen des Campus Talks am 20. April 2017 zu einer öffentlichen Podiumsdiskussion mit dem Titel *Wem gehört die Zukunft der Mode? Fast Fashion vs. Slow Fashion* ein. Zusammen mit Studierenden, Lehrenden und der interessierten Öffentlichkeit erörterten Experten aus der

Abb. 1 BUY GOOD STUFF Fair Fashion Shopping Guide Düsseldorf (2014)

Abb. 2 BUY GOOD STUFF Fair Fashion Shopping Guide Köln (2016)

Modebranche das sehr komplexe und herausfordernde Thema (Hackspiel-Mikosch 2017). Anlässlich der Fashion Revolution Weeks veranstalteten Studierende 2015 und 2017 thematisch passende Fotoshootings an den zeitgleich stattfindenden Tagen der offenen Tür der AMD Düsseldorf.

Abschließend kann festgestellt werden, dass die Lehrenden der AMD die besondere Relevanz von Ethik, Nachhaltigkeit und CSR für die Kreativ- und insbesondere für die Modebranche erkannt haben und tatkräftig mit vielen Projekten in ihre Lehre integrieren. Damit zeigen sie Verantwortung für ein wichtiges Zukunftsthema in der Ausbildung von Führungskräften.

2.3 Fachbereich Chemie & Biologie

Der Fachbereich Chemie & Biologie der Hochschule Fresenius bietet an seinem Standort in Idstein fünf Bachelor- und zwei Masterstudiengänge an. Wie im Fachbereich Design wird das Thema CSR innerhalb dieses Kontexts zwar nicht explizit im Rahmen ganzer Studiengänge oder Module theoretisch gelehrt, jedoch in vielfältiger Weise an unterschiedlichen Stellen für Studierende adressiert. Der Fachbereich orientiert sich dabei grundsätzlich an den zwölf Leitlinien zur Nachhaltigkeit für die chemische Industrie in Deutschland, die im Zentrum von Chemie^3, der Nachhaltigkeitsinitiative der deutschen Chemie, stehen (Chemie^3 o.J.). Die Initiatoren dieser Initiative sind der Verband der Chemischen Industrie e. V. (VCI), die Industriegewerkschaft Bergbau, Chemie, Energie (IG BCE) sowie der Bundesarbeitgeberverband Chemie (BAVC). Die Leitlinien der Initiative adressieren alle drei Dimensionen von Nachhaltigkeit: Ökonomie, Ökologie und Soziales (Verband der Chemischen Industrie, IG BGE, Bundesarbeitgeberverband Chemie 2013). Als Bezugspunkt dienen dabei vier ausgewählte Leitlinien der Nachhaltigkeitsinitiative Chemie^3.

Leitlinie 7 – Demografischen Wandel gestalten und Fachkräftebedarf sichern. Im Rahmen einer wissenschaftlichen Fallstudie untersuchten Studierende des Bachelorstudiengangs Wirtschaftschemie das Thema Fachkräftemangel in der chemischen Industrie und führten hierzu Interviews mit Unternehmen der chemischen Industrie sowie Verbänden. Ein zentrales Ergebnis war der sich abzeichnende Fachkräftemangel bei Ausbildungsberufen (z. B. Chemielaborant, chemisch-technischer Assistent). Der Fachbereich Chemie & Biologie kooperiert daher sehr eng mit der ebenfalls unter dem Dach der Hochschule Fresenius am Standort Idstein ansässigen Höheren Berufsfachschule und Fachschule Chemie und Biologie, um beispielsweise Studienabbrechern durch gezielte Beratung die Möglichkeit einer fachlichen Ausbildung zu eröffnen. Auch darüber hinaus steht der Fachbereich in engem Kontakt mit der Branche, um frühzeitig den Bedarf des Arbeitsmarkts in die Lehre und das Studienangebot im Fachbereich einfließen zu lassen. In diesem Zusammenhang seien beispielhaft die Kooperationen mit der Gesellschaft Deutscher Chemiker e. V. (GDCh), der DECHEMA Gesellschaft für Chemische Technik und Biotechnologie

e. V. oder dem Arbeitgeberverband Chemie und verwandte Industrien für das Land Hessen e. V. (HessenChemie) genannt.

Leitlinie 8 – Mensch, Umwelt und biologische Vielfalt sichern. Die Chemie als Wissenschaft der Stoffe spielt eine tragende Rolle beim Verständnis und der Gestaltung stofflicher Transformationsprozesse, die einen wesentlichen Aspekt von Nachhaltigkeit betreffen. Ohne das Wissen um chemische Umsetzungen, Material- und Energiebilanzen ist die Beurteilung einer Ökobilanz beispielsweise nicht möglich. Innerhalb des Fachbereichs sind zwei Institute verortet, die sich mit der Entwicklung und Etablierung von analytischen Methoden beschäftigen, die die Datenerhebung für solche Ökobilanzen erst ermöglichen. Speziell der Schwerpunkt Wasser findet sich in fast allen Analytikprojekten des Institute for Analytical Research (IFAR) wieder. Auf diesem Gebiet besitzt der Fachbereich internationale Kompetenz. So wurden beispielsweise Methoden zur Untersuchung von Mikroplastikpartikeln in Süßwasserproben entwickelt. Weitere Forschungen sollen nun Aufschluss darüber geben, inwieweit Schadstoffe über diese Mikroplastikpartikel in die Nahrungskette gelangen können. Der Fachbereich kooperiert im Rahmen dieses Projekts mit dem Bundesministerium für Bildung und Forschung (BMBF), dem Bundesamt für Materialforschung und -prüfung (BAM) sowie den Universitäten Dresden, Leipzig und Berlin.

Leitlinie 9 – Ressourceneffizienz und Klimaschutz fördern. Die Thematik Material- und Energiebilanzen wird als Schwerpunkt im Modul Angewandte Verfahrenstechnik im Masterstudiengang Wirtschaftschemie gelehrt. Die Studierenden erlernen hier die wesentlichen Grundlagen zur Aufstellung sowie Beurteilung solcher Bilanzen. Darauf aufbauend wurden in den vergangenen Jahren mehrere Masterarbeiten angefertigt, die sich mit diesem Thema beschäftigten. Eine Arbeit befasste sich beispielsweise mit dem Thema nachwachsende Rohstoffe (Wirtschaftliche Bewertung von Bioethanol der zweiten Generation), eine andere in Kooperation mit einem führenden Unternehmen der chemischen Industrie mit dem Thema Ressourceneffizienz in der Wertschöpfungskette (Entwicklung und Evaluierung von Modellen zur quantitativen Beurteilung des Einflusses der Steigerung der Materialeffizienz entlang chemischer Wertschöpfungsketten). Diese Beispiele unterstreichen unserer Einschätzung nach sowohl die Praxisrelevanz der Thematik als auch die ausreichende Qualifizierung des wissenschaftlichen Nachwuchses zur eigenständigen Bearbeitung solcher Aufgabenstellungen.

Leitlinie 12 – Dialog pflegen und Beteiligungsmöglichkeiten fördern. Weiterhin lernen Studierende in Modulen wie Krisenkommunikation oder Chemikalienrecht ausgewählte Aspekte kennen, die an der Schnittstelle von Industrie und Öffentlichkeit speziell in der Chemie wichtig sind. Im Studium werden Studierende durch ein intensives Training (das auch Video-Feedback enthält) von praxiserfahrenen Fachexperten für den Umgang mit Journalisten im sensiblen Thema Krisenkommunikation geschult. Im Bereich Chemikalienrecht wurden, v. a. in Bezug auf die für die Praxis wichtige Chemikalienverordnung REACh (Europäisches Parlament 2006), bereits mehrere studentische Projekte und Abschlussarbeiten durchgeführt, die auch in Form von Publikationen veröffentlicht wurden (Daubenfeld und Dapper 2012; Kröckel et al. 2013; Daubenfeld und Weber 2014). Auch die quantitative Bewertung spezieller sozialer Aspekte wird in Kooperation mit Unternehmen aus der Industrie von Studierenden im Rahmen von Abschlussarbeiten untersucht und entwickelt.

Das Thema CSR, speziell der Aspekt Nachhaltigkeit, spielt für die Chemieindustrie eine zentrale Rolle, wie die Initiative Chemie[3] unterstreicht. Unserem Fachbereich fällt in diesem Zusammenhang als Bildungsdienstleister die Rolle zu, fachlich qualifizierten Nachwuchs für diese Industrie auszubilden. Die vielfältigen und komplexen Aspekte des Themas machen es jedoch notwendig, diese Qualifikation nicht allein durch theoretische Hintergründe, sondern auch und v. a. durch einschlägige praktische Erfahrungen im Kompetenzprofil der Studierenden zu verankern. Um den hohen und steigenden Ansprüchen der chemisch-pharmazeutischen Industrie auch in Zukunft gerecht zu werden, ist die Integration von Themen rund um Nachhaltigkeit in der Lehre daher zentral und unumgänglich. Die Umsetzung dieser Integration im Rahmen von wissenschaftlichen Forschungsprojekten an den Forschungsinstituten der Hochschule bzw. im Rahmen von praxisorientierten Projekten gemeinsam mit Unternehmen der Industrie hat sich in den vergangenen Jahren als zielführend erwiesen und wird auch weiterhin von unserem Fachbereich angeboten werden. Der Betreuungsaufwand für solche Arbeiten ist zwar hoch, aber die Effektivität und Zielorientierung im Sinn des angestrebten Zustands ist unserer Erfahrung nach für die Qualifizierung von Fachkräften für die Chemieindustrie nur auf diesem Weg bestmöglich zu gewährleisten.

3 Fazit

Die Aufgabe von Hochschulen soll es sein, aktiv gesellschaftliche Veränderungsprozesse mitzugestalten und ihre Studierenden auf eine verantwortungsvolle gesellschaftliche Teilhabe vorzubereiten. Obwohl in den letzten Jahren das Thema Nachhaltigkeit an Bedeutung gewonnen hat und das Interesse an diesen Themen bei den Studierenden hoch ist, sind dennoch die Kenntnisse darüber eher gering ausgeprägt. Daher ist es wichtig, CSR- und nachhaltigkeitsbezogene Inhalte verstärkt in die Lehre einzubringen. Jedoch sollte die Integration dieser Themen je nach Fachdisziplin unterschiedlich ausgeprägt sein.

In diesem Beitrag wurden beispielhaft verschiedene Ansätze aus den Fachbereichen Wirtschaft & Medien, Design sowie Chemie & Biologie der Hochschule Fresenius vorgestellt, um die unterschiedlichen Vorgehensweisen zu verdeutlichen. Während im Fachbereich Wirtschaft & Medien CSR- und Nachhaltigkeitsthemen in den letzten Jahren – auch auf Anregung der Studierendenschaft – zunehmend in die Curricula der jeweiligen betriebswirtschaftlichen Verbundstudiengänge integriert wurden, wird in Studiengängen der Fachbereiche Design sowie Chemie & Biologie vorwiegend durch praxisorientierte Projekte und Kooperationen mit Unternehmen die CSR-Thematik anwendungsorientiert vermittelt.

Dabei tragen im Fachbereich Chemie & Biologie v. a. die Forschungsaktivitäten sowie Praxisprojekte mit Unternehmen dazu bei, dass Studierende die Leitlinien der Nachhaltigkeitsinitiative der deutschen Chemie, Chemie[3], nicht nur verstehen und anwenden, sondern auch wissenschaftlich vorantreiben.

Zudem unterstützen studiengangübergreifende Aktivitäten den fachlichen Austausch und dienen der Gewinnung neuer Perspektiven. Dabei ist es eine organisatorische Herausforderung, Studierende unterschiedlicher Disziplinen mit ihren jeweiligen Curricula, Stundenplänen und Schwerpunkten für gemeinsame CSR-Projekte zusammenzubringen. Der Erfolg des Einkaufsführers für nachhaltige Mode BUY GOOD STUFF des Fachbereichs Design zeigt den Mehrwert interdisziplinärer Zusammenarbeit nicht nur für Studierende, sondern auch für zahlreiche externe Stakeholder.

Bei den unterschiedlichen Ansätzen in den Fachbereichen war es immer wichtig, die studentische Perspektive zu integrieren: wie die einzelnen Themen angenommen werden, wie sie in bestehende Wertesysteme und Weltbilder passen oder inwiefern diese auch adressiert werden müssen und welche Herausforderungen bei der Vermittlung von CSR-Ideen zu erwarten sind. Ansätze, Projekte und Anstöße müssen daher sorgfältig ausgewählt und angepasst werden, um die Botschaft von CSR effektiv zu kommunizieren und sowohl Inhalt als auch Methodik müssen als ein Work-in-Progress betrachtet werden.

Für die Zukunft sind einige Schritte vorstellbar, um die CSR-Lehre an allen Fachbereichen noch weiter zu integrieren. Das Angebot an nachhaltigkeitsorientierten Studiengängen und Modulen könnte ausgeweitet werden und die Lehrinhalte werden sich an den sich stetig verändernden Anforderungen der Wirtschaft und Gesellschaft anpassen. Forschungs- und Praxisprojekte, Veranstaltungen und fachlicher Austausch, die auch fachbereichsübergreifend stattfinden, können die bestehenden Aktivitäten ergänzen und vertiefen. Dazu wurde z. B. 2017 die AG Nachhaltige Hochschule Fresenius ins Leben gerufen, die u. a. zum Ziel hat, Nachhaltigkeitsaktivitäten in Lehre, Forschung und Campusbetrieb fachbereichs- und standortübergreifend zu koordinieren. Zudem verpflichtet sich die Hochschule Fresenius freiwillig den PRME-Prinzipien für verantwortungsvolle Managementausbildung. Auch die Studierenden werden weiterhin aufgefordert sein, sich zu engagieren und die Aktivitäten mitzugestalten. Damit möchte die Hochschule Fresenius sicherstellen, dass die CSR-Lehre relevant, zukunftsorientiert und innovativ bleibt.

Literatur

B Lab (o.J.) FAQ for Higher Education and B Corp Certification. https://www.bcorporation.net/sites/default/files/documents/faqs/FAQ_Higher_Education_and_B_Corp_Certification.pdf. Zugegriffen: 15. Mai 2017

Becker L (2014) Ob man den Umgang mit Innovation und Wandel wohl lernen kann? – Ein Erfahrungsbericht. In: Kreklau C, Siegers J (Hrsg) Handbuch der Aus- und Weiterbildung. Wolters Kluwer, Neuwied

Becker L, Sohn G (2016) Utopie-Podcast Reihe „#KönigVonDeutschland" Folge #1 mit Jörg Heynkes. https://soundcloud.com/gsohn/brauchen-wir-eine-utopische-wissenschaft-konigvondeutschland-utopie-podcast-folge-02. Zugegriffen: 19. Mai 2017

Becker L, Sohn G (2017) Utopie-Podcast Reihe „#KönigVonDeutschland" Folge #2 mit Uwe Schneidewind. https://soundcloud.com/gsohn/brauchen-wir-eine-utopische-wissenschaft-konigvondeutschland-utopie-podcast-folge-02. Zugegriffen: 19. Mai 2017

Becker L, Hakensohn H, Witt F (Hrsg) (2012) Unternehmen nachhaltig führen – Führung, Verantwortung und Nachhaltigkeit im Management. Symposion, Düsseldorf

Beschorner T, Hajduk T (2015) Creating Shared Value: Eine Grundsatzkritik. Zeitschrift Für Wirtschafts- und Unternehmensethik (zfwu) 16(2):219–230

Caspers D, Sommer S (2013) Deutschlands Unis ergrünen. In: F.A.Z., Frankfurter Allgemeine Zeitung, 17.01.2013. http://www.faz.net/aktuell/beruf-chance/campus/nachhaltigkeit-an-hochschulen-deutschlands-unis-ergruenen-12021158.html. Zugegriffen: 15. Mai 2017

Chemie[3] (o.J.) Chemie[3]: Die Nachhaltigkeitsinitiative der deutschen Chemie. https://www.chemiehoch3.de/de/home.html. Zugegriffen: 14. Mai 2017

Cornelissen A, Hackspiel-Mikosch E (Hrsg) (2016) BUY GOOD STUFF. Fair fashion guide Köln. AMD Akademie Mode & Design Düsseldorf / FEMNET e. V., Düsseldorf, Bonn

Daubenfeld T, Dapper L (2012) REACh – a toothless tiger? Chemical Watch Monthly Briefing, September 2012 issue, S 5–6

Daubenfeld T, Weber M (2014) In puncto Innovation verfehlt REACh das Ziel. CHEManager 23–24:17

Denby L, Rickards S (2016) An approach to embedding sustainability into undergraduate curriculum: macquarie university, Australia case study. In: Filho WL, Pace P (Hrsg) Teaching education for sustainable development at university level. Springer, Basel, S 9–33

Eagle L, Low D, Case P, Vandommele L (2015) Attitudes of undergraduate business students towards sustainability issues. Int J Sustain High Educ 16(5):650–668

Europäisches Parlament (2006) REACh: registration, evaluation, authorisation and restriction of chemicals, REACh-Verordnung (2006/1907/EU). http://eur-lex.europa.eu/legal-content/DE/TXT/PDF/?uri=CELEX:02006R1907-20140410&from=DE. Zugegriffen: 14. Febr. 2018

Filho WL, Pace P (2016) Teaching education for sustainable development at university level. Springer, Basel

FUGO – Forschungsgruppe Unternehmen und gesellschaftliche Organisation (2017) Unternehmen der Gesellschaft. Interdisziplinäre Beiträge zu einer kritischen Theorie des Unternehmens. Metropolis, Marburg

Gray R (2013) Sustainability and accounting education: the elephant in the classroom. Account Educ 22(4):308–332

de Haan G (2008) Gestaltungskompetenz als Kompetenzkonzept der Bildung für nachhaltigen Entwicklung. In: Bormann I, de Haan G (Hrsg) Kompetenzen der Bildung für nachhaltige Entwicklung. VS, Wiesbaden, S 23–43

Hackspiel-Mikosch E (2017) Campus Talk: Wem gehört die Zukunft in der Mode? Fast Fashion vs. Slow Fashion. https://www.amdnet.de/news/campus-talk-wem-gehoert-die-zukunft-der-mode-fast-fashion-vs-slow-fashion/. Zugegriffen: 17. Mai 2015

Hackspiel-Mikosch E, Köhler I (Hrsg) (2014) BUY GOOD STUFF. Fair fashion guide Düsseldorf. AMD Akademie Mode & Design, Düsseldorf

HRK, DUK (2010) Hochschulen für nachhaltige Entwicklung: Erklärung der Hochschulrektorenkonferenz (HRK) und der Deutschen UNESCO-Kommission (DUK) zur Hochschulbildung für nachhaltige Entwicklung – Ein Beitrag zur UN-Dekade „Bildung für Nachhaltige Entwicklung". In: Deutsche UNESCO-Kommission (Hrsg) Hochschulen für eine nachhaltige Entwicklung: Nachhaltigkeit in Forschung, Lehre und Betrieb, S 38–39 (https://www.hrk.de/uploads/media/Hochschulen_fuer_eine_nachhaltige_Entwicklung_Feb2012.pdf. Zugegriffen: 31. Mai 2017)

Hudspeth T (2016) Hopeful, local, visionary, solutions-oriented, transformative, place-based stories and service-learning as tools for university-level education for sustainable development. In: Fihlo WL, Pace P (Hrsg) Teaching education for sustainable development at university level. Springer, Basel, S 191–203

Jabbour CJC (2010) Greening of business schools: a systematic view. Int J Sustain High Educ 11(1):49–60

Kagawa F (2007) Dissonance in students' perception of sustainable development and sustainability: implications for curriculum change. Int J Sustain High Educ 8(3):317–338

Korhonen J (2002) The dominant social economics paradigm and corporate social responsibility. Corp Soc Responsib Environ Manag 9:67–80

Kröckel M, Radzik A, Schwarz A, Seegmüller M, Daubenfeld T (2013) Untersuchungen zur Praxistauglichkeit von Instrumenten zur Verbesserung des Verbraucherschutzes der Chemikalien-Verordnung REACh aus Verbrauchersicht. J Verbr Lebensm 8(4):281–288

Lautensach A (2013) Shaping the hidden curriculum in education: a strategy towards sustainability. J Teach Educ 2(4):119–129

Leutner P (2014) Ästhetik oder Ethik? Nachhaltiges Design heute. In: AMD Hochschulschriften-Reihe Visuelle Kulturen, Bd. 1. AMD-Verlag, München, S 27–33

van Marrewijk M (2003) Concepts and definitions of CSR and corporate Sustainability: between agency and communion. J Bus Ethics 44(2):95–105

Matten D, Moon J (2004) Corporate social responsibility education in Europe. J Bus Ethics 54:323–337

Porter M, Kramer M (2011) Creating Shared Value. How to re-invent capitalism – and unleash a wave of innovation and growth. Harv Bus Rev 89(1):62–77

Rat für Nachhaltige Entwicklung (2016) Der hochschulspezifische Nachhaltigkeitskodex. http://www.deutscher-nachhaltigkeitskodex.de/fileadmin/user_upload/dnk/dok/160530_HS-DNK_Beta-Version_dt.pdf. Zugegriffen: 15. Mai 2017

Schlösser HJ, Schuhen M (2017) Marktwirtschaft und Unternehmertum in deutschen Schulbüchern. Die Familien Unternehmer, Die Jungen Unternehmer. https://www.junge-unternehmer.eu/fileadmin/familienunternehmer/positionen/bildungspolitik/dateien/famu_jungu_schulbuchstudie_marktwirtschaft.pdf. Zugegriffen: 15. Mai 2017

Schneidewind U, Singer-Brodowski M (2014) Transformative Wissenschaft. Klimawandel im deutschen Wissenschafts- und Hochschulsystem. Metropolis, Marburg

Stubbs W, Cocklin C (2008) Teaching sustainability to business students: shifting mindsets. Int J Sustain High Educ 9(3):206–221

Stubbs W, Schapper J (2011) Two approaches to curriculum development for educating for sustainability and CSR. Int J Sustain High Educ 12(3):259–268

Tilbury D (2009) Education for sustainable development: an expert review of processes and learning. UNESCO. http://unesdoc.unesco.org/images/0019/001914/191442e.pdf. Zugegriffen: 15. Mai 2017

Verband der Chemischen Industrie, IG BGE, Bundesarbeitgeberverband Chemie (2013) Leitlinien zur Nachhaltigkeit für die chemische Industrie in Deutschland. Frankfurt, Hannover und Wiesbaden. https://www.vci.de/vci/downloads-vci/publikation/leitlinien-nachhaltigkeit.pdf. Zugegriffen: 14. Febr. 2018

Winter J, Cotton D (2012) Making the hidden curriculum visible: sustainability literacy in higher education. Environ Educ Res 18(6):783–796

Prof. Dr. Lutz Becker ist Professor und Studiendekan im Masterstudiengang „Sustainable Marketing & Leadership" am Fachbereich Wirtschaft & Medien der Hochschule Fresenius in Köln. Er studierte nach seiner Tätigkeit in der Werbung Gestaltungstechnik, Germanistik und Wirtschaftswissenschaft an der Bergischen Universität Wuppertal, wo er später auch nebenberuflich promovierte. Er war in nationalen und internationalen Marketing- und Vertriebsfunktionen, in der internationalen Managementberatung sowie als Geschäftsführer eines Softwareunternehmens tätig. Er lehrte an verschiedenen Hochschulen im In- und Ausland und ist außerdem Herausgeber und Autor zahlreicher Buch- und Zeitschriftenveröffentlichungen zu Technologie- und Managementfragen.

Prof. Dr. Thorsten Daubenfeld, Dekan des Fachbereichs Chemie & Biologie der Hochschule Fresenius, 1998–2003 Studium der Chemie in Kaiserslautern, 2003–2006 Doktorarbeit an der Ecole Polytechnique (Palaiseau, Frankreich) mit Schwerpunkt Bioanalytik, 2006–2010 Consultant bei The Boston Consulting Group (BCG), seit 2010 Dozent für Physikalische Chemie, Studiendekan für Wirtschaftschemie (seit 2011) und Dekan des Fachbereichs Chemie & Biologie (seit 2017).

Prof. Dr. Elisabeth Hackspiel-Mikosch lehrt seit 2009 Modegeschichte und Modetheorie an der AMD Akademie Mode & Design, Fachbereich Design der Hochschule Fresenius, Standort Düsseldorf. Das spannungsreiche Verhältnis von Mode und Ethik bildet einen festen Bestandteil ihrer Lehre.

Svetlana Harms ist seit 2011 Studiengangsleiterin des Bachelorstudiengangs Tourismus-, Hotel- und Eventmanagement am Fachbereich Wirtschaft & Medien der Hochschule Fresenius in Köln. Sie studierte International Management (BBA, MBA) an der Universität Flensburg und ist Dozentin für Nachhaltigen Tourismus und Internationale Zusammenarbeit.

Amit Ray ist seit 2013 Dozent für CSR und Wirtschaftsethik an der International Business School des Fachbereichs Wirtschaft & Medien der Hochschule Fresenius in Köln. Seine Masterabschlüsse sind in Elektrotechnik & Informatik (University College London, U.K.) und Social Responsibility & Sustainability (Aston Business School, U.K.).

Universitäten als Katalysatoren eines nachhaltigen Wandels am Beispiel der Universität Graz

Rupert J. Baumgartner

1 Einleitung

Eine zentrale Herausforderung unserer Gesellschaften besteht darin, allen Menschen heute und in Zukunft ein menschenwürdiges Leben innerhalb der Grenzen der ökologischen Tragfähigkeit zu ermöglichen. Diese Herausforderung regte zu intensiven politischen, gesellschaftlichen und wissenschaftlichen Diskussionen an und führte von den ersten internationalen Umweltkonferenzen (z. B. Stockholm 1972) über die Nachhaltigkeitsdefinition der Brundtland-Kommission (World Commission on Environment and Development 1987), den UN-Nachhaltigkeitsgipfeln in Rio de Janeiro und Johannesburg, den Millenium Development Goals bis hin zur Inkraftsetzung der UN Sustainable Development Goals (SDG) am 1. Januar 2016 (United Nations 2016). Diese umfassen 17 zentrale Zielsetzungen, die bis 2030 global erreicht werden sollen und deren Realisierung bzw. zumindest eine Trendumkehr in Richtung ihrer Realisierung vielfältige Veränderungen in Politik, Gesellschaft und Wirtschaft erfordern wird. Vor diesem Hintergrund stellt sich die Frage, welche Rolle den Universitäten in einer solchen Transformation zu einer nachhaltigen Gesellschaft zukommt. Dieser Frage wird in diesem Beitrag am Beispiel der Universität Graz nachgegangen.

2 Universitäten im Kontext der nachhaltigen Entwicklung

Universitäten haben in der Tradition Humboldts das Ziel, Forschung und Lehre als Einheit zu sehen und diese daher gemeinsam und eng verzahnt anzubieten und damit durch die Erarbeitung neuer Forschungserkenntnisse und durch die Bildung der Studierenden

R. J. Baumgartner (✉)
Universität Graz
Graz, Österreich
E-Mail: rupert.baumgartner@uni-graz.at

einen positiven Beitrag zur gesellschaftlichen Entwicklung zu leisten. Das Schlagwort der forschungsgeleiteten Lehre verdeutlicht den Anspruch, diese enge Verbindung zwischen diesen beiden Hauptbereichen zu realisieren. Darüber hinaus sehen Universitäten im modernen Verständnis von Wissenschaft und Forschung ihre Verantwortung auch darin, sich in den gesellschaftlichen Diskurs einzubringen und ihre Gestaltungskompetenz wahrzunehmen und damit den universitären Elfenbeinturm zumindest teilweise[1] zu verlassen. Universitäten bieten Zukunftsräume und Zukunftslabore an, setzen sich mit komplexen und herausfordernden Themenstellungen auseinander und sind Einrichtungen, an denen gelehrt, geforscht, zum Handeln befähigt und von denen selbst gehandelt wird (Goppel 2017). Im Sinn von Pestalozzi (Bacher 2012) sollten Universitäten Orte sein, in denen Hirn mit Herz und Handeln verknüpft wird, um Wissen und Erkenntnisse zu gewinnen und Gestaltungskompetenz auszuüben, um also wissenschaftliche Exzellenz mit praktischer Relevanz („rigour and relevance") zu verknüpfen (Baumgartner 2011).

Das Thema nachhaltige Entwicklung bzw. Nachhaltigkeit ist von besonderer Relevanz für Universitäten, denn gerade hier sind sowohl die Kompetenzen einer Universität im Bereich Lehre und Forschung als auch deren Gestaltungskompetenz besonders gefragt. Es geht darum zu verstehen, wie einerseits Nachhaltigkeit in einem bestimmten Kontext beschrieben werden kann und andererseits, welche Handlungen unterschiedlicher Akteure sich positiv oder negativ auf die Zielsetzungen einer nachhaltigen Entwicklung auswirken. Neben dem Aspekt, welche Themen aus Sicht einer nachhaltigen Entwicklung durch eine Universität bearbeitet werden sollen, wobei hierzu die 17 SGD einen inhaltlichen Rahmen bilden, geht es auch darum, wie eine Universität ihre Aufgaben im Bereich Lehre, Forschung und (Wissens-)Transfer durchführt. Gelingt es beispielsweise im Rahmen der Lehre, Studierende durch die Vermittlung wissenschaftlicher Erkenntnisse, Methoden und Fähigkeiten zu befähigen, an der Lösung gesellschaftlicher und wissenschaftlicher Herausforderungen – gerade hinsichtlich des Themas nachhaltige Entwicklung – mitzuwirken? Es geht insbesondere darum, dass sich Universitäten, aber insbesondere deren AbsolventInnen, in den gesellschaftlichen Diskurs zu Nachhaltigkeitsfragen einbringen und sich in Realisierungsprozesse aktiv einbringen bzw. einbringen können. Die Komplexität des Themas nachhaltige Entwicklung erfordert insbesondere kritisches Denken von Lehrenden und Studierenden und die Fähigkeit, nachhaltigkeitsbezogene Werte zu vertreten, wozu neue Lehr-und Lernformen notwendig sind (Adler 2016). Dies kann nur durch eine inter- und transdisziplinäre Bearbeitung dieses Themas (Posch und Steiner 2006) erreicht werden, denn Nachhaltigkeit stellt ein pluralistisches und im jeweiligen Kontext zu konkretisierendes Konzept dar.[2]

---

[1] Es gibt hier zwischen Disziplinen und Fächern durchaus Unterschiede in der Wahrnehmung des Ausmaßes dieser Gestaltungskompetenz.
[2] Dennoch können generelle Nachhaltigkeitsprinzipien, wie beispielsweise im Framework for Strategic Sustainable Development (Broman und Robèrt 2017) definiert, für sich Gültigkeit beanspruchen.

3 Nachhaltige Entwicklung als Herausforderung und Chance für die Universität Graz

3.1 Die Universität Graz im Überblick

Die Universität Graz ist die zweitälteste Universität Österreichs und wurde 1585 gegründet. Sie ist in sechs Fakultäten mit insgesamt 76 Instituten untergliedert, beschäftigt 4300 Mitarbeiter in Forschung, Lehre und Administration und betreut 32.500 Studierende. Den Studierenden stehen mehr als 120 Bachelor-, Master-, Diplom- und Doktoratsstudien zur Auswahl, jährlich schließen etwa 3500 Studierende ihr Studium ab, davon entfallen knapp 200 auf Doktoratsabschlüsse und das Budget beträgt rund 216 Mio. Euro im Jahr. Die jahrzehntelangen Kooperationen mit Partnerinstitutionen aus südosteuropäischen Ländern haben nicht nur zur Errichtung des gesamtuniversitären Schwerpunkts Südosteuropa geführt, sondern garantieren dafür, dass die Universität Graz ihre zentrale Rolle nach Südosteuropa hin ständig weiter ausbaut. Eine Besonderheit der Universität sind die interdisziplinären Partnerschaften mit der Technischen Universität Graz im Bereich Naturwissenschaften (NAWI-Graz) sowie mit der Technischen Universität Graz und der Medizinischen Universität Graz in den Fachbereichen Humantechnologie, Medizin, Pharmazie und Psychologie (BioTechMed-Graz; Universität Graz 2017a) Die größte Veränderung in den letzten 20 Jahren war die Implementierung des Universitätsgesetzes 2002, das u. a. am 01. Oktober 2002 zur Ausgliederung der medizinischen Fakultät als eigene medizinische Universität führte. Durch dieses Gesetz erlangten die Universitäten eine Autonomie in ihrem Wirkungsbereich, wobei das durch den Bund bereitgestellte Budget sowie die erwarteten Leistungen mit dem für Wissenschaft zuständigen Bundesministerium in sog. Leistungsvereinbarungen für einen dreijährigen Zeitraum festgelegt werden. Diese Autonomie beinhaltet für Universitäten u. a. das Recht, die innere Organisationsstruktur festzulegen und Studienrichtungen selbstständig einzurichten. Im Zuge der strategischen Weiterentwicklung der Universität nach Erlangung der Autonomie und der erfolgten Ausgliederung der medizinischen Fakultät wurde die Fakultät für Umwelt-, Regional- und Bildungswissenschaften im Jahr 2007 gegründet. Diese Fakultät umfasst die Wissenschaftszweige Sport, Geographie, Erziehungswissenschaften und Umweltsystemwissenschaften; ihrem Selbstverständnis nach beschäftigt sich diese neue Fakultät mit großen gesellschaftlichen Herausforderungen („grand challenges"). Zudem wurde im Wissenschaftszweig Umweltsystemwissenschaften im Jahr 2007 das Institut für Systemwissenschaften, Innovations- und Nachhaltigkeitsforschung gegründet.

3.2 Verankerung in Organisation und Strategie

Das Thema Nachhaltigkeit spielt für die Universität Graz eine wichtige Rolle und ist in den Bereichen Universitätsmanagement, Lehre und Forschung integriert. Das folgende Statement beschreibt dazu das Selbstverständnis und die grundlegende Zielsetzung:

„Die Universität Graz bekennt sich zum Prinzip der Nachhaltigkeit sowie zum verantwortungsvollen Umgang miteinander und mit unseren natürlichen Ressourcen; sie will damit eine Vorbildfunktion für eine auf Dauer zukunftsfähige und lebenswerte Gesellschaft wahrnehmen. Bei allen wesentlichen Entscheidungen sollen in Zukunft die Aspekte der Nachhaltigkeit verstärkt mitbedacht werden. Die Plattform der vier Grazer Universitäten (sustainability4U) wird weiterhin die Aktivitäten im Bereich Nachhaltigkeit koordinierend unterstützen und Impulse in Forschung und öffentlichem Diskurs (z. B. Ringvorlesung Nachhaltigkeit) setzen. Darüber hinaus beteiligt sich die Universität Graz an der überregionalen Allianz der Nachhaltigen Universität" (Universität Graz 2017b).

Organisatorisch koordiniert das Thema Nachhaltigkeit der für Finanzen, Ressourcen und Standortentwicklung zuständige Vizerektor der Universität. Dieser bedient sich dazu eines sog. Nachhaltigkeitsbeirats, dem Mitglieder aller Fakultäten sowie der Direktor für Ressourcen und Planung angehören. Letztgenannter verantwortet auch die Umwelt- und Nachhaltigkeitsthemen im Bereich der Betriebsökologie. Hier wurde ein Umweltmanagementsystem nach Eco-Management and Audit Scheme (EMAS) eingeführt und für die gesamte Universität im Jahr 2016 validiert (Universität Graz 2017c). Es wird jährlich ein Nachhaltigkeitstag, der sich an Bedienstete und Studierende richtet, veranstaltet, um aktuelle Nachhaltigkeitsthemen zu kommunizieren und zur Bewusstseinsbildung beizutragen (Universität Graz 2017d). Im Rahmen von zwei Lehrveranstaltungen wurde ein Leitfaden zur umweltorientierten Bürogestaltung und -nutzung, der sog. Green Office Leitfaden, erstellt und den Bediensteten zugänglich gemacht (Universität Graz 2017e).

Die Universität Graz ist zudem in nachhaltigkeitsbezogenen Netzwerken am Standort Graz (sustainability4u) und in Österreich im Rahmen der Allianz Nachhaltiger Universitäten bzw. im Climate Change Center Austria aktiv. Bei sustainability4u (Universität Graz 2017f) kooperieren die Technische Universität Graz, die Medizinische Universität Graz, die Kunstuniversität Graz sowie die Universität Graz und bieten insbesondere eine jährliche universitätsübergreifende Ringvorlesung zu aktuellen Nachhaltigkeitsthemen an; im Sommersemester 2017 beispielsweise zum Thema Diktatur des Populismus oder im Sommersemester 2018 zum Thema „Mit 17 die Welt retten – Die Sustainable Development Goals zwischen Utopie und Realität". In der Allianz nachhaltiger Universitäten (Allianz Nachhaltige Universitäten in Österreich 2017) koordinieren elf österreichische Universitäten ihre Nachhaltigkeitsaktivitäten, veranstalten themenbezogene Dialogkonferenzen zur Vernetzung zwischen Wissenschaft und Gesellschaft und bearbeiten in sechs Arbeitsgruppen aktuelle Themen von Mobilität bis hin zur CO_2-neutralen Universität. Das Climate Change Centre Austria (CCCA) ist ein von den wichtigsten Forschungsinstitutionen Österreichs getragenes Forschungsnetzwerk, das sowohl die Klima- und Klimafolgenforschung vernetzt und stärkt, als auch Gesellschaft und Politik wissenschaftlich fundiert über klimarelevante Themen informiert und allenfalls berät (CCCA 2017). Zudem wurden durch die Universität Graz in den Jahren 2005, 2008 und 2011/12 Nachhaltigkeitsberichte und im Jahr 2011 ein Klimaschutzbericht publiziert (Universität Graz 2017g). Aktuell wird die umweltbezogene Berichterstattung im Rahmen des EMAS-Umweltmanagements fortgeführt. Schließlich wurde in den letzten Jahren ein Mobilitätskonzept entwickelt, das

Bediensteten Anreize zum Umstieg auf das Fahrrad bzw. auf den öffentlichen Verkehr bietet, falls diese im Gegenzug auf einen kostenpflichtigen Parkplatz verzichten.

Im Bereich der Forschung und Lehre beschäftigen sich mehrere Institute und Einheiten gerade der Umwelt-, Regional- und Bildungswissenschaftlichen Fakultät mit dem Thema Nachhaltigkeit, insbesondere das Institut für Systemwissenschaften, Innovations- und Nachhaltigkeitsforschung, das Wegener Center für Klima und globalen Wandel, das Institut für Geographie und Raumforschung sowie das als fakultäres Zentrum geführte Regional Centre of Expertise on Education for Sustainable Development Graz-Styria.

3.3 Das Thema nachhaltige Entwicklung in der Lehre

Die Studienrichtung Umweltsystemwissenschaften (USW), die als Bachelor-, Master- und Doktoratsstudium angeboten wird, stellt das Herzstück der nachhaltigkeitsbezogenen Lehre der Universität Graz dar. Das besondere des USW-Studiums liegt neben der inhaltlichen Konzeption in seiner geschichtlichen Entwicklung, denn es basiert auf einer gemeinsamen Initiative engagierter Lehrender und Studierender in den frühen 1990er-Jahren. Gemäß den damalig gültigen universitätsrechtlichen Bestimmungen wäre eine neue Studienrichtung zentral durch das österreichische Wissenschaftsministerium zu genehmigen gewesen. Allerdings gab es die Möglichkeit, dass Studierende ein individuelles Studium (Studium irregulare) beantragen und durch das Wissenschaftsministerium individuell genehmigen lassen. Diese Möglichkeit wurde durch interessierte Studierende mit Unterstützung engagierter Lehrender ab 1991 genutzt, um ein Studium der Umweltsystemwissenschaften in den Studienzweigen Betriebswirtschaft, Volkswirtschaft, Chemie, Physik oder Geographie zu beginnen. Bereits 1996 gab es etwa 300 Studierende und eine informelle Studienrichtungsvertretung namens USW-Interessensgemeinschaft. Diese bottom-up-getriebene Entwicklung der Studienrichtung gipfelte schließlich – nach Erreichung der Autonomie und dem damit verbundenen Recht der Universitäten, selbstständig neue Studienrichtungen einzurichten – in der Einrichtung eines offiziellen Studiums der Umweltsystemwissenschaften an der Universität Graz mit Wintersemester 2002/03.

Die Grundidee des Studiums Umweltsystemwissenschaften ist es, auf Basis eines fundierten mathematischen und systemwissenschaftlichen Unterbaus sich in einer Fachdisziplin aus einer Umwelt- und Nachhaltigkeitsperspektive heraus zu vertiefen. Derzeit kann zwischen vier Fachschwerpunkten, nämlich Betriebswirtschaftslehre, Volkswirtschaftslehre, Geographie sowie Naturwissenschaften-Technologie gewählt werden, wobei Naturwissenschaften-Technologie (USW-NawiTech) gemeinsam mit der Technischen Universität Graz angeboten wird. Ein wesentliches Merkmal des Studiums ist der hohe Grad an Wahlmöglichkeiten in Form eines freien und eines interdisziplinären Wahlfachs. Zudem wird im Bachelor- und im Masterstudium eine besondere Lehrveranstaltung, das sog. interdisziplinäre Praktikum (IP) angeboten. Dieses ist dadurch charakterisiert, dass ein Team von Studierenden aller vier Fachschwerpunkte eine fachübergreifende nachhaltigkeitsbezogene Themenstellung mit Unterstützung eines Lehrendenteams aus unterschiedlichen

Fachbereichen bearbeitet. Im Bachelorstudium ist dieses IP darauf angelegt, die Methodenkompetenz der Studierenden durch Anwendung systemwissenschaftlicher und fachspezifischer Methoden zu stärken; im Masterstudium ist ein IP klar forschungsorientiert. Die jeweils in einem Studienjahr angebotenen IP werden durch die Curriculakommission genehmigt, die insbesondere auf eine inter- und wenn möglich transdisziplinäre Ausrichtung eines IP bei einer starken Studierendenzentrierung Wert legt. Ziel ist es, dass die Studierenden selbst ein IP konzipieren und ein engagiertes Lehrendenteam zur Mitarbeit motivieren.

Weiterhin werden durch das Institut für Systemwissenschaften, Innovations- und Nachhaltigkeitsforschung zwei Joint-Master-Degree-Studien koordiniert. Das Masterstudium Sustainable Development wurde im Jahr 2008 eingerichtet und wird gemeinsam mit sechs Partneruniversitäten, der Universiät Ca'Foscari in Venedig (Italien), der Universität Leipzig (Deutschland), der Universität Utrecht (Niederlande), der Universität Basel (Schweiz) und der Universität Hiroshima (Japan; die letzten beiden als sog. Mobilitätspartner) betrieben. Dieses Masterstudium bietet einen Rahmen für Studierende, sich den Themen der Nachhaltigkeit von einer inter- und transdisziplinären Perspektive aus zu nähern und die dabei erworbenen Kompetenzen auf Fragestellungen einer nachhaltigen Entwicklung und auf die damit verbundenen Bedürfnisse und Möglichkeiten des gesellschaftlichen Wandels anzuwenden. Das Studium vereint die Stärken und Spezialisierungen in Lehre und Spitzenforschung von sechs Universitäten und ermöglicht den Studierenden somit ein Studium, das in den Ländern der Konsortiumspartner anerkannt wird (Universität Graz und Isis 2017a). Der Erasmus-Mundus-Masterstudiengang Industrial Ecology wurde als zweijähriges Studium mit 120 ECTS ab dem Studienjahr 2011/12 eingerichtet. Das Studium bietet eine einzigartige Ausbildung in Industrial Ecology (IE) für 15 Drittstaaten- sowie zehn EU-Studierende an, die an zwei bzw. drei Universitäten des MIND-Konsortiums studieren können, das aus sieben Institutionen besteht:

- Universität Graz (als Koordinator),
- Technische Universität Chalmers (Göteborg/Schweden),
- Universität Leiden (Niederlande),
- Technische Universität Delft (Niederlande),
- Waseda Universität (Tokio/Japan),
- Asian Institute of Technology (Pathumthani/Thailand) und
- Rochester Institute of Technology (USA).

Diese sieben Universitäten verfügen über eine international anerkannte IE-Expertise, sowohl in der Lehre als auch in der Forschung. Das MIND-Studium kombiniert das Knowhow und die Erfahrung anerkannter universitärer IE-Institutionen inner- und außerhalb Europas. MIND ist das erste Masterstudium, das – abhängig von der Wahl seiner Studierenden – entweder zu einem doppelten Studienabschluss („double degree", Abschlusszeugnis von zwei Universitäten) oder sogar zu einem gemeinsamen Studienabschluss („joint degree", ein Abschlusszeugnis von allen beteiligten EU-Universitäten) führt. Darüber hinaus haben die MIND-Studierenden die Möglichkeit, ein Mobilitätssemester außerhalb Europas (Japan, Thailand oder USA) zu absolvieren (Universität Graz und Isis 2017b).

Neben den schon vom Namen her auf Nachhaltigkeit ausgerichteten Umweltsystemwissenschaften befasst sich auch das Masterstudium Global Studies mit nachhaltigkeitsrelevanten Inhalten. Der Fokus liegt insbesondere auf Entwicklungsfragen und damit auf den SDG 1 (Armut), 2 (Hunger) und 10 (Gleichstellung). Das Masterstudium ist interfakultär und interdisziplinär angelegt. Nach einem gemeinsamen Basisteil, der sich mit Grundfragen von Globalisierung, Entwicklungspolitik, aber auch internationalen Institutionen sowie Fragen von Umweltmanagement und „diversity" befasst, vertiefen die Studierenden ihre Kenntnisse in den Bereichen Wirtschaft und Umwelt, Recht und Politik oder Kultur und Gesellschaft bzw. Ethik. In allen Vertiefungen spielen v. a. die sozialen Aspekte der Nachhaltigkeit eine besondere Rolle. Soziales Engagement fördern sollen auch die 400 Stunden Praxis, die seit der letzten Studienplanänderung teilweise durch ein interdisziplinäres Praktikum (IP) ersetzt werden können, in dem entwicklungsrelevante Inhalte in Form von Service-Learning (für die, mit der und durch die Gesellschaft) erarbeitet werden. Im Sommersemester 2017 fand dazu das Prototyp-IP Das Globale T-Shirt statt, in dem die Studierenden einen Blog zu Inhalten über den Lifecycle von Textilien erstellten, selbst ein T-Shirt designten und bedruckten, in Nichtregierungsorganisationen (NGO), etwa bei der Textilsortierung, mitarbeiteten und schließlich ein von 500 Besuchern frequentiertes Fair-Fashion-Fest mit Kleidertausch organisierten. Die hier trainierten Kompetenzen (Social-Media-Arbeit, Organisation von Veranstaltungen, Recherche von Sekundärinformationen, Kooperation mit NGO etc.) sind essenziell für die Absolventinnen und Absolventen, die ihre berufliche Stellung oftmals im Bereich von NGO, internationalen Organisationen und der einschlägigen öffentlichen Verwaltung finden.

Schließlich gibt es noch die Möglichkeit, ein interdisziplinäres oder ein naturwissenschaftliches Doktoratsstudium in der Doktoratsschule Umweltsystemwissenschaften zu absolvieren. Eine besondere Bedeutung hat für die Universität Graz das durch den österreichischen Wissenschaftsfonds (FWF) geförderte Doktoratskolleg Climate Change – Uncertainties, Thresholds and Coping Strategies. In diesem Programm kooperieren Kollegen aus vier Fakultäten, um interdisziplinäre Doktoratsprojekte zum Thema Klimawandel aus den Perspektiven der Naturwissenschaften, der Wirtschaftswissenschaften, der Philosophie und den System- bzw. Nachhaltigkeitswissenschaften zu bearbeiten (Universität Graz 2017h).

Die Thematik der nachhaltigen Entwicklung wird aber nicht nur in diesen spezifisch darauf ausgerichteten Studien intensiv behandelt, sondern findet sich auch in vielen weiteren Lehrveranstaltungen der Universität Graz wider. Der Nachhaltigkeitsbeirat der Universität bemüht sich derzeit darum, hier einen Gesamtüberblick geben zu können. Eine erste Textanalyse aus dem Verzeichnis aller Lehrveranstaltungen zeigt, dass es insgesamt mehr als 300 einzelne Lehrveranstaltung sind, in denen das Thema nachhaltige Entwicklung zumindest in einem spezifischen Aspekt behandelt wird.

3.4 Das Thema nachhaltige Entwicklung in der Forschung

Im Bereich der Forschung befassen sich insbesondere das Institut für Systemwissenschaften, Innovations- und Nachhaltigkeitsforschung, das Wegener Center für Klima und globalen Wandel und das Institut für Geographie inklusive dem Regional Centre of Expertise Graz-Styria (RCE) mit Nachhaltigkeitsfragen. Insgesamt hat die Universität Graz sieben Forschungsschwerpunkte definiert; einer dieser Forschungsschwerpunkte hat das Thema Umwelt und globalen Wandel als Thema (Universität Graz 2017i). Im Fokus stehen die Erforschung und Überwachung des Klima- und Umweltwandels und seiner Auswirkungen, die Analyse der Rolle des Menschen sowie das Aufzeigen von Wegen zu nachhaltiger, ethisch vertretbarer und legitimer Entwicklung und Innovation. Primäre Schwerpunktregion ist Österreich, eingebettet in europäisch und global orientierte Forschung sowie allgemeine Grundlagenforschung zu Umweltsystemen. Im Schwerpunkt arbeiten 23 Forschungsgruppen aus fünf Fakultäten zusammen. Sie kommen aus den Fachgebieten der Klima- und Umweltphysik, Meteorologie, Umweltchemie, Hydrogeologie, Umweltbiologie, Ökologie und Evolutionsforschung, Umweltökonomik, Umweltsoziologie und -psychologie, Geographie, Systemwissenschaften und Nachhaltigkeitsforschung, Umweltethik und Umweltrecht. Ein internationales Alleinstellungsmerkmal stellt das WegenerNet dar, ein rasterförmig angelegtes Netz von über 150 meteorologischen Stationen, das einmalige Analysemöglichkeiten zum Mikro- und Mesoklima bietet. Weitere Infrastruktur, die ein Monitoring von meteorologisch-hydrologischen Prozessen und Sedimentströmen in alpinen Gebieten ermöglicht, ist in den Hohen Tauern, im Schöttlbachtal (Niedere Tauern) und im Johnsbachtal (Gesäuse) konzentriert (Lackner und Steininger 2017, S. 62). Das vom FWF geförderte Doktoratskolleg (DK) Klimawandel (Climate Change – Uncertainties, Thresholds and Coping Strategies, Laufzeit 2014 bis 2022) beschäftigt sich mit Fragestellungen zum anthropogenen Klimawandel und fügt sich somit ausgezeichnet in den Forschungsschwerpunkt Umwelt und Globaler Wandel der Uni Graz ein. Im Zentrum der Forschung und der Dissertationsprojekte stehen drei Themenkomplexe, die den aktuellen Diskurs in der Klimaforschung aufgreifen und unter folgenden Schlagwörtern auch im Titel des DK geführt werden (Lackner und Steininger 2017, S. 63):

- Unsicherheiten: Längerfristige Entwicklungen, mögliche Folgen und Strategien zum Umgang mit dem Klimawandel sind von großen Unsicherheiten geprägt. Ziel des DK ist es, ein besseres Verständnis dieser Unsicherheiten zu erreichen, sowohl aus Sicht der Naturwissenschaften, der Sozialwissenschaften als auch aus der Perspektive normativer Theorie.
- Schwellenwerte: Diese werden als jene kritischen Punkte verstanden, an denen eine kleine Änderung im System ausreicht, um eine qualitative Änderung im selben oder in anderen Systemen zu bewirken. Die Forschung im DK trägt dazu bei, jene Schwellenwerte (oder Kipppunkte) zu finden, die die Funktion von ökologischen, sozialen und wirtschaftlichen Systemen gefährden und deren Überschreitung mit hoher Wahrscheinlichkeit gefährlichen Klimawandel nach sich zieht.

- Anpassungsstrategien: Zur Reaktion auf Folgen des Klimawandels sind wissenschaftlich fundierte, technologisch und institutionell machbare, wirtschaftlich effiziente und ethisch vertretbare Strategien gefragt. Erkenntnisse aus der Beschäftigung mit Unsicherheiten und Schwellenwerten im DK fließen in die Entwicklung und Bewertung von möglichen Strategien zur Bewältigung des Klimawandels ein.

Als Beispiel für die Berücksichtigung von Nachhaltigkeitsthemen werden in diesem Beitrag die Forschungsaktivitäten des Instituts für Systemwissenschaften, Innovations- und Nachhaltigkeitsforschung detaillierter dargestellt. Wesentliches Ziel dieser Forschungsaktivitäten ist es, zu verstehen, ob Regionen und Organisationen nachhaltig sind bzw. wie diese nachhaltiger gestaltet werden können; dazu werden die drei Bereiche Systemwissenschaften, Innovationsforschung und Nachhaltigkeitsforschung kombiniert. Die Systemwissenschaften beschäftigen sich mit der Modellierung und der Beurteilung von Systemen, um ein besseres Verständnis für die unterschiedlichen Typen von Mensch-Umwelt-Systemen zu gewinnen. Dieser Bereich beschäftigt sich insbesondere mit der Methodenentwicklung und verbessert computerbasierte (Multiagenten-)Simulationen von Systemen, im Speziellen von komplexen adaptiven Systemen. Technische, soziale und organisationale Innovationen auf verschiedenen Ebenen sind ein wesentliches Element für den Wandel hin zu einer nachhaltigen Entwicklung. Eine Aufgabe des Instituts ist es daher, einen Einblick in Innovationsprozesse zur Gestaltung von neuen Produkten, Services und Technologien zu bekommen, aber auch die Wandlungsprozesse der Gesellschaft in Richtung Nachhaltigkeit am Beispiel von Organisationen und Sektoren wie z. B. dem Energiesektor nicht außer Acht zu lassen. Dafür ist es notwendig, ein Verständnis für menschliche Entscheidungsfindung und Entscheidungsprozesse zu erlangen. Basierend auf diesen Überlegungen können inter- und transdisziplinäre Konzepte zur Unterstützung von Entscheidungen in Richtung Nachhaltigkeit entwickelt und nachhaltigkeitsorientierte Transitions-, Innovations- und Adaptationsprozesse in Mensch-Umwelt-Systemen in Gang gesetzt werden. Im Bereich Nachhaltigkeitsmanagement steht die Frage im Mittelpunkt, wie Organisationen Nachhaltigkeitsthemen in ihre Strategien, Abläufe und Aktivitäten integrieren können. Thematisch werden nachhaltige Unternehmensstrategien, nachhaltige Geschäftsmodelle, Sustainable-open-Innovation, Nachhaltigkeitsbewertungen von Unternehmen und von Produkten, nachhaltiges Produktmanagement und Sustainable-Supply-Chain-Management sowie nachhaltige Produktentwicklungen bearbeitet (Universität Graz und Isis 2017c). Weiterhin ist das Institut auch stark im Bereich des Wissenstransfers und der internationalen Kooperationen engagiert, ein Beispiel dazu ist die Organisation einer internationalen Konferenz zum Thema nachhaltige Geschäftsmodelle (New Business Models; Universität Graz 2017j).

4 Zusammenfassung

Ziel dieses Beitrags war es, anhand eines Fallbeispiels aufzuzeigen, wie das Thema nachhaltige Entwicklung in einer großen Universität aufgegriffen und in die Organisation sowie Lehr- und Forschungsaktivitäten integriert werden kann. Die Universität Graz stellt hierzu ein sehr anschauliches und interessantes Beispiel, insbesondere aufgrund ihrer Größe (sechs Fakultäten, 4300 Mitarbeiter und mehr als 32.000 Studierende), dar. Wie aufgezeigt wurde, ist Nachhaltigkeit mittlerweile ein sehr bedeutendes Thema für die Universität Graz und wird in vielfältiger Weise in der Strategie und in den Aktivitäten in den Bereichen Universitätsmanagement, Forschung und Lehre berücksichtigt. In dieser Hinsicht ist Nachhaltigkeit ein profilbildendes Element mit starkem Rückhalt in der Universitätsleitung (Rektorat, Universitätsrat) und es ist auch ein sehr prägendes Element im Selbstverständnis der jüngsten Fakultät, jener für Umwelt-, Regional- und Bildungswissenschaften. Dieser insgesamt aus Nachhaltigkeitssicht positive Status ist das Ergebnis einer über 20-jährigen Entwicklung, die sehr stark bottom-up-getrieben war[3] und dem Engagement von Studierenden und Lehrenden zu verdanken ist. Zu einem dauerhaften Erfolg konnten diese Bottom-up-Aktivitäten deswegen geführt werden, weil die Universitätsleitung die strategische Bedeutung des Themas nachhaltige Entwicklung erkannt hatte und die sich bietenden Möglichkeiten nach Erlangung der Autonomie zielgerichtet genutzt wurden. In dieser Hinsicht sind auch Lerneffekte für andere Universitäten und Hochschulen zu sehen, die gerade darin liegen, einen für die jeweilige Organisation passenden Mix zwischen strategischer Planung und Rückhalt durch die Universitätsleitung mit dem Engagement und Initiativen von Forschenden, Lehrenden und Studierenden zu kombinieren.

Literatur

Adler PS (2016) Our teaching mission. Acad Manag Rev 41(2):185–195
Allianz Nachhaltige Universitäten in Österreich (2017) Allianz Nachhaltige Universitäten in Österreich. http://nachhaltigeuniversitaeten.at. Zugegriffen: 4. Juli 2017
Bacher M (2012) Kopf, Herz und Hand? – Ja klar, aber… Bündner Schulbl 2012/2:4–5
Baumgartner RJ (2011) Critical perspectives of sustainable development research and practice. J Clean Prod 19(8):783–786
Broman G, Robèrt K-H (2017) Framework for strategic sustainable development. J Clean Prod 140(1):17–31
CCCA, Climate Change Centre Austria (2017) Startseite. http://ccca.ac.at. Zugegriffen: 23. Juni 2017
Goppel C (2017) Bildung für nachhaltige Entwicklung: Herausforderung für Hochschulen in Bayern. Vortrag bei: Nachhaltigkeit an Hochschulen im binationalen Vergleich – Potentiale und Synergien einer grenzüberschreitenden Kooperation – Erstes grenzüberschreitendes Treffen der „Allianz Nachhaltige Universitäten in Österreich" und des „Netzwerk Hochschule und Nachhaltigkeit Bayern", Innsbruck, 29.–30.06.2017

---

[3] S. Abschn. 3.3 über die Einführung der Studienrichtung Umweltsystemwissenschaften.

Lackner BL, Steininger KW (2017) Umwelt- und Klimaforschung an der Universität Graz. GAIA – Ecol Perspect Sci Soc 26(1):62–64

Posch A, Steiner G (2006) Intergrating research and teaching on innovation for sustainable development. Int J Sustain High Educ 7(3):276–292

United Nations (2016) Sustainable development goals. www.un.org/sustainabledevelopment/sustainable-development-goals. Zugegriffen: 30. Juni 2017

Universität Graz (2017a) Uni Graz schafft Chancen. https://www.uni-graz.at/. Zugegriffen: 4. Juli 2017

Universität Graz (2017b) Strategische Entwicklung. https://strategische-entwicklung.uni-graz.at/de/strategie-2020/querschnittsmaterien/. Zugegriffen: 4. Juli 2017

Universität Graz (2017c) Umweltmanagement an der Uni Graz. http://umweltmanagement.uni-graz.at. Zugegriffen: 4. Juli 2017

Universität Graz (2017d) Nachhaltigkeitstag. https://nachhaltigkeitstag.uni-graz.at/. Zugegriffen: 4. Juli 2017

Universität Graz (2017e) Green Office. Leitfaden zur nachhaltigen Bürogestaltung. http://sustainability4u.uni-graz.at/cms/fileadmin/downloads/Green_Office_Leitfaden.pdf. Zugegriffen: 4. Juli 2017

Universität Graz (2017f) Sustainability4u. http://sustainability4u.uni-graz.at/intro.html. Zugegriffen: 4. Juli 2017

Universität Graz (2017g) Plattform Nachhaltigkeit. http://plattform-nachhaltigkeit.uni-graz.at/de/intern/nachhaltigkeitsberichte. Zugegriffen: 4. Juli 2017

Universität Graz (2017h) Doctorial Programme Climate Change [Doktoraten-Programm Klimawandel]. http://dk-climate-change.uni-graz.at/en/. Zugegriffen: 4. Juli 2017

Universität Graz (2017i) Forschungsschwerpunkte. http://www.uni-graz.at/de/forschen/forschungsprofil/forschungsschwerpunkte/. Zugegriffen: 30. Juni 2017

Universität Graz (2017j) 2. Internationale Konferenz New Business Models. https://new-business-models.uni-graz.at/. Zugegriffen: 4. Juli 2017

Universität Graz, Isis (2017a) Joint Degree Sustainable Development [Doppelabschluss nachhaltige Entwicklung]. http://isis.uni-graz.at/de/studieren/sustainable-development/. Zugegriffen: 4. Juli 2017

Universität Graz, Isis (2017b) Erasmus mundus master's programme in industrial ecology [Erasmus Mundus master Programm in Industrieller Ökologie]. https://isis.uni-graz.at/de/studieren/master-industrial-ecology-mind/. Zugegriffen: 4. Juli 2017

Universität Graz, Isis (2017c) Forschung. http://isis.uni-graz.at/de/forschung/. Zugegriffen: 4. Juli 2017

World Commission on Environment and Development (WCED) (1987) Our common future. Oxford University Press, Oxford

Univ.-Prof. Dr. Rupert J. Baumgartner ist seit 2010 als Professor für Nachhaltigkeitsmanagement und seit 2012 als Vizedekan zuständig für Forschung an der umwelt-, regional- und bildungswissenschaftlichen Fakultät der Universität Graz tätig. Er publizierte mehr als 40 Fachartikel, drei Bücher und mehr als 20 Buchbeiträge, seine Forschungsinteressen umfassen die Themen strategisches Nachhaltigkeitsmanagement, Nachhaltigkeitsbewertung, Circular Economy und Sustainable Innovation. Er wurde 2016 als DuPont Young Professor und 2017 als bester Doktoratsbetreuer der Universität Graz mit dem Seraphine-Puchleitner-Preis 2017 ausgezeichnet.

Hochschulen als Partner der nachhaltigen Regionalentwicklung

Dirk Engel, Norbert Zdrowomyslaw und Fabian Kentsch

1 Herausforderungen meistern und Nachhaltigkeit sichern – weltweit, regional und lokal

Klimawandel, Ressourcenknappheit, demografische Entwicklung, Individualisierung, Digitalisierung, Arbeitswelt 4.0, Energiewende, Mobilität und gesellschaftliche Integration sind Herausforderungen, vor denen die Entscheidungsträger in Wirtschaft und Gesellschaft stehen. Mit den Auswirkungen dieser Megatrends sind die Menschen weltweit konfrontiert. Sie lassen sich nicht aufhalten, aber die sich ergebenden globalen, regionalen und lokalen Veränderungsprozesse können und müssen u. a. vor dem Hintergrund der Nachhaltigkeit gestaltet werden. Es gilt die Devise: Global denken, lokal und regional handeln (Zdrowomyslaw und Bladt 2009). Insbesondere Wissen und Innovationen haben für ein rohstoffarmes Land wie die Bundesrepublik Deutschland eine besondere Bedeutung im Hinblick auf die Innovations- und Wettbewerbsfähigkeit von Unternehmen und Regionen. Forschungsinstitute, Universitäten und Hochschulen spielen im Rahmen des Ideen- und Innovationsprozesses eine herausragende, essentielle Rolle (u. a. Warnecke 2016).

Angesichts der erwähnten Herausforderungen wächst der Druck auf lokale Akteure, sich mehr denn je aktiv mit der Entwicklung und Umsetzung von regionalen Entwicklungsstrategien zu befassen. Wissenschaftler, Politiker sowie Entscheider in Profit- und

D. Engel (✉) · N. Zdrowomyslaw · F. Kentsch
Hochschule Stralsund
Stralsund, Deutschland
E-Mail: Dirk.Engel@hochschule-stralsund.de

N. Zdrowomyslaw
E-Mail: Norbert.Zdrowomyslaw@hochschule-stralsund.de

F. Kentsch
E-Mail: Fabian.Kentsch@fh-stralsund.de

© Springer-Verlag GmbH Deutschland, ein Teil von Springer Nature 2018
M. Raueiser und M. Kolb (Hrsg.), *CSR und Hochschulmanagement*,
Management-Reihe Corporate Social Responsibility,
https://doi.org/10.1007/978-3-662-56314-4_18

Non-Profit-Organisationen sind gefordert, die ökologischen, sozialen und ökonomischen Folgen von Forschung, Innovationen, Wirtschaftswachstum und regionalen Entwicklungen für die zukünftigen Generationen zu bewerten. Dazu gehört auch die Frage der ethischen Verantwortung. CSR-Konzepte und Strategien der Nachhaltigkeit beschränken sich nicht auf die Unternehmen (Schneider und Schmidpeter 2015).

Nachhaltiges Regionalmanagement mit Stärkung der Selbsthilfekräfte einer Region ist alternativlos. Die Qualität der planerischen Aktivitäten vor Ort und damit einhergehend die Qualität des Akteurs- und Netzwerkmanagements gilt mithin als der Schlüssel für die erfolgreiche Steuerung der Regionalentwicklung. Der komplexe Prozess der Bildung von Akteursnetzwerken, um durch die Mobilisierung und Zusammenführung von Ressourcen ein gemeinsames Ziel zu erreichen, wird in der Literatur häufig unter „regional governance" subsumiert (Engel und Zdrowomyslaw 2010). Um die Gestaltung einer nachhaltigen Regionalentwicklung als Hochschule zu unterstützen, sind die Mitglieder einer Hochschule gefordert, sich mit den Standortbedingungen der Region und den Strukturen und Strategien der kleinen und mittleren Unternehmen zu beschäftigen und ein kontinuierliches Beziehungsmanagement zur Wirtschaft, Politik und weiteren Regionalakteuren zu betreiben (u. a. Keck 2017; Zdrowomyslaw 2013).

Die gesellschaftliche Verantwortung für eine zukunftsausgerichtete und nachhaltige Entwicklung der Wirtschaft und Gesellschaft obliegt eben auch den Universitäten und Hochschulen. Die Copernicus-Charta der Europäischen Hochschulkonferenz unterstreicht dies eindeutig und verankert die Zielsetzung nachhaltiger Hochschulpolitik. Im Kern wird auf den Bildungsauftrag der Hochschulen abgestellt, um CSR-Werte im Sinn einer Umweltbildung zu vermitteln. Eine Begrenzung allein auf den Bereich Lehre greift allerdings zu kurz. Aufgrund ihrer wissensvermittelnden Transferfunktion kombiniert mit regionaler Verankerung haben Hochschulen eine strategische Bedeutung für den Transfer von CSR-Werten und konkreter CSR-Aktivitäten in der Region. Die Akzentuierung einzelner Transferkanäle in den Bereichen Lehre, Forschung, Weiterbildung, Wissens- und Personaltransfer erfolgt durchaus mit unterschiedlicher Intensität (Zdrowomyslaw et al. 2014; Zdrowomyslaw und Bladt 2014). Die Beiträge der Hochschulen differieren somit naturgemäß. Viele dieser Aktivitäten sind und bleiben jedoch im Verborgenen und es sind diverse Bestrebungen zu beobachten, diese Schicht für Schicht offenzulegen.

Was Unternehmen von den Wirtschaftswissenschaften erwarten und welche CSR-Angebote an den wirtschaftswissenschaftlichen Fachbereichen beispielsweise der Hochschulen in Nordrhein-Westfalen unterbreitet werden, ist den Aktivitäten und Publikationen des CSR-Hochschulkreises zu entnehmen. „Um die Hochschulen im Themenfeld CSR zu vernetzen und den Austausch mit Unternehmen zu fördern, hat das Ministerium für Wirtschaft, Energie, Industrie Mittelstand und Handwerk den CSR-Hochschulkreis ins Leben gerufen. Nach einem ersten Treffen im Jahr 2012 folgten 40 Fachhochschulen und Universitäten sowie Vertreterinnen und Vertreter des Studentischen Netzwerks für Wirtschaftsethik (sneep) der Einladung von Staatssekretär Dr. Günther Horzetzky zum zweiten CSR-Hochschultreffen (3. November 2014) in Düsseldorf. Im Mittelpunkt stand die Verankerung des Themas der gesellschaftlichen Verantwortung von Unternehmen in

Forschung und Lehre" (https://csr.nrw.de/netzwerke/csr-hochschulkreis/). Ein erstes Ergebnis ist die Veröffentlichung des CSR-Atlas, der die CSR-Aktivitäten von Hochschulen in ihren wirtschaftswissenschaftlichen Bereichen beschreibt und den Dialog zwischen Hochschulen und zwischen Hochschulen und Unternehmen fördert. Die Dokumentation soll den unterschiedlichen Anspruchsgruppen von Hochschulen ein Orientierungswissen zu den CSR-Aktivitäten von deutschen Hochschulen anbieten. Die wissenschaftliche Koordination des CSR-Atlas lag bei der FOM Essen und der Universität Paderborn (CSR-Atlas 2012).

„Der CSR-Atlas ist eine breit angelegte Orientierungsinitiative. Unser Ziel ist es, die Hochschulen untereinander und mit den Unternehmen zu vernetzen, um Gestaltungspotentiale von CSR-Aktivitäten zu generieren", fasst Prof. Dr. Stefan Heinemann zusammen, der den Atlas als Prorektor für Kooperationen und Nachhaltigkeitsbeauftragter an der FOM Hochschule initiiert hat. Im CSR-Atlas zeigt sich, dass die 22 beteiligten Hochschulen in Sachen CSR auf einem guten Weg sind und mit ihren über 50.000 Studierenden, 750 Professoren sowie knapp 100 Forschungseinrichtungen spannende und wissenschaftlich anspruchsvolle CSR-Projekte realisieren. Betrachtet man die Initiativen und Veröffentlichungen, so ist Nordrhein-Westfalen mit dem CSR-Kompetenzzentrum der Landesregierung ein starker und vielfältiger CSR-Standort. Dies belegen auch die zahlreichen Beiträge aus Wirtschaft, Wissenschaft, Zivilgesellschaft und Politik in dem Sammelband *CSR in Nordrhein-Westfalen* (Bungard und Schmidpeter 2017).

Die Darstellung der Aktivitäten hat vornehmlich die Hochschulsicht zum Gegenstand. Wenig Wissen liegt über die Wahrnehmung dieser Aktivitäten bei den Stakeholdern und die Umsetzung in konkrete Vorhaben vor. Im vorliegenden Beitrag werden beide Aspekte beleuchtet. Im Fokus stehen dabei die Initiativen und Aktivitäten der Hochschule Stralsund im Hinblick auf eine kontinuierliche Zusammenarbeit mit den Anspruchsgruppen und den Beiträgen zu einer nachhaltigen Standort- und Regionalentwicklung.

2 Hochschulen als Partner der Standort- und Regionalentwicklung

Die Frage: „Wie können Stadt und Region ihre Attraktivität verbessern?" traf viele Regionen in den neuen Bundesländern mit aller Wucht im Zuge der Wendeereignisse. Die Politik und die Regionalakteure in den neuen Bundesländern, eben auch in Stralsund und dem Umland, waren gefordert, sich mit den geerbten Strukturproblemen der Planwirtschaft auseinanderzusetzen. Vor diesem Hintergrund und der sich neu formierenden Förderkulisse der Europäischen Union, des Bundes und der Länder entstanden bei regionalen Drahtziehern zunächst Visionen und dann erste Ideen, mit welchen Projekten sie ihre Stadt oder Region aufwerten und entwickeln könnten.

Wer die wirtschaftlichen Strukturen unter den neuen, stark wettbewerblich geprägten Rahmenbedingungen sichtbar und nachhaltig gestalten wollte, setzte auf die Projektion und Umsetzung relevanter Infrastrukturprojekte. Die Abb. 1 zeigt wichtige Meilensteine der „regional governance" für Stralsund und die Regionalentwicklung des Umlands.

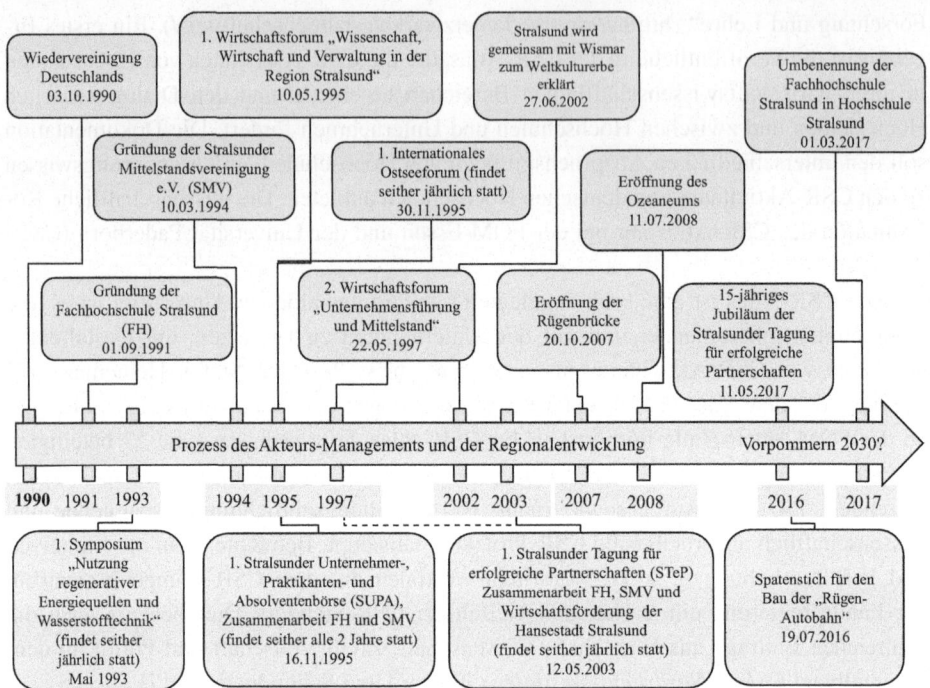

Abb. 1 Wichtige Meilensteine der „regional governance" in Stralsund und Umland

Zu den strukturfördernden Großprojekten nach der Wiedervereinigung 1989 zählte in den ersten Jahren die Gründung der Fachhochschule Stralsund im Jahr 1991 und das Projekt Weltkulturerbestadt mit der Verleihung des UNESCO-Welterbetitels Historische Altstädte Stralsund und Wismar am 27. Juni 2002. Ein tiefergehender Blick zurück auf diese zwei prägenden Großprojekte zeigt, dass es i. d. R. wenige Machtpromotoren und Schlüsselakteure sind, die frühzeitig Engagement zeigen und damit den Prozess von Beginn an mit Leidenschaft, Enthusiasmus und Zielorientierung initiieren.

Mit der Gründung der Fachhochschule Stralsund bot sich dem Kultusministerium Mecklenburg-Vorpommerns, v. a. aber auch den Regionalakteuren eine Möglichkeit, die Strukturentwicklung eines Standorts voranzutreiben. Am 3. März 1991 begann offiziell die Arbeit des Aufbaustabs zur Gründung der Fachhochschule Stralsund unter Leitung von Prof. Dr. Klaus Henning, und bereits am 1. September 1991 erfolgte entsprechend einer Verordnung der Landesregierung vom 2. Juli 1991 die Gründung. Im März 2017 erfolgte die Umbenennung der Fachhochschule Stralsund in Hochschule Stralsund. An der grundsätzlichen Zielsetzung, ein wichtiger Partner im Rahmen des Regionalentwicklungsprozesses zu sein, hat sich im Lauf der Jahre jedoch nichts geändert.

Dass Hochschulen einen wesentlichen Beitrag zur wirtschaftlichen Entwicklung ihrer regionalen Umgebung leisten, dürfte außer Frage stehen. Sie sind mehr als nur ein regionaler Wirtschaftsfaktor, der Konsumnachfrage in der Region generiert. Die besondere

Bedeutung einer Hochschule ergibt sich schon aus der Produktion und Bereitstellung von Arbeitskräften, die in Zeiten des vermeidlichen Fachkräftemangels bzw. von Fachkräfteengpässen auch dem regionalen Arbeitsmarkt zugeführt werden. Darüber hinaus sind sie ein wichtiger Akteur im regionalen Innovationssystem (u. a. Fritsch et al. 2007). Dies vor die Klammer gesetzt, konzentriert sich die folgende Betrachtung auf die Transferkanäle und Aktivitätsfelder der Hochschulen, um durch ihren Auftrag in Lehre, Forschung, Transfer und Weiterbildung zur nachhaltigen Entwicklung einer Region beizutragen. Vielen Fachhochschulen und so auch der Hochschule Stralsund ist gemein, dass praxisorientierte Lehre und Forschung unmittelbar und direkt Ansatzpunkte für gesellschaftliche Relevanz und regionalen Anwendungsbezug bietet.

Wie Abb. 2 zeigt, kann die Zusammenarbeit zwischen Unternehmen und Hochschule auf verschiedene Art und Weise in Gang gesetzt und durch Aktivitäten untersetzt werden. Drei der vier Felder ergeben sich nach der Intensität der Interaktion mit regionalen Akteuren. Das vierte Feld, die Personalfindungsaktivitäten, verdient eine gesonderte Berücksichtigung aufgrund seiner herausragenden Bedeutung im Kontext des Bildungsauftrags der Hochschulen. Alle vier Felder bilden die konzeptionelle Grundlage nicht nur zur

Kontaktaufnahme der Partner

- Erstkontaktstellen Transfer & Kooperation (TK) / Technologie- & Innovationsberater (TIB) / Gründungsservice kontaktieren
- Fachexperten / Professoren direkt kontaktieren
- Interne / externe Veranstaltungen der Hochschule besuchen: Tag der offenen Tür, Konferenzen, Messen, Fachtagungen (z.B. Studium generale, STeP-Kongress, SUPA-Börse, IT-Messe, Energie-Symposium, Unternehmerstammtische)
- Studentische Gremien (z.B. Allg. Studierendenausschuss / Fachschaften), student. Unternehmensberatung (SUS e.V.) kontaktieren
- Unternehmensbesichtigungen, Exkursionen ermöglichen

Wissensaustausch und Förderung

- An Veranstaltungen, Messen, Konferenzen, Symposien und Fachtagungen an der Hochschule teilnehmen
- Unternehmenspräsentationen, Vorträge, Workshops an der Hochschule anbieten und an weiteren teilnehmen
- Studentische Wettbewerbe (z.B. Existenzgründer, Businessplan: INSPIRED, UNIQUE) aktiv begleiten
- Studentenbetreuungsprogramme, Vergabe von Stipendien begleiten und unterstützen
- Wissenschaftliche Arbeiten unterstützen und prämieren (z.B. Förderpreis SMV e.V.)

Kooperationsmöglichkeiten mit der Hochschule Stralsund

- Bachelor-, Diplom- und Masterarbeiten, Praktika und Werkstudentenplätze vergeben
- Kooperationspartner in der Dualen Studienform sein, Mentor im Karriere-Start-Mentoring werden
- Studierende in Projekte im Unternehmen einbinden
- Präsenz auf (Hochschul-)Messen zeigen
- Personalfindungsanzeigen in Hochschulpublikationen schalten
- Aushänge, Plakate für Bewerber erstellen
- Präsenz in sozialen Netzen / Profilen der Hochschule zeigen

- Verbundprojekte in Forschung, Entwicklung und Weiterbildung forcieren
- Auftrags-, Kooperationsforschung und Beratung anbieten, Studien und Gutachten verfassen, Personaltransfer realisieren
- Gemeinsam mit Hochschulvertretern publizieren
- Konzeptanfragen aus der Praxis in Lehrprojekte einbinden, Industriepartner bei Vorlesungen wie Seminar Wirtschaft & Technik werden, Businessprojekte (Lösungsvorschläge aktueller Probleme) bearbeiten
- Gemeinsame Kongresse (z.B. STeP), Firmenkontaktbörse (z.B. SUPA) und Vortragsreihen (Studium generale) ausrichten

Personalfindungsaktivitäten   **Intensive Zusammenarbeit**

Abb. 2 Möglichkeiten der Zusammenarbeit zwischen Hochschule und Wirtschaft

rein passiven Verortung der Aktivitäten, sondern auch zum Zweck der Empfehlung weiterführender Aktivitäten und dessen aktives Betreiben. Gerade letzteres ist essenziell, da (fast) alle Aktivitäten eine bestehende, wechselseitig gelebte Beziehung zwischen Hochschule einerseits und regionalen Akteuren andererseits voraussetzt. In dieser Hinsicht stellt die Feststellung der Kontinuität gemeinsamer Aktivitäten den eigentlichen Erfolg der Aktivitäten einer Hochschule für einen Transfer von Wissen darunter CSR-relevanter Themen dar. Kontinuität steht hier für Akzeptanz, Wahrnehmung und grundsätzliche Bereitschaft zur Umsetzung von Ideen aus der Hochschule in die Region. In einem ersten Schritt gemeinsamer Aktivität fungiert die Hochschule als Plattform der Kommunikation und Koordination für und mit regionalen Stakeholdern. Instrumente hierfür wären u. a. regionale Konferenzen, Messen und Gesprächskreise. Im Ergebnis ergeben sich Ansatzpunkte einer konkreten Aktivität, sei es ein Vortrag, eine Exkursion bis hin zu einer Beteiligung in Jurysitzungen bei Gründerwettbewerben o. ä. Eine intensivere Zusammenarbeit liegt vor, wenn es sich um kontinuierlich stattfindende Aktivitäten handelt oder aber temporär befristete Projekte eines intensiven Austauschs bedürfen. Zu den zuletzt genannten zählen v. a. Forschungs- und Entwicklungsprojekte für und mit Unternehmen, gleich ob als Auftragsarbeit oder als gefördertes Vorhaben. Ebenso gehört die kontinuierliche Einbindung der Hochschule in die Gestaltung und operative Umsetzung lokaler Ansiedlungsaktivitäten dazu, wie auch die Durchführung regionaler Analysen und die Beteiligung an Entwicklungsplanungen der Politik oder der regionalen Wirtschaftsförderung. Die Praxis zeigt, dass die Zusammenarbeit häufig mit Praktika und projektbezogenen Abschlussarbeiten beginnt. Die Präsenz von Unternehmensvertretern an der Hochschule, z. B. durch Gastvorträge, durch die Mitwirkung als Zweitgutachter bei Abschlussarbeiten oder als Mitwirkende an Lehr- und Forschungsprojekten, trägt zur Stabilisierung langfristiger Partnerschaften mit einer Win-win-Situation bei.

Die Praxis im Wissens- und Technologietransfer zeigt immer wieder, dass ein funktionierendes und gelebtes Beziehungsmanagement die Basis für gemeinsamen Erfolg ist. Die Kommunikations- und Kooperationsfähigkeit werden zum entscheidenden Motor für eine positive und nachhaltige Entwicklung von Unternehmen und Regionen. Die Umsetzung von partnerschaftlich orientierten Zielen, Strategien und Maßnahmen ist ohne Informationstransparenz, Kommunikation und Vertrauensbildung nur schwer erreichbar. Stabile Netzwerke sind die Basis für erfolgreiche Kooperationen aller Art, für die Clusterbildung sowie die Etablierung regionaler Wertschöpfungspartnerschaften und regionaler Wirtschaftskreisläufe.

Die Anbahnung und Pflege von Kontakten, wie auch die Feststellung der unternehmerischen Erfordernisse und der Potenziale der Hochschulen, sind ein kontinuierlicher Prozess. Dabei sind im Rahmen von Kooperationsbestrebungen folgende drei Prämissen, die untereinander enge Interdependenzen aufweisen, von zentraler Bedeutung:

- kooperationsfreundliches Klima,
- Beitrag von Hochschulkontakten zum Unternehmenserfolg und
- Wertekonsens der beteiligten Kooperationspartner.

Im regionalen Bezug kommt der vertrauensvollen Informationstransparenz zwischen Wirtschaft und Wissenschaft einerseits sowie zwischen den Wissenschaftseinrichtungen andererseits eine besondere Bedeutung zu. Wer sich kennt und mit einander kommuniziert, schafft die Basis für eine systematische und auf Dauer angelegte Zusammenarbeit. Erfolgreiche Kooperationen und Projekte zwischen Hochschulangehörigen und Praktikern basieren i. d. R. auf persönlicher und vertrauensbasierter Kommunikation und Transparenz zwischen den Partnern (s. hierzu u. a. Henke et al. 2015, S. 262 f.).

Die Akzeptanz hochschuleigener Aktivitäten hängt nicht zuletzt von der Passfähigkeit zu den Aktivitäten der Unternehmen und deren Wertschöpfungsprozess ab. Die Abb. 3 weist auf die grundsätzlichen Andockmöglichkeiten hin, sich in Lehre und Forschung mit der Unternehmensnachhaltigkeit im regionalen Wertschöpfungsprozess zu beschäftigen und gegebenenfalls CSR-Projekte mit regionalen Kooperationspartnern zu initiieren.

Als Gelingensbedingung für einen hohen Beitrag der Hochschulen zur nachhaltigen Regionalentwicklung lässt sich festhalten, dass diese

a) möglichst umfassend die verschiedenen Möglichkeiten der Zusammenarbeit (Abb. 2) adressieren und
b) eine hohe Passfähigkeit zu Ansatzpunkten des unternehmerischen (Abb. 3) aber auch regionalen Nachhaltigkeitsmanagement bieten.

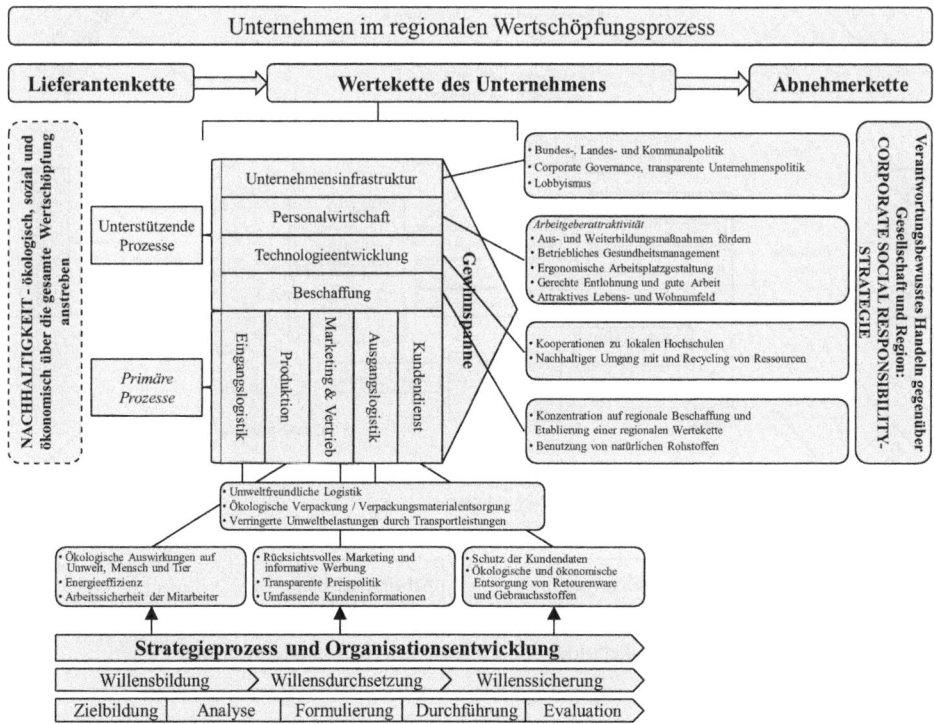

Abb. 3 Unternehmensnachhaltigkeit im regionalen Wertschöpfungsprozess

3 Projekte und Aktivitäten der Hochschule Stralsund mit Stakeholdern

Anhand ausgewählter Projekte und Aktivitäten soll exemplarisch der Beitrag zur nachhaltigen Entwicklung beleuchtet werden. Das Augenmerk gilt dabei nicht den curricular verankerten Lehrveranstaltungen im Bereich CSR, die unabhängig von einer konkreten Beziehung zu regionalen Akteuren existieren kann. Ebenso soll keine konkrete Betrachtung einzelner CSR-relevanter Forschungsvorhaben erfolgen, deren Wirkung vornehmlich auf die beiden Vertragspartner begrenzt ist. Im Vordergrund stehen vielmehr jene Aktivitäten, für die die wechselseitige Beziehung die notwendige Gelingensbedingung ist und denen eine Breitenwirkung innewohnt. Für die konkrete Darstellung wird dabei in drei Kategorien unterschieden:

- curricular verankerte Projekte,
- nicht curricular verankerte Plattformprojekte und
- Transfervorhaben.

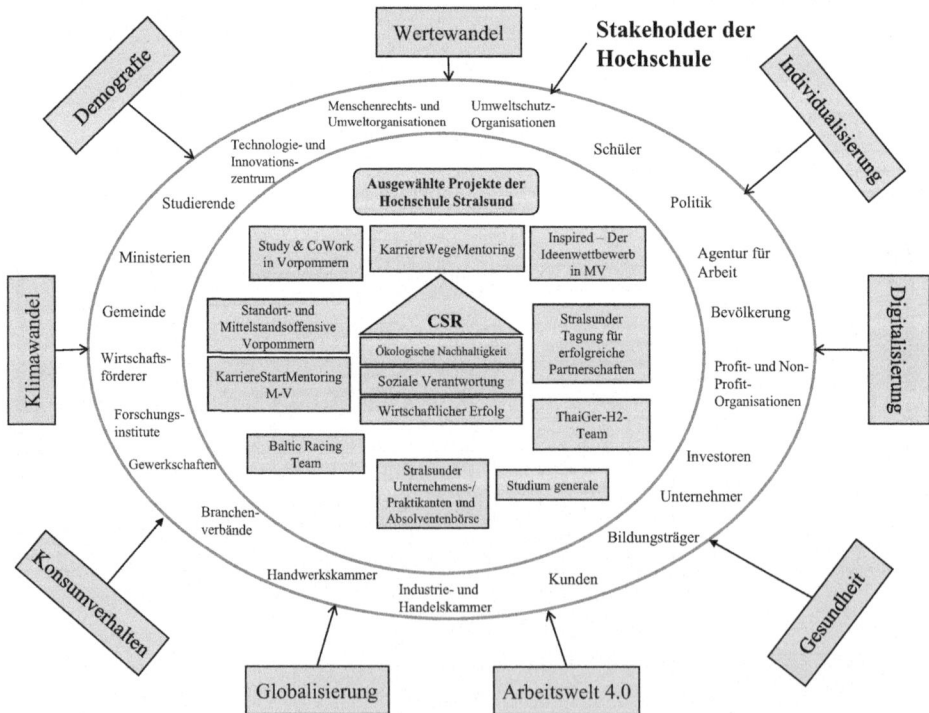

Abb. 4 Herausforderungen, Stakeholder und Projekte der Hochschule Stralsund

Die Forschungsvorhaben sowie Hochschul- und Lehrprojekte haben sehr unterschiedlichen Charakter. Es handelt sich dabei u. a. um Kontaktveranstaltungen (z. B. die öffentliche und kostenlose Vortragsreihe Studium generale), die Firmenkontaktbörse Stralsunder Unternehmens-, Praktikanten und Absolventenbörse (SUPA) sowie die seit Jahren kontinuierlich angebotenen Lehr- und Forschungsprojekte Baltic Racing Team, ThaiGer-H2-Team und Stralsunder Tagungen erfolgreicher Partnerschaften (STeP), die interdisziplinär und fachbereichsübergreifend ausgerichtet sind. Diese Veranstaltungen und Projekte genießen eine hohe Medienpräsenz und sorgen u. a. für die Erhöhung des Bekanntheitsgrads und für ein gutes Image der Hochschule Stralsund. Insbesondere die SUPA und das STeP-Projekt bieten eine gute Informations-, Kommunikations- und Präsentationsplattform, die den kontinuierlichen Prozess der Kontaktpflege mit den Stakeholdern der Hochschule fördert. Sie schaffen den erforderlichen Rahmen, um Netzwerke zu initiieren, Projekte in Gang zu setzen und Partnerschaften zu praktizieren.

3.1 Curricular verankerte Projekte

STeP-Lehr- und -Forschungsprojekt Bereits in den Jahren 1995 und 1997 fanden Wirtschaftsforen an der Hochschule Stralsund statt, die Wissenschaftlern und Praktikern ein Kommunikationsforum boten. Unter anderem die Ergebnisse dieser Veranstaltungen führten dazu, dass seit 1997 regelmäßig STeP-Lehrprojekte im Fachbereich Wirtschaft angeboten werden, die gemeinsam von den Professoren Heiko Auerbach, Torsten Czenskowsky und Norbert Zdrowomyslaw, den Vertretern der Stralsunder Mittelstandsvereinigung e. V. und Mitgliedern des Amts für Wirtschaftsförderung und Stadtmarketing mit Unterstützung der Technologie- und Informationstransferstelle konzipiert und ausgerichtet werden. Zwei greifbare Kommunikationsplattformen mit Nachhaltigkeit für die Region Vorpommern und darüber hinaus sind der seit 2003 jährlich stattfindende STeP-Kongress und die STeP-Nachbereitungs-Grill-Party. Das STeP-Lehr- und -Forschungsprojekt mit den Events STeP-Kongress und STeP-Nachbereitungs-Party beginnend im Jahr 2003 ist mehr als ein Lehrprojekt an der Fachhochschule Stralsund und wohl einzigartig in der deutschen Hochschullandschaft. Es ist ein Dachprojekt – so definieren es die Professoren Auerbach und Zdrowomyslaw – zur Bearbeitung regional relevanter Themenfelder an dem sich mehrere Wissenschaftler der Hochschule Stralsund unter Einbindung von Studierenden beteiligen. So hat sich das STeP-Projekt u. a. auf die Agenda geschrieben: Kompetenzen sollen sich ergänzen! In diversen praxisbezogenen Lehrprojekten werden von Studierenden u. a. Fragestellungen von Unternehmen der Region bearbeitet. Ein wesentliches Anliegen des STeP-Lehr- und -Forschungsprojekts ist, die Potenziale der Hochschule Stralsund und die Stärken der Region Vorpommern zu verdeutlichen sowie weitere Impulse für die Regionalentwicklung und das Regionalmarketing Vorpommerns zu geben. Der jährlich ausgetragene STeP-Kongress sowie die nachbearbeitende Grill-Party, die maßgeblich von Studierenden organisiert werden, haben sich in der Region Vorpommern und darüber hinaus als Präsentations-, Kommunikations- und Diskussionsforum etabliert und sind aus dem regionalen Veranstaltungskalender nicht mehr wegzudenken. Zwischen 140 und 180 Gäste können die Ausrichter jährlich im Rathaus der Hansestadt Stralsund zum STeP-Kongress begrüßen.

Mit dem STeP-Projekt lassen sich einige Erfolge und Aktivitäten in Verbindung bringen: so z. B. die Etablierung des Arbeitskreises Gründungsklima, die Mitwirkung am Leitbild der Hansestadt Stralsund, dem Wirtschaftskonzept der Hansestadt Stralsund und der Schaffung des Netzwerks Die Rügeninsel Ummanz. Die Ansiedlung des Softwareentwicklungszentrums der Firma adesso AG in Stralsund war maßgeblich den konzeptionellen Vorbereitungen und dem abgestimmten Auftreten der am Ansiedlungsprozess beteiligten Regionalakteure geschuldet, zu denen auch Mitglieder des STeP-Projekts gehörten (www.simat.fh-stralsund.de, s. newsletter 1/2011, S. 1). Die Strategie lautet: Die Unternehmen zu den zukünftigen Fach- und Führungskräften bringen.

Standort- und Mittelstandsoffensive zur Fachkräftesicherung für Vorpommern (SMFS) Ein weiteres kontinuierliches Lehr- und Forschungsvorhaben mit Einbindung von Studierenden, das sich unter dem STeP-Dach entwickelte, ist das Lehr- und Forschungsprojekt Standort- und Mittelstandsoffensive zur Fachkräftesicherung für Vorpommern (SMFS) mit der Ausrichtung auf Employer Branding bzw. Arbeitgeberattraktivität sowie auf die Analyse der Branchen- und Unternehmensstruktur. Mit den Projektschwerpunkten Fachkräftesicherung und Arbeitgeberattraktivität wird dem sozialen Bereich der CSR Rechnung getragen (Zdrowomyslaw et al. 2011, 2012). An diesem aktuellen SMFS-Gemeinschaftsprojekt – zunächst getragen vom Unternehmerverband Vorpommern e. V (UVV) und der Hochschule Stralsund – wirken in unterschiedlicher Form Unternehmen sowie wichtige Multiplikatorenpartner mit. Ein vorzeigbares Ergebnis dieses SMFS-Projekts sind zwei Bücher zur Region Vorpommern: Das Buch *Entdecke Vorpommerns Vielfalt* (Zdrowomyslaw 2015), von der IHK zu Rostock und der Sparkasse Vorpommern unterstützt, und das Buch *Menschen, Unternehmen und Regionen – Wirtschafts- und Lebensstandort Vorpommern im Fokus* (Zdrowomyslaw 2017).

Student-Racing-Team Durch das Engagement von Prof. Dr. Peter Roßmanek, der während eines Aufenthalts in Oxford/England mit der Thematik der „Formula Student" konfrontiert wurde, entstand Ende 1999 das Student-Racing-Team als erstes deutsches Team dieser Rennserie an der Hochschule Stralsund. Mittlerweile gehört „Formula Student" weltweit zu den größten Ingenieurwettbewerben. Bereits am 30. Juni 2000 war es dem jungen Team gelungen, den ersten Rennwagen mit dem Namen TY2000 zu präsentieren und somit die Ära der deutschen Formula-Student-Teams einzuläuten. Mittlerweile entsteht in der Werkstatt auf dem Campus der Hochschule Stralsund jährlich ein modifizierter, ressourceneffizienterer Rennwagen. Bereits in den frühen Anfängen erarbeitete sich das Team durch herausragende Leistungen international einen hervorragenden Ruf.

ThaiGer H2 Racing Team Das seit 2007 agierende ThaiGer H2 Racing Team der Hochschule Stralsund besteht mittlerweile aus mehr als 30 hochmotivierten Schülern und Studierenden sowie den wissenschaftlichen Koordinatoren Prof. Dr. Thomas Luschtinetz und Dr. Johannes Gulden, die im Bereich der regenerativen Energiesysteme forschen. Ziel des Projekts ist es, ein Prototypenfahrzeug mit möglichst geringem Kraftstoffverbrauch und alternativem Antriebssystem zu entwerfen und zu bauen. Dies ist bisher auch gelungen. Das Ergebnis im Jahr 2017: Emissionsfrei 15,7 km mit 1,59 g Wasserstoff bzw. 2607 km mit einem Liter Benzinäquivalent. Das Team nimmt mit dem Rennwagen seit 2007 am Shell-Eco-Marathon Europe, dem größten Wettbewerb für nachhaltige Mobilität, teil. Das ThaiGer-H2-Team, maßgeblich von Studierenden der Hochschule Stralsund getragen, gewann im zehnten Anlauf den Shell-Eco-Marathon und wurde Europameister. Betreut von Wissenschaftlern des Instituts für regenerative Energiesysteme (IRES) gelang dem interdisziplinär zusammengesetzten Studierendenteam in der britischen Hauptstadt der Griff nach dem Pott. Der Sieg wurde am 1. Juni auf dem Gelände der Hochschule ausgiebig gefeiert. Die erfolgreichen Wertungsläufe des ThaiGer-Rennwagens der Hochschule Stralsund waren der beeindruckende Abschluss der einjährigen Vorbereitung der mehr als 30 Mitglieder des fakultätsübergreifenden ThaiGer-Teams, die sich in diesem STeP-Lehr- und -Forschungsprojekt unter der organisatorischen Leitung von Annika Döring (Fakultät Wirtschaft) engagieren. In diesem Jahr wurde von den Technikern um Andreas Sklarow (Institut für Regenerative EnergieSysteme) und Robert Garbe (FAK Elektrotechnik und Informatik) nicht nur der neue ThaiGer VI gebaut, das Team verjüngte sich durch Aufnahme vieler neuer motivierter Mitglieder aus dem ersten Studienjahr und wuchs sichtlich zusammen. Für die Rennsaison 2018 sollten die Steuerungsbaugruppen Serienstatus erhalten, damit ausgereifte und zuverlässige Komponenten beim Rennen zur Verfügung stehen. Insbesondere ist ein universeller Motorcontroller geplant, der dann nicht nur im Wasserstoff-ThaiGer VI, sondern auch im Batterie-ThaiGer V zum Einsatz kommen wird, mit dem Stralsunder Schüler am Shell-Eco-Marathon Europe 2018 teilnehmen wollen.

In der Bewertung würde das Projekt ThaiGer H2 Racing Team klar – und mit etwas Abstrichen auch das Student-Racing-Team – dem Ziel der Umweltbildung zuzuordnen sein, während das Projekt Unternehmensverantwortung und Employer Branding (Aufbau der Arbeitgeberattraktivität) sich dem Thema der sozialen Verantwortung von CSR annimmt.

3.2 Nicht curricular verankerte Plattformprojekte

SUPA Seit 1995 findet alle zwei Jahre die Stralsunder Unternehmens-, Praktikanten- und Absolventenbörse (SUPA) an der Fachhochschule Stralsund statt. Die SUPA wird von der Hochschule Stralsund in Kooperation mit dem Ministerium für Wirtschaft, Bau und Tourismus Mecklenburg-Vorpommern, der Studentischen Unternehmensberatung Stralsund e. V. und der Stralsunder Mittelstandsvereinigung e. V. organisiert. Die Veranstalter verfolgen das Ziel, Angebot und Nachfrage von regionalen, nationalen und internationalen Arbeitsmöglichkeiten transparent zu machen und die Beteiligten zusammenzubringen. Schüler, Studierende, in der Ausbildung und Weiterbildung befindliche Personen sowie

Absolventen der Hochschulen sollen die Gelegenheit erhalten, potenzielle Arbeitgeber kennenzulernen. Die ausstellenden Firmen erhalten Gelegenheit, ihren Bekanntheitsgrad deutlich zu steigern und aktuelle Arbeitsmöglichkeiten, seien es Jobs, Projekte oder Praktika, vorzustellen. Was zeichnet die SUPA aus? Die Firmenkontaktbörse mit über 130 Ausstellern ist die größte Veranstaltung in Mecklenburg-Vorpommern, auf der Studierende und Unternehmensvertreter sich austauschen können. Offensichtlich ist die Hochschule eine Perle in der Provinz, die Unternehmen aus ganz Deutschland anlockt, um der wachsenden Herausforderung Ausbildungs- und Fachkräftemangel zu begegnen. Sehr bekannte und mehr oder weniger renommierte Arbeitgeber präsentierten sich auf dem Campus. So waren u. a. vertreten: adesso, Adtran, Alba, Anklam Extrakt, AXA, Brunel, DEN, E.DIS, Ferchau, HAB, HELIOS, Junge Die Bäckerei, Liebherr, Lidl, NORMA, Nordex Energy, ml&s, Swiss Life Select, Webasto (www.supa.fh-stralsund.de).

Beim STeP und SUPA-Projekt handelt es sich um Plattformprojekte, die auch, aber nicht vordergründig, auf Aspekte ökologischer oder sozialer Nachhaltigkeit abzielen.

3.3 Transfervorhaben

Mit hochschulübergreifenden Projekten wie KarriereStartMentoring M-V und Study and CoWork hat die Hochschule v. a. die Verbesserung der Bedingungen für den Übergang in den regionalen Arbeitsmarkt im Fokus. Diesen Vorhaben ist gemein, dass diese als Pattformprojekte konzipiert sind, um an der Hochschule ausgebildete Studierende in den regionalen Arbeitsmarkt zu integrieren und so zum Wissenstransfer CSR relevanter Themen beizutragen. Eine dritte Projektlinie Wirtschaftstransferbeauftragter bzw. Technologie- und Innovationsberater greift den Gedanken des Technologietransfers auf. Schließlich werden im Rahmen von Gründerwettbewerben konkrete innovative Ideen entwickelt. Deren Umsetzung erfolgt zumeist in der Inkubatorregion, sodass diese unmittelbar partizipiert.

KarriereWegeMentoring/KarriereStartMentoring M-V Die zeitlich und inhaltlich aufeinander aufbauenden Projekte verfolgen das Ziel der Förderung des weiblichen wissenschaftlichen Nachwuchses. Im laufenden Projekt KarriereStartMentoring M-V wurden im ersten Durchgang 2016 insgesamt 17 Tandems gebildet. Die Kontinuität resultiert im Vorteil der Akquise ehemaliger Mentees als Mentoren. Dies wurde erstmals in 2016 realisiert. Ebenfalls konnte eine erfolgreich promovierte Absolventin der Hochschule als Mentorin gewonnen werden. Die 17 Mentees setzen sich zusammen aus acht Master- und neun Bachelorstudentinnen, neun der 17 Studentinnen studieren in einem MINT-Studiengang. Die enge Zusammenarbeit der Hochschule mit der regionalen Wirtschaft zeigt die Vielfalt der als Mentoren gewonnenen Personen. Die Mentoren sind oft leitende Personen (Geschäftsführer; Abteilungsleiter) aus renommierten Firmen und Institutionen in Mecklenburg-Vorpommern, manche sind bereits zum zweiten Mal Mentor.

Study and CoWork Das Projekt ist Teil einer gemeinsamen Initiative der Beauftragten der Bundesregierung für die neuen Bundesländer, für Mittelstand und Tourismus sowie des Stifterverbands für die Deutsche Wissenschaft. Gefördert werden zehn regionale Netzwerke, die jeweils aus Hochschulen, Wirtschaftsunternehmen sowie Akteuren aus dem kommunalen und gesellschaftlichen Bereich bestehen. Das übergreifende Ziel besteht in der Integration internationaler Fachkräfte. Um dies zu gewährleisten sollen die jeweiligen regionalen Netzwerke internationalen Studierenden und Absolventen in beruflichen Angelegenheiten beratend zur Seite stehen und den Übergang in das Berufsleben begleiten. Das Projekt entwickelt Kooperationen und vermittelt Kontakte zwischen Studierenden und regionalen Unternehmen sowie mit weiteren Partnern, die Beratungsleistungen anbieten. Bei Unternehmen versucht das Projekt, eine Sensibilisierung für diese Thematik anzustoßen; für Studierende werden Angebote gemacht, die die individuellen Chancen auf dem regionalen Arbeitsmarkt erhöhen. Das Projektvorhaben wird in enger Zusammenarbeit mit regionalen Netzwerkpartnern umgesetzt.

Wirtschaftstransferbeauftragter/Technologie- und Innovationsberater Zum 1. August 2015 startete das Projekt Technologie- und Innovationsberater an der Hochschule Stralsund. Die inhaltliche Ausrichtung dieses Projekts, das auf der Grundlage eines Rahmenabkommens aller Hochschulen mit den Industrie- und Handelskammern sowie Handwerkskammern initiiert wurde, folgt den Erkenntnissen aus dem Vorgängerprojekt des Wirtschaftstransferbeauftragten (WtB). Zielsetzung ist die Anbahnung von Verbundvorhaben zwischen Wirtschaft und Wissenschaft. Einen Schwerpunkt an der Hochschule Stralsund bilden Projekte im Bereich Regenerativer Energiesysteme.

Inspired Mit Wissen und Forschung Geld verdienen – das ist das Ziel von Inspired – Der Ideenwettbewerb in MV, bei dem es sich bei flüchtigem Blick um ein typisches Gründungswettbewerbsprojekt handelt. Der markante Unterschied besteht aber darin, dass es sich um ein Gemeinschaftsprojekt der Universität Rostock, der Hochschule Stralsund, der Hochschule Neubrandenburg sowie acht außeruniversitären Forschungseinrichtungen im Raum Rostock handelt und so ein standortübergreifender Austausch möglich ist. Gesucht werden innovative Ideen und Forschungsergebnisse als Sprungbrett in die Wirtschaft. Oberstes Ziel: Ideenträger sollen schnelle, unkomplizierte und bedarfsgerechte Unterstützung erhalten. Daher werden keine ausgereiften Businesspläne erwartet, sondern eine knappe, präzise Darstellung der Geschäftsidee. Auch nach erfolgter Prämierung werden die Teams weiter unterstützt.

Den benannten Projekten ist gemein, dass diese keine spezielle Fokussierung auf Umweltbildung oder auch soziale Verantwortung haben. Es geht vielmehr darum, für die verschiedenen Transferkanäle (Abb. 2) eine Plattform für das Entwickeln und die Andockung nachhaltigkeitsrelevanter Themen zu haben und diese sukzessive weiterzuentwickeln. Die kontinuierliche und damit verlässliche Durchführung der dargestellten Projekte führt nach unserer Auffassung zu einer a) über die Jahre gewachsenen Aufmerksamkeit, b) bewusst induzierten Erwartungshaltung und c) höheren Bereitschaft der Mitwirkung bei den Adressaten. Im Ergebnis profitieren Hochschule und Region gleichermaßen und es kommt zu einer sich selbst verstärkenden Zusammenarbeit.

4 Fazit

Im vorliegenden Beitrag befassten wir uns mit konkreten Aktivitäten der Zusammenarbeit zwischen Hochschule und regionalen Akteuren. Die unterschiedlichen Formen der Zusammenarbeit ermöglichen den direkten Transfer nachhaltigkeitsrelevanter Themen von der Hochschule in die Region, womit Hochschulen ihrem Bildungs- und Transferauftrag nachkommen. Dies gelingt umso mehr, je intensiver die Zusammenarbeit ist und von Kontinuität geprägt ist. In unserer Analyse verschiedener Aktivitäten stellt sich heraus, dass die Kontinuität einzelner Vorhaben nicht von der Intensität der Zusammenarbeit abhängt. Vielmehr scheint die inhaltliche Ausrichtung der konkreten Aktivität sowie die Passfähigkeit zu regionalen Bedürfnissen den Stimulus für eine Fortsetzung einer Zusammenarbeit zu geben. In der Kontinuität einer Beziehung zwischen Hochschule und regionalen Akteuren sehen wir den Schlüssel dafür, dass den Beiträgen für mehr Nachhaltigkeit Raum zur Entfaltung, zur Wahrnehmung bei den regionalen Akteuren und zur Umsetzung in der Region gegeben wird.

Literatur

Bungard P, Schmidpeter R (2017) CSR in Nordrhein-Westfalen. Nachhaltigkeits-Transformation in der Wirtschaft, Zivilgesellschaft und Politik. Springer, Berlin
CSR-Atlas (2012) CSR-Atlas edition Hochschulen NRW. Universität Paderborn, Paderborn
Engel D, Zdrowomyslaw N (2010) Akteursmanagement – ein Erfolgsrezept für Regionen? Bus + Innov 3:54–60
Fritsch M et al (2007) Hochschulen, Innovation, Region. Wissenstransfer im räumlichen Kontext. edition sigma, Berlin
Henke J et al (2015) Schaltzentralen der Regionalentwicklung. Hochschulen in Schrumpfungsregionen. Akademische Verlagsgesellschaft, Leipzig
Keck W (2017) CSR und Kleinstunternehmen. Die Basis bewegt sich! Springer, Berlin
Newsletter Stralsund Information Management Team 1/2012. www.simat.fh-stralsund.de
Schneider A, Schmidpeter R (2015) Corporate Social Responsibility. Verantwortungsvolle Unternehmensführung in Theorie und Praxis, 2. Aufl. Springer, Berlin
Warnecke C (2016) Universitäten und Fachhochschulen im regionalen Innovationssystem – Eine deutschlandweite Betrachtung. Universitätsverlag Brockmeyer, Bochum
Zdrowomyslaw N et al (2011) Arbeitgeber und Region als Marke. MV-Verlag & Marketing, Greifswald
Zdrowomyslaw N et al (2012) Unternehmensverantwortung und Employer Branding. BiCon Valley, Greifswald
Zdrowomyslaw N (2013) Grundzüge des Mittelstandsmanagements. Vom Erkennen zum Nutzen unternehmerischer Chancen. Deutscher Betriebswirte-Verlag, Gernsbach

Zdrowomyslaw N et al (2014) Innovationsimpulse für Regionalentwicklung. Von der Hochschule in den Chefsessel. MV-Verlag, Greifswald

Zdrowomyslaw N (2015) Entdecke Vorpommerns Vielfalt. Vergangenheit – Gegenwart – Zukunft. Standortatlas für Manager, Investoren, Touristen und Bürger. MV-Verlag & Marketing, Greifswald

Zdrowomyslaw N (2017) Menschen, Unternehmen und Regionen. Wirtschafts- und Lebensstandort Vorpommern im Fokus. Hinstorff, Rostock

Zdrowomyslaw N, Bladt M (2009) Regionalwirtschaft. Global denken, lokal und regional handeln. Deutscher Betriebswirte-Verlag, Gernsbach

Zdrowomyslaw N, Bladt M (2014) Transfer – Menschen bewegen Wirtschaft und Wissenschaft – Regionale Botschafter und Botschaften für Vorpommern. MV-Verlag & Marketing, Greifswald

Prof. Dr. Dirk Engel ist seit September 2008 als Professor für Volkswirtschaftslehre und International Business an der Hochschule Stralsund tätig. Vor seinem Wechsel an die Hochschule arbeitete er am ZEW in Mannheim und am RWI – Leibniz-Institut für Wirtschaftsforschung in Essen. Seit September 2012 ist er in der Hochschulleitung tätig, zunächst als Prorektor für Forschung und Entwicklung und seit September 2016 als Prorektor für Studium und Lehre. Seine Forschungsschwerpunkte liegen in den Bereichen International Business, regionale Entwicklung, Unternehmensfinanzierung und Wirksamkeitsanalyse öffentlicher Technologieförderprogramme.

Prof. Dr. Norbert Zdrowomyslaw ist seit 1992 als Professor für BWL, insbesondere Rechnungswesen und Management für Klein- und Mittelbetriebe, an der Fachhochschule Stralsund tätig. Zuvor leitete er die Abteilung Personalwirtschaft/Organisation bei der Fielmann-Verwaltung KG und war Wirtschaftsberater. Forschungs- und Publikationsschwerpunkte neben dem Rechnungswesen sind: Managementwissen für Klein- und Mittelbetriebe, Zusammenarbeit zwischen Hochschule und Wirtschaft, Regionalwirtschaft sowie Personalmanagement. Er begleitet zahlreiche Lehr- und Forschungsprojekte in Zusammenarbeit mit der regionalen Wirtschaft. Er ist stellvertretender Vorsitzender der Kooperationsstelle Wissenschaft und Arbeitswelt in Mecklenburg-Vorpommern e. V., Mitglied der Arbeitsgruppe Regionale Entwicklung Vorpommerns im Bündnis für Arbeit und Wettbewerbsfähigkeit M-V, Mitglied des Wissenschaftlichen Beirats der Oskar-Patzelt-Stiftung, Initiativkreissprecher des Netzwerks Die Rügeninsel Ummanz und Mitglied des Redaktionsbeirats der Zeitschrift *Der Betriebswirt – Management in Wissenschaft und Praxis*.

 **Fabian Kentsch** ist seit September 2016 an der Hochschule Stralsund im Masterstudiengang Management von kleinen und mittleren Unternehmen immatrikuliert. Zuvor absolvierte er seinen Bachelor an der Universität Vechta in Wirtschaft/Ethik und Sozialwissenschaften. Dort forschte er zum Thema Nachhaltigkeit und Personal und war ehrenamtlich im Studentischen Netzwerk für Wirtschafts- und Unternehmensethik (sneep e. V.) tätig. Zudem ist er seit Januar 2017 Vorstandsassistent der Studentischen Unternehmensberatung Stralsund e. V., unterstützt dort den Vorstand in strategischen und operativen Tätigkeiten und ist selbst in externen Projekten mit der Wirtschaft aktiv.

Corporate Social Responsibility an australischen Hochschulen

Martin Brueckner, Megan Paull und Rochelle Spencer

1 Sozial-ökologischer Wandel und Herausforderungen an die Akademie

Weitpublizierte Wirtschaftsskandale wie die der Konzerne Enron, Tyco und WorldCom, die Finanzkrise von 2008 oder das Dieselgate der Volkswagen Gruppe haben immer wieder die Akademie und insbesondere Wirtschaftsschulen impliziert (Adler 2002; Hummel et al. 2016) und Begriffe wie Wirtschaftsethik und Geschäftsmoral als widersprüchlich und absurd erscheinen lassen (Duska 2000). Darüber hinaus hat sich über Jahre hinweg dieses moralische Dilemma der Wirtschaftsfachbereiche aufgrund zunehmender sozial-ökologischer Probleme verschärft, die im Kern ein neoliberales Volkswirtschaftsmodell gemein haben, was an Hochschulen der Wirtschaft weltweit gelehrt wird (Godemann et al. 2014; von der Heidt und Lamberton 2011). Im Grunde wird der Wirtschaftspädagogik die Reproduktion sozial und ökologisch unnachhaltiger Werte angelastet.

Diese Entwicklungen erklären die Rufe nach einer stärkeren wirtschaftsethischen Schwerpunktsetzung in den Lehrplänen der Wirtschaftsfakultäten (Godemann et al. 2014; von der Heidt und Lamberton 2011). Diese sind nicht nur aufgefordert, Studierenden zu helfen, ihre ethische Identität zu formen (Swanson und Dahler-Larsen 2008), sondern sie auch als künftige Gesellschaftsführer entsprechend „Erd-kompetent" (Martin und Jucker 2005) auszubilden. Neue intellektuelle Werkzeuge werden benötigt, um den komplexen

M. Brueckner (✉) · M. Paull · R. Spencer
Centre for Responsible Citizenship and Sustainability, Murdoch University
Murdoch, Australien
E-Mail: m.brueckner@murdoch.edu.au

M. Paull
E-Mail: m.paull@murdoch.edu.au

R. Spencer
E-Mail: rochelle.spencer@murdoch.edu.au

Herausforderungen der Zeit – des Anthropozäns (Steffen et al. 2015) – gerecht zu werden (Lozano et al. 2015). Nicht nur aus moralischer Notwendigkeit heraus, sondern auch für den Erhalt deren gesellschaftlicher Relevanz sind Wirtschaftsfakultäten angehalten, sich als Stätten der Lehre mit Gewissen und Sozialaufgabe zu verstehen und einen positiven gesellschaftlichen Wandel durch Einflussnahme auf wirtschaftliche Praktiken und professionelle Attitüden mitzugestalten (Adams et al. 2011; Green et al. 2017); kurzum, es geht um „curricular social responsibility" (adaptiert von Ghemawat 2017) an den Hochschulen der Wirtschaft.

Das Konzept gesellschaftlicher Verantwortung, weitgehend unter dem Namen Corporate Social Responsibility (CSR) bekannt, steht seit Mitte der 1960er-Jahre für eine Art Sozialvertrag zwischen Unternehmen und Gesellschaft, der Mensch und Umwelt vor privatwirtschaftlichen Exzessen schützen soll und den Sozialbeitrag von Firmen über das Leitmotiv Profit hinaus definiert. CSR steht, ähnlich dem Nachhaltigkeitskonzept, für die Harmonisierung ökonomischer, sozialer und ökologischer Ziele im Interesse der Gesellschaft und der Unternehmen (Maschke und Zimmer 2013). Es ist diese – allerdings nach wie vor sehr umstrittene[1] (Okoye 2009) – CSR-Agenda, die in die Lehrpläne der Wirtschaftsschulen integriert werden soll. Es bedarf dieser Integration, um soziale und ökologische Kompetenzen (Martin und Jucker 2005) an Studenten vermitteln zu können, die für die effektive Navigation einer von zunehmenden sozial-politischen Spannungen, massiven Umweltveränderungen und steigender Ressourcenknappheit gekennzeichneten Welt, unabdingbar sein werden (Cortese 2003; Stibbe 2009). Jedoch, wie wir in diesem Kapitel zeigen werden, stellt CSR aufgrund der ontologischen und epistemologischen Ausrichtungen vieler Wirtschaftsfachbereiche ein besonderes Problem für die Wirtschaftspädagogik dar (Brueckner et al. 2017). Themen wie Ethik, CSR und Nachhaltigkeit („ethics, CSR and sustainability", ECSRS; Setó-Pamies und Papaoikonomou 2016) bedürfen einer – im Sinn von Freire (1970) – kritischen Pädagogik, die Lernende ermutigt, Denkweisen und Praktiken zu hinterfragen (Leonard und McLaren 2002) und dazu befähigt, hegemonische Einflüsse, die soziale Gerechtigkeit und ökologische Nachhaltigkeit gefährden, zu identifizieren, kritisieren und widerstehen (Kahn 2010). Diesem Verständnis folgend haben Wirtschaftsschulen als Lehrstätten über und für ECSRS den Auftrag, kritisches Denken und eine informierte Handlungsfähigkeit ihrer Studenten zu fördern und ihnen die Freiheit zu geben, ihre künftige Rolle an der Mitgestaltung ihrer Welt zu entdecken (Giroux 2014).

Lehrpläne haben großen Einfluss auf das Lernen über Ethik und Nachhaltigkeit, weswegen Curricula, aufgrund deren putative Einwirkung auf das zukünftige Verhalten und Entscheidungen von Absolventen ein transformativer Charakter zugeschrieben wird (Benn und Dunphy 2007). Etwaige Lehrplanänderungen für eine effektive Integration von CSR und anderen sozial-ökologischen Kompetenzen verlangen auch, dass Hochschulen sich selbst als Betreiber des Wandels verstehen (Savelyeva und McKenna 2011;

---

[1] Es gibt keine allgemein anerkannte Definition für den CSR-Begriff und Meinungen bleiben selbst zu den Grundsatzfragen, ob und in welchem Umfang unternehmerische Verpflichtungen gegenüber der Gesellschaft bestehen, geteilt (Bice 2015).

Sharp 2009), mit Vorbildwirkung agieren und Erdkompetenz unterrichtbar, lernbar und recherchierbar machen (Lozano et al. 2015; Marten et al. 2010).[2]

Dennoch werden Hochschulen vielerorts dieser Erwartung nicht gerecht (Garlick und Matthews 2014), was auch auf den australischen Hochschulbereich zutrifft (Fisher und Bonn 2011), der im internationalen CSR-Vergleich schon seit mehreren Jahren als Nachzügler gesehen wird (Tilbury et al. 2004). Es ist Ziel dieses Beitrags, den australischen Hochschulkontext in Hinsicht auf die Lehrplanintegration von CSR in Wirtschaftsschulen zu durchleuchten. In diesem Zusammenhang werden universitätsexterne und -interne Barrieren angesprochen, die den relativen Rückstand Australiens im CSR-Bereich zu erklären helfen. Der Beitrag endet mit einer Diskussion möglicher Wege zur tieferen Verankerung von CSR im australischen Hochschulwesen.

2 CSR „down under" – Geschichte einer zögerlichen Integration

Die Harmonisierung ökonomischer, ökologischer und sozialer Ziele ist global als Entwicklungsmaxime seit Anfang der 1990er-Jahre akzeptiert (United Nations – General Assembly 1992) und für diese Zielsetzung ist der Einsatz von Akteuren aus Wirtschaft, Politik und Gesellschaft unerlässlich (Barry 2012). Hochschulen, wie oben bereits erwähnt, sind in diesem Zusammenhang auch in der Pflicht und haben eine besondere Verantwortung gegenüber ihren Studenten und der Gesellschaft, eine nachhaltige Zukunft mitzugestalten (Adams et al. 2011; Jabbour 2010). Australische Hochschulen sind da keine Ausnahme, zumal auch hierzulande Rufe nach werteorientierter Lehre lauter geworden sind (Sidiropoulos 2014), die Akkreditierung von Wirtschaftsschulen einen zunehmend starken CSR- und Nachhaltigkeitsfokus hat (Jonson et al. 2015) und das Interesse der Studierenden an sozial-ökologischen, ethischen und zukunftsrelevanten Themen über die Jahre gestiegen ist (Haski-Leventhal und Concato 2016; Issa und Pick 2016; Jonson et al. 2015).

Universitäten in Australien haben in den letzten zehn Jahren aktiv versucht, diesen Verpflichtungen und Erwartungen mit messbarem Einfluss auf das Management und die Organisation der Hochschulen, das Leben auf dem Campus und auch die Lehrinhalte nachzukommen. Schwerpunktmäßig reagierte der höhere Bildungsbereich mit Programmen zur Campusökologisierung sowie mit Teilnahme an internationalen Hochschulinitiativen wie die Talloires Deklaration (Association of University Leaders for a Sustainable Future 1990) und freiwilligem Beitritt zu globalen Programmen wie die von den Vereinten Nationen initiierten Principles for Responsible Management Education (United Nations Principles for Responsible Management Education 2014). Zum Beispiel haben sich 23 Wirtschaftsschulen der insgesamt 43 Universitäten in Australien zur Einhaltung der PRME freiwillig verpflichtet (United Nations Principles for Responsible Management

---

[2] Der Einfluss von Hochschulen auf die ethische Entscheidungskompetenz ihrer Absolventen ist umstritten (Hummel et al. 2016).

Education 2017). Allerdings erweist sich die Integration von ECSRS in Lehrpläne in Australien wie anderswo auch als schwierig (del Mar Alonso-Almeida et al. 2014; Doh und Tashman 2014; Dyllick 2015; Figueiró und Raufflet 2015) und es wird vermutet, dass es an einem allgemeinen Verständnis fehlt, wie zentrale akademische Tätigkeiten wie Forschung und Lehre zur Sozialisierung und Ökologisierung von Universitäten besser beitragen können (Alshuwaikhat und Abubakar 2008).

In den letzten Jahren sind Anzeichen von „curricular social responsibility" an Wirtschaftsfakultäten aufgrund eines erhöhten Interesses an ECSRS-Themen erkennbar geworden (Moon und Orlitzky 2011; Rands und Starik 2009; Stubbs und Cocklin 2008); dennoch ist die ECSRS-Agenda nach wie vor kein integrierter Bestandteil vieler Wirtschaftsstudiengänge (Alcaraz und Thiruvattal 2010). Auch an australischen Hochschulen für Wirtschaft ist das Interesse an ECSRS in den letzten Jahren gestiegen (Green et al. 2017). Dennoch befinden sich viele Wirtschaftsschulen erst am Anfang einer ECSRS-Integration, da zum einen speziell CSR und Nachhaltigkeit immer noch inadäquat konzeptualisiert (Lilley et al. 2014) und zum anderen oftmals nicht als lehrplanrelevante Kernthemen identifiziert werden (Fisher und Bonn 2011). Zum Beispiel bietet lediglich ein Viertel aller Wirtschaftsschulen im Land Pflichtfächer in Ethik, CSR und Nachhaltigkeit an (Rundle-Thiele und Wymer 2010) und viele der Fächer im Angebot werden allein von einzelnen Lehrkörpern getragen und sind nicht integraler Teil einer ECSRS-Strategie der Schule oder der Universität (Stubbs und Cocklin 2008). Dieser Status quo wird durch einen Mangel aktiver Lehrplangestaltungs- und Mappingprozesse sowie durch fehlende Mechanismen für Curriculumreformen an Wirtschaftsschulen zementiert (Pearson et al. 2005).[3]

Insgesamt führen wir den hier als schwerfällig beschriebenen Wandel in den Wirtschaftsschulen Australiens auf eine Reihe universitätsexterner und -interner Einflüsse zurück (Doherty et al. 2015; Rasche et al. 2013), die bedingt auch die internationale Erfahrung widerspiegeln (Martin und Jucker 2005). Dazu zählen Australiens neoliberale Bildungs- und Hochschulpolitik der letzten 30 Jahre und deren Auswirkungen auf den Hochschulbetrieb sowie auch schulinterne kulturelle und fachspezifische Faktoren, die eine ECSRS-Integration erschweren; diesen Einflüssen widmen wir uns in den folgenden Abschnitten.

2.1 Externe Einflüsse auf CSR an australischen Hochschulen

Seit den 1980er-Jahren sind australische Universitäten einem starken Neoliberalisierungsdruck vonseiten der Politik ausgesetzt mit – den Erfahrungen in den USA und UK äh-

---

[3] Es besteht ein akuter Mangel aktueller Literatur zu diesem Thema in Australien, was wir – wie in Abschn. 2.1 angesprochen – auf ein verändertes Publikationsverhalten in den letzten Jahren im Rahmen der Hochschulneoliberalisierung zurückführen. Da Fachzeitschriften in den Bereichen Nachhaltigkeit, CSR und Hochschulerziehung in den Rankings nicht hoch dotiert sind, sind Beiträge von Akademikern zu diesen Themen stark gefallen.

nelnden – weitreichenden Folgen für den tertiären Bereich (Giroux 2014; Hill und Kumar 2012). Neoliberale Hochschulpolitik hat zu dramatischen Einschnitten in der staatlichen Förderung der Universitäten geführt. Sukzessive Mittelkürzungen haben eine Transformation der Akademie in Gang gesetzt – weg vom Stützpfeiler der öffentlichen Sphäre (Giroux 2014) hin zu einem quasikorporatisierten Unternehmen im freien Wettbewerb um Studenten und Fördermittel in einem globalen wissensbasierten Markt (Shore 2010; Washburn 2008).

Ziel dieser Reformen war die Erhöhung der Relevanz der Hochschulen für den Arbeitsmarkt, das Wirtschaftswachstum und den nationalen Wohlstand (Meek 2002). Das hatte zur Folge, dass Universitäten als Stätten der Produktion und des Konsums von Lehrstoffen zunehmend profitorientiert und auf die Kommerzialisierung der Forschung ausgelegt worden sind (Connell 2013) und sich deren Sozialauftrag dahingehend geändert hat, dass die kulturelle Begründung der Akademie als Wahrheitsträger und Lokus kreativen Denkens und gründlicher Analyse nun als enorm kompromittiert gilt (Connell 2015, S. 24). Kritiker sehen nun höhere Bildung lediglich als den kommerziellen Vertrieb vorverpackter Lerninhalte auf der Basis von administrativ bestimmten curricularen Vorgaben, die kritisches Denken unterbewerten und mit passiven, vordefinierten Formen des Lernens ersetzen (Hill und Kumar 2012). Höhere Bildung gilt nun als instrumentalisiert, da sich Studienangebote und Lerninhalte weitestgehend am Arbeitsmarkt orientieren und das Studium selbst als Training zur Arbeitsmarktfähigkeit verstanden und verkauft wird (Garlick und Matthews 2014). Im Rahmen wachsender Mittelknappheit im Hochschulbereich werden Universitäten zunehmend in einer Sprache der Geschäftskultur definiert und im Sinn der Geschäftswelt auf Profitabilität und Effizienz hin modelliert (Giroux 2014, S. 104–105).

Mit der Neoliberalisierung australischer Universitäten hat auch der Managerialismus in den Hochschulen des Landes Einzug gehalten und zu einer Verbreitung einer Kontrollkultur geführt, die dem Mikromanagement akademischer Arbeit dient (Shore 2010). Der neue akademische Modus Operandi wird von Leistungsmetriken bestimmt, die für die angebliche Qualitätsmessung wissenschaftlicher Publikationen und individueller Akademiker sowie gesamter Fachbereiche und Universitäten benutzt werden (Lyons 2016). Die Bedeutsamkeit dieser Metriken kann nicht genug betont werden, da diese Instrumente einer Performativität sind, die auf der Simplifizierung und Messbarkeit akademischer Arbeit beruht (Ball 2003). Diese neue Form der quantitativen Überwachung erlaubt eine Neudefinierung und intensivere Kontrolle akademischer Arbeit, dessen Seele, laut Sutton (2017), bereits für tot erklärt ist.

Der externe Neoliberalisierungsdruck auf Hochschulen ist über die Jahre in Foucaults (1980) Sinn internalisiert worden und Teil der Hochschulkultur geworden (Rea 2016). Beispielsweise setzt das 2012 Weißbuch der australischen Regierung *Australia in the Asian Century* als nationales Ziel, zehn australische Universitäten unter den 100 weltbesten Universitäten bis zum Jahr 2025 zählen zu können; Hochschulen zeigen sich seit Jahren sehr willig, solchen Vorgaben nachzukommen (Australian Government 2012), da sie ihren Stand in internationalen Rankinglisten, wie die der Shanghai-Jiao-Tong-Universität- oder

The-Times-Higher-(THE)-Education-World-University-Rankings, zunehmend als Maß ihres eigenen wirtschaftlichen Erfolgs sehen (Salmi 2015). Der internationale Wettbewerb zwischen Wirtschaftsschulen für deren MBA-Programme gilt als besonders aggressiv und wird oftmals über Reputationsranglisten ausgetragen, die Hochschulen mithilfe von Proxyindikatoren wie Jobplatzierungsraten und Anfangsgehältern der Absolventen, deren berufliche Aufstiegsperspektiven sowie Status und Leistungsprofil der Alumninetzwerke bewerten und vergleichen (Jarvis 2014).

Ranglisten haben auch Einfluss auf den Umgang der Hochschulen mit ECSRS-Themen, weil diese nicht nur bestimmte Institutionen (Connell 2016) und politische und kulturelle Ideologien (Zajda 2014), sondern auch gewisse Fachgebiete privilegieren (Brueckner et al. 2017). Publikationsranglisten wie die des Australian Research Councils (ARC) haben z. B. in den letzten Jahren dazu beigetragen, dass neu entstehende und transdisziplinäre Forschungsfelder institutionell benachteiligt wurden, da diese im Ranking im Vergleich mit einzelnen Disziplinen oftmals schlechtere Bewertungen erhalten (Scott et al. 2012); häufig dominieren stark quantitative Fachrichtungen wie die Volkswirtschaftslehre (VWL). Der Logik dieser Ranglisten folgend (Tierney 2009) haben sich australische Universitäten schon seit Jahren bemüht, das Ranking ihrer Institution zu verbessern, und haben Publikationsranglisten maßgeblich dazu benutzt, ihre Forschungsprofile aufzubauen. Allerdings gefährden in den Rankings neue und transdisziplinäre Forschungsfelder sowie deren oftmals niedrig dotierten Fachjournale diese Ambitionen der Hochschulen (Cooper und Poletti 2011).

Die Integration dieser Metriken in das Management des Hochschulalltags haben deshalb zur Folge, dass Akademiker ihren Arbeitsplatzerhalt und mögliche berufliche Aufstiegschancen durch niedrig bewerte Publikationen in Gefahr sehen (Dobson 2011) und dadurch von der Arbeit in neuen und transdisziplinären Bereichen Abstand nehmen. Das Mikromanagement der Akademie hat dazu geführt, dass Forschern das Publizieren unterhalb eines gewissen Rankings in manchen Fällen untersagt wird oder dass Rankings starken Einfluss auf universitäre Entscheidungen zur Einstellung oder Beförderungen von Wissenschaftlern nehmen. Selbst die Online-Profile des Kollegiums auf Universitätswebseiten dürfen mancherorts keine Publikationen ohne oder mit niedrigem Ranking zeigen (Brueckner et al. 2017). Praktiken wie diese wurden in Australien vom ARC erkannt und führten dazu, dass die ARC-Journalrangliste im Jahr 2012 mit einer einfachen Liste anerkannter Journale ersetzt wurde (Kwok 2013); dennoch wurde bis vor Kurzem die alte ARC-Rangliste weiterhin an vielen Universitäten benutzt oder Schulen begannen sich anderer Ranglisten zu bedienen, wie der für Wirtschaftsschulen relevante Journalliste des Australien Business Deans Council (ABDC). Diese Entwicklungen zeigen den starken Einfluss der Kontrollkultur an australischen Hochschulen und nicht nur deren Einfluss auf akademisches Arbeiten und akademische Freiheiten, sondern auch den insgesamt restriktiven Charakter neoliberaler Hochschulpolitik in Bezug auf die Integration von ECSRS-Themen an Universitäten (Brembs et al. 2013; Scott et al. 2012). Auch wenn diese hegemonischen Negativeinflüsse mittlerweile gut verstanden und dokumentiert werden, sind sie anhaltend und scheinen sich zu intensiveren (Lyons 2016; Olssen und Peters 2005).

Die Integration der ESCRS-Agenda in die Lehrpläne der Hochschulen wird aber auch von universitätsinternen Einflüssen beeinträchtigt, denen wir uns nun zuwenden wollen.

2.2 Interne Barrieren zu CSR an australischen Hochschulen

Die disziplinäre Befangenheit, die bereits auf der Ebene des ARC angesprochen wurde, spiegelt sich auch innerhalb australischer Wirtschaftsschulen wider. Die enge disziplinäre Orientierung an australischen und internationalen Wirtschaftsfakultäten wird schon seit Längerem für die sozial-ökologische Myopie der Wirtschaftspädagogik verantwortlich gemacht (Daly und Cobb 2002; Gladwin et al. 1995). Der in der Wirtschaftswissenschaft dominante positivistisch-funktionalistische Ansatz verleitet zu einem verzerrten Weltbild, dass Unternehmen lediglich als neutrale, rationale und technologische Produktionssysteme versteht, deren soziale und ökologische Einbettung aber nicht wahrnimmt (Shrivastava 1995). Es dominiert eine ökonomische Rationalität, die gesellschaftlichen und umweltbezogenen externen Effekten gegenüber blind ist. So erklärt sich die Anklage der Mitschuldigkeit der Wirtschaftsschulen an der globalen Nachhaltigkeitsproblematik und der ethischen Krise der Unternehmen.

Die Dominanz ökonomischer Denkweisen in Wirtschaftsfachbereichen lässt sich durch die intellektuelle Vorherrschaft der angloamerikanischen neoklassischen Wirtschaftslehre erklären, die seit vielen Jahren als fundamentales Theoriegebäude der Wirtschaftspädagogik zählt (Keita 2012; Khurana und Spender 2012). Die neoklassische Schule gilt als ein Bereich der VWL, der durch einen starken naturwissenschaftlichen Neid gekennzeichnet, ontologisch im Positivismus verankert und außerordentlich quantitativ orientiert ist (Söderbaum 2008). Als selbsternannte Wissenschaft des menschlichen Verhaltens mit einer streng wissenschaftlichen Neutralität und rationalen Objektivität unterstellt die Neoklassik eine simplizistische menschliche Psychologie (Raworth 2017), die sich auf amoralische, selbstinteressierte Nutzenmaximierung reduziert und Gesellschaft und Natur lediglich gemessen an deren Beitrag zum ökonomischen Projekt wahrnimmt (Alcorn und Solarz 2006; Fullbrook 2007).

Dieses enggestrickte Paradigma von Produktion und Verbrauch, steht im Wiederspruch zu postnormalen und teils nicht ökonomischen Konzepten und Rationalitäten wie CSR und Nachhaltigkeit, die eines holistischen Ansatzes sowohl zu Fragen der Problemstellung als auch Problemlösung bedürfen (Will und Ryden 2015). Dennoch stellt das Wertebild der Neoklassik, was der ECSRS-Agenda zuwiderläuft, noch heute die Grundlage der modernen Managementausbildung und somit auch künftiger betriebswirtschaftlicher Entscheidungen (Clark 2014). Was hier auch zu denken gibt, sind die generell überdurchschnittlich hohen Studentenzahlen in Wirtschaftsstudiengängen (Stockwell 2014), was den Einfluss der Neoklassik noch einmal unterstreicht. Diese Dominanz in Wirtschaftsfachbereichen ist auch weiterhin ungebrochen, da diese VWL trotz sichtbarer theoretischer Mängel (Kopnina 2014) nicht durch andere ökonomische Theorien (z. B. ökologische VWL) ersetzt wird. Diese alternativen Ansätze sowie andere gesellschaftliche und umweltrelevante Themen finden oftmals keinen Platz in den Lehrplänen der Wirtschaftsschulen; sie bleiben die „Fremden vor der Tür" (Springett und Kearins 2001, S. 213) und werden lediglich in einzelnen Klassen der Wirtschaftsethik behandelt (Doh und Tashman 2014).

Die Neoklassik dominiert auch die renommierten Fachzeitschriften der VWL, in denen die Ökonomen der Universitäten zur Veröffentlichung ihrer Arbeit angehalten werden (von der Heidt und Lamberton 2011). Aufgrund des akuten Mangels an heterodoxen Inhalten in Publikationen in der sog. Diamantliste der VWL-Fachliteratur ist nun innerhalb der Disziplin von Anti-Vielfalt und paradigmatischer Homogenisierung die Rede (Lee 2007). Die sich daraus ergebenden Sachzwänge für Akademiker, von denen nur reguläre wissenschaftliche Arbeit erwartet wird, zementieren weiter den Status quo in den Arbeitsschemata der Wirtschaftsfakultäten (Vlachou 2016). Trotz einer bemerkenswerten Heterogenität und vieler neuer Theorieentwicklungen innerhalb der VWL (Dequech 2007) wird die Disziplin weiterhin von einer antiquierten Schule dominiert, deren Ablösung institutionell verhindert zu werden scheint.

Es ergibt sich der Eindruck, dass australische Hochschulen auf globale Probleme der ökologischen Nachhaltigkeit und sozial-ökonomischen Gerechtigkeit in erster Linie mit der Ökonomisierung und Kommodifizierung der höheren Erziehung geantwortet haben (Rea 2016). Anstelle innovativer Lehrplanreformen, die ein Lernen für gesellschaftliche Herausforderungen ermöglichen könnten, haben Hochschulen auf eine strenge „Diät von Managerialismus, kompetitiven Bewertungen, institutionellem Funktionalismus und pfadabhängigen Curricula" gesetzt (Garlick und Matthews 2014, S. 9). Zudem verhindern hochschulintern weiterhin akkulturierte Paradigmen und unzeitgemäße Theorien eine stärkere ESCRS-Orientierung in der Wirtschaftspädagogik. Insgesamt haben australische Universitäten, aufgrund des Hochschulpolitik akkommodierenden Verhaltens versäumt, eine Führungsrolle in der ECSRS-Integration einzunehmen und laufen nun Gefahr, langfristig international das Schlusslicht in diesem Bereich zu sein.

3 Eine Zukunft für zukunftsorientierte Lehre?

Boyer (1996, S. 20) erinnert uns im Zuge der Kommerzialisierung der Akademie daran, dass die Aufgabe der Hochschule eine größere ist und außerhalb des Markts liegt, insbesondere angesichts der Verantwortung, Studenten auf eine Welt vorbereiten zu müssen, in der menschliches Wohlbefinden und Überleben langfristig nicht mehr garantiert werden können (Colby et al. 2011). Um dieser moralischen Verantwortung (Jones et al. 2010) gerecht zu werden, müssen Hochschulen und deren Wirtschaftsfakultäten eine Pluralität des Wissens zulassen und fördern, um zum einen ihre eigene Rolle zu relegitimieren und zum anderen ihre Studenten als künftige Betreiber des Wandels besser ausbilden zu können (Tilbury et al. 2004). Für eine Akademie mit transformativem Charakter bedarf es allerdings erst einer Transformation der Hochschulen selbst (Akrivou und Bradbury-Huang 2015; Doherty et al. 2015, Rasche und Gilbert 2015), die in Wirtschaftsfachbereichen mit einer kritischen Betrachtung dominanter Denkweisen, Weltbilder und Theorieansätze beginnen sollte (Brueckner et al. 2017).

Ein Ende des externen politischen Drucks auf australische Hochschulen ist derzeit nicht in Sicht. Die nahezu unaufhaltbare Deregulierung des tertiären Bereichs in Australien wird die Kommerzialisierung um einiges beschleunigen und intensivieren. Darüber hinaus stehen aus Angst, die Wettbewerbsfähigkeit australischer Universitäten zu verlieren, enorme Veränderungen in den wirtschaftlichen Beziehungen im Namen der Flexibilisierung bevor. Diese Art des akademischen Kapitalismus (Slaughter und Leslie 1997) wird auf Kosten der weniger marktfreundlichen ESCRS-Themen betrieben, da ökonomisches Denken und neokonservative Ideologie weiterhin dominieren, die die kritischen Fähigkeiten der Hochschulen weiter beschneiden (Zajda 2014). Im Namen von Innovation und Effizienz wird ein der Innovation antithetisches Hochschulklima geschaffen, das lediglich instrumentale Wissensproduktion erlaubt (Cooper 2017).

Es muss die Aufgabe der Akademie sein, diese strukturellen Hürden zur ECSRS-Integration weiterhin zu benennen und zu kritisieren sowie einen gesellschaftlichen Dialog aufrechtzuerhalten, der die Rolle der Akademie immer wieder neu thematisiert. Struktureller Wandel bedarf aber auch eines aktiveren Eingreifens, das Richard Hil als „akademische Aktivistenkultur" (Hil 2016, S. 13) bezeichnet und auf kollegialer und disziplinübergreifender Zusammenarbeit beruht und für eine öffentliche Bildung einsteht. Die Brisbane-Deklaration, die im Rahmen der *Konferenz Challenging the Privatised University* im November 2015 verabschiedet wurde, ist ein klares Zeichen einer akademischen Gegenbewegung, die den Begriff gute Universität neu zu belegen und Aspekte wie Pluralismus, Ethik, kritische Reflektion und Kreativität wieder als Bausteine einer inklusiven und werteorientierten Akademie zu reintegrieren versucht (o. A. 2016). Eine Bewegung wie diese mit kritischer Masse wäre ein vielversprechender Beginn für die Realisierung von „curricular social responsibility" an australischen Hochschulen.

Anmerkung

Dieser Beitrag basiert z. T. auf einer in Englisch erschienen Publikation: Brueckner M, Spencer R, Paull M, Girardi A, Klomp S (2017) Journeying towards responsible citizenship and sustainability. In: Arevalo JA, Mitchell SF (Hrsg.) Handbook of sustainability in management education: In search of a multidisciplinary, innovative and integrated approach. Northampton, MA: Edward Elgar Publishing, S. 364–384.

Literatur

Adams CA, Heijltjes MG, Jack G, Marjoribanks T, Powell M (2011) The development of leaders able to respond to climate change and sustainability challenges: the role of business schools. Sustain Account Manag Policy J 2(1):165–171

Adler PS (2002) Corporate scandals: it's time for reflection in business schools. Acad Manag Exec 16(3):148–149

Akrivou K, Bradbury-Huang H (2015) Educating integrated catalysts: transforming business schools toward ethics and sustainability. Acad Manag Learn Educ 14(2):222–240

Alcaraz J, Thiruvattal E (2010) The United Nations principles for responsible management education: a global call for sustainability. Acad Manag Learn Educ 9(3):542–550

Alcorn S, Solarz B (2006) The autistic economist. Post-autistic Econ Rev 38:13–19

Alshuwaikhat HM, Abubakar I (2008) An integrated approach to achieving campus sustainability: assessment of the current campus environmental management practices. J Clean Prod 16(16):1777–1785

Association of University Leaders for a Sustainable Future (1990) The Talloires declaration. ULSF, Washington, DC (http://ulsf.org/talloires-declaration. Zugegriffen: 10. Febr. 2018)

Australian Government (2012) Australia in the Asian century. White Paper. Department of Defence, Canberra

Ball SJ (2003) The teacher's soul and the terrors of performativity. J Educ Policy 18(2):215–228

Barry J (2012) The politics of actually existing unsustainability: human flourishing in a climate-changed, carbon constrained world. Oxford University Press, Oxford

Benn S, Dunphy D (2007) Corporate governance and sustainability. Challenges for theory and practice. Routledge, New York

Bice S (2015) Corporate social responsibility as institution: a social mechanisms framework. J Bus Ethics 143(1):17–34

Boyer EL (1996) The scholarship of engagement. Bull Am Acad Arts Sci 49(7):18–33

Brembs B, Button K, Munafo M (2013) Deep impact: unintended consequences of journal rank. Front Hum Neurosci 7(Article 291):1–22

Brueckner M, Spencer R, Paull M, Girardi A, Klomp S (2017) Journeying towards responsible citizenship and sustainability. In: Arevalo JA, Mitchell SF (Hrsg) Handbook of sustainability in management education: In search of a multidisciplinary, innovative and integrated approach. Edward Elgar, Northampton, S 364–384

Clark CMA (2014) History versus equilibrium revisited: rethinking neoclassical economics as the foundation of business education. J Educ Bus 89(4):207–212

Colby A, Ehrlich T, Sullivan WM, Dolle JR (2011) Rethinking undergraduate business education: liberal learning for the profession. John Wiley & Sons, Hoboken

Connell R (2013) The neoliberal cascade and education: an essay on the market agenda and its consequences. Crit Stud Educ 54(2):99–112

Connell R (2015) Australian universities under neoliberal management: the deepening crisis. Int High Educ 81:23–25

Connell R (2016) What are good universities? Aust Univ Rev 58(2):67–73

Cooper S (2017) The university does not think. Arena Mag April(147):36–38

Cooper S, Poletti A (2011) The new ERA of journal ranking. The consequences of Australia's fraught encounter with "quality". Aust Univ Rev 53(1):57–65

Cortese AD (2003) The critical role of higher education in creating a sustainable future. Plan High Educ 31(3):15–22

Daly H, Cobb CW (2002) For the common good. J Bus Adm Policy Analysis 27(29):65–86

Dequech D (2007) Neoclassical, mainstream, orthodox, and heterodox economics. J Post Keynes Econ 30(2):279–302

Dobson IR (2011) A new ERA? Or a return to the dark ages? NTEU Advocate 18(1):24–25

Doh JP, Tashman P (2014) Half a world away: the integration and assimilation of corporate social responsibility, sustainability, and sustainable development in business school curricula. Corp Soc Responsib Environ Manag 21(3):131–142

Doherty B, Meehan J, Richards A (2015) The business case and barriers for responsible management education in business schools. J Manag Dev 34(1):34–60

Duska R (2000) Business ethics: oxymoron or good business? Bus Ethics Q 10(1):111–129
Dyllick T (2015) Responsible management education for a sustainable world: the challenges for business schools. J Manag Dev 34(1):16–33
Figueiró PS, Rafflet E (2015) Sustainability in higher education: a systematic review with focus on management education. J Clean Prod 106:22–33
Fisher J, Bonn I (2011) Business sustainability and undergraduate management education: an Australian study. High Educ 62(5):563–571
Foucault M (1980) Power/knowledge: selected interviews and other writings, 1972–1977 (C. Gordon, Trans.). Harvester Press, Brighton
Freire P (1970) Pedagogy of the oppressed. Herder & Herder, New York
Fullbrook E (2007) Real world economics: a post-autistic economics reader. Anthem Press, London
Garlick S, Matthews J (2014) University responsibility in a world of environemntal catastrophe: cognitive justice, engagement and an ethic of care in learning. In: Inman P, Robinson DL (Hrsg) University engagement and environmental sustainability. Manchester University Press, Manchester, S 9–20
Ghemawat P (2017) Market and management failures. Capitalism Soc 12(1):Art. 2
Giroux HA (2014) Neoliberalism's war on higher education. Haymarket Books, Chicago
Gladwin TN, Kennelly JJ, Krause T-S (1995) Shifting paradigms for sustainable development: implications for management theory and research. Acad Manag Rev 20(4):874–907
Godemann J, Haertle J, Herzig C, Moon J (2014) United Nations supported principles for responsible management education: purpose, progress and prospects. J Clean Prod 62:16–23
Green R, Berti M, Sutton N (2017) Higher education in management: the case of Australia. In: Dameron S, Durand T (Hrsg) The future of management education. Palgrave Macmillan, London, S 117–137
Haski-Leventhal D, Concato J (2016) The state of CSR and RME in business schools and the attitudes of their students. Third bi-annual study, 2016. Macquarie Graduate School of Management, Melbourne
von der Heidt T, Lamberton G (2011) Sustainability in the undergraduate and postgraduate business curriculum of a regional university: a critical perspective. J Manag Organ 17(5):670–690
Hil R (2016) Against the neoliberal university. Arena Mag 140:12–14
Hill D, Kumar R (2012) Global neoliberalism and education and its consequences. Routledge, New York
Hummel K, Pfaff D, Rost K (2016) Does economics and business education wash away moral judgment competence? J Bus Ethics. https://doi.org/10.1007/s10551-016-3142-6
Issa T, Pick D (2016) Teaching business ethics post GFC: a corporate social responsibility. In: Jamali D (Hrsg) Comparative perspectives on global corporate social responsibility. IGI Global, Hershey, S 290–307
Jabbour CJC (2010) Greening of business schools: a systemic view. Int J Sustain High Educ 11(1):49–60
Jarvis DS (2014) Regulating higher education: quality assurance and neo-liberal managerialism in higher education – a critical introduction. Policy Soc 33(3):155–166
Jones P, Selby D, Sterling S (2010) Introduction. In: Jones P, Selby D, Sterling S (Hrsg) Sustainability education. Perspectives and practice across higher education. Earthscan, London, S 1–16
Jonson EP, Mcguire LM, O'neill D (2015) Teaching ethics to undergraduate business students in Australia: comparison of integrated and stand-alone approaches. J Bus Ethics 132(2):477–491
Kahn R (2010) Critical pedagogy, ecoliteracy, & planetary crisis: the ecopedagogy movement. Peter Lang, New York

Keita L (2012) Revealed preference theory, rationality, and neoclassical economics: science or ideology? Africa Dev 37(4):73–116

Khurana R, Spender JC (2012) Herbert A. Simon on what ails business schools: more than 'a problem in organizational design. J Manag Stud 49(3):619–639

Kopnina H (2014) Neoliberalism, pluralism, environment and education for sustainability. Horizons Holist Educ 1(2):93–113

Kwok JK (2013) Impact of ERA research assessment on university behaviour and their staff. NTEU National Policy and Research Unit, South Melbourne

Lee FS (2007) The research assessment exercise, the state and the dominance of mainstream economics in British universities. Cambridge J Econ 31(2):309–325

Leonard P, Mclaren P (2002) Paulo Freire: a critical encounter. Routledge, London

Lilley K, Barker M, Harris N (2014) Educating global citizens in business schools. J Int Educ Bus 7(1):72–84

Lozano R, Ceulemans K, Alonso-Almeida M, Huisingh D, Lozano FJ, Waas T, Lambrechts W, Lukman R, Huge J (2015) A review of commitment and implementation of sustainable development in higher education: results from a worldwide survey. J Clean Prod 108(Part A):1–18

Lyons K (2016) Challenging the privatised university. NTEU Advocate 23(3):31

Del Mar Alonso-Almeida M, Marimon F, Casani F, Rodriguez-Pomeda J (2014) Diffusion of sustainability reporting in universities: current situation and future perspectives. J Clean Prod 106(1):144–154

Marten P, Roorda N, Corvers R (2010) Sustainability, science and higher education – the need for new paradigms. Mary Ann Liebert 3(5):294–303

Martin S, Jucker R (2005) Educating earth-literate leaders. J Geogr High Educ 29(1):19–29

Maschke M, Zimmer R (2013) CSR – Gesellschaftliche Verantwortung von Unternehmen. Bund-Verlag, Frankfurt am Main

Meek VL (2002) On the road to mediocrity? Governance and management of Australian higher education in the market place. In: Amaral A, Jones GA, Karseth B (Hrsg) Governing higher education: national perspectives on institutional governance. Springer, Berlin, Heidelberg, S 235–260

Moon J, Orlitzky M (2011) Corporate social responsibility and sustainability education: a trans-Atlantic comparison. J Manag Organ 17:583–604

o. A. (2016) The Brisbane declaration. Australian Universities' Review 58(2):8. http://www.aur.org.au/article/The-Brisbane-Declaration-%28AUR-58-02%29-18966. Zugegriffen: 09. Febr. 2018

Okoye A (2009) Theorising corporate social responsibility as an essentially contested concept: is a definition necessary? J Bus Ethics 89(4):613–627

Olssen M, Peters MA (2005) Neoliberalism, higher education and the knowledge economy: from the free market to knowledge capitalism. J Educ Policy 20(3):313–345

Pearson S, Honeywood S, O'toole M (2005) Not yet learning for sustainability: the challenge of environmental education in a university. Int Res Geogr Environ Educ 14(3):173–186

Rands GP, Starik M (2009) The short and glorious history of sustainability in North American management education. In: Wankel C, Stoner JAF (Hrsg) Management education for global sustainability. Information Age Publishing, Charlotte, S 19–49

Rasche A, Gilbert DU (2015) Decoupling responsible management education. J Manag Inq 24(3):239–252

Rasche A, Gilbert DU, Schedel I (2013) Cross-disciplinary ethics education in MBA programs: rhetoric or reality? Acad Manag Learn Educ 12(1):71–85

Raworth K (2017) Doughnut economics: seven ways to think like a 21st-century economist. Chelsea Green Publishing, White River Junction

Rea J (2016) Critiquing neoliberalism in Australian universities. Aust Fre Rev 58(2):8–14

Rundle-Thiele SR, Wymer W (2010) Stand-alone ethics, social responsibility, and sustainability course requirements: a snapshot from Australia and New Zealand. J Mark Educ 32(1):5–12

Salmi J (2015) The growing accountability agenda: progress or mixed blessing? Int High Educ 21(1):1–22

Savelyeva T, Mckenna JR (2011) Campus sustainability: emerging curricula models in higher education. Int J Sustain High Educ 12(1):55–66

Scott G, Tilbury D, Sharp L, Deane E (2012) Turnaround leadership for sustainability in higher education. University of Western Sydney, Australian National University & Sustainable Futures Leadership Academy, Sydney

Setó-Pamies D, Papaoikonomou E (2016) A multi-level perspective for the integration of ethics, corporate social responsibility and sustainability (ECSRS) in management education. J Bus Ethics 136(3):523–538

Sharp L (2009) Higher education: the quest for the sustainable campus. Sustain Sci Pract Policy 5(1):1–8

Shore C (2010) Beyond the multiversity: neoliberalism and the rise of the schizophrenic university. Soc Anthropol 18(1):15–29

Shrivastava P (1995) Ecocentric management for a risk society. Acad Manag Rev 20(1):118–137

Sidiropoulos E (2014) Education for sustainability in business education programs: a question of value. J Clean Prod 85:472–487

Slaughter S, Leslie LL (1997) Academic capitalism: politics, policies, and the entrepreneurial university. The Johns Hopkins University Press, Baltimore

Söderbaum P (2008) Understanding sustainability economics: towards pluralism in economics. Earthscan, London

Springett D, Kearins K (2001) Gaining legitimacy? sustainable development in business school curricula. Sustain Dev 9(4):213–221

Steffen W, Broadgate W, Deutsch L, Gaffney O, Ludwig C (2015) The trajectory of the Anthropocene: the great acceleration. Anthropocene Rev 2(1):81–98

Stibbe A (2009) The handbook of sustainability literacy: skills for a changing world. Green Books, Dartington

Stockwell C (2014) Same as it ever was: Top 10 most popular college majors. USA Today, 26 October

Stubbs W, Cocklin C (2008) Teaching sustainability to business students: shifting mindsets. Int J Sustain High Educ 9(3):206–221

Sutton P (2017) Lost souls? The demoralization of academic labour in the measured university. High Educ Res Dev 36(3):625–636

Swanson DL, Dahler-Larsen P (2008) Toward an ethical sense of self for business education. In: Swanson DL, Fisher DG (Hrsg) Advancing business ethics education. Information Age Publishing, Charlotte, S 191–220

Tierney WG (2009) Globalization, international rankings, and the American model: a reassessment. High Educ Reform 6:1–17

Tilbury D, Crawley C, Berry F (2004) Education about and for sustainability in Australian business schools. Report prepared by the Australian Research Institute in Education for Sustainability (ARIES) and Arup Sustainability for the Australian Government Department of the Environment and Heritage. Macquarie University, Sydney

United Nations (1992) Rio declaration on environment and development. United Nations, Rio de Janeiro

United Nations Principles for Responsible Management Education (2014) PRME – the principles for responsible management education. http://www.unprme.org/. Zugegriffen: 6. März 2014

United Nations Principles for Responsible Management Education (2017) PRME – Signatories. http://www.unprme.org/. Zugegriffen: 15. Juni 2017

Vlachou A (2016) Contemporary economic theory: radical critiques of neoliberalism. Springer, Heidelberg

Washburn J (2008) University, inc.: the corporate corruption of higher education. Basic Books, New York

Will M, Ryden L (2015) Trans-disciplinarity in sustainability science and education. In: Leal Filho W, Brandli L, Kuznetsova O, Paço AMFD (Hrsg) Integrative approaches to sustainable development at university level. Springer, Cham, S 687–705

Zajda J (2014) Globalisation and neo-liberalism as educational policy in Australia. In: Turner DA, Yolcu H (Hrsg) Neo-liberal educational reforms: a critical analysis. Routledge, New York, S 164–183

Dr. Martin Brueckner ist Sozial-Ökologe und Seniordozent an der Murdoch Universität in Perth, West Australien. Er ist Co-Direktor des Centre for Responsbile Citizenship and Sustainability, was sich Inhaltlich mit Fragen der politischen und wirtschaftlichen Umsetzung von Nachhaltigkeit befasst. Seine Forschungsschwerpunkte sind unternehmerische Sozialverantwortung und nachhaltige Entwicklung für soziale und Umweltgerechtigkeit.

Dr. Megan Paull ist Direktorin der Postgraduiertenforschung und ein Seniordozent an der School of Business and Governance an der Murdoch Universität in Westaustralien. Sie ist Mitgründer und Co-Direktorin des Centre for Responsible Citizenship and Sustainability und ihre Forschung ist im Bereich gemeinnütziger Verwaltung und Governance angesiedelt, einschließlich Freiwilligenarbeit und Freiwilligenarbeit von Unternehmen. Dr. Paull betreibt auch Studien auf dem Gebiet des organisatorischen Verhaltens, insbesondere zum Thema Passivität bei Mobbing-Vorfällen am Arbeitsplatz. Sie unterrichtet derzeit gemeinnütziges Management, Menschenführung und Zusammenspiel von Wirtschaft, Gesellschaft und Umwelt.

Dr. Rochelle Spencer ist Mitgründer und Co-Direktorin des Centre for Responsible Citizenship and Sustainability an der Murdoch Universität. Zu ihren Forschungsinteressen zählen die Anthropologie der Entwicklung, der Entwicklungstourismus, indigene Sozialunternehmen und Kapazitätsentwicklung in Afrika. Rochelle unterrichtet in Entwicklungsstudien und Nachhaltigkeit an der School of Business and Governance und der Sir Walter Murdoch Graduate School.

Empowering ethical and socially responsible leadership through management education – A case study on the IEDC-Bled School of Management

Danica Purg and Alenka Braček Lalić

1 Introduction

Ethical and socially responsible values have always been a feature of universities and other higher educational institutions. However, teaching, learning, and research are now promoting competences related to social responsibility and global citizenship to an unprecedented degree, imparted through approaches that equip graduates with a solid understanding of social issues. Teaching this new palette of competences has become urgent because of the extraordinary demands on modern graduates, who must live and work in a world that is more interconnected, and more globalized, than ever before. The new competences have been made urgent by social changes and by a profound crisis of values. Higher education needs to consider them in developing its study programs, regardless of discipline.

Socially responsible and global citizenship competences are especially important for management education institutions, whose main mission is to educate and develop future managers and leaders who will shape our future, have a significant impact on local, regional, and global society, and ultimately affect the quality of the human condition. In this light, it is time for management education institutions to actively incorporate these competences into their knowledge creation (research) and transfer of knowledge (teaching and learning) activities. And: management education must be approached humanistically if it is to become socially responsible.

D. Purg (✉) · A. Braček Lalić
IEDC-Bled School of Management, Postgraduate Studies
Bled, Slovenia
e-mail: danica.purg@iedc.si

A. Braček Lalić
e-mail: alenka.bracek.lalic@iedc.si

Much has been achieved by the United Nations Global Compact (UNGC), the world's largest global corporate responsibility and sustainability initiative, which ten years ago initiated the Principles of Responsible Management Education (PRME), an initiative that incorporates several worthy actions and initiatives. As of May 2018 the PRME initiative had 705 signatories, who have pledged to comply with six responsible management education principles (purpose, values, method, research, partnership, and dialog) in the areas of research, education, values, and partnerships (PRME 2017). PRME activities promote management education as socially responsible scholarship, and emphasize the latter's importance for all management education stakeholders (students, employers and society). Management education has thus become aware that socially responsible, ethical values and competences are essential, and we can say that we understand the "why" (at least in most countries). But management education institutions still lack concrete examples of "what", and of precisely "how" the six principles can or should be implemented in reality, in classrooms and in the societies where management education institutions operate.

This chapter is not a traditional academic paper where we explore the social responsibility concept and compare the views of different authors and their publications on the topic. Rather, it provides concrete insights into the "what" and the "how" of implementing the six PRME principles at the IEDC-Bled School of Management, in a region which has undergone several political, social, and economic transformation processes in recent years. The main intentions of the chapter are to supply management education institutions with concrete examples of how PRME principles might be implemented at an institutional level, and to serve as a source of inspiration to scholars and students devoted to social responsibility.

The chapter takes the form of a case study by exploring the institutional documents and reports submitted to PRME and UNGC in the recent years (see IEDC 2015a, 2015b, 2016, 2017. It firstly charts the IEDC-Bled School of Management from its establishment in 1986 over 32 years of operation, and explores several socially responsible initiatives and what motivated them. Secondly, it lists concrete examples of the socially responsible activities implemented by the institution in relation to three separate missions of management education: transfer of knowledge, creation of knowledge, and service to society. The case study also explores leadership characteristics, which are important for introducing PRME principles within a management education institution.

2 Management Education in Central and Eastern Europe: Setting the Context

In the late 1980s and early 1990s, the countries of Central and Eastern Europe (CEE) went through severe economic and political transformation processes. Many managers and leaders in most CEE countries did not have the knowledge and skills to lead the necessary changes (Purg and Braček Lalić 2017). One main reason for this was the lack of management education institutions in CEE at the time, and the fact that business education was, considering the political context, not well regarded. In Yugoslavia, for instance, the word "management" was considered "strange", and even "hostile" to the self-management system. Before the 1990s, it was considered to be a "technocratic" tool for manipulating workers (Purg and Braček Lalić 2017). As society evolved, however, the first management education institutions in Central and Eastern Europe were able to provide significant support to several reform processes in the region in the 1990s.

2.1 A Case Study on the IEDC-Bled School of Management, the First Management School in Central and Eastern Europe

As already mentioned, the first management school in CEE was the IEDC-Bled School of Management (IEDC), which opened in 1986 in Slovenia. Because of the fact that the word management was not well regarded, the management school was given the name IEDC, which stands for "International Executive Development Centre", and all of its programs were designed for executives. From the outset IEDC invited foreign faculty and business leaders to share their practices with local managers. One of its first programs was "Strategy Development", where the board of the Dutch multinational Wolters Kluwer shared its knowledge and experience with Slovene managers. IEDC showed its awareness of the changing environment very early (in 1993) by introducing a mandatory course in Business Ethics in its Executive MBA program, thus becoming an international forerunner in this field (Purg and Braček Lalić 2017). Over the years, IEDC also developed longer programs such as the General Management Program with various specializations and the Digital Transformation Program, along with several other shorter programs focused on management and leadership studies. Its Executive MBA (1991) and PhD (2010) programs were among the first in Central and Eastern Europe. Both of these have acquired national and international accreditations from recognized institutions, such as the Association of MBAs, CEEMAN IQA, the International Association for Management Development in Dynamic Societies, and the Slovene Quality Assurance Agency for Higher Education.

IEDC has become one of the leading international management development institutions in Europe. It believes in ethical and socially responsible leadership, which can be promoted through learning from art, science, sport and the other professions via drawing parallels and asking people to reflect. IEDC has integrated a Business Ethics component into all of its long and short management programs (not just the Executive MBA program). Ten years ago, sustainable development topics were added to the curriculum as an additional innovation. Since then IEDC has also worked to incorporate the arts and artistic processes into management education. The institution's premises were themselves designed and built as an art gallery, conceived as a place where managers come not only to learn, but also to be inspired (IEDC 2017).

2.2 Socially Responsible Pathways, Challenges and Implications

Corporate social responsibility and ethical values are the "DNA" of the IEDC. As a pioneer in promoting and incorporating these values in all segments of its operation (teaching, research, extracurricular activities, student projects and service to society projects), the institution has received several awards. Below we list those related to ethical and socially responsible leadership initiatives retrieved from the institutional documents (IEDC 2015a, 2015b, 2016, 2017), and then explore how a management education institution can incorporate the associated values into its operations. Professor Danica Purg, International Educator of the Year 2010 (an Academy of International Business (AIB) distinction), was one of the six deans, university presidents and official leading business school representatives comprising an international task force for the Geneva Global Forum, which launched the PRME at the UN Global Compact Leaders Summit in July 2007. IEDC was among the first PRME signatories. In 2013, Professor Purg chaired the UN PRME steering committee, and IEDC hosted the PRME Global Forum 2013. The co-organizer was PRME steering committee member CEEMAN (an organization founded by a group of CEE educational leaders and led by Professor Purg which currently connects more than 220 business schools from 55 countries). At the PRME Summit more than 200 members of the management education community convened to discuss the creation of a new intellectual, research, teaching and institutional agenda that develops leaders for the future we want. Other IEDC's milestones related to socially responsible and ethical values are:

- 2009: IEDC was the only institution from Central and Eastern Europe to be named among the 100 top business schools worldwide in the Aspen Institute's Beyond Grey Pinstripes ranking, for having demonstrated significant leadership in integrating social, environmental and ethical issues into its Executive MBA program;
- 2010: IEDC established the Coca-Cola Chair of Sustainable Development in partnership with the Coca-Cola Company;
- 2016: IEDC became one of 23 UN PRME Champions and the only one in Central and Eastern Europe;
- 2017: Professor Danica Purg received an award for her pioneering work in establishing the UN PRME initiative (IEDC 2015a, 2015b, 2016,x 2017).

Below, with the aim of providing inspiration and examples, we explore how the six PRME principles can be implemented at an institutional level, and present various activities associated with the three main missions of management education: transfer of knowledge (teaching and learning), creation of knowledge (research) and service to society.

2.2.1 Transfer of Knowledge (Teaching and Learning)

Recognizing the growing importance of sustainable development for business leaders, the IEDC-Bled School of Management has taken significant steps to promote it by integrating sustainability into its curricula as a required course. IEDC places strong emphasis on developing business leaders that are concerned not only with the "how" of business, but also with the "why" (IEDC 2015a, p. 5).

The Executive MBA courses at IEDC that feature sustainability and corporate responsibility are (IEDC 2015a, p. 3):

- Business in Society (5 ECTS credits), which addresses the debate regarding the responsibility of businesses for their social and environmental impact; considers some of the resulting management innovations and tools; and invites participants to explore their own responses, both as students and as professionals;
- Business Ethics and Corporate Governance (5 ECTS credits), which teaches participants how to maintain ethical standards, and how to apply principles of corporate governance. In addition to other leadership topics addressed in various courses throughout the program, this course includes ethics in relation to an organization's stakeholders; rules and codes governing the relationship between an organization and its stakeholders; and ethical challenges faced by business leaders who are engaged in leading business transformations;
- Leadership (10 ECTS credits), which addresses the most pressing challenges confronting today's leaders and the significant cultural changes that are taking place in business organizations. Participants are led through a number of reflective exercises which help them to better understand their own leadership traits and performance.

One course in IEDC's PhD program is also specifically devoted to sustainable development: Business in Society (5 ECTS credits). This course provides an in-depth exploration of key questions in the relationship between businesses and their respective societies, including the issues of climate change and the shift to a low-carbon economy (IEDC 2015b, p. 5). In addition to its academic programs, IEDC's other (shorter) programs also address sustainability, social responsibility and ethical topics. Like it has already been mentioned, IEDC has integrated a Business Ethics component into all of its long and short management programs (not just in the Executive MBA program and PhD program).

2.2.2 Creation of Knowledge (Research)

The Coca-Cola Chair of Sustainable Development was established in December 2010 as a partnership between the Coca-Cola Company and the IEDC-Bled School of Management. The founding of the Chair followed a successful two-year collaboration through the Coca-Cola Chair of Marketing, which contributed to the development of IEDC's marketing expertise from 2008 to 2010 (IEDC 2015a, p. 7). The Coca-Cola Chair for Sustainable Development is an interdisciplinary initiative that addresses:

- Research: Creation of cutting-edge knowledge through applied research activities that address the "how" of sustainable value, and dissemination of this knowledge regionally and internationally;

- Teaching: Development and dissemination of teaching tools such as case series, syllabi, exercises, and teaching modules that facilitate the successful integration of sustainable development agendas into the core management curriculum. Managers are invited to reflect deeply on the role of business in society;
- Outreach: Organization of seminars, conferences and educational events aimed at promoting the concepts of sustainable development and sustainable value (IEDC 2015b).

In recent years, the most notable tangible research outputs have included:

- Publication of a ground-breaking book, *Embedded Sustainability: The Next Big Competitive Advantage* (2011), co-authored by Dr. Nadya Zhexembayeva, The Coca-Cola Chair, and published by Stanford University Press and Greenleaf Publishing;
- Publication of scientific peer-reviewed articles and book chapters, such as "Embedded Sustainability and the Innovation-Producing Potential of the UN Global Compact's Environmental Principles" by David Cooperrrider and Dr. Nadya Zhexembayeva, which appeared in *Globally Responsible Leadership: Managing According to the UN Global Compact* (2012), co-authored by Joanne Lawrence and Paul Beamish and published by SAGE Publications;
- Extensive research efforts resulting in a new book, *Overfished Ocean Strategy: Disruptive Innovation for a Resource Deprived World* (2014) by Dr. Nadya Zhexembayeva, published by Berrett-Koehler Publishers (USA);
- Publication of the scientific peer-reviewed book chapter by Dr. Nadya Zhexembayeva "In search of sustainable business in central and eastern Europe" in Peter McKiernan, Danica Purg (editors), *Hidden Champions in CEE and Turkey*, Springer Publishing, Heidelberg 2013;
- In 2014, research into sustainability and embedded sustainability was documented in *Overfished Ocean Strategy: Disruptive Innovation for a Resource Deprived World* (2014) by Dr. Nadya Zhexembayeva, published by Berrett-Koehler Publishers (USA) (see above);
- In 2015, IEDC part-time employed faculty member Professor Mollie Painter Morland, who became the new Coca-Cola Chair, initiated, within the framework of the PRME project, an international project entitled "An integrated vocabulary for promoting responsible sustainable business". The expected outcome is a readable booklet that explains relevant terms on responsible and sustainable business and proposes various options and models for integrated institutionalization in different organizations. Its contribution will be to create a common language for the promotion of ethics, good governance, anti-corruption and sustainability initiatives. The project is a collaboration with Nottingham Trent University, UK (IEDC 2015a, 2015b).
- In 2015, Professor Purg, published in Strategy Journal, Russia, the article "Dynamically changing societies and social responsibility of entrepreneurship".
- In 2018, after two years of exploratory study led by IEDC and CEEMAN, a book titled *Business and Society – Making Management Education Relevant for the 21st Century*

will be published by Springer. The book is the result of 16 management education institutions from 11 countries, that sought to identify what are the current and future business challenges, what are the management and leadership development needs related to the current and future business challenges and finally, to get insights into the missing links between the needs of the corporate world on one side and the offerings management education institutions on the other.

- The book *Business and Society – Making Management Education Relevant for the 21st Century* examines the views of decision makers from 145 companies in Central and Eastern Europe and South Africa on how management education institutions and the corporate world can better cooperate with one another in order to meet the challenges of the contemporary business environment which is most prominently characterized by volatility, uncertainty, complexity and ambiguity. 212 interviews and more than 450 responses to extensive surveys build the foundation on which the international research team sought to identify trends in this field.

2.2.3 Service to Society (Partnership and Dialogue)

Slovenian Chapter of the United Nations Global Compact
In 2007, IEDC initiated the establishment of the Slovenian chapter of the United Nations Global Compact (UNGC). Offering education, support and networking for better implementation of sustainable business practices, UNGC Slovenia provides education in and awareness of the strategic value of sustainability in business through various events and conferences.

Every year UNGC Slovenia organizes up to two international events (conferences and seminars), through which it promotes topics related to sustainability and ethics, and social responsibility and encourages its members and the corporate world to address them in their working environments.

CEEMAN: International Association for Management Development in Dynamic Societies
In 1993, the IEDC together with a group of CEE educational leaders initiated the establishment of CEEMAN, the Central and East European Management Association that later, in 2015, retitled into the International Association for Management Development in Dynamic Societies, with the goal of strengthening the overall socio-economic development of the rising economies. CEEMAN was among the first business school associations to support PRME principles. IEDC (where the headquarters of CEEMAN is also located) then called on CEEMAN member organizations to sign the PRME. IEDC also encouraged responsible management education by introducing new criteria for the CEEMAN IQA accreditation scheme, whereby schools must demonstrate that they incorporate social and environmental issues into policies, processes and outcomes connected to institutions' fundamental pillars, such as: transfer of knowledge, creation of knowledge and service to

society. As a result, of the first 100 business schools that signed up to PRME principles, 20 were from CEEMAN (IEDC 2015b, p. 14).

IEDC supported the creation of IMTA (the International Management Teachers Academy), CEEMAN's flagship faculty development program, which integrates issues of sustainability, ethics and social responsibilities as fundamental to management faculty. In 2013, IMTA also introduced a sustainability track, a one-week program for young faculty on sustainable development led by Tony F. Buono, Professor of Management and Sociology and Executive Director, Bentley Alliance for Ethics and Social Responsibility (IEDC 2015b).

CHALLENGE:FUTURE
In 2009, IEDC co-founded the global Challenge:Future student competition, which has attracted nearly 15,000 18- to 30-year-old students from 90 countries to address global sustainability challenges with open, collaborative innovation. With six sustainability challenges (communication, transportation, media, health, youth in society, and prosperity) Challenge:Future has ignited tremendous interest across universities and continents, and created a vibrant online youth community dedicated to advancing the vision of sustainable development (IEDC 2015b, p. 14).

3 Success Factors for Empowering Ethical and Socially Responsible Leadership Through Management Education

The activities implemented at IEDC since its establishment and presented above verify that "socially responsible, sustainable and ethical principles are the DNA of IEDC's philosophy". In addition to exploring how PRME principles can be realized at an institutional level, it is worth looking at the main success factors that empower the teaching of ethical and socially responsible leadership at management education institutions. Authors of this chapter suggest that there are at least five: 1) vision; 2) leadership; 3) strategy; 4) implementation; and 5) the engagement of all stakeholders.

3.1 Vision

Every management education institution develops a vision, mission and goals that are to be achieved within a certain period. The vision and mission of a management education institution usually aspire to make it the best or the most international such institution in the region or the world. To empower ethical and socially responsible leadership through management education, it is also very important to include it in a management education institutions' vision and mission.

3.2 Strategy

A vision and mission may be well prepared, documented and promoted, but if a concrete strategy with clear KPIs (key performance indicators) does not follow, a management education institution will not achieve its aspirations. An institution must also prepare concrete goals and KPIs if it is to empower ethical and socially responsible leadership through its education. To address this rather intangible goal, management education institutions must comprehensively consider the teaching/learning and research activities though which it would be realized.

3.3 Strategy Implementation

A strategy, too, may be well documented, but if implementation and monitoring processes are not in place it will be ineffective. To realize a strategy, several internal quality management processes are required: 1) development of an annual action plan; 2) implementation of an action plan and regular meetings where an action plan is monitored; and 3) a self-assessment report with measures for improvement, prepared on an annual basis.

3.4 Leadership

A management education institution may have a vision, a mission and a strategy, but if its leadership does not value the empowering of ethical and socially responsible leadership the three factors presented above will have neither significance nor impact. The leader of a management education institution is the most important factor in achieving its aspirations, and this person must communicate the latter and bring all other colleagues (academic and professional staff) on board.

3.5 Engagement of all Stakeholders

A management education institution cannot achieve its goals alone, without engaging its stakeholders. All stakeholders, internal (academic and professional staff, students) and external (alumni, business partners, employers, local and wider society), must be involved in realizing the factors explained above.

4 Conclusions

Ethical and moral values, together with sustainability and social responsibility issues, have always been regarded as soft topics that generate soft skills and competences. Compared to the functional skills and competences of such subjects as marketing, financial management and accounting they have always been perceived as less important within management education institutions. However, according to the "Future of Jobs" (World Economic Forum 2016) report prepared by the World Economic Forum, the higher education of tomorrow must impart not only functional skills and competences, but also cognitive and cross-functional skills such as critical thinking, creativity, collaboration, and complex problem-solving. Training students in judgment and decision-making has also assumed great importance. To explain why, we must address the mission and role of the university and other higher education institutions. These are threefold:

1. Creation of knowledge
2. Transfer of knowledge
3. Service to society

If we examine the history of the university and other higher education institutions, we see that research excellence has always taken precedence over pedagogical excellence and service to society. However, the turbulent changes (economic, cultural and social) of today's world are causing a profound crisis of values. In this context, higher education needs to re-energize its third mission and strive not just to promote and enhance its research and pedagogical excellence, but also to incorporate socially responsible, ethical and moral values in its ethos, at all levels. Such values are essential to the cultural, socio-economic and environmentally sustainable development of individuals, communities and the global environment today.

This is especially crucial for management educational institutions that teach future managers and world leaders, for these persons have a great impact on society at all levels. It is time for management education to become socially responsible and emphasize moral and ethical values. Examples of how to do this have been scarce, and the main intention of this chapter has been to rectify this. It is hoped that the actions of the IEDC-Bled School of Management will demonstrate how a management education institution can revive the third mission of higher education – service to society – and serve as an inspiration.

References

IEDC-Bled School of Management (2015a) Sharing information on progress. Report by IEDC-Bled School of Management. http://www.unprme.org/reports/IEDCPRMESIPreport2015.pdf

IEDC-Bled School of Management (2015b) Communication on engagement by IEDC-Bled School of Management. https://www.unglobalcompact.org/system/attachments/cop_2015/218681/original/COE_IEDC_11_12_2015.pdf?1449849487

IEDC-Bled School of Management (2017) About the school. http://www.iedc.si/about-iedc/about-the-school

The Principles for Responsible Management Education (PRME) (2017) Search Participants. http://www.unprme.org/participation/search-participants.php

Purg D, Braček Lalić A (2017) Development of management education in Central and Eastern Europe (1985–2017). William Davidson Institute at the University of Michigan, Michigan

World Economic Forum (2016) The future of jobs. Employment, skills and workforce strategy for the fourth industrial revolution. http://www3.weforum.org/docs/WEF_Future_of_Jobs.pdf

Professor Danica Purg is the President and Dean of IEDC-Bled School of Management, Postgraduate Studies, and the President of CEEMAN, International Association for Management Development in Dynamic Societies, which brings together more than 220 management development institutions from 55 countries. She also leads the European Leadership Centre.

Dr. Alenka Braček Lalić is the Vice Dean for Research and Co-Director of Executive MBA study program at IEDC-Bled School of Management, Postgraduate Studies. She is also heavily engaged with CEEMAN, International Association for Management Development in Dynamic Societies, where she acts as the International Quality Accreditation (IQA) Director.

Gemeinsam mehr erreichen – Netzwerke mit Impact

CSR in der Hochschulpraxis: CSR-Kooperationen und ihr Einfluss auf Forschung, Lehre und Verwaltung am Beispiel einer Case Study

Christopher Stehr und Franziska Struve

1 Einleitung

Corporate Social Responsibility (CSR) und die Frage nach der Relevanz dieses Engagements hat mittlerweile auch die wissenschaftlichen Bildungseinrichtungen erreicht. Im Rahmen der aktuell geführten CSR-Diskussion zur Umsetzung der EU-Richtlinie (Europäische Union 2014; Rat für Nachhaltige Entwicklung 2017) bei Unternehmen hat sich ein fruchtbarer Diskurs innerhalb der Science Community unter dem zentralen Aspekt eingestellt: Wie kann CSR erfolgreich in den jeweiligen Bildungsinstitutionen im Allgemeinen und in Universitäten und Hochschulen im Speziellen auf allen Ebenen implementiert werden, ohne sich dem Vorwurf des Greenwashing (IHK Nürnberg und Mittelfranken 2015; EnviroMedia Social Marketing und University of Oregon School of Journalism and Communication 2017) auszusetzen. Obwohl nach aktueller Gesetzeslage die Universitäten nicht unter die genannte EU-Richtlinie und das bundesrepublikanische Umsetzungsgesetz fallen, erkennen zahlreiche Universitäten und Hochschulen den Mehrwert von gelebtem CSR-Engagement und CSR-Maßnahmen, zum einen als Alleinstellungsmerkmal im Vergleich zum Wettbewerber, z. B. im Rahmen eines CSR-Studiengangs (Hochschule für nachhaltige Entwicklung Eberswalde 2017; ESCP Europe 2017, Hochschule Bonn-Rhein-Sieg 2017). Zum anderen profilieren sich zahlreiche Hochschulen über eigene CSR-Institute oder Forschungseinrichtungen (Weltethos-Institut [Universität Tübingen] 2017; Leuphana Universität Lüneburg 2017; Technische Universität Dortmund 2017). Und last, but not least versuchen Hochschulen und Universitäten mit einem strategischen CSR-Gesamt-

---

C. Stehr (✉) · F. Struve
German Graduate School of Management and Law gGmbH
Heilbronn, Deutschland
E-Mail: Christopher.Stehr@ggs.de

F. Struve
E-Mail: Franziska.Struve@ggs.de

konzept, das Forschung, Lehre und die Operationalisierung in der eigenen Einrichtung berücksichtigt, für nationale und internationale Studienbewerber der Generation Y und der gesellschaftlichen Gruppe des Lifestyle of Health and Sustainability (LOHAS; Glöckner et al. 2010, S 36–41) noch attraktiver zu werden (Ludowig 2009; Hildebrandt 2014). In einer Fallstudie werden die Vor- und Nachteile des CSR-Engagements erläutert.

2 Vorgehensweise

Die Autoren folgen bei ihrem Vorgehen einer Analyse in drei Ebenen in Bezug auf die verschiedenen öffentlichen oder privaten Bildungseinrichtungen wie Universitäten, Hochschulen und Business Schools. Dabei wird in diesem Beitrag nicht zwischen den einzelnen Formen dieser verschiedenen Einrichtungen unterschieden, obwohl es in dem jeweiligen Bildungsalltag deutliche Unterschiede geben kann. Bei den drei Ebenen handelt sich um (1) die intra- und extraorganisationale Dimension, (2) die forschungsrelevante/wissenschaftsgeleitete Dimension und (3) um die lehrbezogene Dimension, Stichwort CSR im Unterricht. Im Fokus dieses Beitrags liegt dabei die Dimension (1). Als spezieller Fall wird dabei die sog. Heilbronner Erklärung (HNE) als Bezugs- und Referenzrahmen herangezogen (Stehr 2015, S 501–518).

Zunächst wird die HNE mit drei weiteren Wirtschaftsnetzwerken verglichen. Dabei steht die extra-organisationale Dimension (1) im Vordergrund. Die HNE ist dabei Beispiel für die extern ausgerichtete Dimension zwischen einer Bildungseinrichtung, in diesem Fall einer Business School, und externen Stakeholdern wie den beteiligten Unternehmen. In diesem Vergleich steht der Fokus dabei insbesondere auf CSR-Berichterstattungsstandards und ihrer Anwendbarkeit als Standards für Hochschulen und/oder Unternehmen.

Die Zielsetzung dieses Beitrags ist es, die potenziellen Effekte von Initiativen (wie der HNE) auf Institutionen und Hochschulen im Speziellen aufzuzeigen. Dies bedarf zunächst einer Kontextualisierung der HNE sowie der möglichen Rolle einer Hochschule innerhalb einer solchen Initiative.

Zur Einordnung der vier weiteren betrachteten Initiativen werden Eckdaten wie z. B. die Dauer des Bestehens (Gründungsjahr), die Trägerschaft, die Anzahl der Mitglieder, die monetäre Dimension sowie der Wissenschaftsbezug betrachtet. Diese ausgewählten Faktoren sind nach begleitenden Beobachtungen der Initiative der HNE mögliche kritische Erfolgsfaktoren für das erfolgreiche Bestehen einer Initiative zwischen Institutionen und Unternehmen (1) – extraorganisationale Dimension.

Ein nächstes Beispiel ist der Vergleich von Hochschule zu Hochschule, nämlich der einer bundesweiten Initiative (Hoch^N-Netzwerk) und einer Hochschule (German Graduate School of Management and Law gGmbH, GGS) innerhalb der HNE. Dabei werden der CSR-Mehrwert für Hochschulen und die CSR-Berichterstattungsstandards der beiden Initiativen miteinander verglichen. Hierbei erfolgen eine Beschreibung und ein Vergleich der beiden grundsätzlichen Vorgehensweisen in Bezug auf Wissenschaft und Kooperationen mit Unternehmen sowie der Vergleich der beiden CSR-Berichterstattungsvorgaben für Hochschulen und Universitäten.

Dieser Beitrag wird diese Aspekte berücksichtigen, z. T. beantworten, diskutieren und anhand anwendungsorientierter Beispiele Handlungsempfehlungen für die konkrete hochschulspezifische Praxis ableiten. Die oben genannten Ebenen 2 (Forschung) und 3 (Lehre) werden im Gesamtkontext berücksichtigt und im Abschluss des Beitrags nochmals spezifisch herangeführt. Dabei werden die analysierten Initiativen und Erkenntnisse auch auf diese beiden Dimensionen hin evaluiert und in einem abschließenden Fragenkatalog als Checkliste für Hochschulen und Universitäten zusammengefasst.

3 CSR-Ebenen in der Hochschulpraxis

Die zentralen Fragen, die sich in die drei Teilaspekte Forschung, Lehre und Verwaltung untergliedern, sind für eine Hochschule/Universität:

Die Verwaltung (intraorganisationelle Dimension/1) innerhalb einer Universität/ Business School erscheint als die am stärksten nach innen gerichtete Einheit. Dies begründet sich auf der Zuständigkeit für die internen Prozesse. Auf dieser Basis stehen die Mitarbeiter und alltägliche Umweltaspekte sowie z. T. gesellschaftliche Themen (regionale Einbindung) im Fokus.

Die Forschung (forschungsrelevante/wissenschaftsgeleitete Dimension/2) richtet sich zum einen nach innen, in Form von Richtlinien zur Erbringung der Forschungsleistung z. B. Code of Conduct sowie Code of Ethics. Die Forschung und Forscher der Institution stehen durch Konferenzen und Kooperationen potenziell in einem permanenten Austausch und Abgleich mit anderen Bildungsinstitutionen (Universitäten, Instituten, Business Schools etc.) sowohl im nationalen als auch internationalen Kontext.

Die Lehre (lehrbezogene Dimension/3), repräsentiert durch Lehre in Masterprogrammen und „executive education", fokussiert sich auf den Kunden. Der Kunde kann hierbei Studierender, Alumni und Unternehmensvertreter sein, wodurch die Perspektive seiner Anforderungen sowohl eine interne (Ablauf des Studienbetriebs) als auch eine externe (Zuhörer/Gast) bei unregelmäßigen Vorträgen und Seminaren sein kann.

4 Entstehung der Heilbronner Erklärung als CSR-Hochschulpraxis

Die Geschichte der HNE geht auf informelle Gespräche mit deutschen parlamentarischen Vertretern auf Bundesebene und EU-Ebene zurück. Bereits 2011/2012 signalisierten diese Vertreter – parteiübergreifend – im Rahmen einer qualitativen Forschung die Möglichkeit eines wie auch immer ausgestalteten CSR-Gesetzes mit dem Hinweis, in Zukunft könnten Unternehmen auch dazu aufgefordert werden, nichtfinanzielle Belange des Unternehmens (z. B. Aspekte der „diversity") neben den bereits geforderten Bilanzen und Konzernlageberichten zu veröffentlichen. Zur damaligen Zeit hatte die EU-Kommission ihre aus dem Jahr 2001 (Kommission der europäischen Gemeinschaften 2001) stammende Strategie und auch die Definition von CSR unter Einbeziehung von Handlungsempfehlungen aus Wirtschaft, Politik und Gesellschaft überarbeitet und eine neue EU-Strategie (2011–2014) für die soziale Verantwortung der Unternehmen veröffentlicht (Europäische Kommission 2011; Loew und Rhode 2013). Diese Impulse aufgreifend, entstanden innerhalb der GGS auf Leitungsebene und Fakultätsebene erste konkrete Überlegungen in Bezug auf die oben beschriebene trisektorale Dimension von CSR in einer wissenschaftlichen Hochschule: Organisation (1), Forschung (2) und Lehre (3). Dabei standen verschiedene Fragestellungen im Fokus:

(1) Wie können wir die ethische, moralische und nachhaltige Diskussion um Werte und unternehmerisches CSR-gerechtes Verhalten voranbringen und dieses dann in Prozess- und Verwaltungsabläufe integrieren?
  (1.1) Wie können wir darüber hinaus als Organisation oder als Teilbereiche (Institute, Lehrstühle) davon mit unseren Stakeholdern (Freeman 2010, S. 46) in einen konstruktiven Dialog mit operationalisierbaren Ergebnissen (z. B. einen eigenen CSR-Bericht) treten?
(2) Wie können wir regional, national und international zum Thema CSR/Nachhaltigkeit einen wissenschaftlichen Impuls geben und innerhalb der Science Community einen signifikanten Beitrag leisten?
(3) Wie können wir CSR zum einen in das gesamte Curriculum aller Studiengänge sowie in die „executive education" integrieren und zum anderen gleichzeitig CSR in alle Modul-/Unterrichtseinheiten einfließen lassen?

Als private Business School hat die GGS von Gründungsbeginn an für ihre Stakeholder, insbesondere die Studierenden und die regionalen Unternehmen, Verantwortung übernommen (vgl. dazu u. a. IHK Heilbronn-Franken 2011, S. 24 f.). Gleichzeitig stand das Thema Nachhaltigkeit bzw. CSR von Beginn an auf der Agenda (GGS 2011, S. 8) sowohl intraorganisational (1) als auch wissenschaftlich im Rahmen der Forschung (2; GGS 2010, S. 18 f.). Dabei war gleichzeitig die Ausbildung von verantwortungsvollen Führungskräften seit Bestehen der Einrichtung ein erklärtes Ziel (GGS 2013, S. 1–13/21 ff.). Zusätzlich galt es in einem Authentizitätsabgleich zwischen Anspruch und Wirklichkeit die entwickelten CSR-Grundsätze in die Lehre (3) zu integrieren.

In diesen Zusammenhängen und unter Berücksichtigung der genannten Erkenntnisse aus den oben beschriebenen politischen Kreisen wurde GGS intern die Mitgliedschaft bei für Universitäten und Hochschulen relevanten internationalen und nationalen CSR-Initiativen diskutiert. Ausgewählt wurden dabei das Deutsche Netzwerk Wirtschaftsethik (DNWE; Deutsches Netzwerk Wirtschaftsethik – EBEN Deutschland e. V. 2017) und die Principles for Responsible Management Education (PRME; PRME Secretariat 2017), einer UN-Initiative zur Unterstützung der CSR-Ausbildung von zukünftigen Fach- und Führungskräften. In beiden Initiativen hat sich die GGS mit Ideen und Aktivitäten eingebracht. Die GGS gehört u. a. zu den Gründungsmitgliedern des regionalen DACH-

Chapters der PRME (PRME Chapter DACH 2017a). Durch einen persönlichen Kontakt mit dem ehemaligen Vorstandsmitglied des DNWE, Martin Priebe (Martin Priebe – Beratung und Coaching 2017a, b) als Mitglied der ethikorientierten Responsible Taskforce an der GGS, wurden Mitte/Ende 2011 Ideen entwickelt und die Frage diskutiert, ob beide Institutionen DNWE und GGS gemeinsam die Jahrestagung 2012 des DNWE am Bildungscampus Heilbronn organisieren könnten (Deutsches Netzwerk Wirtschaftsethik – EBEN Deutschland e. V. 2012a). Nach intensiven Vorbereitungen fand die Tagung vom 13. bis 15. September 2012 in Heilbronn statt (Deutsches Netzwerk Wirtschaftsethik – EBEN Deutschland e. V. 2012b). Ziel war es Wissenschaft und Wirtschaft zusammenzubringen, um Mehrwerte für die Region Heilbronn-Franken und darüber hinaus zu generieren. Damit die Tagung und die Dialoge zwischen den verschiedenen Shareholdern und Stakeholdern nachhaltige Wirkung erzielen, wurde schließlich die HNE initiiert (Stehr 2012, S. 1–4). Ziel dieser Erklärung war es in einem gemeinsamen Diskurs zwischen Wirtschaft und Wissenschaft die zuvor genannte Gesetzesinitiative der EU (Europäische Union 2014; Rat für Nachhaltige Entwicklung 2017) zu antizipieren, gleichzeitig innerhalb der beteiligten Unternehmen und Institutionen das CSR-Verständnis zu schärfen und wertschöpfungsorientiert zu nutzen (Idw-Informationsdienst Wirtschaft 2014).

4.1 Rolle der Hochschule innerhalb der Heilbronner Erklärung

Die Hochschule innerhalb der Initiative der HNE hat verschiedene Rollen inne. Zunächst gilt ein Hochschulrepräsentant innerhalb der Workshops und der Arbeitsgruppen als Initiator der Initiative (CSR Magazin 2017, S. 50 f.). Im Zusammenhang mit der Jahrestagung des DNWE 2012 sollte „etwas nachhaltig Bestehendes" entstehen. Erklärtes Ziel war und ist es „möglichst viele Mittelständler dazu bewegen, das Thema ‚Corporate Social Responsibility' [...] ernster zu nehmen und nachhaltig und nachprüfbar im Alltag umzusetzen" (Heilbronner Stimme 2012).

Zum anderen ist die GGS selbst Mitglied der HNE (GGS 2015a) sowie in der ersten Phase kontinuierlicher kritischer Begleiter bzw. Berater aus wissenschaftlicher Perspektive. Auf diese Weise forschten und publizierten Forscher und Studierende der GGS mit und über die Initiative.

Die aktuell acht Unternehmen der HNE (ursprünglich 11 Erstunterzeichner) haben sich im Rahmen des Prozesses seit September 2012 auf verschiedene Standards und gegenseitige Handlungsempfehlungen zur Optimierung des in den jeweiligen Institutionen bestehenden Engagements verpflichtet. Hierzu zählen u. a. die Evaluierung und der Ausbau bestehender CSR-Aktivitäten einzelner Bereiche sowie des gesamten Unternehmens, eine Analyse der Produkte unter Nachhaltigkeitsaspekten sowie die Kommunikation des bestehenden und zukünftigen Engagements zur Bewusstseinsbildung innerhalb und außerhalb des Unternehmens (Stehr 2012, S. 3; Karl Marbach GmbH & Co. KG 2015).

4.2 CSR-Verständnis der Initiative der Heilbronner Erklärung

Insbesondere die Bewusstseinsbildung auf Basis des gemeinsamen Verständnisses für CSR im Unternehmen war ein zentraler einheitlicher Schritt, um auf gleicher Ebene weiter gemeinsam agieren zu können. Im Rahmen des gemeinsamen Diskurses wurde folgendes Verständnis unternehmensübergreifend entwickelt: „Wir übernehmen über das gesetzliche Maß hinaus Verantwortung für die Folgen unserer unternehmerischen Tätigkeit in ökologischer, ökonomischer und sozialer Hinsicht, durch bewusstes werteorientiertes Handeln gegenüber Mitarbeitern, Lieferanten, Kunden, Umwelt und der Gesellschaft" (Karl Marbach GmbH & Co. KG 2015, S. 4).

Das institutionsinterne sowie institutionenübergreifend gleiche Verständnis sollte als Basis für die weiteren internen und (HNE-)gemeinsamen Prozessen dienen. Nach erfolgter interner Kommunikation dieses CSR-Verständnisses innerhalb der Hochschule wurde auf Basis von Interviews zur Erstellung der Verantwortungserklärung (CSR-Bericht) kein Anstieg der Bekanntheit dieses Verständnisses innerhalb der Institution beobachtet. Obwohl Personen der Einrichtung selbst treibende Kräfte innerhalb des HNE-Prozesses waren, existierte überwiegend ein grundsätzliches Verständnis für den Nachhaltigkeitsgedanken.

Basierend auf der Kommunikation des CSR-Verständnisses erfolgte die Evaluation bestehender CSR-Aktivitäten der Institution, wobei Struktur, Größe und Unternehmensform der betrachteten Hochschule eine besondere Herausforderung darstellte. Die Struktur in Verwaltung (1), Forschung (2) und Lehre (3; Studiengänge und „executive education") erzeugt ähnlich den Abteilungen eines Unternehmens unterschiedliche Bedürfnisse und Erwartungen an die Verantwortungsübernahme einer Institution je nach Fokus des Alltagsgeschäfts.

4.3 Herausforderungen von CSR in Hochschulen – Fallstudie

Die bereits erwähnten Handlungsempfehlungen stellten den Abschluss der jeweiligen Verantwortungserklärungen (CSR-Berichten) dar. Im Fall der Hochschulen wurden insgesamt 16 Handlungsempfehlungen in allen drei Bereichen: Verwaltung (1), Forschung (2) und Lehre (3) zur Optimierung des Tagesgeschäfts der Business School entwickelt (GGS 2015b, S. 14 f.). Ein Kernaspekt hierbei ist die interne und externe Kommunikation der Werte. Insbesondere die Vision der Ausbildung verantwortungsvoller Führungskräfte (s. Homepage der GGS) erfordert eine vertiefte Kommunikation. Auch das Engagement im PRME und DACH-Chapter Bereich kann in Bezug auf die interne und externe Kommunikation optimiert werden. Dies ist auf ein geringes internes Bewusstsein für die notwendige Manifestierung von CSR im Alltag der Institution und den sich daraus ergebenden Mehrwert für Stake- und Shareholder zurückzuführen.

4.4 Wirtschaftskooperationen zur gemeinsamen Optimierung von CSR

Um den potenziellen Einfluss einer Wirtschaftskooperation im Bereich CSR auf eine Hochschule analysieren zu können, gilt es zunächst die betrachtete Initiative der HNE durch den Vergleich mit ähnlichen Initiativen zu kontextualisieren. Im Nachfolgenden und in Tab. 1 werden verschiedene Wirtschaftskooperationen beschrieben und verglichen. Der Vergleich erfolgte mit Kooperationen zwischen Unternehmen und weiteren Einrichtungen, die auf eine gegenseitige Optimierung im CSR-Sinn abzielen. Die betrachteten Initiativen sind das Unternehmensnetzwerk des Unternehmen: Partner der Jugend e. V. (UPJ e. V.), die Ludwigsburger Erklärung, Unternehmen – Verantwortung – Gesellschaft e. V. sowie die HNE.

Eines der Unternehmensnetzwerke ist die Initiative der UPJ, die sich 2003 unter dem Motto Unternehmen: Aktiv im Gemeinwesen zusammengeschlossen haben. Bestehend aus 33 Unternehmen verschiedener Größen und Branchen (UPJ e. V. 2017a) ist die Initiative „um eine verantwortliche Unternehmensführung und gesellschaftliches Engagement von Unternehmen im Gemeinwesen" bemüht. Eine Nichtregierungsorganisation (NGO) bzw. eine Bildungs- und/oder Forschungseinrichtung sind nicht Mitglied im Netzwerk. Als Ergänzung führt UPJ ein Mittlernetzwerk (UPJ e. V. 2017b) aus gemeinnützigen regionalen Organisationen, die als Lotsen für das Engagement von Unternehmen förderlich sind. Das Unternehmensnetzwerk ist Teil des gemeinnützigen UPJ e. V. Die Mitglieder unterstützen den Verein durch gestaffelte Förderbeiträge. Die Ziele des Netzwerks sind im sog. Berliner Aufruf zur Vernetzung und Verbreitung von Corporate Citizenship, gesellschaftlicher Verantwortung und sozialen Kooperationen (UPJ e. V. 2011) von 2011 nachlesbar. „Es ist unsere Vision, dass sich immer mehr Akteure aus Wirtschaft, Gesellschaft und Verwaltung in wirkungsvollen Kooperationsprojekten im Gemeinwesen engagieren – etwa in den Bereichen Bildung, Kultur, Soziales oder Ökologie. Zum Woh-

Tab. 1 Vergleich der Corporate-Social-Responsibility-Wirtschaftskooperationen

CSR-Initiativen	Unternehmensnetzwerk UPJ e. V.	Ludwigsburger Erklärung	Unternehmen – Verantwortung – Gesellschaft e. V.	Heilbronner Erklärung
Gründungsjahr	2003	2014	2013	2012
Trägerschaft	UPJ e. V.	Zusammenschluss	e. V./CSR News	Zusammenschluss
Mitgliederanzahl	33	42 (28)	9	8 (11)
Zahlungspflichtigkeit	Ja (500–3000 €/Jahr)	Unbekannt	Ja (10 €/Monat)	Kostenfrei
Wissenschaftsbezug	Unbekannt	Fraunhofer-Institut ist Mitglied	Unter anderem Zweck der Förderung von CSR-Forschung und -Bildung	GGS Business School ist Mitglied

le der beteiligten Kooperationspartner, zum Wohle der Wirtschaft und ihrer Umwelt und zum Wohle einer Gesellschaft, die uns und den kommenden Generationen eine lebenswerte Zukunft bietet." (UPJ e. V. 2011).

Insbesondere die im jeweiligen unterschiedlichen CSR-Verständnis bzw. der CSR-Definition enthaltenen Aspekte unterstützen die Einordnung der jeweiligen Initiativen und führen zu einer genaueren Abgrenzung in Bezug auf CSR voneinander. Eine Übersicht ist der Tab. 2 zu entnehmen.

Die verschiedenen Aspekte, die es im Rahmen der jeweiligen CSR-Definitionen und Verständnisse zu vergleichen galt, sind die unterschiedlichen erfassten CSR-Dimensionen der verschiedenen Bereiche: Gesellschaft, Unternehmen und Umwelt als Akteure sowie soziales und ökologisches Handeln als Prämisse (Tab. 2).

Der Verein Unternehmen – Verantwortung – Gesellschaft e. V. besteht seit April 2013 und umfasst neun Mitglieder aus Unternehmen, der Wissenschaft und den Medien in Berlin. Durch den Verein soll das Thema CSR in der Gesellschaft gestärkt werden (CSR NEWS GmbH 2017). Das CSR-Verständnis des Vereins lautet: „Gesellschaftliches Engagement und eine verantwortungsvolle Führung von Unternehmen (Corporate Social Responsibility – CSR) sind in einer demokratischen Zivilgesellschaft unter den Bedingungen einer globalen Wirtschaft sowohl für das demokratische Gemeinwohl als auch für nachhaltigen wirtschaftlichen Erfolg unverzichtbar. Die gleiche Verantwortung betrifft gemeinnützige und öffentliche Organisationen. CSR setzt den Dialog und die Partnerschaft unterschiedlicher gesellschaftlicher Akteure voraus." Vereinszwecke sind nach eigenen Angaben u. a. „die Förderung eines unabhängigen, investigativen und fachkundigen Journalismus sowie der CSR-Forschung und -Bildung" (CSR NEWS GmbH 2017). Der Verein erhebt einen geringen monatlichen Mitgliedsbeitrag.

Im Mai/Juli 2014 wurde die Ludwigsburger Erklärung gegründet. Hierbei handelt es sich um ein Bekenntnis von insgesamt 42 Unterzeichnern zu zwei gemeinsamen Verständnissen (von CSR und Nachhaltigkeit) sowie sechs Grundsätzen (Deutsches CSR-Forum 2014). Die Definition für CSR folgt der der Europäischen Union von 2001: „Soziale Verantwortung der Unternehmen (Corporate Social Responsibility, CSR) ist ein Konzept, das den Unternehmen als Grundlage dient, um auf freiwilliger Basis soziale und ökologische Belange in ihre Unternehmenstätigkeit und ihre Beziehungen zu den Stake-

Tab. 2 CSR-Definitionen der Wirtschaftskooperationen

Corporate-Social-Responsibility-Definitionen	Gesellschaft	Sozial	Ökologisch	Unternehmen	Umwelt
Unternehmensnetzwerk UPJ e. V.	x	x	x	x[a]	x
Ludwigsburger Erklärung		x	x	x	
Unternehmen – Verantwortung – Gesellschaft e. V.	x			x	
Heilbronner Erklärung	x	x	x	x	x

[a] Akteure aus der Wirtschaft

holdern zu integrieren." Nachhaltigkeit wird gemäß der Definition der Vereinten Nationen: „Nachhaltige Entwicklung ist eine Entwicklung, die den Bedürfnissen der heutigen Generation entspricht, ohne die Möglichkeiten künftiger Generationen zu gefährden, ihre eigenen Bedürfnisse zu befriedigen" verstanden (UPJ e. V. 2017c). Die Ludwigsburger Erklärung setzt sich aus 28 Unternehmen und 14 NGO, Stiftungen und Verbänden zusammen. Die Vielzahl an Unterzeichnern beinhaltet keine eigene Universität, Hochschule oder ähnliche Weiterbildungseinrichtung (Deutsches CSR-Forum 2014). Die größte Vergleichbarkeit mit einer Hochschule weist das Fraunhofer-Institut für Arbeitswirtschaft und Organisation als Forschungsinstitut auf.

5 CSR-Wirtschaftskooperationen – Vergleich von Initiativen

Die HNE ist im Vergleich der betrachteten Initiativen eine der ältesten, wobei der Auslöser zur Gründung im Abschn. 4 ersichtlich ist. Ähnlich der Ludwigsburger Erklärung ist die HNE in keiner rechtlichen Unternehmensform fixiert; es handelt sich um einen freiwilligen informellen Zusammenschluss zu einem gemeinsamen Zweck – ähnlich einer GbR. Dieser Freiwilligkeitsaspekt spiegelt sich ebenso in der Kostenfreiheit beider Initiativen wider. Die HNE ist mit ihren acht Unterzeichnern der kleinste (in Bezug auf die Anzahl der Mitglieder) der betrachteten Zusammenschlüsse. Alle Unternehmen sind gleichberechtigt und nicht wie beispielsweise bei UPJ e. V. in Unternehmen und Mittler unterteilt oder bei der Ludwigsburger Erklärung in Unternehmen und NGO. Zudem ist die HNE (auch aufgrund ihrer Entstehung) sowohl räumlich auf die Region Heilbronn-Franken als auch zielgruppenspezifisch auf klein- und mittelständische Unternehmen (KMU) begrenzt. Die HNE ist die einzige der betrachteten Initiativen, die eine Hochschule, Universität o. Ä. als volles Mitglied aufweist.

Auf Basis der vorangegangenen Analyse (Tab. 1 und 2) entsteht die Fragestellung, ob eine CSR-Wirtschaftskooperation, wie die betrachteten Initiativen aufgrund der Fokussierung auf Unternehmen ausreichende interne und externe Effekte auf eine Hochschule als Mitglied haben kann. Diese Annahme zugrunde legend erfolgt im Weiteren die Betrachtung hochschulspezifischer Netzwerke und deren Effekte und Anforderungen an Hochschulen im Bereich CSR.

5.1 Hochschulspezifische CSR-Kooperationen

Im Bereich der Hochschulen in Deutschland gibt es ein Netzwerk: HOCH^N-Netzwerk. Erklärte Ziele sind die Sichtbarkeit des Engagements nachhaltiger Hochschulen im Partnernetzwerk, die Entwicklung eines Berichterstattungsstandards (Universität Hamburg 2017a) auf Basis des DNK sowie der regelmäßige Austausch innerhalb Deutschlands (Universität Hamburg 2017b). Die Netzwerkpartner sind in drei verschiedenen Stufen online visualisiert worden (Universität Hamburg 2017b). Das Netzwerk verfolgt eine ausgeprägte externe Kommunikation sowie zahlreiche Events durch rollierende Verantwortungen der Mitglieder (etwa fünf Events in vier Monaten deutschlandweit und kostenfrei) sowie regelmäßige E-Mail-Kommunikation innerhalb des Netzwerks der Interessierten. Die Mitgliedschaft ist sowohl als Einzelperson als auch als Institution möglich (Universität Hamburg 2017c). Die Vernetzung ist ein zentraler Aspekt der Kooperation, der u. a. im jährlichen (kostenpflichtigen) Network Day deutlich wird. Es bestehen u. a. Kooperationen mit dem European Postgraduate Symposium on Sustainable Development und der COPERNICUS Alliance. Je Bereich der HOCH^N-Handlungsfelder Governance, Nachhaltigkeitsberichterstattung, Lehre, Forschung, Betrieb und/oder Transfer hat das Netzwerk Experten ausgewählt, die die externe Kommunikation übernehmen. Diese Aspekte stehen im Fokus des Projekts Nachhaltigkeit an Hochschulen: entwickeln – vernetzen – berichten (HOCH^N), das vom 01. November 2016 bis 31. Oktober 2018 vom Bundesministerium für Bildung und Forschung unter dem Kennzeichen 13NKE007A gefördert wird (Universität Hamburg 2017d).

Im Vergleich dazu gibt es das internationale Netzwerk Principles of Responsible Management Education (PRME) sowie auf den deutschsprachigen Raum fokussiert dessen DACH-Chapter (Deutschland, Österreich, Schweiz). „Die Principles for Responsible Management Education PRME gehen auf eine Initiative des UN Global Compact Office zurück und wurden 2007 ins Leben gerufen. Die darin formulierten sechs Prinzipien die-

Tab. 3 Gegenüberstellung Hoch^N-Netzwerk und PRME-DACH-Mitglieder

	Hoch^N Kernnetzwerk aus elf Hochschulen (Universität Hamburg 2017e)	PRME DACH Chapter Deutsche Mitglieder (11 der 15)
1	Freie Universität Berlin	Hochschule Pforzheim, Deutschland
2	Universität Bremen	Ostbayerische Technische Hochschule Amberg-Weiden (OTH), Deutschland
3	**Technische Universität Dresden**	Frankfurt School of Finance & Management, Deutschland
4	Universität Duisburg-Essen	Goethe-Universität Frankfurt am Main, Deutschland
5	Hochschule für nachhaltige Entwicklung Eberswalde	GGS Heilbronn – German Graduate School of Management & Law, Deutschland
6	Universität Hamburg	**TU Dresden – IHI Zittau, Deutschland**
7	Leuphana Universität Lüneburg	Hochschule der Medien – Steinbeis Universität Berlin, Deutschland
8	Ludwig-Maximilians-Universität München	IUBH School of Business and Management, Deutschland
9	**Eberhard Karls Universität Tübingen**	**Universität Tübingen – Weltethos-Institut, Deutschland**
10	Universität Vechta	Hochschule Reutlingen, Deutschland
11	**Hochschule Zittau-Görlitz**	Cologne Business School, Deutschland

nen den unterzeichnenden Lehr- und Forschungsinstitutionen, welche an der Ausbildung künftiger Managerinnen und Manager beteiligt sind, als Leitfaden zur Konzeption, Implementierung und Weiterentwicklung einer gesellschaftlich und ökologisch verantwortungsvollen Ausbildung" (PRME Chapter DACH 2017b). Die sechs Prinzipien umfassen die Bereiche: Zweck, Werte, Methode, Forschung, Partnerschaft und Dialog (PRME Chapter DACH 2017c). „Nach zweijähriger Vorbereitungszeit und auf gemeinsame Initiative der Hochschule Pforzheim, des Management Centers Innsbruck (MCI) und der HTW Chur wurde im Februar 2014 die PRME-Regionalgruppe DACH gegründet. Elf PRME-Unterzeichner aus dem deutschsprachigen Raum folgten dem Aufruf, die erste offizielle Regionalgruppe der PRME-Gemeinschaft mitzugründen" (PRME Chapter DACH 2017d; Tab. 3).

In der Gegenüberstellung der (deutschen) Mitglieder der beiden Initiativen fällt auf, dass es bei den jeweils elf Mitgliedern im weitesten Sinn nur zwei Überschneidungen gibt, die Universität Tübingen sowie die Technische Universität Dresden sind z. T. in beiden Netzwerken vertreten. Möglicherweise bestehen hier synergetische Potenziale zwischen den oben verglichenen verschiedenen Institutionen.

6 Stakeholdereinbindung durch Befragungen

Die KU Eichstätt, die durch eine Professorin im Fachbeirat des HOCH^N-Netzwerks vertreten ist, nicht jedoch als Institutionsmitglied (Universität Hamburg 2017f), führte vor Kurzem eine CSR-Befragung durch. Ziel war es, das seit 2010 bestehende Leitbild Nachhaltigkeit der Universität kontinuierlich weiterzuentwickeln. Dies soll durch einen Dialog mit allen an dieser Entwicklung potenziell Interessierten geschehen. Die Umfrage dient einem Abgleich des Soll-Ist-Zustands des KU-CSR-Engagements. Im Fokus der Befragung standen folgende Bereiche:

- Campusmanagement und Campusleben
- Lehre
- Bildung für nachhaltige Entwicklung (BNE)
- Nachhaltigkeitsforschung
- Transfer
- Regionale, nationale, internationale Kooperationen und Netzwerke
- Informationsfluss in die Gesellschaft

Anhand der Struktur der Befragung (ausgewählte Inhalte) wird deutlich, dass alle zuvor hier beschriebenen und erwähnten Bereiche: Organisation (1), Forschung (2) und Lehre (3) betrachtet wurden und damit ein ganzheitlicher CSR-Ansatz verfolgt wird und nach Auswertung der Ergebnisse implementiert werden kann.

7 Effekte auf die CSR-Kommunikation: GGS-CSR-Bericht 2015

Die bereits erwähnte EU-Berichtspflicht antizipierend und auf die Bedürfnisse von KMU adaptierend wurden im Rahmen der Wirtschaftskooperation der HNE u. a. erste Versionen von CSR-Berichten erstellt. Die Richtlinien zur Erstellung dieser sog. Verantwortungserklärungen wurden in den Bereichen Struktur, Umfang und Erstellungsprozess gemeinschaftlich von den Unternehmen entwickelt und einheitlich beschlossen.

Die hauptsächlichen Ergebnisse umfassten die Struktur in: CSR-Verständnis der Heilbronner Erklärung, Prolog zur wissenschaftlichen Herleitung der Standards, Vorgehensweise, Unternehmen und Strategie sowie Bereiche zu den Kernthemen des CSR-Verständnisses: Mitarbeiter, Lieferanten, Kunden, Umwelt und Gesellschaft, die durch Handlungsempfehlungen für die weitere Entwicklung abgeschlossen wurden (Karl Marbach GmbH & Co. KG 2015).

Der Auslöser und gleichzeitig das Ziel dieser ersten gemeinschaftlichen Kommunikation der Unternehmen war die Erzeugung von Transparenz in Bezug auf ihr Engagement. In diesem Zusammenhang wird die Mehrfachrolle der Hochschule als wissenschaftliche Qualitätssicherung, Leitung des Prozesses sowie Mitglied deutlich. Die Inhalte der Berichte wurden mithilfe von Recherchen über das Unternehmen sowie mit Selbstauskünften ermittelt. Wobei die Mehrheit der Daten durch Interviews mit Mitarbeitern verschiedener Bereiche erhoben wurde. Diese Interviews wurden seitens der Hochschule durchgeführt und ausgewertet. Insbesondere die Erstellung der eigenen Verantwortungserklärung stellte die Hochschule vor Herausforderungen, um einen sog. Bias bestmöglich auszuschließen. Als Lösungsansatz wurde ein externer Berater engagiert und die mitarbeitenden Kollegen sowie interviewten Mitarbeiter wurden auf der ersten Seite des Berichts transparent dargestellt.

8 Deutscher Nachhaltigkeitskodex für Hochschulen (DNK-HS)

Um die Effekte der Berichterstattung und die Besonderheiten einer Hochschule im Bereich Nachhaltigkeit und CSR zu verdeutlichen, wird im Folgenden die aktuell in der Entwicklung befindliche Version des Deutschen Nachhaltigkeitskodexes (DNK) für Hochschulen (HS) mit den Standards der HNE verglichen. Abschließend werden die durch die HNE angestoßenen bzw. während der Zeit der HNE entstandenen Entwicklungen im Bereich CSR/Nachhaltigkeit anhand der Bereiche des DNK-HS analysiert.

Der DNK richtet sich ebenso wie die HNE an Unternehmen und Institutionen, basiert auf Freiwilligkeit und ist auf „ohnehin erfasste[n] Daten" (Rat für Nachhaltige Entwicklung 2017b, S. 1) fokussiert. Der Entwicklungsprozess beider Standards basiert auf dem Dialog mehrerer Partner (Unternehmen und/oder Hochschulen).

Der Deutsche Nachhaltigkeitskodex ist in 20 Prinzipien (Abb. 1) unterteilt, die den Oberthemen Strategie, Prozessmanagement, Umwelt und Gesellschaft zugeordnet sind. Die Unterteilung der Themen der HNE orientiert sich an fünf Oberthemen Mitarbeiter,

Kunden, Gesellschaft, Umwelt und Lieferanten sowie dem allgemeinen Bereich Einleitung, über die anhand der Kriterien ökologische, gesellschaftliche und ökonomische Effekte berichtet wird. Dementgegen orientiert sich der DNK-HS am DNK und unterteilt vier Oberkategorien: Strategie, Prozessmanagement, Umwelt und Gesellschaft, die auf Basis der zentralen Tätigkeitsbereiche Forschung, Lehre, Betrieb evaluiert werden.

Die Punkte 7, 8 und 19 des DNK-HS wurden in der HNE (Abb. 2) nicht oder nur unzureichend wiedergefunden (Tab. 4). Sie umfassen Folgendes:

Zu 7: „Planung und Steuerung: Die Hochschule legt dar, wie und welche Indikatoren zur Nachhaltigkeit in der regelmäßigen internen Planung und Steuerung genutzt werden. Sie legt dar, wie geeignete Prozesse Zuverlässigkeit, Vergleichbarkeit und Konsistenz der Daten zur internen Steuerung und internen sowie externen Kommunikation sichern." (Rat für Nachhaltige Entwicklung 2017b, S. 3)

Die Zuverlässigkeit und Konsistenz der Daten entspricht den Qualitätskriterien, auf die sich die Mitglieder der HNE ebenfalls verständigt haben; die Vergleichbarkeit innerhalb der eigenen Veröffentlichungen wurde ebenfalls als Ziel definiert, wobei die Vergleichbarkeit zwischen den Mitgliedern als nur eingeschränkt möglich bewertet wurde. Die interne Planung und Steuerung sowie die dazugehörigen Prozesse wurden ebenso wie die Art und Weise der internen und externen Kommunikation als unternehmensspezifisch definiert.

Lediglich die Dokumentation der internen und externen Kommunikation in Bezug auf CSR wurde als empfehlenswert definiert und überwiegend in Form von Quellenverweisen in die bestehenden CSR-Berichte integriert.

Zu 8: „Anreizsysteme: Die Hochschule legt dar, inwiefern ihre leitenden Organisationseinheiten Nachhaltigkeitsprozesse materiell und immateriell durch Zuweisung von projektgebundenen oder etatisierten Ressourcen sowie Legitimation und Unterstützung

Tab. 4 Gegenüberstellung der Inhalte des Deutschen Nachhaltigkeitskodex (s. Abb. 1 und 2) mit den Inhalten der Heilbronner Erklärung (0.1. bis 5.3.)

		1.	2.	3.	4.	5.	6.	7.	8.	9.	10.	11.	12.	13.	14.	15.	16.	17.	18.	19.	20.
Heilbronner Erklärung CSR-Berichterstattungsstandard	0.1.	X	X			X	X			X					X						X
	0.2.			X								X			X	X					X
	0.3.		X	X	X	X	X			X		X									X
	1.1.										X										
	1.2.									X					(x)			X			
	1.3.			X						X					(x)						
	2.1.	X								X					(x)	X	X	X			
	2.2.														X	X					
	2.3.									X						X	X				
	3.1.			X														X			
	3.2.	X													X		X				X
	3.3.			X						X	X						X	X			
	4.1.	X									X					X					
	4.2.	X																			
	4.3.			X					X	X											
	5.1.								X	X											
	5.2.								X	X	X										
	5.3.		X						X	X	X	X									

Abb. 1 Struktur des Deutscher Nachhaltigkeitskodexes für Hochschulen

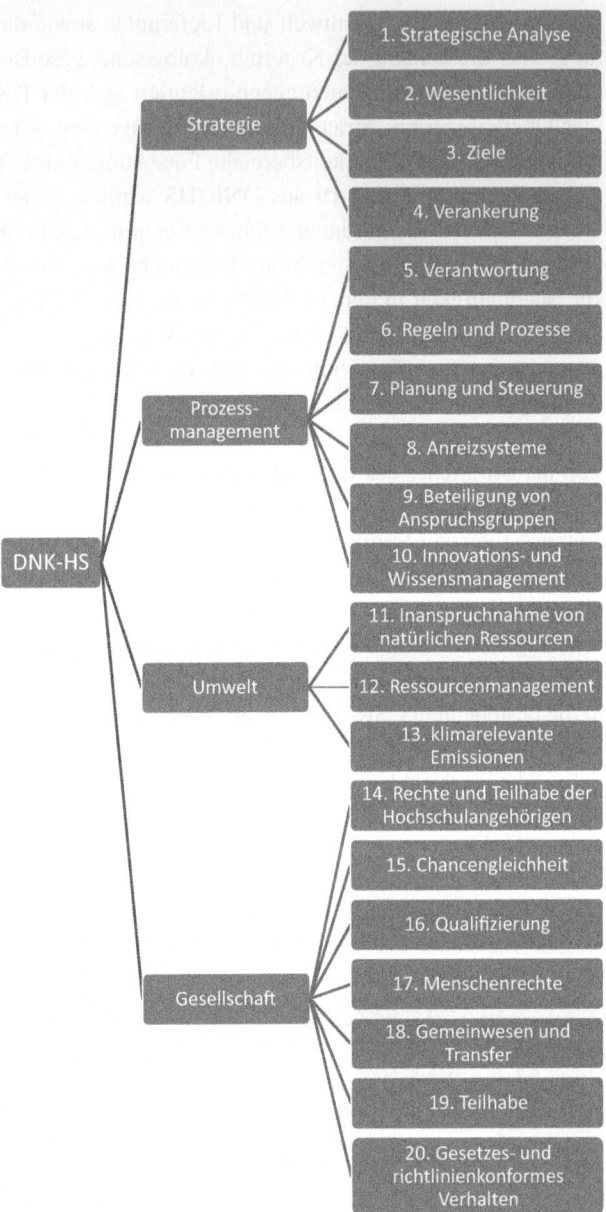

auf allen (Entscheidungs-)Ebenen fördern und anregen. Es wird dargelegt, inwiefern die Hochschulleitung derartige Anreizsysteme auf ihre Wirkung hin überprüft." (Rat für Nachhaltige Entwicklung 2017, S. 3).

Derartige Anreizsysteme standen während der Entwicklung der Berichterstattungsstandards nicht im Fokus der Diskussionen der HNE, da von einer allgemeinen intrinsischen

Abb. 2 Struktur der Berichterstattung gemäß der Heilbronner Erklärung

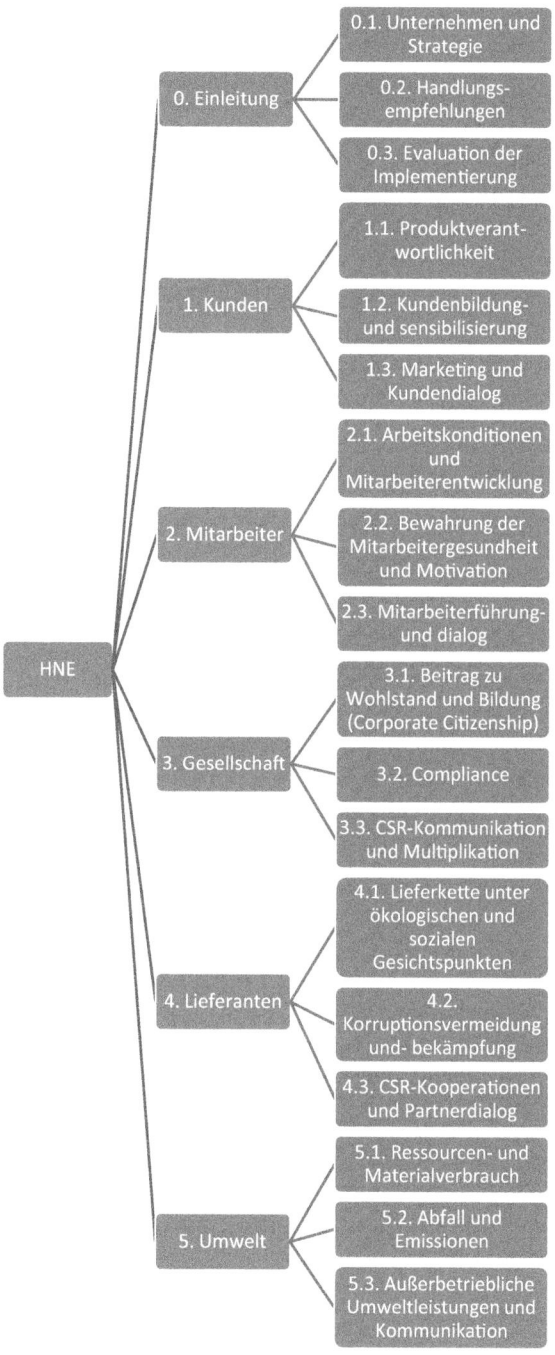

und z. T. personengebundenen Motivation innerhalb der Mitgliedsunternehmen ausgegangen wurde.

Zu 19: „Teilhabe: Die Hochschule legt ihre Teilhabe an wesentlichen Entscheidungen in Politik und Gesellschaft dar, die außerhalb ihrer institutionellen Rechte und Pflichten liegt. Sie legt die wesentlichen Aspekte zur Teilhabe gesellschaftlicher Anspruchsgruppen an Entscheidungen der Hochschule dar." (Rat für Nachhaltige Entwicklung 2017b, S. 5).

Die Teilhabe der Unternehmen an den Entscheidungen innerhalb der Politik und Gesellschaft wurde im Rahmen der HNE nicht diskutiert. Die Teilhabe der Anspruchsgruppen an Entscheidungen der Institutionen wurde mit dem Punkt 9 Beteiligung der Anspruchsgruppen (des DNK-HS) und den damit laut Tab. 4 in Verbindung stehenden Bereichen der HNE-Standards bedient. Generell kann zusammengefasst werden, dass es in verschiedenen Bereichen eine inhaltliche Überschneidung gibt. Der Vorteil der HNE und damit dieses CSR-Berichtsstandards für Hochschulen könnte sein, dass durch den langanhaltenden Prozess im Austausch mit den Unternehmen seit sechs Jahren eine deutliche Praxisrelevanz gegeben ist und diesbezüglich bei allen CSR-Maßnahmen die Aufwand-Nutzen-Relation, genauso wie die jeweilige Umsetzungsanalyse, im Fokus liegt.

9 Zusammenfassung: Checkliste für Hochschulen mit CSR-Priorisierung

Aus den oben aufgeführten Vergleichen und Beschreibungen lässt sich eine Art Checkliste in Form eines Fragenkatalogs erstellen, die CSR-Verantwortliche in Universitäten und Hochschulen als erste Reflektion verwenden können:

1) *Intraorganisationelle Dimension*
   - Wie integriere ich den CSR-Gedanken generell in die eigene Institution?
   - Wer sind dabei die relevanten und notwendigen Gremien (Hochschulverwaltung, Senat, Fakultät), die zentralen Schnittstellen (Kanzler, Verwaltungsleiter, Institutsleiter), die treibenden Personen und die potenziellen Verhinderer?
   - Wie diskutiere ich den CSR-Gedanken generell innerhalb der eigenen Institution?
   - Welche Methoden sind für die eigene Institution die passenden Vorgehensweisen: Top-down- oder Bottom-up-Verfahren, z. B. World Café, Workshops etc.?
   - Welche CSR-Erfahrungsschätze und CSR-Kernkompetenzen sind innerhalb der Universität und oder Hochschule vorhanden? Wo sitzen die CSR-Informationsträger und die CSR-Informationsvermittler?
   - Wie erfasse ich den tatsächlichen Status quo (mithilfe von Wesentlichkeitsanalysen)?
   - Welche hochschulspezifischen CSR-Kennzahlen sind sinnvoll, sollten erfasst und gegebenenfalls in einem CSR-Bericht veröffentlicht werden?
   - Welche CSR-Berichtstandards (z. B. DNK, Global Reporting Initiative) können für die Institution zugrunde gelegt werden?

- Wie kann ich die zentralen Themen des Code of Ethics und des Code of Conduct mit der Implementierung des CSR-Gedankens in der Bildungseinrichtung verknüpfen?
- Welche Hxürden (wirtschaftlicher, politischer, sozialer Art) ergeben sich innerhalb des Prozesses der CSR-Implementierung?
- Welche Stakeholder sind mit in den gesamten CSR-Prozess zu integrieren?
- Welche internen Stakeholder spielen eine zentrale Rolle: Professoren, Mittelbau, Verwaltung, Hochschulleitung, Studierende?
- Wie können die Studierenden fächerübergreifend konkret in die CSR-Strategie und -Implementierung eingebunden werden?
- Welche externen Stakeholder spielen eine zentrale Rolle: Förderer, Stifter/Stiftungen, Drittmittelgeber, Kooperationspartner aus der Wirtschaft?
- In welche CSR-Netzwerke lohnt es sich einzutreten?
- Helfen rein universitäre, theoriegeleitete Netzwerke oder sind doch Initiativen mit verschiedenen Akteuren aus Wirtschaft und Wissenschaft hilfreicher?

2) *Forschungsrelevante/wissenschaftsgeleitete Dimension*
- Wie kann ich den oben genannten Prozess der CSR-Strategieentwicklung mit anschließender CSR-Implementierung wissenschaftlich begleiten, z. B. im Sinn des wissenschaftlichen Ansatzes „action research"?
- Wie können aktuelle wissenschaftliche Ergebnisse der globalen, nationalen CSR-Science-Community in den hausinternen CSR-Implementierungsprozess integriert werden? Wie kann der Wissenstransfer gelingen?
- Wie können die wissenschaftlichen Ergebnisse aus der Forschungsprojektbegleitung verschiedenen anderen Stakeholdern zugänglich gemacht werden?
- Wie kann bei einer Forschungsprojektbeteiligung das CSR-Erwartungsmanagement zwischen Wirtschaft und Wissenschaft erfolgreich organisiert werden?

3) *Lehrbezogene Dimension – CSR im Unterricht*
- Wie kann der CSR-Gedanke grundsätzlich in das Curriculum und alle weiteren Dimensionen der Lehre integriert werden?
- Wie kann diese CSR-Dimension in allen Modulen integriert werden?
- Ist es sinnvoll CSR in einer Querschnittsdimension in alle Module zu integrieren oder ist es besser, eigene CSR-Module anzubieten?
- Wie kann die praktische Relevanz innerhalb der Vorlesung gewährleistet werden?
- Wie können relevante Bereiche innerhalb z. B. eines wirtschaftswissenschaftlichen Studiums die juristische (Compliance), die technische-ökologische und soziale Dimension von CSR abbilden und integrieren?

Dies sind nur einige der Fragen, die im Verlauf der HNE aufgegriffen und bearbeitet wurden. Diese Fragen sind sicherlich spezifisch auf die jeweilige Situation der Bildungseinrichtung vor Ort zu adaptieren und erheben dabei keinen Anspruch auf Allgemeingültigkeit und Vollständigkeit.

10 Fazit

Alle verschiedenen hier beschriebenen Vergleiche und Fragestellungen zusammengefasst, ergeben ein differenziertes Bild. Auffällig ist, dass die zahlreichen verschiedenen Initiativen außer über persönliche Beziehungen über keine direkt ausgewiesenen Kooperationsformen verfügen. Dadurch entstehen möglicherweise Redundanzen in der Entwicklung von CSR-Standards und CSR-Maßnahmen sowohl für Unternehmen als auch für die beteiligten Universitäten und Hochschulen. Gleichzeitig belegen die Netzwerk- und CSR-Initiativenvergleiche z. T. sehr unterschiedliche Herangehensweisen in Bezug auf die zu Beginn vorgestellten trisektoralen Dimensionen von Bildungseinrichtungen wie Universitäten und Hochschulen: Verwaltung (1), Forschung (2) und Lehre (3). Dennoch lässt sich übergreifend und zusammengefasst ein Fragenkatalog erstellen. Generell gibt es noch keine einheitlichen CSR-Berichtsstandards für Universitäten und Hochschulen. Die HNE und die daran beteiligte Business School kann dabei auch nach kritischer Reflexion als Good-Practice-Beispiel verwendet werden. Allen Initiativen gemein ist dabei der Wunsch nach positiven Auswirkungen, ganz besonders die Schaffung eines positiven Mehrwerts durch CSR-Maßnahmen und CSR-Engagement für die interne und externe Verwaltungsdimension (1). Dort wo auch Universitäten und Hochschulen in den Netzwerken und Initiativen beteiligt sind, spielt auch der Nutzen für Forschung (2) und Lehre (3) eine bedeutende Rolle.

Generell sind für Universitäten und Hochschulen besonders direkte CSR-Projekte und Kooperationen mit Unternehmen auf den verschiedensten Ebenen von Interesse und bei erfolgreichem Schnittstellenmanagement auch von mittel- und langfristigem Erfolg gekrönt. Hier kann besonders erfolgreich ein Theorie-, Praxisabgleich entstehen und der praktische Nutzen, sowie die Aufwand-Nutzen-Relation von theoretisch hergeleiteten CSR-Standards im Bereich der Unternehmen konkret überprüft werden. Vielversprechend sind dabei die genannten Netzwerke und die oben aufgeführten Erklärungen (Heilbronn, Ludwigsburg), wenn aus verschiedenen Bereichen wie Wirtschaft, Wissenschaft und Gesellschaft verschiedene Beteiligte gemeinsam ein CSR-Verständnis und konkrete Indikatoren/Messgrößen entwickeln und umsetzen. Der Mehrwert der Betrachtung ist zum einen der direkte Vergleich mit anderen Kooperationen und zum anderen die direkte Reflexion über die CSR-Implementierung durch eine der beteiligten Organisationen sowie die Übertragbarkeit auf die eigene Organisation. Zentrale Erkenntnis dabei ist, dass die beteiligten Akteure innerhalb der Hochschulen und Universitäten und die Einrichtung als Ganzes CSR authentisch leben, umsetzen, erforschen und lehren. Die Generation Y und die nachfolgende Generation Z ermittelt zügig und artikuliert dann diese Erkenntnis auch, ob es sich um ein CSR-Lippenbekenntnis handelt oder nicht. Ganz im Sinn der jugendlichen Rednerin Severn Suzuki auf dem UN-Rio-Gipfel 1992: „you are what you do, not what you say" (Youtube 1992).

Literatur

CSR Magazin, Unternehmen Verantwortung Gesellschaft e. V. (Hrsg) (2017) Haltung – CSR in unruhigen Zeiten

CSR NEWS (2017) Unternehmen – Verantwortung – Gesellschaft e. V. https://www.csr-news.net/news/2017/04/12/unternehmen-verantwortung-gesellschaft-e-v/. Zugegriffen: 12. Juli 2017

Deutsches CSR-Forum (2014) Ludwigsburger Erklärung. http://www.csrforum.eu/F7/s1d-ludwigsburger-erklaerung.html. Zugegriffen: 12. Juli 2017

Deutsches Netzwerk Wirtschaftsethik – EBEN Deutschland e. V. (2012a) DNWE Jahrestagung 2012. http://www.dnwe.de/jahrestagung-2012.html. Zugegriffen: 17. Juli 2017

Deutsches Netzwerk Wirtschaftsethik – EBEN Deutschland e. V. (2012b) http://www.dnwe.de/tl_files/Dateien/jt_2012/120709_dnwe_programmflyer.pdf. Zugegriffen: 17. Juli 2017

Deutsches Netzwerk Wirtschaftsethik – EBEN Deutschland e. V. (2017) http://www.dnwe.de/. Zugegriffen: 17. Juli 2017

EnviroMedia Social Marketing & University of Oregon School of Journalism and Communication (2017) http://greenwashingindex.com/about-greenwashing/. Zugegriffen: 12. Juli 2017

ESCP Europe (2017) http://www.escpeurope.eu/escp-europe-programmes/masters-full-time/biopharma-energy-and-sustainability-full-time-specialized-masters-msc-postgraduate-degrees-escp-europe-business-school/msc-in-international-sustainability-management-escp-europe/welcome-msc-in-international-sustainability-management-escp-europe/. Zugegriffen: 12. Juli 2017

Europäische Kommission (2011) Mitteilung der Kommission an das Europäische Parlament den Rat, den Europäischen Wirtschafts- und Sozialausschuss und den Ausschuss der Regionen; eine neue EU-Strategie (2011-14) für die soziale Verantwortung der Unternehmen (CSR). http://qfc.de/wp-content/uploads/2017/03/CSR65_Anlage-6-EU-CSR-Strategie-2011com_com20110681_de.pdf. Zugegriffen: 12. Juli 2017

Europäische Rahmenbedingungen für die soziale Verantwortung der Unternehmen. https://csr.nrw.de/fileadmin/Medien/Dokumente/com_2001_366_de.pdf. Zugegriffen: 17. Juli 2017

Europäische Union (2014) Richtlinie 2014/95/EU des Europäischen Parlaments und des Rates vom 22. Oktober 2014 zur Änderung der Richtlinie 2013/34/EU im Hinblick auf die Angabe nichtfinanzieller und die Diversität betreffender Informationen durch bestimmte große Unternehmen und Gruppen. http://eur-lex.europa.eu/legal-content/DE/TXT/HTML/?uri=CELEX:32014L0095&from=DE. Zugegriffen: 12. Juli 2017

Freeman RE (2010) Strategic management A stakeholder approach. Cambridge University Press, New York, S 46 (first published 1984 by Pitman Publishing)

GGS (2010) Quarterly 03/2010, S 18 f. https://www.ggs.de/fileadmin/user_upload/Dokumente/GGS-Quarterly/03_10_GGS_Quarterly.pdf. Zugegriffen: 14. Febr. 2018

GGS (2011) GGS Annual 2011, S 8. https://www.ggs.de/uploads/media/20120417_Annual_2011.pdf. Zugegriffen: 17. Juli 2017

GGS (2013) Annual 2013, S 1–13 und 21 ff. https://www.ggs.de/fileadmin/user_upload/Dokumente/Annual/Annual_2013.pdf. Zugegriffen: 14. Febr. 2018

GGS (2015a) Die Heilbronner Erklärung zur gesellschaftlichen Verantwortung. https://www.ggs.de/executive-education/heilbronner-erklaerung-csr/. Zugegriffen: 28. Juni 2017

GGS (2015b) Verantwortungs-Erklärung, S 14. https://www.ggs.de/fileadmin/user_upload/data/CSR_Bericht_GGS.pdf. Zugegriffen: 28. Juni 2017

Glöckner A, Balderjahn I, Peyer M (2010) Die LOHAS im Kontext der Sinus-Milieus. Mark Rev St Gallen 27(5):36–41

Heilbronn-Franken IHK (2011) Brasilien-Land der Zukunft?! Stehr, C, S. 24 f. http://www.ihk-wnews.de/ximages/1419190_wnews117.pdf. Zugegriffen: 17. Juli 2017

Heilbronner Stimme (2012) Mittelständler übernehmen Verantwortung. http://www.stimme.de/heilbronn/wirtschaft/sonstige-Mittelstaendler-uebernehmen-Verantwortung;art2088,2564099. Zugegriffen: 28. Juni 2017

Hildebrandt A (2014) Generation Y fragt nach CSR. http://www.umweltdialog.de/de/csr-management/Gastbeitrag/2014/Generation-Y-fragt-nach-CSR-.php. Zugegriffen: 12. Juli 2017

Hochschule Bonn-Rhein-Sieg (2017) https://www.h-brs.de/de/wiwi/csr-ngo-management-mba. Zugegriffen: 12. Juli 2017

Hochschule für nachhaltige Entwicklung Eberswalde (2017) http://www.hnee.de/de/Studium/Master-Studiengaenge/Nachhaltige-Unternehmensfuehrung/Master-Studiengang-Nachhaltige-Unternehmensfuehrung-K4610.htm. Zugegriffen: 12. Juli 2017

Idw-Informationsdienst Wirtschaft (2014) Heilbronner Erklärung. https://idw-online.de/de/news581896. Zugegriffen: 17. Juli 2017

Industrie- und Handelskammer Nürnberg für Mittelfranken (2015) https://www.nachhaltigkeit.info/artikel/greenwashing_1710.htm. Zugegriffen: 12. Juli 2017

Karl Marbach GmbH & Co. KG (2015) Verantwortungs-Erklärung. https://www.marbach.com/pdf-dateien/marbach-gruppe-csr-2014.pdf. Zugegriffen: 12. Juli 2017

Kommission der europäischen Gemeinschaften (2001) Grünbuch Europäische Rahmenbedingungen für die soziale Verantwortung der Unternehmen, Brüssel, den 18.7.2001 KOM(2001) 366 endgültig, S. 3–7. http://eur-lex.europa.eu/LexUriServ/LexUriServ.do?uri=COM:2001:0366:FIN:DE:PDF. Zugegriffen: 14. Febr. 2018

Leuphana Universität Lüneburg (2017) http://www.leuphana.de/institute/csm.html. Zugegriffen: 12. Juli 2017

Loew T, Rohde F (2013) CSR und Nachhaltigkeitsmanagement. Erläuterung der Definitionen zu CSR und die organisatorische Umsetzung von CSR im Unternehmen. Institute for Sustainability, Berlin

Ludowig K (2009) Der Faktor Verantwortung zählt, Handelsblatt.com. http://www.zeit.de/online/2009/36/unternehmen-image-bewerbung. Zugegriffen: 12. Juli 2017

Martin Priebe – Beratung & Coaching (2017a) http://www.priebe-beratung.de/Martin-Priebe.html. Zugegriffen: 17. Juli 2017

Martin Priebe – Beratung & Coaching (2017b) http://www.priebe-beratung.de/HeilbronnerErklaerung.html. Zugegriffen: 17. Juli 2017

PRME Chapter DACH (2017a) Mitglieder. http://prmechapterdach.eu/?page_id=931. Zugegriffen: 12. Juli 2017

PRME Chapter DACH (2017b) PRME Hintergrund. http://prmechapterdach.eu/?page_id=922. Zugegriffen: 12. Juli 2017

PRME Chapter DACH (2017c) Die 6 Prinzipien. http://prmechapterdach.eu/?page_id=925. Zugegriffen: 12. Juli 2017

PRME Chapter DACH (2017d) Entstehung. http://prmechapterdach.eu/?page_id=928. Zugegriffen: 12. Juli 2017

PRME Secretariat (2017) http://www.unprme.org/. Zugegriffen: 12. Juli 2017

Rat für Nachhaltige Entwicklung (2017) https://www.nachhaltigkeitsrat.de/aktuelles/aktuelle-meldungen/detailansicht/artikel/bundestag-verabschiedet-gesetz-zur-csr-berichtspflicht/. Zugegriffen: 12. Juli 2017

Rat für Nachhaltige Entwicklung (2017b) Deutscher Nachhaltigkeitskodex, S 1. http://www.deutscher-nachhaltigkeitskodex.de/fileadmin/user_upload/dnk/dok/leitfaden/HS-DNK_Beta_Version_2017.pdf. Zugegriffen: 14. Febr. 2018

Stehr C (2012) Heilbronner Erklärung zur gesellschaftlichen Verantwortung des Mittelstands in der Wirtschaft, via GGS. https://www.ggs.de/fileadmin/user_upload/data/Master_Heilbronner_Erklaerung.pdf. Zugegriffen: 17. Juli 2017

Stehr C (2015) General management und corporate social responsibility. In: Schneider A, Schmidpeter R (Hrsg) Corporate Social Responsibility – Verantwortungsvolle Unternehmensführung in Theorie und Praxis, Bd. 2. Springer Gabler, Berlin, S 501–518

Technische Universität Dortmund (2017) http://www.ips.tu-dortmund.de/cms/de/Forschung/Abgeschlossene_Projekte_am_IPS/Projekt_CSR/index.html. Zugegriffen: 12. Juli 2017

Universität Hamburg (2017a) Nachhaltigkeitsberichterstattung. https://hoch-n.org/2-handlungsfelder/02-nachhaltigkeitsberichterstattung.html. Zugegriffen: 6. Juli 2017

Universität Hamburg (2017b) Mitmachen! https://hoch-n.org/5-mitmachen.html. Zugegriffen: 6. Juli 2017

Universität Hamburg (2017c) Hoch-N Partner werden. https://hoch-n.org/5-mitmachen/strukturtabelle.html#GrafikSprung. Zugegriffen: 6. Juli 2017

Universität Hamburg (2017d) https://www.hochn.uni-hamburg.de/. Zugegriffen: 6. Juli 2017

Universität Hamburg (2017e) Hochschulen. https://www.hochn.uni-hamburg.de/4-partner/hochschulen.html. Zugegriffen: 6. Juli 2017

Universität Hamburg (2017f) Fachbeirat. https://www.hochn.uni-hamburg.de/4-partner/fachbeirat.html. Zugegriffen: 6. Juli 2017

UPJ e. V. (2011) Berliner Aufruf. http://www.upj.de/fileadmin/user_upload/MAIN-dateien/Ueber-UPJ/berliner_aufruf_2011.pdf. Zugegriffen: 28. Juni 2017

UPJ e. V. (2017a) http://www.upj.de/Mitglieder.57.0.html. Zugegriffen: 28. Juni 2017

UPJ e. V. (2017b) http://www.upj.de/Mittlernetzwerk.110.0.html. Zugegriffen: 28. Juni 2017

UPJ e. V. (2017c) http://www.upj.de/Unternehmensnetzwerk.55.0.html. Zugegriffen: 28. Juni 2017

Weltethos-Institut (Universität Tübingen) (2017) http://www.weltethos-institut.org/institut/. Zugegriffen: 12. Juli 2017

Youtube (1992) Severn Suzuki UN Konferenz über Umwelt und Entwicklung Rio 1992 – GERMAN DEUTSCH AUDIO. https://www.youtube.com/watch?v=SiQxnR6VS5U. Zugegriffen: 13. Juli 2017

Christopher Stehr (*1967) ist seit 2010 Professor für Internationales Management an der German Graduate School of Management and Law gGmbH in Heilbronn. Zudem ist er geschäftsführender Gesellschafter des Unternehmens für Coaching und Beratung „polymundo", welches er 2003 gründete. Im Jahr 2012 initiierte er die sog. Heilbronner Erklärung zur gesellschaftlichen Verantwortung des Mittelstands, eine freiwillige CSR-Selbstverpflichtung zwischen KMUs der Region Heilbronn-Franken. Seine Forschungsschwerpunkte umfassen die Bereiche: Internationalisierung und Globalisierung von KMU, Corporate Social Responsibility (CSR) sowie Interkulturelle Kompetenz.

Franziska Struve ist seit 2015 wissenschaftliche Projektassistentin an der German Graduate School of Management and Law gGmbH (GGS). Sie studierte Betriebswirtschaftslehre im Bereich Dienstleistungsmanagement mit Fokus auf Medien und Kommunikation in Kooperation mit Kaufland an der DHBW Heilbronn. Seit September 2013 arbeitete sie zusätzlich zu ihrem Dualen Studium Teilzeit am Lehrstuhl für Internationales Management an der GGS. Ihre Forschungen und Publikationen umfassen den Bereich CSR sowie Interkulturelle Kompetenz. Unter anderem ist sie Mitherausgeberin des Buches *CSR und Marketing*, welches 2017 im Springer Verlag erschienen ist.

PRME Chapter DACH: Umsetzung der UN Prinzipien für eine verantwortungsvolle Managementausbildung an deutschsprachigen Hochschulen

Lutz E. Schlange

1 Die Vereinten Nationen und die Initiative Principles for Responsible Management Education

Wozu braucht es eine globale Initiative, die die Umsetzung einer nachhaltigen Entwicklung an Hochschulen befördern will? Und was hat das mit der gesellschaftlichen Verantwortung von Führungskräften zu tun? Zur Beantwortung dieser Fragen ist ein kurzer Rückblick auf die bisherige Entwicklung im Thema Nachhaltigkeit hilfreich.

1.1 Bildung im Kontext der nachhaltigen Entwicklung

Im Gefolge der Grundlagenarbeiten zur nachhaltigen Entwicklung in den 1970er und 1980er-Jahren und dem sich seit dem Erdgipfel in Rio de Janeiro 1992 entfaltenden weltumspannenden Diskursprozess sind eine große Vielfalt an globalen und lokalen Initiativen zur Umsetzung einer nachhaltigen Entwicklung entstanden.

Aufgrund der in Rio verabschiedeten Deklaration hatten die Vereinten Nationen (UN) die Grundlinien für eine nachhaltige Entwicklung festgelegt und zu ihrer Umsetzung die Agenda 21 beschlossen. Dieses Aktionsprogramm motivierte über die vergangenen drei Jahrzehnte hinweg eine Fülle von gesellschaftlichen Akteuren und Gruppierungen dazu, im Rahmen des sog. Rio-Prozesses eigenständige Beiträge zur Umsetzung einer nachhaltigen Entwicklung auszugestalten. Kapitel 36 der Agenda 21 definiert Prioritäten für den Bildungssektor, deren Umsetzung die UNESCO mit dem Programm Bildung für Nachhaltige Entwicklung koordiniert (www.bne-portal.de). Im deutschsprachigen Hochschulbereich haben sich dazu einschlägige Fachforen und thematische Netzwerke herausgebildet

---

L. E. Schlange (✉)
HTW Chur
Chur, Schweiz
E-Mail: lutz.schlange@htwchur.ch

© Springer-Verlag GmbH Deutschland, ein Teil von Springer Nature 2018
M. Raueiser und M. Kolb (Hrsg.), *CSR und Hochschulmanagement*,
Management-Reihe Corporate Social Responsibility,
https://doi.org/10.1007/978-3-662-56314-4_22

(z. B. das Partnernetzwerk Hochschulen und Nachhaltigkeit) sowie eine Vielzahl studentischer Initiativen (für einen Überblick: www.worldcitizen.school).

Während sich diese maßgeblich durch Politik und Zivilgesellschaft geprägten Initiativen zunächst auf gesellschaftliche und ökologische Themen fokussierten, hatte sich mit dem World Business Council for Sustainable Development bereits in Rio ein thematisches Forum aufgestellt, das die spezifische Sicht global agierender Unternehmen vertritt. Um darüber hinaus weitere Wirtschaftskreise einzubinden und deren unzweifelhafte Rolle bei der proaktiven Umsetzung der nachhaltigen Entwicklung in und durch Unternehmen zu verstärken, rief UN-Generalsekretär Kofi Annan 1999 die am World Economic Forum in Davos anwesenden Unternehmensvertreter dazu auf, dem UN Global Compact beizutreten. Die zehn Prinzipien dieses globalen Vertrags für die Privatwirtschaft stellten zunächst mittelbar die Sicherung der Menschenrechte ins Zentrum, ergänzt durch weitere Verhaltensnormen im Bereich der Arbeitnehmerrechte, der Umweltverantwortung und der Korruptionsbekämpfung. Dem Global Compact gehören heute weltweit mehr als 12.000 Firmen an, die sich mit ihrer Beitrittserklärung dazu selbstverpflichtet haben, seine Prinzipien praktisch umzusetzen.

1.2 Der UN Global Compact und Principles for Responsible Management Education

Während der beeindruckende Erfolg dieser bislang weltweit größten Nachhaltigkeitsinitiative (www.unglobalcompact.org) in der Geschäftswelt zweifellos zum klaren Bekenntnis und stetig wachsenden Engagement für die praktische Umsetzung einer nachhaltigen Entwicklung geführt haben, stellte sich schon bald die Frage, wie der für diese Ziele erforderliche Wertekanon bei den künftigen Führungskräften in Wirtschaft und Politik verankert werden kann. Schließlich braucht es eine neue Grundhaltung („sustainability mindset"), die beim Nachwuchs Platz greift, um die enormen Herausforderungen einer Umgestaltung der heute nach wie vor weit verbreiteten nicht nachhaltigen Geschäftspraktiken (Business as usual) im Sinn der nachhaltigen Entwicklung längerfristig entscheidend voranzubringen. Vor diesem Hintergrund trat 2007 eine international besetzte Arbeitsgruppe von 60 Dekanen, Universitätspräsidenten und offiziellen Vertretern führender Wirtschaftshochschulen und akademischer Institutionen zusammen, die einen auf dem UN Global Compact aufbauenden Verhaltenskodex für den tertiären Bildungssektor entwickelte. Abgeleitet aus einer Empfehlung aller akademischen Anspruchsgruppen des UN Global Compact beabsichtigen die resultierenden „Principles for Responsible Management Education" (PRME bzw. umgangssprachlich PRiME) eine auf sechs Grundsätzen basierende, global ausgerichtete Plattform für das Engagement akademischer Institutionen für eine verantwortungsbewusste Managementausbildung zu etablieren (www.unprme.org). Die Veröffentlichung der PRME erfolgte 2007 in Genf am Gipfeltreffen der führenden Vertreter des UN Global Compact unter Anwesenheit von UN-Generalsekretär Ban

Ki-moon sowie weiteren Vertretern von mehr als 1000 Unternehmen, der Zivilgesellschaft und Regierungen.

1.3 Die Prinzipien für eine verantwortungsvolle Führungskräfteausbildung

Die Zwecksetzung der Initiative ist in ihrem *ersten Prinzip* dargelegt, nach dem sich unterzeichnende Mitglieder (sog. Signatories) dazu verpflichten, „die Fähigkeiten der Studierenden zu stärken, zukünftig der Motor einer Entwicklung hin zu nachhaltigen Werten in einer globalisierten Wirtschaft und Gesellschaft zu sein" (www.unprme.org). Damit verpflichten sich beitretende Hochschulen dazu, die normativen Grundlagen einer nachhaltigen Entwicklung in ihre Mission zu integrieren und bei ihren Absolventen zu verankern. Das *zweite Prinzip* Werte präzisiert dies weiter, indem „Lehrpläne und Aktivitäten die Werte einer globalen sozialen Verantwortung widerspiegeln, wie sie internationale Initiativen wie der UN Global Compact entwickelt haben" (www.unprme.org). Mit Fokus auf die akademische Lehre definiert das *dritte Prinzip* die methodischen Grundlagen, indem „die nötigen Rahmenbedingungen, Materialien, Prozesse sowie das Umfeld entwickelt werden, um effektive Lernprozesse für verantwortungsvolle Führungskräfte zu etablieren" (www.unprme.org). Mit Blick auf die Forschung beansprucht das *vierte Prinzip* Engagement „in der konzeptionellen und empirischen Forschung, um das Verständnis zur Rolle von Unternehmen, deren Dynamik und Einfluss in der Schaffung eines nachhaltigen sozialen, umweltverträglichen und ökonomischen Wertesystems zu verbessern" (www.unprme.org). Die Bedeutung von Partnerschaften für das Umsetzen einer nachhaltigen Entwicklung hebt das *fünfte Prinzip* hervor: „Kooperieren mit Führungskräften der Wirtschaft, um deren Herausforderungen im Umgang mit sozialen und ökologischen Verantwortlichkeiten besser zu verstehen und erfolgreiche Ansätze zu untersuchen" (www.unprme.org). Schließlich beschreibt das *sechste Prinzip* den kommunikativen Prozess zur Umsetzung der PRME, indem es „den Dialog zwischen Lehrkräften, Wirtschaft, Regierungen, Konsumenten, den Medien, Kräften der Zivilgesellschaft und anderen Interessengruppen zu kritischen Themen rund um Fragen der globalen Verantwortung und Nachhaltigkeit fördern und unterstützen" will (www.unprme.org).

Von Beginn an war die Teilnahme an dieser Netzwerkinitiative an zwei Bedingungen geknüpft: erstens die formelle Beitrittserklärung durch die „highest executive person" der betreffenden Institution; und zweitens die regelmäßige Hinterlegung eines Berichts, in dem die Fortschritte bei der institutionellen Umsetzung der Prinzipien dargelegt sind (Sharing Information on Progress Report; www.unprme.org/sharing-information-on-progress).

1.4 Die Principles-for-Responsible-Management-Education-Initiative wächst

Die sechs Prinzipien haben seit ihrer Etablierung für einige Resonanz in der akademischen Welt, insbesondere an Wirtschaftshochschulen geführt, was sich am stetigen Wachstum des PRME-Netzwerks ablesen lässt, dem inzwischen weltweit über 700 Mitglieder und Unterstützer angehören, und einer beeindruckenden Liste global verteilter Veranstaltungen sowie einer Vielzahl akademischer Publikationen. Begünstigt wurde dies durch die Vernetzung einer Reihe akademischer Institutionen, die bereits bei der Gründung federführend mitgewirkt hatten. Neben der Association to Advance Collegiate Schools of Business (AACSB) International und der European Foundation for Management Development (EFMD) waren dies das Aspen Institute Business and Society Program, die European Academy of Business in Society (EABIS), die Globally Responsible Leadership Initiative (GRLI) sowie Net Impact, eine Vereinigung von Absolventen von Business Schools, die sich für die curriculare Umsetzung der nachhaltigen Entwicklung in MBA-Programmen engagieren.

Nach der bis etwa ins Jahr 2010 andauernden Gründungsphase, die typischerweise durch eine gewisse Überschaubarkeit geprägt war, erfuhr das PRME-Netzwerk fortgesetzte Wachstumsschübe. Im Jahr 2010 traf sich die Community zu ihrem zweiten PRME Global Forum for Responsible Management Education, um gemeinsame Ziele für die quantitative und qualitative Weiterentwicklung der Initiative zu bestimmen. Im Gefolge der EFMD-Jahreskonferenz in Brüssel wurde der erste PRME Summit abgehalten, an dem bereits über 300 Mitgliedshochschulen aktiv teilnahmen. Bei dieser Gelegenheit wurde auch die engere Anknüpfung an die Aktivitäten der Mitgliedsfirmen des UN Global Compact vorangetrieben. Diese Stoßrichtung wurde während des dritten PRME Global Forums 2012, das im Rahmen der Rio+20-Konferenz der Vereinten Nationen in Rio de Janeiro stattfand, durch enge Verbindung mit dem parallel ablaufenden Corporate Sustainability Forum des UN Global Compact als fester Bestandteil der PRME-Aktivitäten etabliert. Seither hat sich der PRME-Veranstaltungskalender fortlaufend erweitert, während sich die Reihe der regelmäßigen Jahrestreffen mit dem Global Forum anlässlich des Zehn-Jahres-Jubiläums der Initiative bis 2017 fortsetzt (www.unprme.org/events).

1.5 Governance und strategische Ziele der PRME-Initiative

Organisation und Führung einer thematisch ausgerichteten Netzwerkinitiative, die inzwischen mehr als 700 Mitglieder in 84 Ländern in allen Weltregionen vereint, sind herausfordernd und keineswegs trivial. Die Gruppe der an ihrer Gründung beteiligten Institutionen wurde inzwischen in ein Steuerungsgremium (Steering Committee) überführt, dem heute neben dem UN Global Compact selbst eine Reihe von internationalen Hochschulverbänden angehören. Die Mitgliedshochschulen sind mittelbar über ein beratendes Gremium (Advisory Committee), in dem die verschiedenen Anspruchsgruppen vertreten sind, an der Weiterentwicklung der Initiative und der Definition ihrer strategischen Ausrichtung beteiligt. Die operative Leitung der Geschäfte obliegt einem Sekretariat, das im Umfeld des UN Global Compact Office in New York angesiedelt ist (www.unprme.org/about-prme).

Unter dem übergreifenden Ziel einer weiteren Stärkung der Nachfrage nach verantwortungsvoller Managementausbildung stellen sich heute die größten Herausforderungen der PRME-Initiative erstens im Bereich ihres quantitativen Wachstums, so strebt PRME bis 2020 eine Gesamtmitgliederzahl von rund 1000 Hochschulen an; zum zweiten in seiner inhaltlichen Fokussierung auf konkrete Beiträge zur Umsetzung der im September 2015 von den UN proklamierten Sustainable Developments Goals (SDG; globale Nachhaltigkeitsziele der Vereinten Nationen) und drittens in einer qualitativen Konsolidierung, die das Aktivitätsniveau aller Mitglieder durch eine zugkräftige Gesamtführung des Netzwerks erhöht. Die Umsetzbarkeit dieser Ziele lässt sich erst in vollem Umfang erschließen, wenn die Komplexität dieses sich aus sich selbst heraus organisierenden Netzwerks erfasst wurde.

2 Die Ausdifferenzierung des PRME-Netzwerks

Aus zwei Blickrichtungen betrachtet, lässt sich das PRME-Netzwerk anhand von drei Ebenen strukturieren. Im Einklang mit der den SDG zugrundeliegenden Idee der Global Goals – Local Business (www.unglobalcompact.org/sdgs) ist die erste Perspektive die der Gesamtbetrachtung der Initiative, ihrer prioritären Aktivitätsfelder sowie ihrer Vernetzungen mit anderen Initiativen in den Themenfeldern nachhaltige Entwicklung, Bildung, verantwortungsbewusstes Wirtschaften und darüber hinaus. Die entgegengesetzte Blickrichtung hebt die konkrete Umsetzung von Prinzipien und SDG in den Vordergrund und liegt damit in der Verantwortung der Mitglieder des Netzwerks. Sie ist von der Vielzahl von Einzelfällen und ihren situationsspezifischen Beiträgen zur Realisierung der Ziele geprägt. Damit lässt sich als eine zweite Arbeitsebene diejenige der praktischen Umsetzung der sechs Prinzipien an einzelnen Mitgliedshochschulen hervorheben, die sich seit 2015 zusätzlich an ihren Zielbeiträgen zu den SDG orientiert, sowohl direkt (insbesondere SGD 4: Quality Education) als auch indirekt (z. B. SDG 8: Decent Work and Economic Growth oder SDG 12: Responsible Consumption and Production).

2.1 Die PRME Arbeitsgruppen

Während die Koordination aller Aktivitätsfelder auf der Lenkungsebene (insbesondere Sekretariat und Steuerungsgremien) erfolgt, hat sich bereits bald nach der Gründung eine weitere Arbeitsebene etabliert. Auf dieser dritten Zwischenebene haben sich inzwischen thematisch fokussierte Netzwerkstrukturen mit eigenen Tätigkeiten herausgebildet. Hierzu zählen zunächst die PRME-Arbeitsgruppen, die sich mittlerweile in zwölf Themenfeldern mit verschiedensten Aspekten der Umsetzung von PRME und SDG auseinandersetzen. Aufgrund fachkollegialer Initiativen haben sich diese Gruppierungen spontan aus dem Kreis der akademischen Vertreter der Mitgliedshochschulen gebildet. Als selbstständig und dynamisch agierende Plattformen stellen sie offen zugängliche Arbeitsflächen zur Verfügung, auf denen Interessierte an konkreten Themen mitarbeiten und gemeinsame Fortschritte erzielen können. Einzelne dieser Arbeitsgruppen weisen weit über 100 Mitglieder auf, wie z. B. die PRME Working Group on Poverty, a Challenge for Management Education (www.unprme.org/working-groups).

2.2 Die PRME Regional Chapters

Eine zweite Form der Ausdifferenzierung setzte im Anschluss an das dritte PRME Global Forum im Rahmen der Rio+20-Konferenz ein. Die Expansion des Netzwerks legte nahe, die Regionalisierung voranzutreiben und PRME zu einem Netzwerk der Netzwerke weiterzuentwickeln. In der Folge haben sich mehrere PRME Regional Chapters gegründet, die sich als weitgehend selbstständig agierende Netzwerke um die Belange der Mitgliedshochschulen in den verschiedenen Sprachregionen kümmern. Parallel mit den Regional Chapters UK/Ireland sowie Brazil startete das PRME Chapter DACH mit dem Gründungsanlass im Februar 2014 am Management Center Innsbruck (MCI), Österreich, und wurde damit als erstes etabliertes PRME Chapter offiziell anerkannt. Inzwischen bestehen neun etablierte Regionalkapitel, weitere fünf sind im Entstehen. Ihr zentraler Auftrag besteht darin, die sechs PRME-Prinzipien in einem bestimmten geografischen Kontext umzusetzen, die Verankerung von PRME in verschiedenen nationalen, regionalen, kulturellen und sprachlichen Kontexten sowie das Wachstum von PRME voranzutreiben und das Engagement im Hinblick auf die Umsetzung der Prinzipien zu befördern (www.unprme.org/working-groups/chapters.php).

2.3 Strategische Ziele für PRME Regional Chapters

PRME Regional Chapters tragen heute entscheidend zur Ausweitung des Netzwerks und zu den qualitativen Fortschritten der PRME-Initiative bei. Sie stellen regionale Anlaufpunkte für interessierte und beitrittswillige Hochschulen dar. Obwohl die durch das PRME-Sekretariat geführte Internetseite einen effizienten Zugang zu den relevanten Informationen ermöglicht, ist doch die Möglichkeit, mit Fachkollegen aus dem gleichen Sprachraum auf direktem Weg persönlich in Kontakt zu treten, ein nicht zu unterschätzender Vorteil. Sie bieten den Mitgliedshochschulen Hilfestellung an bei erfolgskritischen Aufgaben, wie z. B. der Erstellung des Fortschrittsberichts. Zudem unterstützen sie die Vernetzung mit komplementären Initiativen aus der gleichen Region. Damit agieren sie durchaus in (selbst-)ähnlicher Weise wie die PRME-Lenkungsebene, was sich nicht zuletzt auch wieder an der Ausbildung von themenspezifischen Arbeitsflächen mit Bezug zum regionalen Kontext zeigt. Darüber hinaus sind durch die Kapitel organisierte Veranstaltungen, wie z. B. regionale Treffen, Fachkonferenzen und Workshops, zu einem großen Teil für die Lebendigkeit der Initiative sowie für ihre lokale Verankerung verantwortlich.

Damit erhöhen Chapters erstens die Sichtbarkeit von PRME und seinen Unterzeichnern in einer Region, indem sie öffentlich für eine gesellschaftliche verantwortungsbewusste Ausbildung von Managementnachwuchs, die diesbezügliche Forschung und das erforderliche Leadership eintreten. Zweitens stellen sie eine Plattform für Dialog, Lernen und Aktionen zu verantwortungsvollem Management in enger Verbindung mit den Unterzeichnern und den jeweiligen UN Global Compact Local Networks sowie deren Anspruchsgruppen bereit. Drittens passen sie die sechs Prinzipien an den lokalen Kontext an, entwickeln deren Anwendbarkeit und fördern diese durch geeignete Aktivitäten. Schließlich führen sie viertens mindestens einmal jährlich eine Veranstaltung für organisatorische Zwecke des Chapters und mindestens eine weitere öffentliche Veranstaltung zu wesentlichen Fragen von PRME durch, zu der alle Mitglieder eingeladen sind (www.unprme.org/working-groups/chapters.php, Memorandum of Understanding for PRME Regional Chapters).

2.4 Leistungsausweis und Herausforderungen

Ein Blick auf die Veranstaltungsseite unter www.unprme.org zeigt, dass die PRME-Aktivitäten auf der Arbeitsebene inzwischen zum größten Teil durch die PRME Chapters gemeinsam mit den PRME-Arbeitsgruppen getragen werden. Dies zeigt auch, dass die Strategie einer geordneten Bildung von Subnetzwerken innerhalb des PRME-Netzwerks durchaus erfolgreich ist. Der Leistungsausweis der Chapters über die vergangenen vier Jahre lässt erwarten, dass die fortschreitende Übernahme von mehr Verantwortung durch die Chapters in Verbindung mit Mitgliedshochschulen zielführend sein dürfte. So übernehmen die Chapters aktuell die Verantwortung dafür, die 17 Nachhaltigkeitsziele (SDG) mit ihren 168 konkreten Zielvorgaben durch ihre Kommunikationsaktivitäten für den lokalen Kontext greifbar zu machen.

Andererseits stellen sich auch große Herausforderungen, liegt die Hauptlast der Umsetzung der strategischen Zielsetzungen von PRME doch bei den Regionalkapiteln. Neben den oben genannten Formalzielen betrifft dies insbesondere die Expansion des Netzwerks im Zuge einer weitergehenden Penetration in seinen Subregionen. Dazu gehört neben der rein mengenmäßigen Ausweitung auch die Verbesserung der Kommunikation mit den Mitgliedern und der finanziellen Unterstützung zur Sicherung der Kernaufgaben des PRME-Netzwerks.

3 Das PRME Chapter DACH: Grundlagen und Wirkungsweise

Auf Initiative der Hochschule Pforzheim (D) und der Hochschule für Technik und Wirtschaft Chur (CH) hat sich das PRME Chapter DACH nach seiner Gründung durch 15 Mitgliedshochschulen bis heute auf insgesamt 20 aktive Mitglieder ausgeweitet. Dabei ist zu erwähnen, dass die Hochschulen einer Region, die PRME unterzeichnet haben, quasi automatisch (als Passivmitglieder) dem betreffenden Chapter angehören. Insgesamt sind aktuell 50 Hochschulen aus der DACH-Region auf unprme.org als PRME-Unterzeichner gelistet, davon 29 deutsche, 5 österreichische und 16 Schweizer Hochschulen.

3.1 Organisatorische Grundlagen

Als offenes Netzwerk hat sich das Chapter selbst konstituiert und im Einklang mit den Vorgaben des PRME-Sekretariats eine rechtsformfreie Organisationsform etabliert (s. Abschn. 2.3). Dazu gehören erstens die Vollversammlung der Mitglieder, die Grundsatzbeschlüsse fassen kann, zweitens die Steuerungsgruppe, die die Verantwortung für die strategische und operative Leitung des Netzwerks trägt, sowie drittens situationsgebundene Ausschüsse bzw. Taskforces zur Abwicklung prioritärer Projekte.

Aktivitäten finanziert das Chapter mit Vorzug aus den sach- und geldwerten Beiträgen seiner Mitglieder. Eine Unterstützung für die Durchführung einzelner Anlässe durch externe Sponsoren ist möglich. Die ordentlichen Regionaltreffen des DACH Chapters werden jeweils durch Mitgliedshochschulen ausgerichtet und wechseln reihum von D nach A und weiter nach CH, wobei die einzelnen Länder für die Auswahl geeigneter Hochschulen sorgen. So wurde dieser Anlass 2017 von der School of Management and Law an der ZHAW in Winterthur (CH) durchgeführt und im Jahr 2018 von der Cologne Business School in Köln (D).

3.2 PRME Forschungskonferenzen

Im Anschluss an den Gründungsanlass am MCI in Innsbruck 2014 wurde das zweite Chapter Treffen bereits im Herbst 2014 in Chur durchgeführt. Dieser Anlass wurde durch ein für PRME innovatives Konferenzformat abgerundet: die erste Responsible Management Education Research Conference brachte Vertreter von Hochschulen mit Vertretern aus der Unternehmenspraxis zusammen, die sich mit dem Thema der verantwortungsbewussten Führungskräfteausbildung aus Sicht der Forschung beschäftigen. Zugleich sprach die Konferenz Forschende aus anderen PRME-Regionen an, die sich bereits in PRME-Arbeitsgruppen thematisch organisiert hatten, sowie weitere interessierte Kreise.

Der Anlass wurde zu einem Meilenstein der Entwicklung umsetzungsorientierter Arbeitsplattformen, die die Sichtbarkeit von PRME weiter erhöhen. Die zweite Konferenz wurde 2015 durch das Regional Chapter MENA (Middle East and North Africa) zusammen mit der American University in Cairo organisiert. Die dritte Forschungskonferenz 2016 wurde wiederum durch das DACH Chapter zusammen mit dem IMC Krems (A) durchgeführt. Die vierte Konferenz fand im September 2017 in Curitiba, Brasilien, statt und wurde als gemeinsames Projekt von den PRME Chapters Brazil und DACH und der PRME-Arbeitsgruppe zum Thema Armutsbekämpfung organisiert (www.unprme.org/events).

3.3 Zusammenarbeit mit den UN Global Compact Local Networks

Als Mutterinitiative ist der UN Global Compact ein wichtiger Partner in der Verfolgung der Ziele von PRME global. Diese Zusammenarbeit erstreckt sich auch auf die regionale Ebene. Das DACH Chapter hat bei verschiedenen Gelegenheiten in den jeweiligen Ländern die Nähe zu den Global Compact Local Networks gesucht. Dabei haben sich bereits konkrete Kooperationsformate ergeben, etwa in Verbindung mit den Forschungskonferenzen und Arbeitstreffen.

Die im PRME Chapter UK/Ireland lancierte SDG Roadshow steht hierfür als ein aktuelles Beispiel. Die Wirtschaftspraxis hat ein großes Interesse daran, die SDG für ihre Zwecke begreifbar zu machen und umsetzungsorientiert zu diskutieren. Verschiedene Anlässe wurden bereits an Mitgliedshochschulen durchgeführt, zu denen Mitgliedsfirmen des UN Global Compact eingeladen wurden. Diese Foren dienen der Annäherung beider Seiten und stellen zugleich ein originäres Potenzial zur Schaffung von Mehrwert für alle Beteiligten dar. Im Rahmen des DACH Chapter Treffens im November 2017 wurde eine Variante der SDG Roadshow an der ZHAW Winterthur (CH) in Zusammenarbeit mit dem UNGC Local Network Switzerland durchgeführt (www.unprme.org/events).

3.4 DACH Arbeitsgruppen

Anlässlich des DACH Chapter Treffens 2014 in Chur (CH) bildeten sich mehrere thematische Fokusgruppen, die die konkrete Umsetzung der sechs Prinzipien über praktische Arbeitsflächen vorantreiben. In der Zwischenzeit hat insbesondere die Arbeitsgruppe zur curricularen Entwicklung eine Reihe von Workshops durchgeführt, eine mittelfristige Agenda definiert und damit begonnen, konkrete Umsetzungsvorschläge zu erarbeiten. Weitere Arbeitsgruppen bestehen zu den Themenfeldern Bedeutung von Responsible Management Education in der DACH-Region, Umsetzung von PRME in den Mission Statememts der DACH-Mitgliedshochschulen und PRME Faculty Development.

3.5 Strategische Ziele und Prioritäten

Im April 2017 führte die DACH-Steuerungsgruppe mit freundlicher Unterstützung seines Chapter-Mitglieds Hochschule Reutlingen einen Strategieworkshop durch, an dem rund 20 Delegierte von DACH-Mitgliedshochschulen teilnahmen. Die zentrale Frage, welches das Wertangebot des Chapters für aktuelle und potenzielle Mitglieder ist, wurde ausführlich und vertieft diskutiert. Im Ergebnis wurde ein klares Commitment zu den strategischen Vorgaben von PRME global abgegeben. Damit sind die oben angeführten Zielsetzungen (s. Abschn. 1.5) für das DACH Chapter verbindlich. Heruntergebrochen auf die Ebene der drei Mitgliedsländer lassen diese ein sanftes Wachstum erwarten, ist doch die Durchdringung in Westeuropa im Vergleich zu anderen Weltregionen (z. B. Afrika) vergleichsweise weit fortgeschritten.

Mit Blick auf seine Value Proposition hielten die Delegierten fest, dass das DACH Chapter, begünstigt durch den globalen Megatrend der nachhaltigen Entwicklung, die Evolution hin zur Hochschule 4.0 gezielt vorantreiben kann. Hierbei dürfte das Label „backed by the United Nations" in Verbindung mit dem Zielsystem der SDG von Vorteil sein. Ziel ist es, ein neues Managementparadigma zu kokreieren, das die gesellschaftliche Verantwortung ins Zentrum rückt.

Die Arbeitsgruppe hält weiter fest, dass PRME-Hochschulen und Universitäten im Netzwerk der nachhaltigen Entwicklung hervorragend positioniert sind: im vertikalen, horizontalen und lateralen Zusammenspiel der Akteure können sie verschiedene unverzichtbare Funktionen auf einzigartige Weise integrieren, weil sie mit den verschiedensten Anspruchsgruppen über Kommunikationskanäle sowohl auf lokaler, regionaler als auch auf internationaler Ebene interagieren können. Hierbei versteht sich das DACH Chapter als Drehscheibe für die Abstimmung dieser vielfältigen, auf mehreren Ebenen zu nutzenden Bezüge.

Als konkrete Wertangebote des DACH Chapters sollen die PRME-Forschungskonferenzen als Signature Events in Zukunft wie bisher im Zwei-Jahres-Rhythmus durch das DACH Chapter organisiert werden. Weiter will das Chapter eine Publikationsreihe realisieren und den Reputationsaufbau durch geeignetes Kommunikationsmaterial mit Unterstützung vonseiten des PRME Sekretariats verstärken. Schließlich will es die Unterstützung des Faculty Development im Einklang mit PRME und SDG sowie die Beratung von Mitgliedshochschulen insbesondere in den Themen Berichterstattung und curriculare Implementierung der sechs Prinzipien weiter ausbauen.

4 Ausblick auf die Zukunft

Die kommenden Jahre werden zeigen, inwieweit die fortschreitende Ausdifferenzierung und Schwerpunktsetzung innerhalb des PRME-Netzwerks und seiner Träger die Bedeutung seiner PRME-Regionalkapitel insgesamt verstärken. Dabei wird es sich als erfolgskritisch erweisen, wie sich das Spannungsfeld zwischen interner Konsolidierung und externem Wachstum in fruchtbringender Weise über das gesamte Netzwerk der Netzwerke hinweg zielführend orchestrieren lässt. Die fortgesetzte Orientierung an den Organisationsprinzipien einer fraktalen, sich spontan selbst organisierenden Struktur dürfte diese Entwicklung begünstigen.

Davon unabhängig darf das PRME Chapter DACH bereits als Erfolgsgeschichte bezeichnet werden. Wie sich am Zuspruch von vielen Seiten und relevanten Anspruchsgruppen sowie am Zulauf weiterer Mitglieder zeigt, sind die Prioritäten zukunftsweisend gesetzt und lassen durchaus auf eine erfreuliche Fortsetzung im Sinn einer weiteren Verbreitung der Idee einer gesellschaftlich verantwortungsbewussten Ausbildung künftiger Führungskräfte hoffen.

Lutz E. Schlange ist Professor für Entrepreneurial Marketing und Nachhaltigkeitsmanagement an der Hochschule für Technik und Wirtschaft Chur, Schweiz. Als sein Mitbegründer ist er Sprecher des PRME Chapter DACH und Stifter von Nachhaltigkeitsinitiativen in den Bereichen Energie und Armutsbekämpfung.

Nachhaltige Hochschultransformation von unten denken

Lukas Daubner, Jannis Eicker, Jana Holz und Lisa Weinhold

1 Einleitung

Im Zuge der Hochschulreformen der vergangenen 20 Jahre werden Hochschulen zunehmend als Organisationen wahrgenommen (Huber 2012; Kleimann 2016, Kap. 3; Wilkesmann und Schmid 2012). Es wird von der modernen Hochschule erwartet, in einem globalen Wettbewerb um Ressourcen sowie um Köpfe zu bestehen. Dafür bedarf es Leitbilder, Profilierung sowie klar zu erreichende Ziele (für eine Kritik s. Münch 2011). Im Ergebnis, so zumindest die Vorstellung, entsteht ein einheitlicher, entscheidungs- und strategiefähiger Akteur (Hüther 2010; Krücken und Meier 2006; Meier 2009). Einhergehend mit dem Aufbau von Managementkapazitäten kommt es außerdem zu einer immer weiteren Ausdifferenzierung und Spezialisierung der Hochschulverwaltung (Blümel 2016; Kleimann 2016; Tuchman 2009), die Globalhaushalte verwaltet, Strategien und Profile definiert oder Qualitätskontrollen und Evaluationen durchführt sowie alle Möglichkeiten zu nutzen versucht, Optimierungen vorzunehmen (Fohrmann 2017). Diese Entwicklung führt zu neuartigen Vorstellungen davon, was eine Hochschule alles zu leisten hat. Ver-

L. Daubner (✉)
Universität Bielefeld
Bielefeld, Deutschland
E-Mail: lukas.daubner@uni-bielefeld.de

J. Eicker · J. Holz · L. Weinhold
netzwerk n e.V.
Berlin, Deutschland
E-Mail: jannis.eicker@netzwerk-n.org

J. Holz
E-Mail: jana.holz@netzwerk-n.org

L. Weinhold
E-Mail: lisa.weinhold@netzwerk-n.org

© Springer-Verlag GmbH Deutschland, ein Teil von Springer Nature 2018
M. Raueiser und M. Kolb (Hrsg.), *CSR und Hochschulmanagement*,
Management-Reihe Corporate Social Responsibility,
https://doi.org/10.1007/978-3-662-56314-4_23

gleichbar mit der Situation im angelsächsischen Raum werden Hochschulen zunehmend als Akteure wahrgenommen, die eine Mission verfolgen sollen. Wie von anderen Organisationen auch, wird von Hochschulen erwartet, dass sie ihrer gesellschaftlichen Verantwortung nachkommen: Dies wird deutlich bei der Gleichstellung der Geschlechter, dem Versuch familienfreundlich zu sein sowie einen Beitrag zum Klima- und Ressourcenschutz zu leisten. In diesem Verständnis der modernen Hochschule wird sie – wenn nicht wie ein Unternehmen geführt – so doch wie ein Unternehmen gedacht (Wilkesmann und Schmid 2012). Allerdings täuscht die Selbstdarstellung und Fremdzuschreibung der Hochschule als Organisation darüber hinweg, dass diese weiterhin nur begrenzt Einfluss auf die Erfüllung ihrer Zwecke – Lehre und Forschung – hat. Zwar haben Hochschulen ihre Managementkapazitäten ausgebaut, doppelte Buchführung, Prozessmanagement oder kennzahlengestützte Steuerung eingeführt; die akademische Profession bleibt aber weiterhin sehr frei in der Ausführung ihrer Aufgaben.

Aus diesem Grund ist ein von zentraler Stelle aufgesetzter Corporate-Social-Responsibility(CSR)-Ansatz für Hochschulen, so wollen wir in diesem Beitrag aufzeigen, kaum zielführend. Demgegenüber argumentieren wir, dass ein anderer Ansatz vielversprechender ist: Anstatt Hochschulen immer weiter betriebswirtschaftlich zu denken, müssen stärker die strukturellen Besonderheiten dieser berücksichtigt werden. Daraus folgt, dass eine soziale oder ökologische Transformation der Hochschule nur von „unten" erfolgen kann – nur durch das Engagement des akademischen Personals, der Mitglieder der Verwaltung sowie der Studierenden. Dieser Gedanke bedingt, dass diese Prozesse nicht ordentlich abbildbar oder steuerbar sind. Die Organisation Hochschule kann gleichwohl Unterstützungsstrukturen aufbauen, die das Engagement ihrer Mitglieder stärkt.

2 CSR und Hochschulen – eine Kombination mit Hindernissen

Eine kurze Internetrecherche zeigt, dass CSR in Hochschulen v. a. in Form von Lehrinhalten in Managementstudiengängen thematisiert wird. Nur vereinzelt scheint das Konzept an Hochschulen angewendet zu werden. Diese Tatsache wirkt auf den ersten Blick paradox: Stellt CSR doch einen im Unternehmenskontext vielfach erprobten, gut kommunizierbaren und umsetzbaren Ansatz dar, die multiplen sozialen und ökologischen Umweltanforderungen zu befriedigen. Dass CSR und andere Managementmodelle an Hochschulen kaum Erfolge zeigen, wird in der organisationssoziologischen Literatur damit begründet, dass Hochschulen „besondere" (Musselin 2007), bzw. „unvollständige" (Brunsson und Sahlin-Andersson 2000) Organisationen sind. Diese Besonderheit oder Unvollständigkeit bezieht sich darauf, dass Hochschulleitungen so gut wie keinen Einfluss auf Lehrinhalte oder die Formulierung von Forschungsfragen sowie deren Beantwortung haben. Hier spielen zum einen die grundrechtlich verbriefte Freiheit von Forschung und Lehre (GG § 5 Abs. 3), zum anderen der Beamtenstatus zumindest der Professoren eine Rolle. Aufgrund der losen Kopplung der einzelnen Elemente der Hochschule (Weick 1976) – der Lehrstühle, Institute, Labore, Gremien usw. – können hierarchische Entscheidungen, wie oben beschrieben, nicht die von der Hochschulspitze erhoffte steuernde Wirkung entfalten. Hinzu kommt, dass Hochschullehrende Entscheidungen der Spitze häufig als Bedrohung ihrer professionellen Freiheit interpretieren. Historisch gesehen wurden sie bisher auch kaum als Organisationsmitglieder adressiert. Stattdessen haben sich Professoren als Peers gegenseitig kontrolliert und selbstverwaltet. Das geringe Ausmaß an Steuerungsfähigkeit der Hochschulspitze begründet sich außerdem darin, was Cohen et al. (1972) als „unklare Technologien" bezeichnen: Es ist für eine Hochschulleitung weitestgehend unklar, welche Mittel dazu führen, dass Studierende besser lernen oder Erkenntnisse exzellenter produziert werden. Hierin unterscheiden sich Hochschulen maßgeblich von anderen Organisationen, etwa Unternehmen. Lehre und Forschung stellen nach wie vor die Kernbereiche von Hochschulen dar, sind jedoch von CSR-Maßnahmen kaum betroffen. Gemäß der Definition müssen CSR-Maßnahmen allerdings gerade den Kernbereich einer Organisation betreffen, um als solche anerkannt zu werden (Europäische Kommission 2011). In diesem Sinn scheint es zweifelhaft, dass CSR auf die Kernfunktionen von Hochschulen angewendet werden kann.

Anders stellt sich der Sachverhalt beim Betrieb einer Hochschule dar: Bei der Bauunterhaltung, dem Grünflächenmanagement oder in den verschiedenen Verwaltungsbereichen hat die Hochschulleitung, die in den meisten Bundesländern auch Dienstherrin ist, zumindest bedingten Einfluss auf ihre Umweltauswirkungen bezüglich Input (z. B. Energie, Wasser, Materialien) sowie Output (z. B. Abfall, Emissionen): sie kann auf ein ressourcenschonendes Verhalten hinwirken; bedingt deshalb, weil viele dieser Bereiche stark durch das jeweilige Landesrecht bestimmt sind. Eine Hochschule, die sich etwa nach dem *Eco-Management and Audit Scheme* (EMAS) zertifizieren lässt, aber nur den Betrieb und die Verwaltung berücksichtigt, kann mit einem Flughafen verglichen werden, der ebenfalls nur den Betrieb ressourcenschonend(er) gestaltet: Der Flugverkehr wird dadurch ebenso wenig nachhaltiger, wie die Lehrinhalte oder die Forschung. Das bedeutet natürlich nicht, dass Hochschulleitungen und -verwaltungen sich nicht dafür einsetzten sollten, ihren Betrieb nachhaltig zu gestalten. Dass sich bisher nur etwa 20 von 400 Hochschulen in Deutschland nach EMAS zertifiziert haben, zeigt, dass hier noch ein beachtliches Potenzial besteht. Jenseits nachhaltiger Lehre und Forschung kann ein Mehrwert in einer EMAS-Zertifizierung oder eines nicht zertifizierten Umweltmanagements darin liegen, finanzielle Mittel einzusparen, eine positive Außendarstellung zu erwirken oder einen Austausch hinsichtlich der Umweltleistungen zwischen einzelnen Verwaltungsabteilungen sowie der Verwaltung und dem akademischen Bereich zu erreichen.

Die eigentlichen „Produkte" der Hochschule können, wie bereits erwähnt, kaum von einem CSR-Management (oder auch einer EMAS-Zertifizierung) berührt werden. Werden Veränderung in diesen Bereichen gewünscht, bedarf es eines Ansatzes, der Lehrende, Forschende sowie Studierende intrinsisch motiviert, sich für Nachhaltigkeit oder soziale Fragestellungen einzusetzen. Insbesondere die Hochschule bieten einen Rahmen, in der das Verfolgen von Interessen sowie die Kooperation mit anderen Organisationsmitgliedern ohne Weiteres möglich ist. In diesem Zusammenhang kann ein ganzheitlicher Ansatz an ökologische, ökonomische und soziale Nachhaltigkeit greifen, der die jeweiligen Logiken,

Herausforderungen und Möglichkeiten der verschiedenen Bereiche in einer Hochschule beachtet. Lehre im Sinn einer nachhaltigen Entwicklung orientiert sich z. B. an den Kriterien und Zielen der Bildung für nachhaltige Entwicklung (BNE), fördert Gestaltungs- und Handlungskompetenzen der Studierenden und setzt auf Methoden und Theorienvielfalt sowie Transferprojekte. Forschung für nachhaltige Entwicklung kann sich in der Wahl der Forschungsfrage, der Methodik, der Partner (Drittmittel, Forschungs- oder Praxispartner) ausgestalten. Gleichzeitig spielen auch hier praktische Aspekte wie die Vermeidung von CO_2-Emissionen, beispielsweise durch die Nutzung öffentlicher statt privater Verkehrsmittel, eine Rolle.

Die unterschiedlichen, eingangs erwähnten Reformen sowie die dadurch erfolgte Kräfteverschiebung von der akademischen Selbstverwaltung hin zu einer hierarchisch gedachten Hochschule, die zudem durch das wachsende Drittmittelvolumen unter Druck gerät, veranlassen Beobachter dazu, eine Ökonomisierung der Hochschule zu konstatieren (Maasen und Weingart 2008; Schimank 2008). Inwiefern dies empirisch der Fall ist, ist nicht Thema dieses Beitrags. Gleichwohl drängt sich die Frage auf, welche Folgen der gestiegene Druck im Wettbewerb zu bestehen, zu publizieren und möglichst viele Studierende zu versorgen für die Vorstellung einer nachhaltigen Hochschule haben. Wie wir unten ausführen, sind für eine nachhaltige Transformation von Hochschule gute (Arbeits-)Bedingungen aller Mitglieder von zentraler Bedeutung. Nachhaltigkeit an einer Hochschule umzusetzen bedarf nämlich v. a. Freiräume, sich dafür engagieren zu können. In diesem Punkt führt die Organisationswerdung (Brunsson und Sahlin-Andersson 2000) der Hochschule sowie das zunehmende ökonomische Denken eher dazu, einer Transformation zu mehr Nachhaltigkeit zuwider zu laufen. Denn das betriebswirtschaftliche Denken der Hochschule scheint eher zu schlechteren, als zu besseren (Arbeits-)Bedingungen ihrer Mitglieder zu führen (Dörre und Neis 2010; Tuchman 2009). Auch in diesem Sinn erscheint es problematisch, das unternehmerisch geprägte Konzept von Nachhaltigkeit – CSR – auf Hochschulen anwenden zu wollen.

Mit anderen Worten: Das Ziel einer nachhaltigeren und sozialeren Hochschule ist v. a. dann zu erreichen, wenn Lehrende, Forschende sowie Studierende es auf ihre eigene Agenda setzen, einfordern und selbst umsetzen können. Die Hochschule kann – sofern ihr der organisationelle und v. a. finanzielle Freiraum gegeben wird – als Organisation entsprechende Ermöglichungsstrukturen schaffen. Darüber hinaus kann sie ihren Betrieb nach EMAS zertifizieren sowie Konzepte wie BNE populär machen. Wichtig ist aber, dass das akademische Personal und die Studierenden Strukturen und Konzepte mit Leben füllen. Dieser Prozess ist nicht trivial. Ein Schritt in diese Richtung unternimmt der sich an Studierende richtende Verein *netzwerk n*. Bevor wir dessen Arbeit vorstellen, zeigen wir, welche Konsequenz und Herausforderungen aus einem weiten Nachhaltigkeitsbegriff erwachsen.

3 Nachhaltige Hochschultransformation ausbuchstabiert

Die Begriffe Nachhaltigkeit, betriebliches Umweltmanagement und CSR werden in der betriebswirtschaftlichen Literatur oftmals synonym verwendet. Das *netzwerk n* verwendet Nachhaltigkeit als normativen Leitbegriff. Im Folgenden wird das Nachhaltigkeitsverständnis des Netzwerks sowie der Ansatz für nachhaltige Hochschultransformation, der sich daraus ergibt, begründet und vorgestellt. Laut der Europäischen Kommission (2011) ist CSR ein Konzept, auf dessen Basis Unternehmen freiwillig soziale und ökologische Belange in ihre unternehmerische Kernstrategie integrieren. Auch die Wechselbeziehungen mit externen Partnern werden unter diesem Gesichtspunkt betrachtet. CSR ergänzt das Ziel ökonomischen Profit zu erwirtschaften explizit um soziale und ökologische Ziele unternehmerischen Handelns (Bassen et al. 2005). Wie oben dargestellt, greift unserer Meinung nach CSR als Managementansatz, der von oben nach unten in einer Organisation angewendet und umgesetzt wird, im Kontext der Organisation Hochschule – wenn überhaupt – nur bedingt. Nachhaltigkeit als ein ganzheitlicher und partizipativer Ansatz ermöglicht Hochschultransformation nicht nur von außen, sondern v. a. von innen und kann zu strukturellen sowie institutionellen Veränderungen führen. In diesem Sinn orientiert sich das Engagement von *netzwerk n* an diesem Begriff und den mit ihm einhergehenden Transformationsprozessen.

3.1 Nachhaltige Entwicklung – Was bedeutet das für *netzwerk n*?

Der Brundtland-Bericht markiert so etwas wie die Geburtsstunde des Leitbilds der nachhaltigen Entwicklung global sowie in Deutschland – auf diesen Bericht wird weiterhin Bezug genommen: Darin wird eine nachhaltige Entwicklung beschrieben als: „[...] development that meets the needs of the present without compromising the ability of future generations to meet their own needs" (World Commission on Environment and Development 1987, S. 41). Die in diesem Verständnis von nachhaltiger Entwicklung formulierten Gerechtigkeitsdimensionen der inter- und intergenerationellen Gerechtigkeit bilden auch die normative Arbeitsgrundlage des *netzwerk n*.

Das gängige Drei-Säulen-Modell der Nachhaltigkeit, das ein Nebeneinander von Ökologie, Ökonomie und Sozialem unter dem Dach der Nachhaltigkeit propagiert, spiegelt die absolute Limitierung natürlicher Ressourcen hingegen nicht angemessen wider. Vielmehr sind die ökologischen Grenzen unseres Planeten absolut und bilden den Rahmen für das soziale und ökonomische Handeln der Menschheit. Auf diesem Gedanken fußt das Konzept der starken Nachhaltigkeit (im Gegensatz zur schwachen Nachhaltigkeit), mit dem *netzwerk n* arbeitet (Ott und Döring 2011). In letzter Konsequenz bedeutet dieses Verständnis von Nachhaltigkeit, dass insbesondere die Bewohner des Globalen Nordens ihren Lebensstil sowie ihre Konsummuster und Produktionsweisen radikal an die Realität der endlichen Ressourcen anpassen müssen. Neben Effizienz- und Konsistenzstrategien ist hierbei die Suffizienz[1] als politische Strategie zentral.

Im Kontext der Arbeit des *netzwerk n* wird Nachhaltigkeit nicht als ein Zustand verstanden, sondern als ein dynamischer Prozess: Sich ständig wandelnde Rahmenbedingungen und Ursache-Wirkung-Strukturen bedeuten, dass es keine Patentrezepte geben kann. Vielmehr müssen wir uns ständig neu auf die Suche nach für die jeweilige Zeit und die jeweiligen Umstände adäquaten Lösungen machen. Dazu gehört auch, die eigenen Ziele und das eigene alltägliche Verhalten kritisch zu hinterfragen.

3.2 Die nachhaltige Hochschule

Das Thema Nachhaltigkeit wird aus unterschiedlichen Richtungen an die Hochschulen herangetragen. Spätestens seit der UN-Konferenz für Umwelt und Entwicklung in Rio de Janeiro im Jahr 1992 wird dem Leitbild der nachhaltigen Entwicklung und seit 2005 auch der Bildung für nachhaltige Entwicklung (BNE) für das Wissenschaftssystem eine große politische Bedeutung zugeschrieben. Durch die Verabschiedung der Agenda 2030 mit 17 Zielen für eine nachhaltige Entwicklung (Sustainable Development Goals, SDG; insbesondere SDG 4) und dem UNESCO-Weltaktionsprogramm BNE (2015–2019) wurden in jüngster Zeit weitere internationale Meilensteine beschlossen, die insbesondere die Hochschulen in die Pflicht nehmen. Im Juni 2017 wurde darüber hinaus in Deutschland von der Nationalen Plattform BNE der Nationale Aktionsplan zur Umsetzung des UNESCO-Weltaktionsprogramms verabschiedet. In diesem sind in sechs Bildungsbereichen (frühkindliche Bildung, Schule, berufliche Bildung, Hochschule, non-formales und informelles Lernen, Jugend sowie Kommunen) insgesamt 130 Ziele und 349 konkrete Handlungsempfehlungen für eine Bildung für nachhaltige Entwicklung aufgeführt. Auf inter- oder nationaler Ebene abgestimmte Strategiepapiere und Aktionspläne bleiben allerdings ebenso wirkungs- und leblos wie ein Mission-Statement einer Hochschule, wenn diesem „talk" keine „action" folgt (Brunsson 1989).

Von diesen mehr oder weniger abstrakten Zielen ausgehend stellt sich die Frage, wie diese in einzelnen Hochschulen operationalisiert werden können. Keine Frage: Das Wissenschaftssystem in Deutschland ist bereits in Bewegung. So haben sich einige wenige Hochschulen auf den Weg gemacht und sich dem Leitbild der nachhaltigen Entwicklung ganzheitlich in Betrieb, Lehre, Forschung und Governance verschrieben (z. B. die Hochschule für Nachhaltige Entwicklung Eberswalde und Leuphana Universität Lüneburg). Daneben weisen eine Vielzahl weiterer Hochschulen und Einrichtungen des Wis-

---

[1] Suffizienz (vom Lateinischen „sufficere" für ausreichen, genügen) bedeutet eine bewusste und beabsichtigte Verringerung der Energie-, Ressourcen- und Flächennutzung, die auch als materielle Bescheidenheit beschrieben wird (Linz 2015, S. 5; Linz et al. 2002, S. 7). „Bei Suffizienzpolitik handelt es sich um politische Maßnahmen, die auf ökologisch tragfähige Konsummuster abzielen und für einen erheblichen Teil der Bevölkerung eine Nutzenänderung bedeuten" (Fischer et al. 2013, S. 7 f.).

senschaftssystems einzelne und teils substanzielle Aktivitäten im Nachhaltigkeitsbereich auf (z. B. Freie Universität Berlin, Universität Halle-Wittenberg, Universität Hamburg, Universität Kiel, Universität Tübingen, FOM Hochschule, Hochschule München und viele mehr).[2]

4 Der *netzwerk n* e. V. als Akteur einer nachhaltigen Hochschultransformation

Versteht man die Hochschule nicht als zweckrationale Organisation, sondern als dezentralen Lernort, an dem Individuen sich – angeleitet oder selbstmotiviert – bilden, sind Studierende sowie Studierendeninitiativen Akteure, die den Ausgangspunkt von Transformationsprozessen bilden können. In diesem Bild gleicht die Hochschule eher einem Armeisenhaufen als einer Verwaltung im Sinn Max Webers. Die Möglichkeit sowie der Anspruch Studierender, ihre Bildung sowie deren Inhalte mitzugestalten, ist mit den sog. Bologna-Reformen und einer stark an Kompetenzerwerb orientierten (Aus-)Bildung in den Hintergrund getreten. Gleichwohl trägt jede Kohorte Studierender neue Themen in die Hochschule. Ebenso wie engagierte Lehrende und Forschende können Studierende dazu beitragen, Hochschulen zu lebendigen und experimentierfreudigen Orten zu machen, die dazu beitragen, sich und die Gesellschaft sozialer und nachhaltiger zu gestalten. Wie dies im Rahmen des gemeinnützigen Vereins *netzwerk n* und des BMBF-geförderten Projekts „Zukunftsfähige Hochschulen gestalten" geschieht und unterstützt wird, soll im Folgenden zusammenfassend und exemplarisch dargestellt werden.

Als offizielles Projekt der UN-Dekade Bildung für nachhaltige Entwicklung zeigt das *netzwerk n* Wege auf, wie Studierende, Promovierende und junge Berufstätige an der Konzeption einer Hochschullandschaft in nachhaltiger Entwicklung mitwirken können. Dazu verbindet das Netzwerk zahlreiche Initiativen und Einzelpersonen, die sich aktiv und erfolgreich für mehr Nachhaltigkeit an Hochschulen engagieren. Neben lokalen studentischen Nachhaltigkeitsinitiativen sind sowohl etablierte, bundesweit tätige als auch internationale Verbünde im *netzwerk n* vertreten. Das Netzwerk fungiert einerseits als Vernetzungsplattform, um einen Wissens-, Erfahrungs- und Kompetenzaustausch zu ermöglichen, andererseits nimmt es aktiv Einfluss auf die Wissenschaftspolitik und steht im intensiven Austausch mit Akteuren wie dem Bundesministerium für Bildung und Forschung (BMBF), der Deutschen UNESCO-Kommission und dem Rat für Nachhaltige Entwicklung. Ziel des Netzwerks ist es, Veränderungen anzuregen und durch konkrete Beispiele aufzuzeigen, wie Nachhaltigkeit an Hochschulen schon heute umgesetzt werden kann.

---

[2] Ein Überblick zum Stand der nachhaltigen Entwicklung an Hochschulen findet sich u. a. in *netzwerk n* e. V. & Virtuelle Akademie Nachhaltigkeit (2016) und Deutsche UNESCO-Kommission e. V. (2014).

Der Verein setzt sich für eine bottom-up-getriebene, gesamtinstitutionelle Transformation der Hochschulen vor dem Leitbild einer nachhaltigen Entwicklung ein. In diesem Sinn sind die Ziele des *netzwerk n* und des Projekts Zukunftsfähige Hochschulen gestalten:

- Capacity-Building durch Aus- und Weiterbildung für „change agents" an Hochschulen (Studierende, Lehrende und Verwaltungsmitarbeitende);
- Wissens- und Erfahrungsaustausch durch umfassende Vernetzung, sowohl durch physische Treffen als auch im virtuellen Raum;
- Initiierung und Begleitung bei der Umsetzung von (studentischen) Nachhaltigkeitsprojekten;
- Bereitstellung und gezielte Verbreitung relevanter Bildungsmaterialien, Erhöhung der Skalierbarkeit bestehender Transformationsansätze;
- Vermittlung und Erforschung eines vertieften Verständnisses von Transformationsprozessen im Wissenschaftssystem und damit Gestaltung dieser.

Die Transformation der Hochschule soll, dem hier vertretenden Verständnis nach, demnach durch die Befähigung von Akteuren in den Hochschulen erfolgen. Hierzu sind Informationssammlungen und -austausch in Netzwerken sowie das Training von Studierenden wichtige Maßnahmen.

4.1 Beispiele gelungener Nachhaltigkeitstransformation

Die Best-Practice-Sammlung des *netzwerk n* und der Virtuellen Akademie Nachhaltigkeit fasst 27 Beispiele guter Praxis in den Bereichen Lehre, Forschung, Betrieb und Governance an Hochschulen aus Deutschland, Österreich und den Niederlanden systematisch zusammen. In der Broschüre wird die hohe Vielfalt an nachhaltigen Strukturen und Projekten an Hochschulen deutlich. Sie dient in erster Linie als Lernmaterial im Projekt (Wandercoaching-Programm, einzelne Workshops) sowie für diverse Lehrveranstaltungen an Hochschulen. Gleichzeitig fungiert sie als starkes Kommunikationsmittel in wissenschaftspolitischen Prozessen und erzeugt durch die Beteiligung zahlreicher Akteure (24 Hochschulen) ein hohes Maß an Öffentlichkeit.

Bildung für nachhaltige Entwicklung lässt sich auf unterschiedlichste Weise in die akademische Lehre integrieren – das zeigen die folgenden Beispiele des Gelingens. Von Studierenden initiiert ist das Studium Oecologicum an der Universität Tübingen ein inter- und transdisziplinäres Lernprogramm mit mittlerweile gut 25 Kursen jedes Semester und im überfakultativen Bereich angesiedelt. Das Modul „Wissenschaft trägt Verantwortung" (Leuphana Universität Lüneburg) ist Teil des sog. Leuphana-Semesters und bietet Studierenden über Vorlesungsreihen, Tutorien, Projektseminare und eine Konferenzwoche einen vielfältigen Zugang zur nachhaltigen Entwicklung. Bei den Projektwerkstätten und den *tu projects* (Technische Universität Berlin) steht das selbstbestimmte, studentische

Lernen im Zentrum – Studierende bearbeiten über zwei Jahre in eigener Verantwortung ein Thema und die Teilnahme der Studierenden wird mit Leistungspunkten vergütet. Ebenso von Studierenden konzipiert und durchgeführt ist das Modul „Allgemeine Schlüsselqualifikation Nachhaltigkeit" (Universität Halle-Wittenberg), das BNE durch Vorlesungen und Projektseminare vermittelt und Teil des Lehrangebots der Universität ist. Analoges geschieht auch an der Universität Erfurt: das „Studium Fundamentale Nachhaltigkeit" ist ein von Studierenden selbstorganisiertes Seminar mit dem Ziel, Studierenden eine praktische Auseinandersetzung mit dem Konzept nachhaltiger Entwicklung zu ermöglichen – thematisch einführende Ringvorlesungen und mit Praxispartnern durchgeführte Projekte bilden den Kern.

Auch ein nachhaltiger Hochschulbetrieb hat äußerst vielseitige Facetten. Er beginnt beim energieeffizienten, aus erneuerbaren Energien versorgtem Gebäudebetrieb, geht weiter bei der Kooperation mit den Studierendenwerken, um eine regionale und ökologische Versorgung der Mensen zu ermöglichen und einer ressourcensparenden Mobilität von Studierenden und Angestellten, und endet noch nicht bei diskriminierungsfreien, familiengerechten Arbeitsverhältnissen. Gerade die intelligente Verzahnung von Betrieb, Lehre und Forschung macht Transformationspfade hin zu einer nachhaltigen Entwicklung konkret erfahr-, gestalt- und erforschbar. Ein eindrucksvolles Beispiel einer solchen Verzahnung stellt das Projekt Bunte Wiese an der Universität Tübingen dar. Gestartet mit dem Ziel einer Steigerung der Biodiversität auf den universitären Grünflächen wurde das Grünflächenmanagement grundlegend verändert (u. a. selteneres Mähen), die Effekte für Flora und Fauna wurden durch studentische Projekte erforscht und die „Bunte Wiese" zum Bestandteil von Vorlesungen und Seminaren. Gleichzeitig gelang es, durch Kooperationen mit Stadt und Umweltorganisation, das Konzept auch auf städtische Grünflächen zu übertragen.

Ein nachhaltiger Betrieb sollte allerdings mehr sein als eine Vielzahl an Einzelmaßnahmen. Umweltmanagementsysteme, z. B. nach EMAS, liefern dafür einen vielfach erprobten, etablierten und erfolgreichen Rahmen.[3] An der Christian-Albrechts-Universität zu Kiel wurden beispielsweise große Erfolge bei der Einsparung von Wärme und Strom erzielt. Die Hochschule Weihenstephan-Triesdorf hat erfolgreich Studierende am Prozess der Implementierung und am Management von EMAS beteiligt.

Das wichtige Engagement von Einzelpersonen muss für einen langfristigen Erfolg in die Strukturen der Hochschulen übersetzt werden. Hier spielt dann die Organisation Hochschule eine wichtige Rolle, die Ressourcen wie Zeit und Geld bereitstellen muss, um das Engagement zu verstetigen. Ein Beispiel hierfür ist das von Studierenden geführte Green Office (Maastricht University, Niederlande), das unter Einbindung von Universitätsmitarbeitenden Nachhaltigkeitsprojekte in allen Handlungsfeldern der Hochschule initiiert und begleitet und dabei über ein eigenes Budget verfügt. Die offene Dialog- und Aktionsplattform SustainIT! der Freien Universität Berlin vernetzt verschiedene Nachhal-

---

[3] Einen Überblick bieten Paeger (2010) und Bayrisches Ministerium für Umwelt, Gesundheit und Verbraucherschutz (2006).

tigkeitsprojekte und -akteure innerhalb von Hochschule und Zivilgesellschaft. Mit einem transdisziplinären Ansatz organisiert sie offene Ringvorlesungen, Seminare und Aktionstage und leistet zudem für die Hochschule nationale und internationale Gremienarbeit. Der Runde Tisch zur nachhaltigen Entwicklung an der Hochschule für nachhaltige Entwicklung in Eberswalde arbeitet in themen- oder projektgebundenen Arbeitsgruppen. In diesen werden von Studierenden, Mitarbeitenden, Lehrenden und Vertretern von Kooperationspartnern konkrete Maßnahmen und Projektideen zur nachhaltigen Entwicklung geplant und umgesetzt.

4.2 Das Wandercoaching-Programm: Studierende coachen Studierende

Der *netzwerk n* e. V. bietet im Rahmen des BMBF-geförderten Projekts Zukunftsfähige Hochschulen gestalten seit 2014 Hochschulgruppen und Initiativen die Möglichkeit, sich kostenlos rund um das Thema nachhaltige Hochschule coachen zu lassen. Im Rahmen des Programms sind bereits mehr als 70 Nachhaltigkeitsinitiativen über mehrere Monate begleitet worden. Beim Wandercoaching werden die Gruppen einerseits thematisch im Hinblick auf Nachhaltige Entwicklung, Hochschultransformation und Hochschulsystem weitergebildet und andererseits in den Bereichen Strategieentwicklung, Gruppenprozesse und Projektmanagement geschult. Das mehrmonatige Peer-to-Peer-Programm[4] setzt sich zusammen aus einer mehrwöchigen Aufwärmphase, dem Wandercoaching-Wochenende als Herzstück, einer bedarfsgerechten Unterstützung und weiteren Formaten (*perspektive n* und der *konferenz n*) im Follow-up sowie einem jährlichen Vernetzungstreffen.

Wirkung entfaltet das Programm auf vielfältige Weise: (1) Von der inhaltlichen und methodischen Aus- und Weiterbildung über das Ausprobieren und Anwenden des Gelernten bis hin zu einem vertieften Verständnis des Wissenschaftssystems erfahren die Wandercoaches ein hohes Maß an Selbstwirksamkeit, erlernen neue Kompetenzen und erweitern ihr Wissen – sie werden so zu regionalen Multiplikatoren an ihren Hochschulen und über diese hinaus. (2) Auf der Ebene der Initiativen und ihrer Mitglieder findet eine inhaltliche und methodische Weiterbildung statt und neue Impulse zu Projekten, Akteuren an der Hochschule und Gruppenarbeitsprozessen werden gesetzt. Das Coaching ermöglich durch den Blick von außen eine wertvolle Reflexion auf die eigene Arbeit. Die Wirkmächtigkeit der Hochschulgruppen wird durch die bedarfsspezifische Betreuung gesteigert. (3) Für den Kontext der CSR sicherlich am interessantesten sind die Wirkungen auf der Ebene der Hochschule: Konkrete Veränderungen an den Hochschulen werden durch das Coachingprogramm angestoßen und vorangebracht: Die Initiierung neuer Projekte, die Gründung eines Nachhaltigkeitsbüros, die Erstellung eines studentischen Nachhaltigkeitsberichts,

---

[4] Die Wandercoaches sind engagierte Studierende, die durch ihr Wirken an der eigenen Hochschule viele Erfahrungen sammeln konnten. Sie werden inhaltlich und methodisch durch uns ausgebildet und wandern nun von Hochschulinitiative zu Hochschulinitiative, um diese tatkräftig zu unterstützen.

ein Projekt in Kooperation mit der Kommune, die Ausarbeitung eines Moduls zu Nachhaltigkeit.

4.3 Partizipative und innovative Veranstaltungsformate

Mit einer Debattenreihe zur Nachhaltigkeit der deutschen Hochschulen – die *perspektive n* – sollen Impulse für nachhaltige Entwicklung an Hochschulen gesetzt und die Akteure an den Hochschulen statusgruppenübergreifend miteinander ins Gespräch gebracht werden. Die *perspektive n* möchte Studierende, Professoren, Mitarbeitende und die interessierte Öffentlichkeit zusammenführen und dazu anregen, über das Bestehende und das zukünftig Gewünschte an ihrer Hochschule zu diskutieren – unter professioneller Moderation, mit externen Experten und in einem partizipativen Format (z. B. Fish-Bowl-Diskussion). Dadurch werden die Akteure vor Ort zusammengebracht, neue Impulse gesetzt und neue Projekte angestoßen.

Des Weiteren bringt das *netzwerk n* mit der Tagung *konferenz n – Hochschulen weiter denken* seit 2014 einmal jährlich 100 bis 130 Teilnehmende (v. a. Studierende, aber auch Promovierende sowie Verwaltungsmitarbeitende und Lehrende) zusammen, um sich über drei Tage hinweg durch Workshops, Postersessions und Impulsvorträge zu vernetzen, gegenseitig zu inspirieren und konkrete Kooperationen entstehen zu lassen. Die Tagung findet in Kooperation mit wechselnden Hochschulen und Studierendeninitiativen statt.

5 Fazit und Ausblick

Ein zentrales Problem bei der Gestaltung einer nachhaltigen Hochschule ist, dass diese, um überstehen zu können, unterschiedlichste Erwartungen erfüllen muss. Dies führt unweigerlich dazu, dass Hochschulen – wie alle Organisationen – heuchlerisch werden (Brunsson 1989). Der Versuch, die unterschiedlichen gesellschaftlichen Erwartungen zu erfüllen, resultiert oft darin etwas zu sagen, aber davon abweichend zu handeln: Eine Hochschule kann leicht auf ihrer Homepage oder in Hochglanzbroschüren hervorheben, dass sie Nisthilfen für Vögel installiert, ein Programm für mehr Fahrradfahren initiiert und vorbildlich den Müll trennt. Gleichzeitig scheut sie sich nicht davor, eine Professur für Rüstungstechnik einzuführen und gleichzeitig eine Professur für Umwelttechnik oder Lehrstellen zu streichen, weil ihr Budget gekürzt wird und für den Themenbereich keine Drittmittel eingeworben werden können. Diese Widersprüchlichkeit muss zunächst einmal anerkannt werden. Sie bedeutet auch, dass CSR bei Hochschulen an seine Grenzen kommt. Denn CSR ist als ökonomisches Managementkonzept erstens nicht der Komplexität und Machtstruktur von Hochschulen gewachsen und zweitens gerade vor dem Hintergrund der Ökonomisierung von Wissenschaft kritisch zu betrachten. Vielmehr macht diese Widersprüchlichkeit es notwendig, dass in der Hochschule und in den einzelnen Fakultäten sowie zwischen Hochschule und Gesellschaft eine Diskussion darüber zugelassen wird, welche thematischen Schwerpunkte gefördert und welche internen Veränderungen angeregt werden sollen.

Als Alternative zu CSR baut die Arbeit des *netzwerk n* auf dem Konzept der starken Nachhaltigkeit und v. a. BNE auf. Das *netzwerk n* ist nur ein Akteur unter vielen, der daran arbeitet, die deutsche Hochschullandschaft von unten nachhaltiger zu gestalten. Durch die beschriebenen Ansätze und Projekte und viele weitere Aktivitäten können Impulse gesetzt werden, neue Konzepte verankert und verbreitet werden und die vielen Einzelkämpfer und guten Ideen in Richtung eines gesamtinstitutionellen Transformationsprozesses miteinander verbunden werden. Das *netzwerk n* sowie alle anderen lokalen Akteure einer nachhaltigen Hochschultransformation sind in ihrem Engagement auf eine offene und ermöglichende Hochschulleitung angewiesen, die Nachhaltigkeit als wichtige Grundlage ihres Entscheidens fasst. Ebenso wichtig ist aber, dass Fachbereiche, Institute und Professoren ihre Verantwortung wahrnehmen und Nachhaltigkeit in ihren spezifischen Kontexten fördern.

Hochschulen sind in ihren Transformationsbemühungen unterschiedlich weit fortgeschritten. Der jeweilige Status quo bedarf an allen Institutionen – ob Nachhaltigkeitspionier, kleine Fachhochschule, private Universität oder Traditionsinstitution – einer kritischen Beleuchtung und transformativen Impulsen. Der *netzwerk n* e. V. sieht hier alle Hochschulangehörigen sowie die politischen Entscheidungsträger auf landes- und bundespolitischer Ebene in der Verantwortung, gemeinsam die nächsten Schritte in Richtung einer nachhaltigen und zukunftsfähigen Hochschullandschaft zu gehen. Der Vorteil einer Hochschule – etwa gegenüber einem Unternehmen – ist, dass es viel Raum zum Ausprobieren gibt. Man muss ihn sich nur nehmen!

Literatur

Bassen A, Jastram S, Meyer K (2005) Corporate social responsibility. Eine Begriffserläuterung. Zeitschrift Für Wirtschafts- Unternehmensethik 6(2):231–236

Bayrisches Ministerium für Umwelt, Gesundheit und Verbraucherschutz (Hrsg) (2006) Umweltmanagement an Hochschulen – Leitfaden zur Einführung eines Umweltmanagementsystems nach EMAS an Hochschulen

Blümel A (2016) Von der Hochschulverwaltung zum Hochschulmanagement. VS, Wiesbaden

Brunsson N (1989) The organization of hypocrisy: talk, decisions and actions in organizations. Wiley, Chichester

Brunsson N, Sahlin-Andersson K (2000) Constructing organizations: The example of public sector reform. Organization Studies 21(4):721–746

Cohen MD, March JG, Olsen JP (1972) A garbage can model of organizational choice. Adm Sci Q 17(1):1–25

Deutsche UNESCO-Kommission e. V. (2014) Hochschulen für eine nachhaltige Entwicklung. Netzwerke fördern, Bewusstsein verbreiten. http://www.bne-portal.de/sites/default/files/20140928_UNESCO_Broschuere2014_web.pdf. Zugegriffen: 31. Juli 2017

Dörre K, Neis M (2010) Das Dilemma der unternehmerischen Universität: Hochschulen zwischen Wissensproduktion und Marktzwang. edition sigma, Berlin

Europäische Kommission (2011) Eine neue EU-Strategie (2011–14) für die soziale Verantwortung der Unternehmen (CSR), KOM(2011) 681. Europäische Kommission, Brüssel

Fischer C et al (2013) Mehr als nur weniger. Suffizienz: Begriff, Begründung und Potenziale. Working Paper 2/2013 Öko-Institut e. V. www.oeko.de/oekodoc/1836/2013-505-de.pdf. Zugegriffen: 31. Juli 2017

Fohrmann J (2017) Stellungswechsel. Eine Art persischer Brief an unbestimmten Adressaten. Merkur 71(4):27–40

Huber M (2012) Die Organisation Universitäts. In: Handbuch Organisationstypen, S 239–252

Hüther O (2010) Von der Kollegialität zur Hierarchie? Der New Managerialism in den Landeshochschulgesetzen. VS, Wiesbaden

Kleimann B (2016) Universitätsorganisation und präsidiale Leitung. Führungspraktiken in einer multiplen Hybridorganisation. Springer VS, Wiesbaden

Krücken G, Meier F (2006) Turning the university into an organizational actor. In: Drori G, a (Hrsg) Globalization and organization. Oxford University Press, Oxford, S 241–257

Linz M et al (2002) Von nichts zu viel. Suffizienz gehört zur Zukunftsfähigkeit. In: Wuppertal Papers, Nr. 125. https://epub.wupperinst.org/files/1512/WP125.pdf. Zugegriffen: 31. Juli 2017

Linz M (2015) Suffizienz als politische Praxis. Ein Katalog. In: Wuppertal Spezial, Nr. 49. https://epub.wupperinst.org/files/5735/WS49.pdf. Zugegriffen: 31. Juli 2017

Maasen S, Weingart P (2008) Unternehmerische Universität und neue Wissenschaftskultur. In: Mathies H et al (Hrsg) Wissenschaft unter Beobachtung. Effekte und Defekte von Evaluationen. Leviathan Sonderhefte. VS, Wiesbaden, S 141–160

Meier F (2009) Die Universität als Akteur. Springer, Wiesbaden

Münch R (2011) Akademischer Kapitalismus. Über die politische Ökonomie der Hochschulreform. Suhrkamp, Berlin

Musselin C (2007) Are universities specific organisations. In: Krücken G, a (Hrsg) Towards a multiversity? Universities between global trends and national traditions. transcript, Bielefeld, S 63–84

netzwerk n e. V.; Virtuelle Akademie Nachhaltigkeit (2016) Zukunftsfähige Hochschulen gestalten. Beispiele des Gelingens aus Lehre, Governance, Betrieb und Forschung. http://netzwerk-n.org/wp-content/uploads/2017/05/BePraSa_VA_netzwerk_n.pdf. Zugegriffen: 31. Juli 2017

Ott K, Döring R (2011) Theorie und Praxis starker Nachhaltigkeit, 3. Aufl. Metropolis, Weimar (Lahn)

Paeger (2010) Umweltmanagementsysteme, hg. Youth and Environment Europe (YEE). http://netzwerk-n.org/wp-content/uploads/2017/04/Paeger-2010-Umweltmanagementsysteme.pdf. Zugegriffen: 31. Juli 2017

Schimank U (2008) Ökonomisierung der Hochschulen: eine Makro-Meso-Mikro-Perspektive. In: Rehberg, K.-S.; Deutsche Gesellschaft für Soziologie (DGS) (Hrsg) Die Natur der Gesellschaft: Verhandlungen des 33. Kongresses der Deutschen Gesellschaft für Soziologie in Kassel 2006. Teilbd. 1 u. 2. Campus, Frankfurt am Main, S 622–635

Tuchman G (2009) Wannabe U: Inside the corporate university. University of Chicago Press, Chicago, London

Weick KE (1976) Educational organizations os loosely coupled systems. Administrative Science Quarterly S 1–9

Wilkesmann U, Schmid CJ (2012) Vorwort. In: Wilkesmann U, Schmid CJ (Hrsg) Hochschule als Organisation. Springer, Wiesbaden, S 7–13

World Commission on Environment and Development Bericht (1987) Report of the World Commission on environment and development: Our common future. United Nations

Lukas Daubner promoviert an der Universität Bielefeld in Organisationssoziologie und untersucht, wie Hochschulverwaltungen Umwelterwartungen in Organisationsstrukturen übersetzen und welche Auswirkungen dies für Hochschulen hat.

Jannis Eicker arbeitet beim Verein *netzwerk n*. Dieser Verein setzt sich seit 2012 als ein Netzwerk studentischer Nachhaltigkeitsinitiativen für eine partizipative und zukunftsfähige Transformation der Hochschullandschaft ein.

Jana Holz ist seit September 2016 hauptamtlich tätig im Koordinationsteam des BMBF-geförderten Projekts „Zukunftsfähige Hochschulen gestalten" des netzwerk n e.V., mit dem Ziel studentische Nachhaltigkeitsinitiativen an den Hochschulen inhaltlich, strategisch und methodisch weiterzubilden. Seit 2017 ist sie ebenfalls Vorsitzende des Vereins.

Lisa Weinhold ist seit September 2016 hauptamtlich tätig im Koordinationsteam des BMBF-geförderten Projekts „Zukunftsfähige Hochschulen gestalten" des netzwerk n e.V., mit dem Ziel studentische Nachhaltigkeitsinitiativen an den Hochschulen inhaltlich, strategisch und methodisch weiterzubilden.

The manufacturer's authorised representative in the EU is Springer Nature Customer Service Centre GmbH, Europaplatz 3, 69115 Heidelberg, Germany. If you have any concerns regarding our products, please contact ProductSafety@springernature.com

Printed and bound by CPI Group (UK) Ltd, Croydon, CR0 4YY

25/03/2026

02078212-0008